리더의 용기

DARE TO LEAD

리더의 용기

대담하게 일하고, 냉정하게 대화하고,
매 순간 진심을 다하여

브레네 브라운 지음 | **강주헌** 옮김

 갤리온
GALLEON

목차

◆ 독자에게 보내는 편지   **9**

◆ |서문| 위기를 돌파하고 앞으로 나아가는 리더는 무엇이 다른가   **23**

Part 1 취약성 인정하기

Vulnerability |취약성| **39**
부족함을 인정하지 않고는 용기를 끌어낼 수 없다

Chapter 1 당신은 얼마나 취약한 사람인가   **41**

- 충신과 간신을 구별하는 가장 간단한 방법   **45**
- 취약성에 대한 6가지 잘못된 믿음   **46**
- 부족함을 인정한다고 해서 나약한 것은 아니다   **72**

Chapter 2 감추고 싶은 모습을 마주할 용기   **76**

- 다스 베이더의 목을 벤 루크가 마주한 충격적 진실   **82**
- 당신, 지금 외로운가요?   **94**

Chapter 3 리더와 팀원이 하나가 되는 의외의 순간   **110**

- 실패를 경험해도 무너지지 않는 리더십의 비밀   **119**
- 40개 나라의 리더가 공통으로 느끼는 한 가지 감정   **167**

Chapter 4 취약성은 조직에서 어떻게 드러날까?   *172*

- 수치심을 인정하거나, 소시오패스가 되거나!   *181*
- 헷갈리는 감정들 : 수치심과 죄책감, 모욕감과 당혹감   *185*
- 빌 게이츠 재단에서 해고당한 사람들이 화를 내지 않는 이유   *189*
- 섣부른 동조는 오히려 독이 된다   *196*
- 공감 능력을 키우는 5가지 기술   *206*
- 조직의 소통을 방해하는 6가지 장벽   *215*
- 인터뷰 중에 욕을 내뱉은 여자의 후회   *227*

Chapter 5 최고의 조직 문화를 만드는 특별한 힘   *238*

- 밀레니얼 세대를 이끄는 대화의 기술   *245*
- 30억 달러 매출을 179억 달러로 끌어올린 H&M의 비밀   *250*
- 불편한 대화를 위한 도구들 : 침묵은 신뢰를 갉아먹을 뿐이다   *258*

Part 2 가치관에 따라 살아가기

Value | 가치관 | *261*
리더는 거북한 문제에 대해서도 결코 침묵하지 않는다

- 가치관에 따라 살아가는 3단계 기술   *265*
- 생산적인 소통을 할 준비가 됐다는 10가지 신호   *280*
- 직장에서 '나답게'를 지키려면 어떻게 해야 하는가?   *286*
- '가치관을 알고 있다'는 말의 의미   *293*

Part 3 대담하게 신뢰하기

Reliability | 신뢰 | 307
대담한 리더는 편안함을 추구하기보다 용기 있는 선택을 하는 사람이다

- 팀원들의 사기를 저하시키는 리더의 말버릇   312
- 조직의 신뢰도를 평가하는 7가지 기준   314
- 지각쟁이 리더가 팀원들의 신뢰를 얻은 특별한 전략   322
- 신뢰는 언제나 작은 순간에 형성된다   325

Part 4 다시 일어서는 법 배우기

Resilience | 회복 탄력성 | 333
실패와 좌절로 얼룩진 상처를 마주하지 않으면, 우리는 그 상처의 노예가 된다

- 스팸 하나로 시작된 말다툼   339
- 감정을 떠넘기는 6가지 흔한 수법   349
- 감정의 노예가 되지 않는 사람들의 비밀   355
- 직장에서 유독 소문이 사실처럼 번지는 이유   358
- 연 매출 3,884억 달러 회사의 직원 평가 방식은 무엇이 다른가?   368
- 델타: 당신이 반드시 알아야 할 진실의 간극   371
- 스토리 럼블: 실패를 경험한 조직이 가장 먼저 해야 할 프로젝트   373
- 혁신적인 변화는 어떻게 일어나는가?   376

- 감사의 글   380
- 이 책에 쏟아진 찬사   383
- 옮긴이의 글   385
- 참고 문헌   388
- 핵심 용어 정리   395

"리더는 지위나 권력을 휘두르는 사람이 아니다.
사람이나 아이디어의 가능성을 알아보고,
그 잠재력에 기회를 주는 용기 있는 사람이다."

－브레네 브라운(Brené Brown)

독자에게 보내는 편지

"대중 앞에서 강연할 때 아직도 긴장되나요?"

최근 들어 이런 질문을 자주 받습니다. 그렇습니다, 지금도 대중을 상대로 강연할 때면 항상 긴장됩니다. 경험이 쌓인 덕분에 이제 두렵지는 않지만 여전히 긴장되는 것은 사실입니다. 이유를 꼽자면, 강연에 참석한 사람은 자신의 가장 귀중한 보물을 제게 준 것이나 마찬가지이기 때문입니다. 누구에게나 시간은 가장 소중한 보물이고 결코 되돌릴 수 없는 자원입니다. 그 소중한 보물을 받는 위치에 있으면서도 부담을 느끼지 않거나 긴장되지 않는다면 정상이 아니겠지요.

또 다른 이유는 강연이 즉흥성을 띠기 때문입니다. 저는 유머에 자신도 없고, 강연 중에 한 말을 정확하게 기억하지도 못합니다. 강연의 효과를 극대화하려면 생각지도 못한 것들을 기발하게 연결하는 재치도 필요합니다. 무엇보다 강단에는 나 혼자 있고, 1만 명의 관객이 불편한 접이식 의자에 앉아서 나만을 쳐다보고 있는데 어떻게 긴장하지 않을 수 있겠습니까(물론 최대한 많은 사람의 눈을 들여다보려고 노력합니다).

그래도 지난 수년 동안 나름대로 개발한 두 가지 기술을 활용하면 집중력을 유지하는 데 도움이 됩니다. 첫째는 강단 조명을 50퍼센트만 사용하는 것입니다. 저는 최대한 많은 사람과 눈을 마주치려고 노력하는데, 조명을 100퍼센트로 완전히 밝히면 강연자가 청중을 전혀 볼 수 없어 허공에 대고 말하는 기분이 듭니다. 그런 기분은 참 별로예요. 저는 사람들의 얼굴을 보며 그들이 강연에 공감하고 있는지 확인하고 싶거든요. 강연 내용과 영상이 그들을 끌어당기는지 오히려 그들을 밀어내는지, 그들이 진심으로 공감하는지 아닌지 사람들의 얼굴을 보면 명확하게 드러납니다. 고개를 끄덕이거나 미소를 짓기도 하고, 때로는 두 손으로 얼굴을 감싸기도 합니다. 반대로 내 강연이 공허하게 느껴지면 청중의 자세가 비딱해지고 웃음도 적어집니다.

두 번째 기술은 주최 측이 강연의 품격을 높여달라고 압박을 가할 때 사용하는 전략입니다. 예컨대 강연 주최자가 이런 말을 할 때의 상황 말이죠. "브레네 씨. 참고로 말하면, 오늘 저녁 강연에는 군 고위 장교들이 참석합니다." 가끔씩 기업계 고위 간부들, 이런저런 전문가 집단의 핵심 회원들, 유리 천장을 깨뜨린 저명한 여성들 앞에서 강연을 할 때면 주최 측이 오히려 긴장합니다. 심지어 이런 말을 들을 때도 있습니다. "오늘의 청중은 객관적인 수치가 아니면 믿지 않는 로켓 과학자들이어서, 당신이 말하는 걸 싫어할 수도 있습니다."

청중이 내 강연을 들어야 할 이유를 알지 못하기 때문에 시큰둥한 반응을 보이거나, 최악의 경우에는 반발할 가능성이 클 때 이 전략을 사용하면 좋습니다. 그 전략은 '마음속에서 청중을 발가벗기기(picture the audience naked)'라는 고전적인 기술입니다. 발가벗은 청중이 강연장 의자에 앉아 있는 모습을 상상하라는 것은 아닙니다. 저한테 그런 방법은 효과가 없더라고요. 그래서 그냥 아무런 지위나 직책, 권위, 영향력이 없는 평범한 사람들이 앞에 앉아 있는 것이라 상상합니다. 예를 들어 청중석에서 입술을 오므린 채 팔짱을 끼고 오만하게 앉아 있는 여성이 눈에 들어오면, 그 여자가 초등학교 3학년 때는 어떤 모습이었을지 마음속에 그려봅니다. 또 고개를 살살 저으며 "인생의 승리자는 약하지 않지!"라고 나무라는 듯한 남자가 눈에 거슬리면, 그 남자가 아기를 안고 있거나 심리치료사와 마주보고 앉아 있는 모습을 상상합니다. 사실 그런 남자는 실제로 심리치료사 앞에서 징징거릴 가능성이 무척이나 높죠.

저는 강단에 오르기 전에 그런 전략의 일환으로 '사람'이란 단어를 혼잣말로 서너 번씩 중얼거립니다. "그들도 사람이야, 우리와 똑같은 사람, 사람이라고!" 이 전략은 거의 10년 전인 2008년, 자포자기 심정으로 탄생한 것입니다.

제 기억이 맞다면 기업계 리더들을 상대로 처음 강연했을 때였을 겁니다. 종합병원에서는 여러 차례 정신 건강을 주제로 강연한 적이 있었지만, 기업인을 대상으로 하는 강연에서 받는 압박감은 무척 달랐습니다. 게다가 강연자 대기실에서 기다리는 기분도 확연히 차이가 있었습니다.

당시 스무 명 남짓한 강연자들과 대기실을 함께 썼었는데, 우리 모두는 하루 종일 진행되는 행사에서 자신의 이름이 불리기를 하염없이 기다리고 있었습니다. 20분 정도의 짧은 강연을 위해서 말이죠.

그 때문인지 내 자리가 없고 어디에도 속하지 못한다는 외로움이 밀려들기 시작했습니다. 먼저, 그런 위화감이 성별의 문제인지 아닌지 생각해보았습니다. 그때는 물론이고 지금도 강연자 대기실에서 제가 유일한 여성 강연자일 때가 많거든요. 하지만 그런 문제는 아니었습니다. 집과 멀리 떨어져 있다는 불안감도 아니었습니다. 강연장이 휴스턴의 집에서 30분밖에 떨어지지 않은 곳이었으니까요.

그때 주최자가 청중에게 무언가를 설명하는 소리가 들렸습니다. 그래서 저는 강연자 대기실과 강연장을 갈라놓던 묵직한 커튼을 살짝 열고 강연장을 몰래 엿보았습니다. 브룩스 브라더스(Brooks Brothers) 애호가 집회처럼 보였습니다. 대부분이 하얀 셔츠에 짙은 색 정장을 갖추어 입은 남자들이었거든요. 저는 황급히 커튼을 닫았고, 당황해서 허둥대기 시작했습니다. 바로 옆에 서 있던 젊은 강연자가 뛰어난 사교성을 발휘하며 뭐라고 말했지만, 그가 뭐라고 말했는지 전혀 기억나지 않습니다. 저는 그의 말을 중간에 끊고 소리쳤죠. "말도 안 돼! 모두가 기업인이야. 간부들이겠죠? 아니면 FBI 요원이거나!"

그가 빙그레 웃으며 말했습니다. "맞습니다. 시-레벨(C-level, Corporate-level)을 위한 강연회잖아요. 주최 측에서 미리 알려주지 않았나요?" 얼굴에서 피가 쑥 빠져나가는 기분이 들어 빈 의자에 엉거주춤 앉았습니다. 남자는 계속해서 그들에 대해 이야기했습니다. 최고경영자, 최고운영책임자, 최고재무관리자, 최고마케팅책임자, 최고인사관리책임자……. 그의 설명에 머릿속이 하얘지는 기분이었습니다. '그런 사람들 앞에서 내가 무슨 자격으로 말할 수 있겠어!' 그는

리더의 용기

내 옆에 무릎을 꿇고 앉아 어깨를 감싸 안으며 걱정스레 물었습니다. "괜찮아요?"

오스트레일리아 억양과 함박웃음, 피터라는 이름 중 무엇 때문이었는지 몰라도 그 청년이 믿을 만하다는 생각이 들었습니다. 그래서 그 청년을 바라보며 말했습니다. "그래요. 주최 측에서 청중이 시-레벨이라고 알려줬어요. 하지만 시-레벨은 현실 세계를 뜻한다고 생각했어요. 그래서 청중이 진짜 시-레벨(sea-level)에 있는 사람들일 줄은 몰랐죠. 그러니까 세상의 소금(salt of the earth) 같은 사람들 말이에요. S-E-A 레벨이라고!"

그는 요란하게 웃으며 말했습니다. "정말 기발하네요. 그 이야기를 강연에 활용해보면 어때요?" 저는 그의 눈을 똑바로 바라보며 말했습니다. "웃을 일이 아니에요. 나는 수치심에 대해 강연해야 한다고요! 내가 상대보다 유능하지 못할 때, 상대가 자신을 충분한 자격이 없다고 생각할 위험에 대해서요."

그때 워싱턴 DC 출신으로 석유 무역에 대해 20분 강연을 할 예정이던 여성 강연자가 나를 물끄러미 바라보며 말했습니다. "수치심이요? 부끄러움을 느끼는 감정 말이에요?" 그렇다고 대답하기도 전에 그녀가 다시 말했습니다. "재밌겠네요. 여하튼 당신이 나보다 낫습니다." 말을 마친 뒤, 그녀는 대기실을 나섰습니다.

지금도 그날 피터가 해준 말이 잊히지 않습니다. "다시 보세요. 그들도 똑같은 사람입니다. 누구도 그들에게 수치심에 대해 강연하지 않았어요. 또 그들은 한 마디도 놓치지 않으려고 하나같이 강연에 몰두하고 있습니다. 그들도 우리와 똑같은 사람입니다. 그들을 다시 봐

봐요! 그들도 그저 평범한 사람일 뿐이에요."

진심 어린 조언이었습니다. 제 강연 주제가 그의 조언과 맞아떨어졌다고 생각했던지 그는 무릎을 펴고 일어나 어깨를 지그시 누른 후 대기실을 나갔습니다. 저는 곧바로 노트북을 열어 '자주 쓰이는 경영학 용어'를 검색했습니다. '경영과 관련된 용어를 적당히 끼워 넣어 사용하면 내 강연을 그럴듯하게 꾸밀 수 있을 거야!'

하지만 경영 용어를 읽어가자 짜증이 밀려왔습니다. 마치 제 아이들이 어렸을 때 좋아했던 베렌스타인 '곰 가족 시리즈' 중 한 권, 『낡은 모자, 새 모자』를 읽는 기분이었습니다.[1] 아빠 곰이 낡고 해진 모자를 바꾸려고 모자 상점을 찾아가 50개의 모자를 써보지만, 새 모자들은 한결같이 저마다 문제가 있었습니다. "너무 헐거워. 너무 꽉 조여. 너무 무거워. 너무 가벼워." 이런 문제점이 끝없이 나열되고, 결국 머리에 완벽하게 맞는 낡고 해진 모자를 계속 써야 한다는 논리적인 결론에 이르게 된다는 이야기입니다. 저는 몇몇 용어를 중얼거리며 강연에 활용할 수 있을지 살펴봤습니다.

최우선으로 해결되어야 할 문제를 뜻하는 '롱 폴 아이템(long pole item)'? 너무 길어.

프로젝트를 최단 시간에 가장 적은 비용으로 완수하기 위해 따라야 할 절차, '크리티컬 패스웨이(critical pathway)'? 너무 복잡하겠어.

고위급과 하위급 직원 간의 직접적인 커뮤니케이션, '스킵 레벨(skip-level)'? 너무 건너뛰면 어떻게 하지?

'인센티브(incentive)'? 글쎄?

'인센티바이즈(incentivize)'? 잠깐만. 내 생각은 좀 다른데. 아무것에나 –ize를 덧붙일 수는 없잖아.

천만다행으로 그때 남편 스티브에게 전화가 왔고, 덕분에 저는 검색을 멈췄습니다. "어때? 준비는 다 했어?" 남편이 물었습니다.

"아니, 엉망진창이야!" 상황을 설명하자, 남편도 입을 꼭 다물고 한동안 말을 떼지 못했습니다. 남편은 굵직한 목소리로 진지하게 말했습니다. "브레네, 그 멍청한 단어들을 절대 사용하지 않을 거라고 약속해줘. 농담이 아니야."

의학적 조언을 구하는 부모에게 소아과 의사로서 대답하거나, 내가 정신줄을 놓아버릴 때 나를 따끔하게 나무랄 때 듣던 말투였습니다. 저는 정말 울고 싶은 심정이었지만 나직하게 대답했습니다. "알았어, 약속할게. 하지만 당신도 그 사람들을 봤어야 해. 꼭 장례식에 온 기분이란 말이야. 모두가 짙은 색 정장을 입고 영국식 장례식에 참석한 것 같아. 「소프라노스」의 장례식 장면 기억해?"

남편이 말했습니다. "그 젊은이의 조언대로 청중석을 다시 한 번 내다봐 봐. 그들도 결국 사람일 뿐이야. 당신과 나처럼. 우리 친구들이랑 다른 사람이 아니라고. 게다가 당신이 아는 사람도 있지 않을까? 여하튼 그들도 현실적인 문제를 안고 살아가는 사람들이야. 당신은 당신이 할 일을 하면 돼."

남편은 사랑한다고 말하고는 전화를 끊었습니다. 저는 의자에서 일어나서 커튼을 다시 살짝 열었습니다. 강연장은 여전히 어두웠고,

다른 강연자가 강단에서 강연하고 있었습니다. 저는 사람들의 얼굴을 보고 싶었지만, 대기실이 강연장의 측면에 있어 청중의 얼굴을 보기가 쉽지 않았습니다. 그런데 그때 영화에서 느린 동작으로 표현되는 장면처럼 앞머리가 훤히 벗어진 한 사내가 얼굴을 돌려 옆 사람에게 뭐라고 소곤거렸고, 그 얼굴이 내 눈에 들어왔습니다.

저는 너무 놀라 황급히 커튼을 닫았습니다. '내가 아는 사람이야!' 1990년대 비슷한 시기에 술을 끊고, 같은 알코올 중독자 모임에 다녔던 사람이었습니다. 정말 믿기지 않았습니다. 기적이 일어난 것 같았습니다. 그런 생각에 잠겨 멍하니 앉아 있던 내게 피터가 다가와 물었습니다. "괜찮아졌어요?"

저는 미소로 화답했습니다. "예, 그런 것 같아요. 맞아요, 그들도 사람일 뿐이에요."

피터는 제 어깨를 토닥거리며, 어떤 여성이 저를 만나고 싶다며 대기실 밖에서 기다리고 있다고 알려주었습니다. 저는 피터에게 고맙다고 말하고는 그 여성을 만나러 나갔습니다. 놀랍게도 제가 아는 이웃이었습니다! 그녀는 대형 법률회사의 관리 파트너이기도 했습니다. 서너 명의 다른 파트너와 몇몇 고객과 함께 이번 행사에 참여했다며, 제게 안부를 묻고 행운을 빌어주려고 들렀다고 말했습니다. 저는 감사의 표시로 그녀를 껴안아주었고, 그녀는 강연장으로 돌아갔습니다. 저는 대기실을 나와 맑은 공기를 마시고 싶어 밖으로 나갔습니다. 그날 그녀를 만난 것이 어떤 의미가 있었는지, 그녀는 꿈에도 모를 겁니다. 그녀의 친절한 행동과 소중한 인연에 감사했습니다. 그녀와의 만남은 단순한 사건이었지만, 제 모든 것이 바뀌었습니다. 그녀는 대형 법률회사의 파트너이지만, 얼마 전까지 요양원에 계시던 노모를 호스피스로 옮겨야 했던 딸이기도 합니다. 또 이혼의 아픔을 겪은 부인이고 엄마이기도 합니다. 사람, 사람. 우리 모두가 사람인 것은 똑같습니다.

그날의 강연은 강렬했습니다. 청중과 완전히 하나가 되었고 깊이 교감했습니다. 마음껏 웃었고 울었습니다. 기존의 상식을 뒤집으며 수치심과 도달할 수 없는 목표, 그리고 완벽주의에 대해 세상에 알리고 싶었던 진실을 그들은 가감 없이 받아들였습니다. 우리는 그렇게 온몸을 휩싸는 격렬한 감정을 경험했습니다.

1990년대 초 사회복지를 공부하려고 학교에 돌아가기 전까지, 저는 포춘 10대 기업 중 한 곳에서 사회적 지위의 사다리에 오르고 있었습니다. 사표를 던지고 사회복지를 공부하기 시작하면서도 다시 기업계로 돌아가게 되리라고는 생각조차 하지 않았습니다. 그때까지 기업계는 제가 관심을 둔 분야(용기와 공감과 의미)와 완전히 반대편에 있는 세계라고 생각했으니까요. 박사학위를 준비하던 수년 동안에는 시스템 변화 관리와 조직 환경 점검을 집중적으로 연구했습니다. 하지만 결국에는 연구 방향을 전환했고, '공감'과 '취약성'을 주제로 논문을 썼습니다. 당시에도 여전히 조직을 좋아하지 않았기 때문에, 조직 발전이란 분야에 되돌아올 거라고는 생각지도 못했습니다. 그런데 그날의 강연은 큰 전환점이 됐습니다. 그날 청중과 함께 진심으로 나눈 경험에서 저는 두 관심사를 상호배타적인 것으로 규정하는 것이 실수일 수 있다는 의문을 품게 됐고, 그 의문은 "용기와 공감의 의 세계와 결합하면 어떻게 될까?"라는 의문으로 연결됐습니다.

그날 이후로 강연자로서 제 이력에도 큰 변화가 뒤따랐습니다. 그날 강연회에는 여러 명의 강연 기획자도 참석했습니다. 청중의 평가가 강연자들과 강연 기획자들에게 배포된 후에, 모든 강연 기획자들에게 전화를 받았습니다. 두 달 정도 깊이 고민한 끝에 저는 리더십과 조직의 세계로 되돌아가기로 결정했습니다. 그러나 이번에는 새로운 것에 초점을 맞추었습니다. '사람'에게!

비평하는 사람은 중요하지 않습니다

그 강연회가 있고 2년이 지난 후, 2010년에 『불완전함의 선물』을 썼습니다.[2] 우리를 온전한 마음(wholeheartedness)으로 인도하는 10가지 이정표에 대한 제 연구를 정리한 책이었습니다. 감사하게도 그 책은 기업과 공동체, 종교계와 비영리조직의 리더들을 비롯해 많은 독자로부터 폭넓게 사랑을 받았습니다. 다시 2년 후, 2012년에는 취약성과 용기에 대한 생각을 다듬은 『마음 가면』을 발표했습니다.[3] 그 책은 제가 리더십에 대해 공부하며 얻은 결론과, 여러 조직과 함께 일하며 관찰한 경험을 담은 것이었습니다. 『마음 가면』의 프롤로그는 시어도어 루스벨트(Theodore Roosevelt)의 연설을 인용하는 것으로 시작합니다.[4]

"비평하는 사람은 중요하지 않습니다. 강한 선수가 어떤 경우에 실수를 범하고, 어떤 선수가 이렇게 했더라면 더 나았을 것이라고 지적하는 사람은 중요하지 않습니다. 명예는 이 순간 경기장에 서 있는 투사의 몫입니다. 그는 얼굴이 흙먼지와 땀과 피로 뒤 범벅된 채 용감하게 싸웁니다. 몇 번이고 실수를 범하고 곤경에 처하기도 합니다 …… (중략) …… 잘되면 궁극적으로 높은 성취 감을 만끽하게 됩니다. 최악의 경우에 실패하더라도 대담하게 뛰어든 시도 후의 실패입니다."

강연자로서 무척 힘들었던 시기에 저는 이 구절을 발견했습니다. 취약성에 대한 제 테드 강연이 입소문이 퍼지면서 그 강연을 지지하 는 목소리가 봇물처럼 쏟아졌지만, 잔혹할 정도의 비판도 많았습니 다.[5] 강연자로 일하기 시작하며 걱정하던 가장 큰 두려움이 현실화된 것이었습니다. 위의 인용구는 취약성과 용기와 수치심 같은 감성적 인 면을 조직 세계에 접목하는 강연자가 되겠다는 목표를 결코 포기 하지 않겠다는 저만의 결의를 완벽하게 설명해주는 글이었습니다.

취약함을 인정하는 용기는 승패와 관련된 것이 아니라, 우리가 결 과를 예측하거나 통제할 수 없을 때 그런 현실을 인정하는 용기와 관 련된 것입니다. 위의 인용구가 주변의 냉소와 비판에도 불구하고 대 담한 삶을 살려는 제 염원을 거의 완벽하게 반영했듯이, 많은 리더에 게도 깊은 영향을 주었습니다. 『마음 가면』을 통해 그 인용구를 처음 알게 된 리더도 많았지만, 그전부터 사무실이나 거실에 액자로 걸어 두고 삶의 귀감으로 삼았던 리더도 많았습니다. 예를 들면 얼마 전에 는 르브론 제임스 농구화의 한쪽에 '경기장의 투사'라고 쓰인 것을 보 았습니다.

『마음 가면』의 뒤를 이어, 거의 곧바로 『라이징 스트롱: 어떻게 더 강인하게 일어설 수 있는가』를 발표했습니다. 상대적으로 회복탄력성이 뛰어난 사람이 쓰러진 후에 다시 일어서기 위해 사용하는 비법을 탐구하고 분석한 책입니다.[6] 이 연구의 끝에 확실히 알게 된 유일한 것은, 우리가 대담하게 시도할 때 어느 시점이 되면 가슴이 무너지는 아픔을 경험하게 된다는 것이었습니다. 그 때문에 일종의 의무감에서 이 책을 썼습니다. 용기를 선택하는 순간, 우리는 실패, 실망과 좌절, 심지어 마음이 찢어지는 듯한 슬픔까지 각오해야 합니다. 그래서 용기라고 말하는 것입니다. 그래서 용기가 드문 것입니다.

2016년에는 『마음 가면』과 『라이징 스트롱』에서 얻은 연구 결과를 결합하여 용기를 함양하는 프로그램을 개발했고, 온라인과 오프라인으로 학습법을 제공하는 '브레이브 리더스(Brave Leaders Inc.)'라는 교육기관을 설립했습니다. 1년 만에 우리는 50개 기업과 1만 명의 리더에게 도움을 줄 수 있었습니다. 2017년에는 『진정한 나로 살아갈 용기』를 발표했습니다. 이 책에서 저는 소속감의 전제 조건은 '진정한 나로서 살아가겠다는 용기'라고 말하며, 주변의 요구에 맞추고 남에게 인정받으려고 안달하는 삶은 위험하다고 경고했습니다.[7] 다른 사람의 인간성을 무시하며 양극화로 치닫고, 진정한 비판적 사고 능력을 상실해가는 요즘 세상에서 반드시 필요한 책이었다고 자부합니다.

지난 2년 동안, 브레이브 리더스 팀은 우리가 상상하던 수준을 훌쩍 넘어 많은 것을 연구하고 평가했으며, 실패를 거듭하면서도 반복해서 듣고, 관찰하고, 배우며, 성장했습니다. 또 충분하지는 않았지만 저는 세계의 위대한 리더들과 마주 보고 앉을 기회를 얻었고, 그들로부터 많은 것을 배웠습니다.

그리고 마침내 그들로부터 얻은 교훈이 무엇이고, 그 교훈을 어떻게 활용하면 우리가 주변 사람들을 상대하는 자세가 완전히 달라질 수 있는지 하루라도 빨리 많은 사람에게 알려주고 싶은 마음에 이 책을 썼습니다. 물론 그 교훈이 효과가 있는 이유와, 경우에 따라 실질적으로 적용하기 힘든 이유도 자세히 담았습니다. 또한 앞으로도 진실하게 행동하기 위해서는 우리가 어떤 부분에서 계속 분발해야 하는지도 솔직하게 다루었으니 절대 당신의 시간을 허비하지는 않을 겁니다. 그럼 이제부터 그 비법에 대해 이야기해볼까요?

브레네 브라운 드림

용기는
전염성을 띤다.

위기를 돌파하고
앞으로 나아가는 리더는
무엇이 다른가

이 책은 믿기지 않을 정도로 단순하면서도, 약간은 이기적인 목적에서 쓰였다. 내가 지금까지 배운 모든 것을 독자에게 전해주고 싶다는 나의 간절한 소망. 실없는 소리가 아니라 실질적이고 즉각적으로 응용할 수 있는 그런 책을 안겨주고 싶은 바람. 20년간의 연구와 수백 개의 조직과 일한 경험을 바탕으로 독자에게 '대담한 리더'가 되는 데 필요한 모든 것을 알려주고 싶다.

내가 "믿기지 않을 정도로 단순하다"라고 말한 이유는 이 책에서 제시되는 정보와 관련된 자료들이 다음과 같은 방식으로 축적된 것이기 때문이다.

- 20년 동안 연구를 통해 직접 수집한 다양한 인터뷰 자료
- 리더십의 미래에 대해, 150명의 기업체 리더(세상에 소금과도 같

은 존재다!)를 인터뷰한 새로운 자료

- '브레이브 리더스'사에서 시행한 용기 함양 프로그램에 대한 평가
- 대담한 리더십을 위한 도구 개발에 대한 3년간의 연구에서 얻은 자료

약 40만 개의 자료를 정리하고 해석하는 작업만 해도 결코 간단하지 않았다. 더욱이 그 자료를 연구에 기초한 방법으로 실행 가능하게 만들기 위해 더 정확히 분석하고, 더 많은 실험을 병행하는 일은 정말이지 쉽지 않았다. 그래도 나는 단순하지만 우직한 정공법을 선택했다.

이기적인 부분이 있다면 이 목표가 나 자신이 더 나은 리더가 되려는 욕심에서 비롯되었다는 것이다. 지난 5년 사이에 나는 연구 교수에서 동시에 한 기업의 창업자 겸 최고경영자로 성장했다. 그 과정에서 내가 힘들게 배운 교훈, 또 나를 한층 겸손하게 만든 가르침을 이제부터 함께 이야기하려고 한다. 확실한 것은 이론적인 뜻과는 상관없이, '리더십에 대한 연구'가 '리딩(leading)' 자체보다는 쉽다는 점이다.

지난 수년 동안 기업을 경영한 리더로서 개인적인 경험을 돌이켜보면, 24년간 결혼과 양육에 쏟았던 만큼의 '자아 인식'이 필요했고, '커뮤니케이션 계획' 역시 마찬가지였다. 무슨 뜻인지 대충 짐작할 수 있을 것이다. 하지만 나는 이 일을 철저히 과소평가했다. 이곳저곳에서 요구되는 정서적 관용, 압력을 받는 상황에서도 차분함을 유지하기

위한 확고한 결단력, 끊임없이 계속되는 의사결정의 순간, 문제 해결의 부담감, 수많은 불면의 밤까지. 이 모든 것을 생각하지 못했다.

이 책을 통한 개인적인 욕심이 하나 더 있다. 나 자신도 대담하고 용맹무쌍한 리더들이 더욱 넘쳐흐르는 세상에 살고 싶고, 또 그런 세상을 내 자녀에게 물려주겠다는 목표다. 리더는 조직원과 목표를 달성하기 위한 과정에서 잠재된 가능성을 찾아내는 의무가 있는 사람이다. 또 그 잠재력을 개발해주려는 용기를 지닌 사람이다. 기업과 비영리 조직, 공적 조직은 말할 것도 없고, 정부와 시민단체, 교육기관과 신앙 공동체 등 어느 곳에서나 리더는 필요하다. 더 자세히 말하자면, 상처를 주고 두려움을 심어주며 조직을 끌어가는 진화되지 못한 리더보다 대담하고 진심 어린 리더십을 가진 리더가 필요하다.

그 목표를 달성하려면 다루어야 할 분야가 많았다. 그래서 나는 남편 스티브에게 '리딩'에 대한 독자의 생각을 바꾸고, 궁극적으로 유의미한 행동의 변화까지 끌어낼 수 있는 책을 쓰고 싶다고 말했다. 더욱이 비행기에서 처음부터 끝까지 읽어낼 수 있는 책이면 금상첨화이겠다고 덧붙였다. 스티브는 히죽 웃으며 물었다. "휴스턴에서 싱가포르까지?"

하기야 내가 그때까지 견뎌낸 최장거리 비행이 휴스턴에서 싱가포르까지였고, 모스크바는 경유지에 불과했다. 나는 싱긋 웃으며 대답했다. "아니, 뉴욕에서 로스앤젤레스까지. 물론 약간의 연착도 포함이야."

"당신이 반드시 읽어야 할 책을 써라!"

내가 작가로서 귀에 딱지가 앉도록 들은 말이다. 리더로서 나에게 필요한 것과 수년 전부터 나와 함께 일한 리더들이 한목소리로 요구한 것은 『마음 가면』과 『라이징 스트롱』에 담긴 교훈을 행동에 옮기는 방법을 안내하는 실질적 지침서였다. 『진정한 나로 살아갈 용기』에도 조직원들에게 소속감을 심어주는 문화를 조성하는 데 도움이 되는 교훈이 적잖게 담겨 있다. 앞서 말한 책들을 읽은 독자라면, 이미 귀에 익은 교훈들을 새로운 맥락과 상황에서 다시 만나게 될 것이다. 그러나 우리 삶과 관련된 새로운 사례와 기술도 소개할 것이다. 언급한 책들을 전혀 읽지 않았더라도 상관없다. 당신이 알아야 할 모든 것은 이 책에서 다시 이야기해줄 테니까.

책에서 말하는 기술과 도구를 체득하려면 '대담한 용기'와 '성실한 실천'이 필수다. 하지만 그 방법들은 결코 복잡하지도 않고, 간단하기 때문에 누구나 쉽게 접근할 수 있고 행동에 옮길 수 있다. 대담한 리더십을 방해하는 걸림돌은 생각보다 많고, 때로는 극복하기가 쉽지 않다. 그러나 내가 오랜 연구와 개인적인 경험을 통해 배운 것이 있다. 우리가 이런 걸림돌에 이름을 붙이고 주시하며 계속 극복하기 위해 도전한다면, 걸림돌이 우리의 대담함을 꺾어버릴 힘을 잃는다는 것이다.

『라이징 스트롱』을 쓰기 위해 행한 연구에서 얻은 교훈이 있다면, 정보를 머리에서 가슴으로 옮기려면 손을 사용해야 한다는 것이다. 다시 말하면, 정보를 머릿속에 담아두지 말고 적극적으로 활용하라는 뜻이다. 교훈은 얻는 데 그치지 않고 적극적으로 행동에 옮겨야 한다.

브레이브 리더스는 웹사이트 brenebrown.com에 이 책의 제목이기도 한 '리더의 용기(Dare to Lead)'라는 허브를 구축했다. 책을 읽으며 얻은 교훈을 행동에 옮기려는 독자는 이곳에서 관련된 워크북을 무료로 다운로드 받을 수 있고, 그밖에도 많은 자료를 얻을 수 있다.

대담한 용기를 키우는 방법의 하나로, 우리는 리더십을 다룬 추천 서적을 읽거나 역할 수행 비디오를 참고할 수 있다. 역할 수행 비디오를 시청한다고 용기가 자동적으로 향상되는 것은 아니지만, 용기를 함양하는 과정이 어떻게 전개되고, 어느 시점에 어려움에 부딪히며, 불가피한 실수를 마주할 때 어떻게 원래의 상태로 되돌아갈 수 있는가를 조금이나마 짐작할 수 있다. 이 책에는 다양한 도구와 기술 및 핵심 용어를 정리한 해설집이 뒷부분에 담겨 있다.

길을 막고 방해하는 것이 길이 된다

우리 연구팀이 리더들과 인터뷰를 시작할 때마다 빠뜨리지 않은 질문이 있었다. "우리는 해결하기 힘든 여러 문제와 직면하고, 끝없는 혁신을 요구받으며 살아갑니다. 복잡하고 급속하게 변화하는 환경에서 리더가 성공하기 위해서는 리드하는 방법도 달라져야 한다고 생각하십니까?"

이 질문에는 하나의 공통된 대답이 있었다. 이 세상에는 더 대담한 리더와 더 용기 있는 문화가 필요하다는 것!

더 대담한 리더십이 필요한 '이유'를 추적하기 위한 연구가 뒤따랐고, 그 연구는 한층 복잡해졌다. 하나의 대답만이 있었던 게 아니었다. 거의 50가지의 대답이 있었고, 직관적으로 보면 다수의 대답이 용기와는 아무런 관계가 없었다. 리더들은 정보를 통합하고 분석하는 능력부터 비판적 사고, 신뢰 구축과 교육제도의 개편, 혁신의 독려와 힘든 결정, 공감의 중요성까지 거의 모든 것을 언급했다. 양극화로 치닫는 정치에서 공통점을 찾아내고, 기계 학습과 인공 지능이 지배하는 환경에서도 관계를 구축하는 데 힘써야 할 것이란 대답도 있었다.

우리 연구팀은 궁금증의 껍질을 계속 벗겨나갈 목적으로 "대담한 리더십을 뒷받침하는 특별한 능력이 있나요? 그런 능력을 키워갈 수 있다고 생각하십니까?"라고 물었다. 놀랍게도, 우리 연구에 참여한 리더들은 이 질문에 쉽게 대답하지 못했다. 우리가 인터뷰한 리더 중 절반 정도가 처음에는 '용기'란 성격으로 타고난 것이지 키워나갈 수 있는 능력이 아니라고 대답했다. 또 그들은 특별한 능력을 묻는 질문에 "그런 능력이 있거나 없거나, 둘 중 하나"라는 식으로 대답했다. 우리는 끝까지 답을 포기하지 않았다. 그런 능력이라 판단할 만한 객관적으로 관찰되는 행동의 근거에 대해 물었다. "만약 당신에게 그런 능력이 있다면 어떤 모습이겠습니까?"

80퍼센트가량의 리더가 그 특별한 능력이 어떤 것인지 명확히 규정하지 못했다. 용기는 행동으로 나타난다고 믿는 리더들도 다를 바가 없었다. 하지만 신뢰와 용기를 좀먹는 문제적 행동과 문화에 대해서는 즉각적으로 열변을 토해냈다. 다행히 '지금 있는 곳에서 시작하라(start where you are)'는 교훈은 익숙했다. 관찰된 현상들을 비교함으로써 이론을 산출하는 근거 이론(grounded theory) 접근법은 사회복지의 기본 원리이고, 정확히 내가 하는 일이기도 하다. 나는 '길'을 파악하는 데에도 많은 시간을 투자하지만, '길을 막고 방해하는 것'을 연구하는 데 10배 더 많은 시간을 할애한다.

예컨대 나는 처음부터 수치심에 대해 연구한 것이 아니었다. 처음에는 관계와 공감이 무엇인지 정확히 이해하고 싶었다. 그러나 수치심이 관계의 끈을 순식간에 끊어버릴 수 있다는 걸 이해하지 않고서는 누구도 쉽게 진정한 관계를 맺을 수 없다는 걸 알게 되었다. 또 처음부터 취약성을 연구한 것은 아니었다. 취약성은 우리가 삶에서 원하는 거의 모든 것, 특히 용기에 대한 거대한 장애물이다. 하지만 마르쿠스 아우렐리우스(Marcus Aurelius)가 우리에게 가르쳤듯이 "길을 막고 방해하는 것이 길이 된다."[1]

리더들이 조직의 원활한 운영을 방해하는 요인으로 제시한 행동이나 문화를 10가지로 정리하면 다음과 같다.

1. 냉정한 대화를 기피하는 경향을 띤다. 따라서 정직하고 생산적인 피드백이 드물다. 일부 리더는 그 원인을 용기의 부족에서 찾았지만, 능력의 부족이 원인이라 지적하는 리더도 적지 않았다. 하지만 놀랍게도 절반 이상의 리더가 냉정한 대화를 기피하는 이유로 '점잖고 예의바른' 문화를 거론했다. 그 이유가 무엇이든 간에, 그 결과는 명백하게 나타난다. 신뢰와 참여도가 떨어지고 문제적 행동이 증가한다. 예컨대 수동적이면서도 공격적인 행동, 뒷담화, 비공식적인 대화와 회

의 후의 회의, 험담, 면전에서는 긍정하고 뒤에서는 부정하
는 더러운 긍정(dirty yes)이 조직 내에 만연한다.

2. 변화와 격변의 시기에 동반되는 두려움을 먼저 인정하고, 해
결하기 위해 합리적 시간을 투자하지 않는다. 문제적 행동을
관리하는 일에만 터무니없이 많은 시간을 허비할 뿐이다.

3. 관계와 공감의 결여로 인해 조직원 간의 신뢰가 줄어든다.

4. 위험을 영리하게 떠안거나, 혁신에 대한 변화무쌍한 요구에
맞춰 끊임없이 대담한 아이디어를 내놓고 공유하는 사람이
턱없이 부족하다. 조직원이 무엇인가를 시도해서 실패하거
나 심지어 혁신적인 새로운 아이디어를 제시하면 괴짜 취급
을 받거나 웃음거리가 된다는 두려움을 느끼게 되면, 그 조
직으로부터 기대할 수 있는 최선의 수준은 현상 유지와 집
단 사고(groupthink)에 그친다.

5. 좌절과 실망과 실패가 연속되면, 대부분의 조직이 이해 당사
자들과 내부의 여러 과정을 건전한 상태로 회복시키는 데 자
원을 투입하지 않고, 자신의 역할과 가치에 의문을 품는 조
직원들을 안심시키는 데 지나치게 많은 시간과 자원을 투입
하는 경향을 띤다.

6. 대다수의 조직원이 수치심에 사로잡힐 때 남 탓을 한다. 반
대로 자신의 책임을 통감하며 학습에 열중하는 조직원은 찾
아보기 힘들다.

7. 조직원들이 다양성과 포용성을 갖고 적극적인 대화를 하지
않는다. 주변에 엉뚱한 사람으로 보이고, 잘못된 것을 말할

지도 모른다는 두려움이 상존하기 때문이다. 냉정한 대화보다 개인적인 안위를 선택하는 것은 기득권을 유지하려는 전형적인 행위이다. 그 결과로 신뢰가 잠식되고, 의미 있는 지속적인 변화도 불가능해진다.

8. 무엇인가가 잘못되면 개인과 조직은 문제를 정확히 파악해서 해결책을 모색하지 않고, 무모하게 성급한 해결책을 찾아 나선다. 그렇기 때문에 그 해결책이 비효율적이고 지속적이지 못한 경우가 비일비재하다. 잘못된 것을 잘못된 이유로 교정하면, 똑같은 문제가 계속 표면화된다. 그 결과로 조직원의 사기가 꺾이고, 그에 따른 대가도 크다.

9. 계량적으로 교육되고 측정되며 평가되는 실질적인 행동보다 열망과 꿈으로 조직의 가치가 막연하게 평가된다.

10. 완벽주의와 두려움이 팽배한 까닭에 조직원들이 적극적으로 학습하고 성장하지 못한다.

정리된 문제들을 보면, 조직에 내재한 골칫거리만이 아니라 대부분이 그에 대한 거북함을 드러내고 해결하기 힘든 내적인 어려움이라는 것을 알 수 있다. 문제는 업무 행동과 조직 문화일 수 있지만, 궁극적으로 그 모든 문제의 기저에는 인간이란 문제가 깔려 있다.

장애물을 찾아낸 후에는 그 장애물을 처리하는 데 필요한 '용기를 함양하는 구체적인 기법'을 마련하는 것이 우리 연구팀의 책무였다. 우리는 더 많은 인터뷰를 진행하며 다양한 기법을 개발한 후, 그 기법들을 라이스 대학교의 존스 경영대학원, 노스웨스턴 대학교의 켈로 그 경영대학원, 펜실베이니아 대학교의 와튼 경영대학교 MBA(경영학석사)·EMBA(최고경영학과정) 학생들을 상대로 테스트했다. 우리 연구팀은 해법을 찾아낸 후에도 그 해법을 계속 검증하며 개선했고, 다시 검증하는 과정을 되풀이했다. 그 과정에서 우리가 배운 것을 풀어내며 분석해보자.

대담한 리더십을 위한 4가지 능력

1. 취약함을 인정하지 않고는 용기를 끌어낼 수 없다. 정말 싫은 것이더라도 피할 수 없는 것이라면 받아들여라.

대담한 리더십의 중심에는 업무 현장에서는 좀처럼 인정되지 않지만 지극히 인간적인 진실이 자리 잡고 있다. 용기와 두려움은 상호배타적이지 않다는 것이다. 실제로는 두려움에 사로잡힌 상태에서도 대담성을 발휘할 수 있다. 가끔씩 우리는 자신이 취약한 존재라는 기분을 떨쳐내지 못한다. 그런 기분은 하루 종일 계속되기도 한다. 그러나 시어도어 루스벨트가 말했듯이 '경기장'에 들어선 순간부터 우리는 두려움과 싸우면서 용기를 발휘하려 애써야 한다. 이런 상황에서 우리에게 필요한 것은 '냉정한 대화(럼블, rumble)'를 통해 우리에게 도움을 줄 수 있는 공통된 언어, 기법과 도구 및 일상의 관례이다. 참고로 '럼블'이란 단어는 원래 '우르르거리는 소리'라는 뜻인데, 나는 그 의미를 살려서 "힘들겠지만 진실한 대화를 해보자!"라는 의미로 "럼블하자!"라고 말하곤 한다. 그로써 '럼블'은 진지한 의도를 제기하며, 행동을 촉구하는 신호나 독촉장이 되었다.

럼블은 취약성을 진심으로 인정하고, 관심과 아량을 유지하며, 문제를 확인하고 해결하는 혼란스러운 와중에도 계속되는 논쟁이나 대화 혹은 모임을 말한다. 또 필요할 때는 휴식을 취하며 원래의 상태로 되돌아가고, 각자의 책임을 대담하게 인정하며, 심리학자 해리엇 러너(Harriet Lerner)가 말하듯이 "자신의 말이 경청되기를 바라는 마음만큼 상대의 말을 귀담아듣는 대화"를 뜻하기도 한다.[2] 특히 "럼블하자"라는 말은 자신의 욕심을 앞세우지 말고 서로 도움을 주고받을 수 있도록 열린 마음과 머리로 대화하고 행동하자는 신호로 해석하면 된다.

우리는 명확하면서도 희망에 찬 결론을 끌어냈다. '용기'는 학습되고 관찰되며 측정되는 4가지 능력의 결합체라는 것이다. 그 능력은 다음과 같다.

1. 취약성을 인정한다
2. 가치관에 따라 살아간다
3. 대담하게 신뢰한다
4. 다시 일어서는 법을 배운다

용기를 기르려면, 기본적으로 취약성을 기꺼이 진심으로 인정할 수 있어야 한다. 이 핵심적인 능력이 없으면, 나머지 3가지 능력도 실제화할 수 없다. 취약성을 포용하는 능력이 대담한 리더로 성장하는 일의 기본이다. 취약성을 인정하는 능력을 키우고 나서야 나머지 능력들도 키워나갈 수 있기 때문이다. 이 책의 목표는 이런 개념들을 실천하기 위한 근육 기억을 키우는 데 중요한 도구와 기술, 행동에 대한 세부 사항을 많은 사람에게 알리는 것이다.

우리 연구팀은 이 용기를 키우는 기술을 50개 이상의 조직에서 테스트했다. 게이츠 재단부터 로열 더치 셸까지, 소규모 가족 기업부터 포춘 50대 기업까지, 단독으로 혹은 팀원으로서 키워가는 약 1만 명의 개인에게도 적용해보았다. 미국 군부대를 대상으로 실험한 결과에 따르면, 이 기법은 리더가 팀을 끌어가는 방법에서는 물론이고 팀이 업무를 수행하는 방법에서도 긍정적인 방향으로 큰 영향을 미쳤다.

2. 대담한 리더십을 방해하는 진짜 장애물은 '두려움에 어떻게 대응하느냐'에 있다.

흔히 용기는 생득적 자질로 여겨진다. 그러나 평범한 상황의 우리는 용기와 별다른 관계가 없지만, 힘든 상황에서 어떻게 행동하느냐는 용기와 상당한 관계가 있다. 한편 두려움은 위에서 나열한 문제적 행동 및 문화의 중심에 있는 감정이다. 두려움은 용기의 발휘를 가로막는 장애물이다. 하지만 우리가 인터뷰한 모든 대담한 리더 역시 다양한 형태의 두려움을 주기적으로 경험한다고 말했다. 달리 말하면, 두려움이란 감정 자체는 장애물이 아니라는 뜻이다. 결국 우리가 현재 상황을 어떻게 반응하고 넘어서느냐, 그리고 이 과정에서 스스로를 인내하는 자기연민이 있느냐가 중요하다.

3. 용기는 전염성을 띤다.

대담한 리더십의 진짜 장애물은 우리의 '갑옷'이다. 구체적으로 말하면, 취약성을 기꺼이 인정하지 않고 자신을 보호하는 데 급급하게 사용하는 생각과 감정, 그리고 행동이다. 이 책에서 우리는 대담한 리더십을 키우는 데 필요한 도구와 능력을 학습하는 동시에, 용기의 함양을 방해하는 요인이 무엇인지에 대해서도 살펴볼 것이다. 새로운 방식으로 무엇인가를 시도하며 새로운 삶을 살려는 노력을 이른바 우리 '갑옷'이 방해할 수 있기 때문이다. 용기의 가장 중요한 특징은 전염성이다. 따라서 대담한 리더십을 키우고, 개인과 조직에 용기를 심어주려면 대담한 업무 처리와 냉정한 대화, 전심전력이 기대되는 문화가 필요하다. 하지만 이에 대해 어떠한 갑옷도 보상도 필요하지 않는 문화가 조성되어야 한다.

조직원이 갑옷을 벗고 건전한 자아를 드러내기를 바란다면, 조직원이 자신의 말과 행동이 경청되며 존중받는다고 느낄 수 있는, 안심할 수 있는 문화를 조성해야 한다. 그래야 혁신하고, 문제를 해결하며, 주변 사람에게 진정한 도움을 줄 수 있다. 결국 대담한 리더는 팀원들을 배려하고, 팀원들과 어떤 식으로든 연결되어야 한다.

많은 자료에서 입증되듯이, '배려'와 '연결'은 리더와 팀원 간의 진실하고 생산적인 관계에서 필수 조건이다. 요컨대 리더가 어떤 팀원에게 배려심을 갖지 않는다면, 즉 그 팀원과 어떤 방식으로든 연결되었다고 느끼지 못할 때, 선택지는 두 가지다. 하나는 리더가 배려심과 교감 능력을 키우는 것이고, 다른 하나는 그 팀원에게 더 적합한 리더를 찾아주는 것이다. 여기에 수치심이 끼어들 여지는 없다. 달리 말하면, 이런 단절을 부끄러워할 필요는 없다. 피눈물 나는 노력에도 좀처럼 나아지지 않는 단절을 우리 모두가 겪어봤을 테니 말이다. 배려와 연결을 위해서는 기본적으로 헌신적인 노력이 필요하다. 리더가 팀원들을 완전히 섬기지 못하고 있다는 걸 인정하려면 꽤 커다란 용기가 필요하다.

오늘날 우리의 현실을 생각하면, 리더는 더 높은 행동 기준을 준수하고, 공간을 마련하며 이를 유지하는 사람이다. 조직원이 많은 기업에서 업무 문화는 각자 집에서 경험하는 것보다 더 나은 수준이야만 한다. 따라서 조직의 리더십 전략에 따라 조직원들이 더 나은 배우자나 부모로 변할 수도 있는 것이다. 예를 들어 교사는 우리 사회에서 가장 중요한 리더 중 하나라 할 수 있다. 내가 교사들을 대상으로 강연할 때 종종 말하듯이, 우리는 학생들에게 집에서나 학교에 오는 길에서라도 갑옷을 벗으라고 강요할 수 없다. 감정과 신체의 안전에는 '자기 보호'가 필요할 수 있기 때문이다. 그러나 리더로서 할 수 있는 것, 또 해야 하는 것이 있다. 모든 학생이 하루나 한 시간이라도 무겁고 부담스러운 갑옷을 벗어 선반에 걸어둔 채, 마음의 문을 활짝 열고 진정한 자신의 모습을 보여주며 자유롭게 행동할 수 있는 공간을 학교와 교실에 마련하는 것이다.

교사는 학생들이 편히 숨 쉬고, 호기심을 유지하며, 세상을 탐구할 수 있는 공간이자 동시에 질식할 것 같은 압력에서 벗어나 진정한 자아가 되는 공간의 수호자가 되어야 한다. 학생들에게도 자신의 취약성을 인정하고 마음 편히 숨을 내쉴 수 있는 공간이 필요하다. 우리 팀의 연구를 통해 밝혀낸 결론에 따르면, 아이들이 갑옷을 벗고 소속 감을 느낄 만한 공간의 필요성을 간과해서는 안 된다는 것이다. 이런 공간이 있을 때 아이들의 삶이 달라질 수 있고, 실제로 달라지는 경우 도 적지 않았다.

학교와 조직, 종교기관 심지어 가족에게서도 인종차별, 계급적 편 견, 성차별 및 두려움 때문에 갑옷이 필요하다면, 절대로 구성원의 온 전한 참여를 기대할 수 없다. 게다가 조직이 냉소주의와 완벽주의, 감 정의 억제 같은 갑옷으로 위장된 행동, 주변을 탓하고 모욕하는 행위 를 질책하지 않고 내버려두거나 보상한다면, 결코 혁신적 업무 성과 를 기대할 수 없다. 누구도 갑옷으로 위장한 상태에서는 충분히 성장 하고 기여할 수 없다. 갑옷을 입은 채 행동하려면 엄청난 에너지가 소 모된다. 때로는 갑옷을 지탱하고 있는 것만으로도 에너지가 완전히 소모되기도 한다.

14세에게든, 40세에게든 갑옷을 벗고 자유롭게 행동하는 과정은 '고정화'되지 않는 행동들을 찾아내는 기회이다. 위에서 언급된 모든 행동은 학습되고 관찰될 수 있으므로 측정될 수도 있다. 우리 연구에 참여한 리더 중에도 처음에는 용기가 유전적 운명으로 결정된다고 확신한 경우가 적지 않았지만, 인터뷰 과정 자체가 그들의 생각을 바 꿔 놓는 촉매 역할을 해냈다.

한 리더는 나에게 이렇게 말했다. "지금 내가 50대 후반입니다. 내 행동 하나하나가 부모와 라이프 코치에게 배운 것이란 사실을 오늘 에서야 깨달았습니다. 핵심적인 부분만 말하라면, 나는 거의 모든 교 육 내용을 기억해 낼 수 있습니다. 하나하나의 교훈을 언제 어떻게 배웠는지로 기억해낼 수 있죠. 무엇이든 배워서 익힐 수 있다는 사실을 모두에게 알려줘야 합니다. 또 가르칠 수 있을 겁니다." 그 리더의 고백은 나에게 "시간이 힘들게 배운 교훈과 우리의 기억을 마모시키겠지만, 과거에 어렵게 배운 것은 결국 '지금의 나'를 만든다"라는 중요한 사실을 깨닫게 해주었다.

◆　◆　◆

용기로 이어지는 4가지 능력은 새로운 것이 아니다. 리더가 존재하기 시작한 이후로, 모든 리더가 열망하던 리더십 조건이었다. 하지만 그 능력을 개발하는 데 크게 빛을 보인 리더는 없었다. 과정에 내재한 인문학적인 면을 간과했기 때문이다. 물론 4가지 능력을 개발하는 과정은 무척 까다롭고 어렵다. 그 목적을 성취하려는 노력을 방해하는 두려움과 복잡한 감정, 결핍감 등에 대해 언급하는 것보다, 우리가 원하는 것과 우리에게 필요한 것에 대해 이야기하는 게 훨씬 더 쉽다. 얄궂게도 우리에게는 용기에 대한 진심을 말할 용기가 없을지 모른다. 하지만 때가 되었다. 4가지 능력을 '소프트 스킬(soft skills)'이라 불러도 좋다. 사실 뭐라고 칭하든 상관없다. 나는 그저 방관자의 역할에서 벗어나 경기장의 투사로 변신한 당신의 모습을 보고 싶다.

Part

1

취약성 인정하기

Vulnerability

| 취약성 |

부족함을
인정하지 않고는
용기를 끌어낼 수 없다.

Chapter 1

당신은 얼마나
취약한 사람인가

우주의 기운으로 루스벨트의 인용구를 읽게 되었을 때 3가지 교훈이 내 눈앞에 뚜렷이 보였다. 첫째는 내가 '취약성의 물리학(physics of vulnerability)'이라 칭하는 것이다. 취약성의 물리학은 무척 간단하다. 용감한 사람이 자주 넘어진다는 것이다. 대담성은 "나는 실패를 기꺼이 각오할 것"이란 뜻이 아니다. 대담성은 "내가 결국 실패할 거라는 걸 알지만 그래도 전력을 다할 것"이라고 말하는 것이다. 지금까지 내가 만난 대담한 사람들은 좌절과 실패와 상심을 모르는 사람들이었다.

두 번째 교훈은 취약성이 "승패의 문제가 아니라는 것"이다. 결과를 통제할 수 없는 경우에도 용기 있게 자신의 모습을 드러내야 한다. 루스벨트의 인용구에는 내가 취약성에 대해 알고 있는 모든 것이 담겨 있다. 나는 20년 전에 발표한 글에서, 불확실성의 위험과 감정에 노출된 상황에서 우리가 경험하는 정서가 '취약성'이라고 처음 정의했다. 이 정의는 그 이후의 모든 연구에서 유효했고, 리더십에 대한 이번 연구에서도 다를 바가 없다.

지난 수년 동안 우리 연구팀은 수천 명에게 언제 취약함을 뼈저리게 느꼈는지 물었다. 감정을 뒤흔들어놓는 대답이 적지 않았다. 내 경우를 예로 들면, 이혼하고 첫 데이트할 때, 팀원들과 경쟁에 대해 논의할 때, 두 번을 유산한 후에도 임신하려고 애썼을 때, 내 사업을 시작했을 때, 애지중지 키운 아이가 대학에 진학해 집을 떠나던 모습을 지켜보아야 했을 때 나 자신의 취약함을 절감했다. 또한 회의에서 동료에게 쏟아낸 모욕적인 말투를 사과해야 했을 때, 아들이 수석 연주자가 되기를 원하지만 가능성이 없다는 걸 알고, 또 그러면서도 아들을 오케스트라 연습장에 보낼 때, 의사의 전화를 기다릴 때, 피드백을 제시할 때와 피드백을 받을 때, 누군가를 해고할 때도 마찬가지이다. 우리 연구팀이 수집한 자료에는 '취약함이 약점'이란 경험적 증거가 전혀 없다.

취약함을 경험하는 게 쉬운가? 그렇지 않다.
취약함을 경험하면 불안과 불안정을 느끼게 되는가? 그렇다.
취약함을 경험하면 자신을 보호하고 싶어지는가? 항상 그렇다.
갑옷을 벗고 진심으로 취약함을 경험하기 위해 자신의 모습을 드러내려면 용기가 필요한가? 물론이다!

루스벨트의 인용구에서 내가 배운 마지막 교훈은, 경기장의 투사가 되어 두들겨 맞아보지 않은 사람의 조언은 귀담아 듣지 말라는 것이다. 이 말은 결국 내 삶의 지표가 되었다. 요즘 세계의 경기장에는 수많은 싸구려 좌석이 있다. 직접 대담하게 싸운 적도 없으면서, 대담하게 경기장에 뛰어든 투사들을 향해 허튼소리로 조언하며 심판하는 데 몰두하는 사람들이 그 좌석을 꽉 채우고 있다. 그들은 비판과 냉소로 두려움을 조장할 뿐이다. 따라서 전선에 뛰어들지 않은 채 안전한 곳에서 비판을 일삼는 사람의 허튼소리에 나는 전혀 관심을 두지 않는다.

우리는 싸구려 좌석에 앉은 사람들의 피드백에 귀를 닫고, 갑옷을 벗어 던져야 한다. 이 원칙을 충실히 지키는 리더들의 공통점 하나를 찾자면, "자신에 대해 어떤 의견이 중요한지를 명확히 찾아낸다는 것"이다. 또한 관중들이 아닌 진정한 리더들로부터 피드백을 구해야 한다. 물론 그들로부터 피드백을 듣는 게 쉽지는 않겠지만, 어떻게든 소중한 교훈을 끌어내어 받아들이고 간직해야 한다. 우리 연구팀이 내린 결론에서 얻은 교훈을 살짝 공유하자면 다음과 같다.

"마음에 상처가 되는 평가에는 관심을 두지 말고, 다시 읽거나 반추하지도 마라. 그런 평가를 기억에 담아두며 당신의 나쁜 점을 되살려내지도 마라. 어떤 경우에도 불쾌한 평가를 멀리하라.

비생산적이고 해가 되는 것이면 무엇이든, 갑옷을 입지 않은 진정한 자신의 모습 아래 던져버려라. 취약함이 비판과 부정적 평가를 파고들며 최악의 상황까지 상상하게 만들고, 또 수치심이란 괴물이 그 상처를 이용해 당신의 갑옷을 더욱 단단하게 조이게 만든다면, 심호흡하며 그 천박한 것을 바닥에 내동댕이칠 힘을 끌어모으라. 발을 굴러 짓밟을 필요도 없다. 발로 짓밟거나 던져버릴 필요도 없다. 잔인한 비난은 천박하고 방종하며 좀스러운 짓이다. 따라서 그런 행위에 반박하겠다고 당신의 소중한 에너지와 힘을 쏟을 가치가 없다. 그런 평가들은 그냥 사뿐히 무시하고, 대담성을 계속 유지하는 것이 최선이다. 그러나 갑옷이 지나치게 무거워지면 싸구려 좌석의 사람들의 피드백은 물론, 대담한 리더의 조언까지 받지 못하게 되니 주의할 것!"

피드백이 차단되면 성장도 중단된다. 그렇다고 의도와 특성에 상관없이 모든 피드백을 받아들이면 그 피드백에 우리는 큰 상처를 입게 된다. 결국 우리는 갑옷을 더욱 강화하며 상처를 받지 않는 척하게 된다. 더욱 심각한 경우에는 취약성을 비롯한 모든 감정을 완전히 차단함으로써 상처 받을 가능성 자체를 봉쇄한다. 이렇게 더는 어떤 것도 느끼지 못할 정도로 갑옷이 지나치게 두꺼워지면 진짜로 죽은 것이나 다를 바가 없다. 명목상의 이유는 '자기방어'이지만 결국에는 상처뿐만 아니라 심지어 사랑까지, 모든 것으로부터 우리 마음을 차단하게 된다.

사랑보다 자기방어를 우선시한 결과를 C. S. 루이스만큼 정확히 표현한 작가는 없는 듯하다.

"결국 사랑한다는 것은 상처를 받을 수 있다는 것이다. 무엇이든 사랑해보라. 당신의 마음은 틀림없이 슬픔에 짓눌릴 것이고, 어쩌면 갈기갈기 찢어질 수도 있다. 마음이 상하는 걸 원하지 않는다면, 누구에게도, 심지어 동물에게도 마음을 주지 않아야 한다. 취미와 작은 사치로 마음을 조심스레 감싸고, 복잡하게 얽히는 모든 관계를 멀리하며, 이기심이란 관에 안전하게 넣어두라. 관 속은 안전하고 어둡고, 관에서는 어떤 움직임도 없고 공기도 흐르지 않는다. 그러나 관 속에서도 당신의 마음은 변하지만 부서지지는 않는다. 오히려 당신의 마음은 강퍅해져서 뚫고 들어갈 수도 없고, 구원받지도 못하는 지경에 이르게 될 것이다."[1]

사랑한다는 것은 상처를 받을 수 있다는 것이다.

충신과 간신을 구별하는 가장 간단한 방법

우리가 주변 사람의 생각대로 자신을 규정하면 대담해지기가 무척 어렵다. 주변 사람의 생각에 연연하지 않는 순간, 우리는 진정한 관계를 위한 준비를 갖춘 셈이 된다. 그럼 어떻게 하면, 어떤 사람의 의견이 우리에게 중요한지 명확히 찾아낼 수 있을까?

그 해법은 『마음 가면』에서 이미 제시한 적이 있다. 사방 2.5센티미터 크기의 작은 종이를 준비하고, 당신에 대한 의견을 중요하게 생각하는 사람들의 이름을 적는다. 언제든지 직접 수정할 수 있어야 하기 때문에 작은 종이가 더 좋다. 그 종이를 접어 지갑에 넣는다. 그러고는 10분쯤 할애하여 그들에게 연락을 취한 후, 작은 감사의 뜻을 전한다. 그들은 당신의 '공정성 특공대(square squad)'이다. 간단하게 이런 식으로 말하면 된다. "어떤 분의 의견이 나에게 중요한지 찾아보고 있습니다. 당신이 그런 분 중 하나이더군요. 감사드립니다. 정직하고 현실적으로 나를 평가해주시는 것에 감사드립니다."

그런 사람을 찾아내는 기준이 필요하다면, 내 기준을 활용해보라. 목록에 오른 사람은 당신의 취약성과 불완전함에도 불구하고 당신을 사랑하는 사람이어야 한다. 그 사람의 능력이 중요한 것이 아니다. 그렇다고 목록에 오른 사람이 무작정 긍정적인 사람이어서는 안 된다. 다시 말해, 당신의 입맛에 맞추는 아첨 분대가 되어서도 안 된다는 뜻이다. 그들은 당신을 존중하면서도, 취약성을 인정하며 이렇게 말할 수 있는 사람이어야 한다. "내 생각에 당신은 그 상황에서 진실하지 못했습니다. 그 점을 분명히 인정하고 사과해야 합니다. 그 부분에서 당신을 도우려고 내가 있는 겁니다." 혹은 "예, 이번에는 크게 잘못했습니다. 하지만 당신은 대담하게 도전했습니다. 당신이 경기장으로 돌아갈 수 있도록 옆에서 돕고 응원하겠습니다."

취약성에 대한 6가지 잘못된 믿음

『마음 가면』에서 나는 취약성과 관련된 4가지 신화를 다루었다. 그러나 용기를 키우는 기술을 조직에 전달하고, 그곳의 리더들과 함께 일하는 과정에서 나는 취약성에 대해 다르게 말하는 자료들을 확인하게 되었다. 성별과 연령, 인종과 국가, 능력과 문화를 비롯해 많은 부문에서 폭넓게 존재하는 6가지 잘못된 믿음을 소개한다.

잘못된 믿음 #1 : 취약성은 약점이다.

개인적으로 나는 취약성과 관련된 근거 없는 믿음들, 특히 '취약성이 약점'이라는 생각을 떨쳐내는 데 상당히 오랜 시간이 걸렸다. 그러나 2014년, 중서부에 위치한 한 군기지에서 수백 명의 특수부대원을 마주 보고 섰을 때, 그 믿음을 에둘러 지루하게 설명하는 일을 멈추고, 내 논지를 하나의 질문으로 집약했다.

나는 그 용맹한 군인들을 똑바로 바라보며 물었다. "취약성은 불확실성의 위험과 감정에 노출된 상황에서 우리가 가장 먼저 직면하는 정서입니다. 동료의 행동에서나 당신 자신의 삶에서 취약함이 개입되지 않고도, 용기가 발휘된 사례를 단 한 건이라도 제시할 수 있겠습니까?"

깊은 침묵이 흘렀다. 귀뚜라미 울음소리가 간혹 들렸을 뿐이다.

마침내 한 젊은 병사가 우렁찬 목소리로 대답했다. "없습니다. 해외 작전에 세 번 파견됐지만, 취약함을 마주하지 않고 용기 있게 행동한 경우는 없었던 것 같습니다."

그 이후로도 나는 세계 전역의 강연장에서 200번가량 똑같은 질문을 던졌다. 전투기 조종사와 소프트웨어 개발자, 교사와 회계사, CIA 요원과 기업의 최고경영자, 성직자와 프로 선수, 예술가와 시민운동가 등 수많은 사람을 상대로 똑같이 질문했었지만, 취약성이 개입되지 않은 용기 있는 행동의 사례를 누구도 제시하지 못했다. 취약성이 약점이라는 생각은 객관적인 자료와 실제 경험 앞에서 여지없이 무너진다.

잘못된 믿음 #2 : 나는 나약하게 행동하지 않는다.

우리의 일상은 불확실성과 여러 가지 위험, 복잡한 감정에 노출된 상황의 연속이다. 그리고 삶은 이에 대한 경험들로 규정된다. 그런 상황을 완전히 벗어날 방법은 없다. 둘 중 하나를 선택하게 된다. 당신의 취약함을 인정하거나, 그 기회에 당신의 진정한 모습을 보여주는 것이다. 자신의 취약함을 인정하고 의식적으로 그렇게 행동하는 쪽을 선택한다는 것은, 가치관에 따라 진실하게 살아가는 방향으로 생각과 행동을 유도한다는 뜻이다. 반대로 '나약하게 행동하지 않는다'라는 과시는 두려움이 우리 생각과 행동을 완전히 조종한다는 뜻이다. 그러나 이에 대한 자각이 없기 때문에, 그런 과시는 거의 언제나 그럴듯한 속임수나 처절한 실패로 이어진다.

우리 연구팀이 수집한 자료를 믿지 못하겠다면, 당신의 공정성 특공대에게 "내가 취약하다고 느껴지면 어떻게 행동해야 합니까?"라고 물어보라. 당신이 '자각'이란 면에서만 취약성을 인정한다면, 당신이 모르는 것이나 적극적으로 대하지 않는 것에는 귀를 열지 않을 것이다. 게다가 '나는 특별히 예외'라는 불치병을 앓고 있다면, 객관적이고 냉정한 피드백을 받아들이지 않을 가능성도 높다.

지혜와 경험이 취약함을 메꿔줄 수 있을 거라고 믿고 싶지만, 현실은 그렇지 않다. 오히려 지혜와 경험은 취약성의 인정이 중요하다는 걸 다시 확인시켜줄 뿐이다. 나는 이 이야기를 할 때 미국 작가, 매들린 렝글(Madeleine L'Engle)의 말을 인용하는 걸 좋아한다. "우리는 어렸을 때 어른이 되면 더는 취약하지 않을 거라고 생각했다. 그러나 어른이 된다는 것은 취약함을 받아들이는 것이다."[2]

잘못된 믿음 #3 : 나는 혼자서 할 수 있다.

취약성에 대한 세 번째 잘못된 믿음은 '나는 혼자서 할 수 있다'라는 것이다. 우리는 취약성을 마주할 때 가장 먼저 부딪치는 저항선으로 '나는 누구의 도움도 필요하지 않기 때문에 취약함을 인정할 필요가 없다'라고 생각한다. 나 역시 마찬가지다. 가끔은 나도 그 주장이 사실이면 좋겠다. 하지만 '아무도 필요 없다'는 주장은 신경 생물학에 대해 알려진 모든 이론과 다르다는 게 문제이다. 우리는 관계를 지향하도록 프로그램된 존재이다. 신경세포인 거울 뉴런(mirror neuron)부터 언어에서도 볼 수 있듯이 인간은 사회적 동물이다. 진실한 관계가 없으면 우리는 고통을 받는다. 여기에서 '진실함'은 남에게 인정받으려는 노력과 주변의 요구에 맞추려는 변신이 필요하지 않은 관계를 뜻한다.

나는 『진정한 나로 살아갈 용기』를 쓰는 동안, 신경과학자 존 카시오포(John Cacioppo)의 저작을 깊이 파고들었다. 카시오포는 외로움과 소속감과 관계를 연구하는 데 평생을 바쳤는데, 우리가 가진 힘은 공고한 '개인주의'가 아니라, 계획하고 대화하며 함께 일하는 '집단 능력'에서 비롯된다고 말했다. 또한 신경과 호르몬, 유전자 구조는 독립보다 상호의존을 선호한다고 주장하며 이렇게 설명했다. "인간을 비롯해 사회적 동물이 성년으로 성장한다는 것은 자주적이고 혼자가 되는 것이 아니라, 다른 존재가 의지할 수 있는 존재가 되는 것이다. 우리 뇌와 생물학적 기능은 그런 결과를 뒷받침하는 방향으로 형성되었다."[3] 결국 우리는 혼자 살아가도록 설계된 존재가 아니라는 것이다. 나를 포함해 많은 사람이 록밴드 화이트스네이크(Whitesnake)를 좋아하지만, 그들의 노래처럼 우리는 혼자 살아가도록 태어난 존재가 아니다.

잘못된 믿음 #4 : 취약함을 근거로 불확실성과 심리적 불편함을 조절할 수 있다.

나는 테크놀로지 기업이나 공학자와 함께 일하는 걸 좋아한다. 시시때때로 적잖은 사람이 취약성을 근거로 불확실성과 심리적 불편함을 조절하면, 취약성이 한층 편안하게 받아들여지지 않겠느냐고 제안한다. 내게도 많은 사람이 대면 대화를 대신하는 문자 텍스트 애플리케이션부터, 상대에게 취약한 면을 보여도 안전한 때를 예측하는 알고리즘까지 온갖 것을 추천한다.

그러나 서문에서 언급했듯이, 우리가 취약성을 어떻게 생각하고 그 단어를 어떻게 사용하느냐에 따라 취약성을 활용하려는 욕구의 정도가 결정된다. 많은 사람이 매일 출근할 때 '취약성과 불확실성을 조절하고, 위험을 줄이는 시스템이 있으면 좋겠다'라고 생각한다. 대부분의 직장인이라면 모두가 똑같다. 취약성을 법률상의 허점이나 골칫거리와 동일시하는 법률가부터, 마케팅과 보안, 테크놀로지 분야에서 일하며 취약성을 잠재적 시스템 장애로 생각하는 공학자, 취약성을 문자 그대로 죽음과 동일시하는 전투병과 외과 의사까지 다를 바가 없다.

취약성에 대해 언급하며 취약성을 받아들이라고 역설하기 시작하고, 내가 말하는 것은 '관계의 취약성'이지 '시스템의 취약성'이 아니라는 걸 명확히 밝히기 전까지 거의 매번 상당한 저항이 있었다. 예를 들어 설명해보자. 수년 전, 나는 로켓 과학자들을 상대로 강연한 적이 있었다. 휴식 시간에 한 공학자가 나에게 다가왔다. "나는 취약하지 않습니다. 그럴 수도 없고요. 그래야 된다고 생각합니다. 내가 취약해지면, 그야말로 똥이 하늘에서 떨어질지도 모릅니다."

나는 빙그레 미소 지으며 물었다. "당신 업무에서 가장 힘든 부분이 뭔가요? 그 일 때문에 하늘에서 똥을 계속 내리는 건가요?"

그가 대답했다. "그렇지는 않습니다. 우리는 인간의 실수를 제어하는 정교한 시스템을 만들어놓았습니다. 물론 일은 힘들지만, 내가 일 자체를 싫어하는 건 아닙니다."

나는 아무런 대꾸도 하지 않고 기다렸다. 그는 잠시 생각에 잠긴 후에 다시 말했다. "정말 싫은 것은 팀을 이끌고, 팀원들을 끌어가는 일입니다. 좀처럼 성과를 내지 못하는 팀원이 있는데, 1년 동안 아무런 성과를 내놓지 못했습니다. 그를 자극하려고 온갖 시도를 해보았고, 엄하게 나무라기도 했습니다. 그가 거의 울먹이며 다시 기회를 달라고 하더군요. 그래서 회의가 흐지부지 끝났습니다. 당시도 기분이 좋지 않았지만, 지금도 내가 곧 곤란한 문제에 빠질 것 같은 불길한 예감을 떨칠 수 없습니다. 아직까지 그에게 성과표를 받지 못했으니까요."

내가 말했다. "그렇군요. 힘들겠군요. 이번에는 어떨 것 같습니까?"

그가 대답했다. "두고 보면 알겠지요. 이제 자리에 돌아가 앉으렵니다."

얄궂게도 조직원들이 대담한 리더십 능력을 얻으려고 열심히 노력하는 분야에서, 또 조직원들이 취약성의 중요성을 알게 되고 자발적으로 깊이 파고들며 열심히 진실하게 대화하려는 분야에서, 시스템의 취약성이 실패와 동일시되는 경향이 있다.

다른 예를 들어보자. 나는 런던의 금융지구, 카나리 워프에서 몇몇 은행가들과 함께 오후 시간을 보낸 적이 있었다. 그들의 설명에 따르면, 금융 분야는 규정을 철저히 준수해야 하기 때문에 취약성이 들어설 여지가 없었다. 그들이 내가 그곳에 무엇 때문에 왔는지 몹시 궁금해했기에, 나는 조금도 망설이지 않고 직설적으로 같은 질문을 물었다. 내 뜻밖의 질문에 그 은행가들은 물론이고, 나를 초대한 미래 개발팀도 깜짝 놀라는 반응을 보였다. 나는 솔직하게 대답했다. "내일이 런던에 체류하는 마지막 날입니다. 내일은 꼭 제임스 스미스 앤드 선스를 방문해야겠습니다." 제임스 스미스 앤드 선스는 1800년대 초에 설립된 유명한 우산 전문 상점이었다. "그럼 내가 런던에 온 이유를 짐작하실 수 있을 겁니다. 알아맞힐 수 있겠습니까?"

그들은 약간 짜증난 표정을 지었지만 내 말에 관심을 보였다. 그래서 나는 이렇게 물었다. "요즘 여러분의 업계에서 직면한 가장 큰 문제가 무엇입니까?"

잠시 침묵이 흘렀고 그들은 서로 눈짓을 주고받았다. 마침내 한 은

행가가 대변인을 자처하며 큰 소리로 대답했다. "윤리적 의사결정 문제입니다."

'빌어먹을! 예상대로군.' 나는 깊게 숨을 들이마신 후에 다시 물었다. "팀원들에게 '우리 가치관에 벗어나는 거야!'라든지, '우리 윤리 기준에 맞아 않아!'라고 공개적으로 말한 적이 있습니까?"

대부분이 손을 들었다. "그때 기분이 어땠습니까?"

모두가 입을 다물고 선뜻 대답하지 않았다. 나는 그들을 대신해 대답했다. "직장에서 윤리와 가치에 대한 책임을 남에게 지우는 것보다 취약성이 요구되는 행위는 없을 겁니다. 특히 여러분과 같이 혼자에게 많은 돈과 권한이나 영향력이 걸린 경우에는 더욱더 그렇습니다. 사람들이 당신을 깎아내리고, 당신의 의도에 의문을 품고, 당신을 혐오하고, 때로는 자신을 보호하는 과정에서 당신의 평판까지 의심하려 할 겁니다. 따라서 취약성을 드러내려 하지 않고, 취약함을 약점이라고 생각하는 문화가 유지된다면, 그런 기업에서 윤리적 의사결정이 문제가 되는 것은 당연합니다."

펜과 수첩을 꺼내 무엇인가를 끄적거리거나 자리를 고쳐 앉는 소리밖에 들리지 않았다. 마침내 앞줄에 앉은 여성이 조심스레 말했다. "우산 상점은 유감이군요. 런던을 다시 한 번 방문해주세요. 봄에는 런던 날씨가 화창하답니다."

시스템의 취약성에 어떻게 접근하느냐에 상관없이, 인간관계에서 불확실성과 위험성 또는 감정에 노출되는 상황을 없애려 한다면 용기를 발휘할 기회도 당연히 사라진다. 거듭 말하지만, 용기는 취약성을 중심에 둔 4가지 능력의 결합체이다. 이에 대해 나쁜 소식이라면, 그 능력을 키우는 데 적합한 애플리케이션이 없다는 것이다. 따라서 우리가 어떤 일을 하고 어디에서 일하든 간에, 또 시스템으로 취약성을 조절하는 게 우리 업무라 하더라도 취약성과 관련된 부문들에서 대담해질 필요가 있다.

좋은 소식도 있다. 취약성을 인정하는 것을 필두로 용기의 함양과 관련된 4가지 능력을 성공적으로 개발하면 기계로는 결코 도달할 수 없는 인간적인 것, 게다가 대담한 리더십에는 무엇보다 소중한 것을 얻게 된다.

잘못된 믿음 #5 : 취약성보다 신뢰가 먼저!

우리 연구팀은 집단을 대상으로 한 리더십 훈련에서 때때로 문장 완성하기(sentence stems)라는 프로그램을 시행한다. 빈칸에 적절한 단어를 넣어 적절한 문장을 완성하는 기법이다. 예컨대,

"나는 성장 과정에서 취약성이 _____이라고 믿었다."

대답의 익명성이 보장될 정도로 집단의 규모가 크다면, 그 대답들을 게시판에 붙여두고 모두가 읽도록 공개하는 것도 괜찮은 방법이며, 무척 효과적일 수 있다. 조직원들이 어리둥절할 정도로 대답이 유사한 경우가 많기 때문이다. 그렇지만 대부분이 자기만 그런 문제와 고민한다고 생각한다. 개인적으로 2년 전에 영원히 잊지 못할 쪽지가 있었는데, 그 쪽지에는 "나는 성장 과정에서 취약성이 '배신의 첫걸

음'이라고 믿었다"라고 쓰여 있었다.

그는 공동체 지도자와 시민운동가로 구성된 집단의 일원이었다. 당시 우리는 취약성이 유약한 멍청이들의 몫이라고 배우게 되는 과정에 대해 1시간가량 토론한 뒤였다. 일부는 그런 말을 귀에 딱지가 앉도록 들으며 성장했고, 일부는 조용한 관찰을 통해 배웠겠지만, 그 말에 담긴 메시지는 똑같았다. "당신이 어떤 경우에 약해지고, 무엇을 가장 마음에 두는지 다른 사람들이 알게 할 정도로 어리석다면, 그들이 그 지식을 이용해서 당신에게 상처를 주는 것은 시간문제일 뿐이다." 아래의 질문들은 신뢰가 먼저냐 취약성이 먼저냐는 논쟁으로 어김없이 이어진다.

- 취약성을 드러내도 괜찮다고 어떤 사람을 믿을 때, 우리는 그것을 어떻게 알 수 있을까?
- 취약성의 위험을 무릅쓰지 않고 신뢰를 구축할 수 있을까?

우리 팀의 연구 결과는 명확하지만, 신뢰도 검사의 계량적 결과를 선호하는 사람들에게 큰 도움이 되지 않는다.

우리는 약한 사람으로 남을 줄 알아야 하고, 신뢰를 구축하기 위해 취약해질 필요가 있다. 우리 연구에 참여한 리더들은 '신뢰'가 서서히 구축되고, 시간의 흐름에 따라 반복되고 중첩되는 과정이라 설명했다. 신뢰 구축과 취약성 인정에는 위험이 뒤따른다. 이런 이유에서 용기를 내기가 힘든 것이다. 우리 연구팀에서는 구슬 항아리(marble jar)

라는 비유를 사용한다. 이 비유에 관련해서는 『마음 가면』에서 이미 언급했지만, 여기에서 다시 소개해보려 한다.

내 딸, 엘렌이 초등학교 3학년이었을 때였다. 어느 날, 학교에서 집에 돌아와서 현관문을 닫고는 나를 똑바로 바라보았다. 그러고는 현관문에 기댄 채 주저앉아 얼굴을 두 손에 묻고 흐느껴 울기 시작했다. 나는 당황해서 물었다. "엘렌, 왜 그래? 무슨 일이 있었던 거야?"

"오늘 학교에서 정말 창피한 일이 있었어요. 친구들에게 내 비밀을 살짝 얘기했고, 친구들은 아무에게도 말하지 않겠다고 약속했어요. 그런데 내가 교실에 들어가니까 모두가 알고 있더라고요."

나는 모성애가 슬그머니 고개를 치켜드는 걸 느낄 수 있었다. 엘렌은 3학년 선생님인 보컴 부인이 그런 행동이 무척 나빴다고 판단하며 구슬 항아리에서 절반의 구슬을 빼앗았다고 말했다. 엘렌의 교실에는 커다란 구슬 항아리가 있었다. 학급이 단체로 좋은 결정을 내리면 구슬을 얻어 항아리에 넣었고, 반대로 단체로 나쁜 결정을 내리면 구슬이 항아리에서 빠져나갔다. 보컴 부인은 학급 친구들이 엘렌을 놀렸기 때문에 구슬을 빼앗은 것이었다. 내가 유감이라고 말하자, 엘렌은 나를 똑바로 바라보며 "앞으로 누구도 절대 믿지 않을 거예요!"라고 말했다.

엘렌의 푸념에 내 마음이 찢어지는 것 같았다. 그래서 처음에는 "엄마를 믿어. 그럼 상관없어. 네가 대학에 진학하면, 엄마가 기숙사 옆에 작은 아파트를 마련할게. 문제가 생기면 언제라도 엄마한테 와서 하소연하면 되잖아"라고 말할까 생각했다. 당시에는 그럴듯한 생각으로 여겨졌다. 하지만 곧이어 나는 두려움과 분노를 한쪽에 밀어

두고, 엘렌에게 신뢰와 관계에 대해 어떻게 가르쳐야 하는지 고민하기 시작했다. 신뢰에 대한 내 경험과, 연구를 통해 신뢰에 대해 알게 된 것을 효과적으로 전달할 방법을 찾기 시작하자, "맞아, 구슬 항아리! 완벽해"라는 생각이 들었다.

나는 엘렌에게 말했다. "엘렌, 그래도 구슬을 많이 모은 사람은 믿어도 괜찮지 않을까? 너에게 도움을 주고 친절을 베푸는 사람, 너를 변호해주는 사람, 네 비밀을 지켜주는 사람의 항아리에 구슬을 넣어주었겠지. 반대로 심술을 부리고 예절을 지키지 않는 사람, 또 네 비밀을 퍼뜨리는 사람의 항아리에서는 구슬을 빼냈을 거야. 구슬을 넣고 또 넣어서, 구슬로 가득한 항아리를 들고 있는 사람을 찾으면 되지 않을까? 그 사람에게는 네가 비밀을 털어놓을 수 있지 않을까? 너한테 중요한 정보도 그 사람에는 믿고 전할 수 있지 않을까?"

그러고는 엘렌에게 구슬로 가득한 항아리를 가진 친구가 있느냐고 물었다. "구슬 항아리 친구가 있어요. 한나와 로너가 구슬 항아리 친구예요." 그래서 나는 엘렌에게 두 친구가 어떻게 구슬을 얻느냐고 물었다. 나는 한나와 로너가 엘렌을 위해 영웅적인 행위를 했을 거라는 흥미진진한 이야기를 기대했고, 엘렌이 어떤 이야기를 해줄 것인지 궁금하기도 했다. 하지만 엘렌의 이야기에 나는 깜짝 놀라지 않을 수 없었다. "지난 주말에 축구 경기를 했잖아요. 한나가 나를 찾아와서는 오마와 오파를 보았다고 나에게 말했어요." 오마와 오파는 내 엄마와 계부를 가리켰다. 나는 엘렌에게 더 자세히 말해보라고 재촉했다. "그래서 어떻게 됐어?"

"그게 전부예요. 한나에게 구슬 하나를 주었어요."

"왜?"

"모두가 할아버지, 할머니가 8명씩이나 있지는 않아요." 내 부모도 이혼한 후에 재혼했고, 남편 스티브의 부모도 이혼하고 재혼했기 때문이었다. "한나가 내 모든 할아버지, 할머니의 얼굴을 기억한 것도 정말 대단한 거라고 생각했거든요."

엘렌은 덧붙여 말했다. "로너는 나랑 엉덩이 반만 걸치기를 함께하기로 했어요. 그래서 구슬 항아리 친구가 됐어요."

나는 어리둥절한 표정으로 물었다. "맙소사, 그게 뭔데?"

"만약 내가 식당에 늦게 도착해서 모든 식탁이 꽉 차면, 로너가 자리를 좁혀 앉아 엉덩이를 반만 걸치면서 절반을 나한테 양보하는 거예요. 그럼 나도 친구들과 함께 앉아 식사를 할 수 있잖아요."

엉덩이를 반만 걸치기가 정말 대단한 아이디어이고 구슬을 받을 만하다고 인정할 수밖에 없었다. 그러자 엘렌도 기운을 되찾고, 나에게도 구슬 항아리 친구가 있느냐고, 또 그 친구들은 어떻게 구슬을 얻느냐고 물었다.

"어른들은 좀 다르지 않을까……?"

하지만 곧 나는 엘렌이 언급했던 축구 경기를 떠올렸다. 내 부모가 경기장에 도착하자, 내 친구 아일린이 두 분에게 다가가더니 "아버님 어머님, 안녕하세요. 성함이 데이비드와 디엔이시죠. 두 분을 뵈니 정말 반가워요"라고 인사했다. 아일린은 두 분의 이름을 똑똑히 기억하고 있었다. 그것만으로도 아일린에게 한없이 고맙지 않았던가!

내가 이 일화를 인용하는 이유는 그 이전에는 우리 삶에서 사소한 것을 기억해주는 친구처럼 사소한 일이 아니라, 중대한 순간과 대단한 사건을 통해 신뢰가 얻어지는 것이라 생각했었기 때문이다. 그날 밤 늦게 나는 박사학위 학생들을 내 팀에 불러 모았고, 신뢰에 대한 모든 연구를 조사하며 꼬박 닷새를 보냈다. 우리는 신뢰를 얻는 행위, 즉 엘렌이 그날 방과 후에 나에게 가르쳐준 것을 면밀히 들여다보았다. 그 결과, 신뢰는 지극히 사소한 순간에도 얻어지는 게 사실이라는 게 확인되었다. 신뢰는 영웅적인 행위, 눈에 띄는 행위가 아니라 관심을 보이고 경청하는 행위, 즉 진정한 마음으로 배려하고 관계를 맺는 행위를 통해 얻어지는 것이다.

근거 이론 연구자로서 내 역할은 자료에 담긴 뜻을 찾아내고 문헌을 뒤적이며, 내가 찾아낸 결론이 다른 연구자들의 보고와 어떤 부문에서 일치하고 어떤 부문에서 그렇지 않은지를 알아내는 것이다. 어느 쪽이든 간에 근거 이론 자체는 변하지 않지만, 종종 그렇듯이 불일치가 있으면 연구자는 그 존재를 인정해야 한다. 대부분의 계량적 연구자는 거꾸로 연구를 진행한다. 먼저 기존 연구가 무엇을 말하는지 분석하고, 그 후에 그 연구가 맞는지를 확인하려 한다. 하지만 내 접근법은 다르다. 기존 이론이 아니라 실질적이고 경험적인 자료에 근거해 다양한 이론을 개발하고, 내 연구에 참여한 리더들의 경험을 분석한 후에야 내 이론들을 기존 연구에 적용하려 한다. 자료를 분석해 얻은 결론이 기존 이론에 의해 왜곡되지 않도록 근거 이론가들은 이런 순서로 연구를 진행한다. 기존 이론들은 다양한 부류의 실질적인 경험을 반영한 경우도 있지만 그렇지 않은 경우도 많기 때문이다.

기존 문헌에서 내가 가장 먼저 주목한 연구는 친밀한 관계(intimate

relationship)를 40년 동안 관찰하고 분석한 존 가트맨(John Gottman)의 연구였다. 결혼 생활에 대한 가트맨의 연구가 생소한 독자도 많겠지만, 가트맨은 일련의 질문에 대한 응답을 근거로 이혼 가능성을 90퍼센트까지 정확히 예측해낼 수 있었다. 그의 팀은 요한 계시록에 등장하는 네 기사(Four Horsemen of the Apocalypse)에 빗대어 '결혼의 종말을 예고하는 네 기사(비난과 방어, 담쌓기와 경멸)'를 조사한 끝에 경멸이 낭만적 관계에 가장 부정적인 영향을 미친다고 결론지었다.

나는 캘리포니아 대학교 버클리 캠퍼스의 '그레이터 굿 사이언스 센터(Greater Good Science Center)'가 운영하는 웹사이트(greatergood. berkeley.edu)를 자주 방문해서 정보를 얻는다. 가트맨은 배우자와 신뢰를 구축하는 방법을 이 웹사이트에 기고했고, 그 방법은 우리 연구팀이 찾아낸 방법과 거의 일치했다.

"내가 연구를 통해 찾아낸 결론에 따르면, 신뢰는 지극히 사소한 순간에 구축된다는 것이다. 영화 「슬라이딩 도어즈」에서 보듯이, 두 방향 중에 어느 쪽을 따르느냐에 따라 결과가 달라지는 중대한 결정의 순간이 있다. 이런 이유에서 그 영화를 따서, 나는 그 순간을 '슬라이딩 도어(sliding door)' 순간이라 칭하려 한다. 다시 말하면, 배우자와 상호작용할 때마다 배우자와 하나가 될 가능성과 배우자를 외면할 가능성이 동시에 존재한다.

개인적인 관계를 예로 들어 설명해보자. 어느 날 밤, 나는 어떤 미스터리 소설을 끝까지 읽어내고 싶었다. 살인자가 누구인지 알 것 같았지만, 확실히 알아내고 싶었다. 나는 그 소설책을 읽다가 잠깐 머리맡에 내려놓고 욕실에 들어갔다. 거울 옆을 지날 때, 아내의 얼굴이 거울 속에 보였다. 머리를 빗고 있었지만 어딘지 슬픔에 잠긴 듯한 모습이었다. 나에게도 그야말로 '슬라이딩 도어' 순간이었다.

어떤 방향으로든 선택을 내려야했다. 욕실에서 슬그머니 빠져나오며 '오늘 밤에는 아내가 슬픈 이유를 알고 싶지 않아. 소설을 읽고 싶어'라고 생각했다. 하지만 내가 이른바 관계 연구자가 아닌가! 그래서 욕실로 돌아가 아내의 손에서 브러시를 빼앗아 들며 물었다. "여보, 무슨 일이에요?" 아내는 슬픈 이유를 털어놓았다. 그 순간, 나는 신뢰를 구축하고 있었다. 나는 아내를 위해 그곳에 존재하는 것이었다. 내가 원하는 것을 선택하지 않고, 아내와 하나가 되는 방향을 선택했다. 이런 순간들이 모여 신뢰가 구축되는 것이었다. 단 한 번의 그런 순간은 그다지 중요하지 않을 수 있다. 그러나 당신이 외면하는 방향을 항상 선택한다면 관계의 신뢰는 약화된다. 점진적으로 서서히!"[4]

시간이 지남에 따라 그런 작은 순간과 상호 간의 취약함이 겹겹이 쌓여갈 때 신뢰가 구축된다. 신뢰와 취약성은 항상 함께 형성된다. 하나라도 배신하면 둘 모두가 무너지는 셈이다.

잘못된 믿음 #6 : 속마음을 드러내는 것은 취약하다는 뜻이다.
내가 어떤 경우에든 감정을 공개적으로 공유하고 개인적인 경험을 숨김없이 드러내는 리더들을 옹호한다고 오해하는 사람이 적지 않다. 그런 오해는 취약성에 대해 휴스턴에서 강연한 테드 강연과 『마음 가면』의 핵심 개념에 대한 지엽적인 이해에서 비롯된 듯하다. 게다가 내가 지금 집중하는 연구의 80퍼센트가 취약성과 리더십에 관련된 것이기도 하다. 이런 오해는 요즘 세계에서 흔히 목격되는 2 + 2 = 57이라는 광기처럼 잘못된 사례이다. 우리 인간은 각자의 생각에 그럭저럭 이해하는 몇 가지 사실을 결합해서, 명확하고 흥미롭지만 완전히 잘못된 결론에 이르는 경우가 적지 않다. 우리 연구팀은 그런 '사람'을 적잖게 알고 있으며, 우리 연구팀원도 역시 그런 부류에 속한다. 여하튼 모순되게 보이는 두 명제를 중심으로 잘못된 믿음 #6을 깨끗이 지워보자.

- 나는 리더십의 도구나 취약성을 위한 취약성으로 숨김없이 자신을 드러내는 행위를 옹호하지 않는다.
- 취약성이 없는 대담한 리더십은 없다.

위의 두 명제는 참이다.

"리더는 자신을 동료나 조직원에게 어느 정도까지 드러내야 합니까?" 많은 사람이 이렇게 묻지만, 이 질문에는 문제가 있다. 내가 아는 한, 대담하게 자신의 취약함을 인정하며 정직하게 대화하고 회의를 끌어가는 능력은 출중하지만, 자신을 좀처럼 드러내지 않는 리더가 적지 않다. 반대로 필요 이상으로 많은 것을 조직원들과 공유하지만, 자신의 취약성을 인정하는 능력은 거의 보여주지 않는 리더도 많다.

변화를 모색해야 하지만 방향이 분명하지 않은 어려운 시기에 대담한 리더라면 팀원들과 마주 앉아 이렇게 말할 것이다.

"요즘 시대는 우리에게 신속한 변화를 무섭게 요구하고 있습니다. 많이 불안할 겁니다. 나도 불안합니다. 해결하기가 쉽지 않죠. 집까지 그 문제를 가져가고 싶지 않은데, 또 걱정하지 않는 게 오히려 어렵습니다. 솔직히 말해 희생양을 찾아 그 사람에 책임을 뒤집어씌우고 싶은 심정입니다. 여하튼 가능하면 하루라도 빨리, 변화에 대한 모든 것을 여러분과 공유할 생각입니다.

모든 변화를 어떻게 관리해야 할지 45분 동안 여러분과 허심탄회하게 이야기를 나누고 싶습니다. 구체적으로 말하면 이런 것입니다. 내가 어떻게 도와주면 되겠습니까? 또 내가 어떤 의문에 대답해주면 되겠습니까? 나와 함께 특별히 점검하고 싶은 문젯거리가 있습니까? 그 밖에 다른 의문이 있습니까?

혼란스러운 시기에 여러분 모두가 서로 교감하며 진실하게 대화하면 좋겠습니다. 그래야 현재 일어나고 있는 현상을 진정으로 인정할 수 있지 않겠습니까. 물론 이 와중에도 우리는 부끄럽지 않은 성과를 꾸준히 내야 할 겁니다. 진실한 의문을 공유하고 제기해도 팀원들에게 상처를 주지 않기 위해 필요한 조건과 반대로 팀의 원만한 운영을 방해하는 요인을 하나씩 써봅시다."

위의 발언은 취약성을 인정하는 좋은 사례이다. 리더는 표현되지 않은 감정들에 이름을 붙이고, 팀원들에게 열린 마음으로 대화하면서도 안전하다고 느끼려면 무엇이 필요하겠느냐고 물어, 이른바 '안전 컨테이너(safe container)'를 만들어낸다. 이 방법은 상대적으로 시행하기에 쉬운 편이고, 또 신뢰를 구축하고 피드백과 대화의 질을 향상하는 데도 시간 투자에 대비한 수익률이 높은 편이다. 하지만 내 경험에 따르면, 팀이나 프로젝트를 이끄는 리더가 여기에 시간을 할애하는 경우는 무척 드물다.

고도로 생산적인 팀들을 집중적으로 연구한 구글의 5개년 프로젝트, '프로젝트 아리스토텔레스(Project Aristotle)'가 찾아낸 결론에 따르면 심리적 안전은 "성공한 팀을 구분하는 5가지 특징 중 가장 중요한 것"이다.[5] 팀원들이 위험을 감수하며 정직하게 발언하고, 취약함을 드러내면서도 안전하다고 생각하는 상태인 '심리적 안전(psychological safety)'이란 용어를 만들어낸 하버드 경영대학원 교수, 에이미 에드먼드슨(Amy Edmondson)은 『티밍』에서 이렇게 말했다.

> "간단히 말해서 심리적 안전은, 진실을 조심스레 다루어야 한다는 압박에서 벗어나 가혹한 피드백과 까다로운 대화를 가능하게 해준다. 심리적으로 안정된 환경에 있는 사람은 실수를 해도 팀원들이 벌하거나 경멸하지 않을 것이라 믿는다. 또한 언제든지 도움과 정보를 요청해도 팀원들이 화를 내거나 무시하지 않을 것이라고도 믿는다. 이런 믿음은 팀원들이 서로 믿고 존중할 때 형성되는 것으로, 목소리를 높이는 사람이 있더라도 팀이 그 사람을 배척하거나 무안을 주지도 않을 거라는 분위기를 조성한다. 따라서 심리적 안전은 질문이나 피드백을 할 때나, 실수를 인정하거나 생뚱맞은 아이디어를 제시할 때라도, 팀원들이 긍정적

으로 반응할 것이란 무의식적인 믿음이다. 대다수는 직장에서, 특히 자신을 공식적으로 평가하는 사람들에게 좋은 이미지를 유지하기 위해 대인관계를 '관리'해야 한다고 생각한다. 승진과 보상은 상관과 다른 사람이 갖는 인상에 의해 좌우되므로 이런 생각은 도구적(instrumental)이고, 누구나 부정보다는 인정을 선호하므로 사회정서적(social-emotional)이기도 하다.

그러나 심리적 안전은 가까운 친구들 사이에서 형성되는 따뜻한 분위기를 의미하지는 않는다. 압박감과 문제가 없는 상황을 의미하는 것도 아니다.[6]"

안전 컨테이너를 만드는 과정에서 팀은 팀원들이 제시한 모든 항목을 검토하며, 몇몇 기본 원칙으로 집약하고 통합하기 위해 머리를 맞대고 노력할 것이다.

팀과 조직의 심리적 안전을 방해하는 요인으로 빈번하게 거론되는 항목에는 회의장 밖에서 설왕설래하는 쓸데없는 판단과 달갑지 않은 충고가 있다. 팀원들이 팀으로부터 원하는 것은 언제나 경청과 관심, 정직과 비밀 유지이다. 허심탄회하게 대화할 필요가 있을 때는 심리적 안전을 조성하는 데 20분가량을 투자하는 대담한 리더십을 보여줘라. 팀원들에게 심리적 안전을 보장하겠다는 의사를 명확히 보여주고, 그 효과를 더하기 위해 팀원들의 참여를 끌어내라.

내가 앞선 예에서 좋아하는 점은 리더가 현재의 곤경을 정직하게 인정하고, 불안감을 드러내면서도 차분함을 유지하고, 자신의 부족함을 인정하는 동시에 팀원들에게 의문을 제기하며 소문의 사실 여부를 확인할 기회를 제공하는 것이다. 이런 접근법에서 특히 높이 평가되는 것은 "내가 어떻게 도와주면 되겠습니까?"라는 질문이다. 이 질문은 내가 진실한 대화를 유도하려고 즐겨 사용하는 기법 중 하나이다. 이 질문을 통해 조직원들은 상황을 명확히 정리할 기회, 즉 팀의 성공적인 구성을 위해 어떤 도움이 필요한지 구체적으로 제시할 기회를 얻을 뿐만 아니라, 그런 도움을 요청할 책임이 자신에게 있다는 것도 깨닫게 된다.

이 질문을 실제로 행하면, 의외로 많은 사람이 도움을 줄 만한 행동이 어떤 것인지 쉽게 생각해내지 못한다. 우리는 필요한 것을 구체적으로 요구하는 데 익숙하지 않다. 게다가 그 결과로 아무것도 얻지 못할 것이라 미리 낙담하고 억울해하기도 한다. 도움이 될 만한 것을 생각해내는 것보다, 도움이 되지 않는 것을 생각해내는 게 더 쉽다. 그래도 시간이 지남에 따라 이 기법은 현실에 기반을 둔 신뢰를 구축하는 데 도움을 줄 것이다. '현실에 기반을 둔 신뢰'라는 개념에 대해서는 뒤에서 자세히 살펴보기로 하자.

위의 예에서 또 다른 주목할 점은 리더가 관계와 신뢰를 구축하려고 지나치게 취약함을 드러내지 않는다는 것이다. 거짓으로 취약함(fake vulnerability)을 드러내는 경우도 있다. 리더가 팀원들에게 질문할 수 있고 속내를 정직하게 말해도 괜찮다고 말은 하지만 심리적 안전을 조성하기 위한 시간을 할애하지 않거나, 회의 중에서 팀원이 자유롭게 말할 수 있는 여유를 허용하지 않은 경우가 대표적이다.

"나도 정말 마음이 무너집니다. 나도 무엇을 해야 할지 모르겠습니다. 나는 여러분의 적이 아닙니다"라고 말하며 지나치게 취약함을 드러내고 동정심을 얻으려고 하거나, 팀원들의 두려움과 감정을 돌보는 책임까지 회피하려는 리더도 있다. 기본적으로는 "나를 불쌍하게 생각해주면 고맙겠다. 이 어려운 시기에 여러분을 이끌어갈 책임을 나에게 묻지 말라고. 나도 무서워 죽겠어!"라고 말하는 식이다.

거짓으로 드러낸 취약함은 아무런 효과가 없다. 오히려 불신을 키운다. 취약성으로 조직원들을 조종하려는 시도보다 조직원들을 화나고 짜증나게 하는 짓은 없다. 취약성은 개인적인 마케팅 도구도 아니고, 지나치게 자신을 드러내는 전략도 아니다. 취약성을 인정한다는 것은 우리에게 불안과 걱정을 안겨주며 감정을 드러내게 만드는 상황을 회피하는 방법이 아니다. 그런 상황을 받아들이는 것이다.

우리는 자신의 의도를 명확히 규정하고, 역할과 관계라는 맥락에서 취약성의 한계를 이해하고, 경계를 확실히 설정해야 한다. 여기서 경계(boundary)는 정의하기 쉽지 않은 단어이지만, 내 친구 켈리 레이 로버츠(Kelly Rae Roberts)가 보여준 경계는 간결하면서도 설득력 있었다.[7]

레이는 예술가이다. 수년 전에 그녀는 자신의 작품을 사용할 수 있는 경우와, 그렇지 않은 경우를 설명한 글을 자신의 블로그에 올렸다. 두 경우의 경계는 뚜렷했다. 우리 연구팀이 '효과적인 경계 설정'에 대해 수집한 자료에서 얻은 결론도 명확했다. 조금도 모호하지 않았다. 그 결과로 우리 연구팀은 "경계 설정은 용인되는 것과 그렇지 않은 것을 명료하게 구분하는 것"이라고 가르친다.

경계가 설정되지 않은 취약성은 취약성이 아니다. 경계가 설정되지 않은 취약성은 고백이고, 조작이며, 자포자기와 두려움의 표현일 뿐, 취약성이 아니다.

나는 취약성 인정의 올바르지 못한 예로, 6개월 전에 1차 투자금을 받은 젊은 최고경영자의 사례를 간혹 소개한다. 언젠가 강연이 끝난 후, 그가 나를 찾아와 이렇게 말했다. "오늘에야 알았습니다! 쿨에이드(청량음료 분말—옮긴이)를 시원하게 마신 기분이군요! 이제부터는 직원들에게 진심으로 취약할 수 있을 것 같습니다."

이때 내 머릿속에 떠오른 첫 생각은 '오, 하나님! 또 시작이군!'이었다. 첫째로 내 강의를 듣고 "쿨에이드를 시원하게 마신 기분"이라고 말하는 사람을 만나면, 나는 일단 의심하게 되기 때문이다. 쿨에이드는 결코 달가운 비유 대상이 아니다. 누군가 비판적 사고를 중단하고, 분위기에 휩쓸려 달콤한 청량음료를 꿀꺽 마시며 어떤 아이디어를 받아들이거나 어떤 계획에 동참한다면, 나는 습관적으로 걱정부터 시작한다. 둘째, 강연이 끝난 후에 나에게 달려와 더 취약해질 수 있겠다고 흥분해서 떠벌리는 사람은 대체로 취약성이란 개념을 제대로 이해하지 못한 사람이기 때문이다. 반대로 강연이 끝난 후에 나를 찾아와 "이제야 깨달은 것 같습니다. 싫더라도 취약성을 받아들이려고 노력해보겠습니다"라고 말하는 사람은 취약성과 관련된 개념을 올바로 이해한 사람일 가능성이 크다.

여하튼 젊은 최고경영자는 호기롭게 대화를 시작했다.

나는 불안한 미소를 지어 보이며 말했다. "더 자세히 말해보세요 (Say more)." 이 말도 내가 진실한 대화를 유도하려고 즐겨 사용하는 기법 중 하나이다. 상대에게 '더 자세히 말해보세요'라는 요구는 대체로 한층 생산적인 대화로 이어진다. 맥락과 세부적인 것이 중요하다. 껍질을 하나씩 벗겨야 한다. "먼저 이해하고 다음에 이해시켜라"라는 스티븐 코비(Stephen Covey)의 현명한 조언은 지금도 여전히 유효하다.[8]

그 젊은 최고경영자는 흥분한 목소리로 덧붙였다. "이제부터 투자자들과 팀원들에게 진실을 말할 겁니다. 지금 내가 내 능력을 넘어서는 일을 벌이고 있다고 솔직히 말하려고 합니다. 그저 돈을 축내고 있을 뿐입니다. 내가 무엇을 하고 있는지도 정확히 모릅니다."

그는 잠시 말을 멈추고 나를 물끄러미 쳐다보았다. "어떻게 생각하십니까?"

나는 그의 손을 잡고 후미진 곳으로 데려갔다. 우리는 마주 보고 앉았다. 그를 뚫어지게 바라보며, 강연에서 말했지만 그가 놓친 듯한 내용을 다시 말했다. "내가 어떻게 생각하느냐고요? 그렇게 하면 당신은 더는 자금을 모금하지 못할 것이고, 적잖은 투자자가 겁에 질려 똥오줌을 지릴 겁니다."

다시 한 번 말하지만, 경계를 명확히 하지 않은 취약성은 취약성이 아니다. 두려움이나 불안감이 될 뿐이다. 우리가 진실을 드러내는 이유만이 아니라, 누구에게 진실을 드러내느냐도 중요하다. 진실을 받아들이는 역할은 무엇이고, 진실을 드러내는 역할은 무엇인가. 과연 이런 공유는 생산적이고 적절한 것인가?

나는 청중에게 이 사례를 전해주고 강연을 진척하기 전에 이렇게 묻는다. "직원들과 투자자들 앞에서 이렇게 고백하는 건 똑똑하지 못한 짓이라는 데 모두가 동의할 겁니다. 그럼 여러분에게 이렇게 묻고 싶습니다. 여러분 모두가 그 청년 최고경영자의 회사에 1년치 연봉 전부를 투자해야 한다고 상상해보세요. 여러분 중 몇 명이나 그 친구가 맞은편에 앉아 '내가 감당하기 힘든 일을 하고 있는 겁니다. 돈을 축내고 있을 뿐입니다. 내가 무엇을 하고 있는지도 정확히 모릅니다'라고 솔직히 말하기를 바랄까요?"

일반적인 강연에서는 1,000명 중 두세 명만이 소심하게 손들고, 똑같이 불안해하는 사람이 지극히 소수에 불과하다는 걸 의식하고 민망한 표정을 짓는다. 유일한 예외는 50명의 벤처 투자자를 상대로 강연할 때다. 이 경우에는 모두가 손을 번쩍 들었다.

그럼 나도 손을 들고 내 의도를 설명함으로써 두세 명의 긴장을 풀어준다. "내가 그 청년 최고경영자의 회사에 돈을 투자했다면, 그가 멘토나 조언자와 마주 보고 앉아 어떤 상황인지 정직하게 논의하기를 기도할 겁니다. 왜냐고요? 우리 모두가 여러 대안을 알고 있기 때문입니다. 그는 계속 큰소리를 치고 부산을 떨며 끈질기게 무엇인가를 추구하겠지만 실질적으로 아무런 변화를 끌어내지 못한 채 결국에는 파산하겠지요."

내가 그 청년 최고경영자라면, 투자자와 팀원들, 또 좋은 직장을 버리고 나와 함께 일하려고 달려온 동료들에게 결코 현실을 말하며 속내를 털어놓지 않을 것이다. 그런 고백은 좋은 판단이 아니다. 여하튼 조언자와 멘토는 그런 진실한 고백을 들어도 개인적으로 크게 충격받지 않고 어떤 식으로든 도움을 줄 수 있다. 그래서 내가 그에게 조언자와 멘토보다 팀원들에게 진실을 털어놓으려는 이유가 뭐냐고 묻자, 그는 '은밀한 의도(stealth intention)'와 '은밀한 기대(stealth expectation)'를 드러냈다.

은밀한 의도는 우리에게 본래의 가치관을 벗어나 행동하도록 자극하며 겉으로 드러내지 않는 자기 보호적 욕망이다. 은밀한 기대도 은밀한 의도와 밀접한 관계가 있다. 은밀한 기대는 우리 자각의 범위 밖에 존재하는 욕망이나 기대로, 두려움과 마법적 사고(magical thinking)의 위험한 결합이 대표적인 예이다. 따라서 은밀한 기대는 거의 언제나 실망과 원망 및 더 큰 두려움으로 이어진다.

그 청년 최고경영자는 이렇게 대답했다. "잘 모르겠습니다. 내가 노력하고 있다는 걸 그들이 알아주기를 원하는 겁니다. 내가 최선을 다하고, 내가 괜찮은 사람이라는 걸 그들이 알아주면 좋겠습니다. 하지만 나는 실패하지 않을 겁니다. 그들에게 진실을 말하고 진정으로 취약해지면, 그들은 나를 탓하지 않고 미워하지도 않을 겁니다. 나를 이해해줄 겁니다."

결론적으로 그의 은밀한 의도는 "나는 배척과 수치심과 심판으로부터 나를 지킬 수 있다. 또 나를 외면하며 나쁜 사람이라 생각하는 사람들로부터도 나를 방어할 수 있다"라는 것이었고, 그의 은밀한 기대는 "그들은 나를 외면하며 나쁜 사람이라 생각하지 않을 것이다"라는 것이었다.

솔직히 말하면, 은밀한 의도와 은밀한 기대는 지금도 내가 하루에서 몇 번씩 내면에서 씨름하는 것이다. 똑같은 이유에서 나도 내 팀원들에게 똑같은 방식으로 고백하고 싶었지만, 나는 충분한 훈련이 된 덕분에 취약함의 고백이 동정심을 구하는 도구가 아니라는 것을 잘 알고 있다. 리더로서 그 젊은 최고경영자는 팀원과 투자자에게 정직할 필요가 있지만, 취약함을 드러내는 대화는 그 대화를 통해 도움을 얻을 수 있는 사람과 해야 한다. 결국 우리가 자신의 역할을 올바로 이해하지 못한 채, 그저 속마음을 드러낼 목적에서 모든 것을 말하고 은밀한 의도와 은밀한 기대를 모조리 밝힌다면, 그저 험담이나 그와 유사한 것을 배설하거나 떠벌리는 것에 불과하다. 그러나 명확하게 경계가 설정된 취약성은 다르다. 취약성에 대한 내 연구를 왜곡하며 취약성을 숨김없이 털어놓는 속마음 및 정서적 배설(emotional purging)과 동일시하는 사람이 적지 않다. 결국 그들은 취약성을 제대로 이해하지 못한 것이다. 혹은 누구나 취약해질 수 있다는 생각에 저항하며, 취약성이란 개념을 억지로 해석하며 무시하려는 것일 수 있다. 어떤 경우이든 경계를 설정하지 않거나 의도를 명확히 밝히지 않은 채 취약성을 설명하려는 시도에는 신중하게 접근하기 바란다. 취약성을 위한 취약성은 전혀 효과적이지도 않고 유용하지도 않으며 현명한 행동도 아니다.

부족함을 인정한다고 해서 나약한 것은 아니다

"기분 나빠도 감정 다스리고 참아" 라는 말을 귀에 딱지가 앉도록 듣고 자란 사람에게, 취약성의 인정은 도전이다. 앞에서 개략적으로 설명한 믿음들을 곧이곧대로 받아들이면, 취약성은 우리가 항상 피하려고 애써야 하는 냉혹한 감정의 중심이 된다. 심지어 두려움과 수치심, 비탄과 좌절, 슬픔과 실망 등과 같은 감정은 고통스럽기에 논의 자체를 피해야 한다. 그러나 취약성은 냉혹한 감정의 중심일 뿐만 아니라 모든 감정의 핵심이다. 무엇인가를 느낀다는 것이 바로 취약하다는 뜻이다. 따라서 취약성이 약점이라 생각한다면, 무엇인가를 느끼는 감정이 약점이라 생각하는 것과 같다. 게다가 좋든 싫든 간에 우리는 감정적인 존재이다.

대부분이 제대로 이해하지 못하는 것, 나 자신도 올바로 깨닫는 데 10년이란 시간이 걸린 것은, 취약성이 감정과 경험의 요람이란 것이다. 달리 말하면, 취약성에서 우리가 간절히 바라는 '사랑'과 '소속감', 그리고 환희가 시작된다.

취약성이 용기가 함양되는 주춧돌이라는 것은 이제 많은 사람이 알지만, 취약성이 없으면 창의성과 혁신도 없다는 걸 알지 못하는 사람이 의외로 많다. 그 이유가 무엇일까? 창의적인 생각보다 불확실한 것은 없기 때문이다. 그러나 실패가 없으면 혁신도 있을 수 없다. 취약성이 약점으로 규정되는 문화가 있다면, 그런 문화에서는 참신한 아이디어와 새로운 관점이 제시되기 쉽지 않다. 이런 이유에서, 나는 영화배우 에이미 폴러(Amy Poehler)가 자신의 웹사이트 '스마트 걸스: 에이미에게 물어라(Smart Girls: Ask Amy)'에서 말했던 것을 무척 좋아한다.

"새로운 아이디어를 내기는 무척 어렵다. 새로운 것을 시도하는 것도 무척 어렵다. 취약함을 인정하기도 무척 어렵다. 그러나 이렇게 하는 사람은, 꿈꾸는 사람이고 생각하는 사람이며 창조하

는 사람이다. 그들은 세상의 마법사이다."⁹

　변화에 적응하는 능력, 진심 어린 대화, 피드백과 문제 해결, 윤리적 의사결정, 회복 탄력성 등 대담한 리더십의 기초를 이루는 그 밖의 모든 능력은 취약성에서 잉태된다. 대가가 너무 클 것이란 두려움에서 취약성과 감정적인 삶을 배제한다면, 삶에 목적과 의미를 주는 것 자체를 외면하는 셈이다. 신경과학자 안토니오 다마지오(Antonio Damasio)가 말했듯이 "우리는 생각만 하는 기계가 아니다. 우리는 생각하고 느끼는 기계이다."¹⁰

　다음 장에서는 내 리더십 사례를 예로 들어 두려움과 감정이 방치되면 어떻게 중대한 문제가 야기되는지를 살펴보고, 취약성을 인정하는 대화에 필요한 언어와 능력, 기법과 도구에 대해 더 깊이 분석해보려 한다.

명확함이
친절한 것이다.

좋은 사람으로 보이기 위해 쓴소리를 삼키지 마라.

Chapter 2

감추고 싶은 모습을
마주할 용기

브레이브 리더스를 설립했던 초창기였다. 팀원들이 1시간 정도의 회의를 요구했고, 나는 그들과 마주 보고 앉았다. 그러나 특별한 의제가 없다는 걸 알았던 까닭에 나는 '뭐하자는 거지?'라는 거북한 기분을 떨칠 수 없었다. 그때 자금관리 책임자이던 찰스가 나를 물끄러미 바라보며 말했다. "우리가 일하는 방식에 대한 불만과 우려가 많습니다. 이 문제에 대해 허심탄회하게 논의하고 싶습니다."

과거였다면 이와 같은 상황에서 나는 '제기랄, 또 간섭이군. 지겨워!'라고 생각했을 것이다. 그러나 이제 나는 우리 팀을 믿고, 시끌벅적한 논의 과정도 신뢰한다.

찰스는 단도직입적으로 말했다. "우리는 비현실적인 시간표를 짜놓고, 제시간에 맞추려고 미친 듯이 일하지만 번번이 실패합니다. 그래서 매번 새로운 시간표를 짜지만 역시 시간표대로 일을 진행하지 못합니다. 혼란은 계속되고 직원들은 탈진할 지경입니다. 대표님이 시간표를 설정하면, 우리는 그 목표를 달성하기 힘들다는 걸 알기 때문에 반발하죠. 그래도 대표님이 집요하게 그걸 고집하면 우리는 반발을 멈추지만 업무 효율이 떨어집니다. 대표님에게는 많은 강점이 있지만 시간을 추정하는 데는 부족한 편입니다. 우리 모두에게 효율적인 새로운 업무 방식을 찾아내야 합니다."

팀원들은 초조한 표정으로 앉아 내 대답을 기다렸지만, 내 대답과 상관없이 그동안 고민하던 쟁점을 마침내 제기했다는 안도의 표정도 엿보였다. 그때 나는 "당신은 시간을 추정하는 데는 부족한 편입니다"라는 말을 처음 들었던 때를 머릿속에 떠올렸고, 거의 10년 전이었지만 스티브와 치열하게 다투었던 기억에 빠져들었다.

스티브와 나는 이웃 부부와 함께, 사친회의 기금 모금을 위한 저녁 파티를 열기로 약속했다. 손님들은 먼저 우리 집에서 전채 요리와 샐러드를 먹고, 옆집으로 옮겨가 저녁 식사를 한 후에 다시 우리 집에 돌아와 디저트와 커피를 마시기로 했다. 복고풍이어서 상당히 재밌는 계획이었다. 지금도 기억에 뚜렷하지만, 당시 나는 스티브를 바라보며 이렇게 말했다. "정말 굉장한 저녁 식사가 될 것 같아. 새로운 요리들을 선보일 거라는 생각에 가슴이 두근거린다고! 집만 그럴듯하게 꾸미면 되겠어. 식당에 페인트칠이 필요한 곳은 내가 맡을 테니까 당신은 앞마당을 꾸며주면 좋겠어. 이런 글이 있으면 어떨까? 환영합니다! 방문해주셔서 감사합니다! 이 꽃들은 우리가 모든 것을 함께하는 멋진 이웃이라는 증거입니다!"

스티브는 나를 멍하니 쳐다보았다. 나도 스티브를 마주 보며 물었다. "왜? 왜 그렇게 보는 거야?"

스티브가 말했다. "저녁 파티는 2시간 후에 시작하는데?"

"알아. 그래서 생각해봤는데, 홈디포에 가는 데 15분, 적절한 꽃을 고르는 데 30분, 다시 집에 돌아오는 데 15분, 꽃을 마당에 심는 데 45분, 꽃에 물을 주는 데 15분이면 되지 않을까?"

스티브는 아무런 대꾸도 하지 못했다. 그저 멍하니 서서 고개를 저었다. 그래서 내가 다시 물었다. "뭐가 잘못됐나?"

스티브가 말했다. "당신은 시간을 추정하는 데 부족한 것 같아, 브레네."

나는 아무런 생각도 없이 빈정대듯 대꾸했다. "그래도 대부분의 사람보다는 빠를걸."

스티브가 숨이 턱에 차도록 홈디포로 달려가야 할 상황을 상상하며 숨을 깊게 들이마셨다. 스티브가 대꾸하기도 전에 나는 또다시 성급하게 덧붙였다. "정말 그렇게 생각해? 내가 시간을 추정하는 데 미숙하다고 생각하는 근거가 뭐야?"

"첫째로 당신이 고려하지 않은 게 있어. 손님들이 도착하기 2시간 전에 나한테 앞마당을 꾸미라고 말하면, 내가 당연히 반발하겠지. 그럼 당신은 내가 사소한 것에는 신경 쓰지도 않고 걱정하지도 않는다고 나무라겠지? 그 때문에 우리는 말다툼을 하고. 그런 말다툼에 허비되는 시간을 당신은 전혀 고려하지 않았어."

나는 멍하니 듣고만 있었다.

"당신은 항상 내가 사소한 것에 관심을 두지 않아 스트레스라고 말하지만, 나중에는 별 차이 없는 사소한 일에는 신경 쓰지 않는 게 좋겠다고 말할 거라고."

스티브는 자상한 목소리로 말했지만 터무니없는 지적이 아니었다. 그 때문에 그 지적이 더욱 가슴 아프게 다가왔다. 스티브는 계속 말했다. "물론 이번 파티를 주관해야 한다는 압박감이 점점 커졌겠지. 빨갛게 충혈된 눈을 남들에게 보이고 싶지 않으니까, 울지 않으려고 안달하겠지만, 결국 우리 둘 다 눈물을 터뜨리고 말 거야. 파티가 빨리 끝나기만을 바라며 저녁 시간을 보내겠지. 여하튼 빠듯한 시간표를 생각하면 이런 다툼도 끝내야 하고, 꽃도 생각해야 한다는 게 내 생각이야."

스티브의 말이 예언이라도 되는 듯 나는 씁쓸한 웃음을 지으며 말했다. "맞아, 사실 힘들었어. 재밌기도 했지만."

스티브가 말했다. "지금 우리가 할 수 있는 최선의 일은, 잠깐 산책이나 하고 샤워를 한 뒤 사람들을 기다리는 거야. 그냥 있는 그대로의 우리를 보여주자."

나는 옛 기억을 거두어들이고 의자에 편히 앉았다. 찰스의 명확하고 직설적인 지적이 한없이 고마웠다. 우리는 오랫동안 함께 일하고 연구하며, 명확한 의견 표명이 중요하다는 걸 알았다. 그 이후로는 우리가 서로 의견을 주고받는 방법부터, 외부의 파트너와 협상하는 방법까지 모든 것이 달라졌다. 명확함은 단순하지만 변화를 유도한다.

명확함은 친절한 것이고, 불명확함은 불친절한 것이다. 나는 거의 20년 전 알코올 중독자 모임의 12단계 교정 프로그램에서 이 말을 처음 들었다. 당시에는 온갖 좋은 구호가 머릿속을 짓눌러 그다지 중요하게 생각하지 않았지만.

우리는 대부분 명확하고 직설적인 표현을 회피하려는 경향을 띤다. 실제로는 불친절하고 부당하게 행동해야 할 때, 오히려 겉으로는 친절하게 말하기도 한다. 언젠가 나는 이런 연구에 대한 자료를 보게 되었고, 알코올 중독자 모임에서 들었던 그 말이 자연스레 떠올랐다.

상대의 기분을 달래려는 반쪽짜리 진실이나 허튼소리는 불친절한 행위이고, 결국 우리 자신이 편하기 위한 수단일 뿐이다. 불편하다는 이유로 동료가 달성해야 할 목표를 명확히 알리지 않은 채, 기대치에 미치지 못했다는 이유로 동료를 비난하고 탓하는 것도 인정 없는 짓이다. 누군가에게 직접 말하지 않고 뒷담화하는 것도 마찬가지다.

개인적으로 이 교훈은 내 삶을 크게 바꿔놓았고, 이제 나는 이 교훈을 직장에서나, 집에서나 삶의 기준으로 살아간다. 엘렌이 학교 친구와의 갈등을 해결할 방법을 찾으며 끙끙거리고, 찰리가 친구에게 무엇인가를 말하려고 고민할 때마다 명확히 의견을 밝히는 게 친절한 행동이라고 가르친다. 불명확한 말과 행동은 불친절한 것이다.

나는 팀원들을 쳐다보며 말했다. "나를 믿고 그렇게 솔직히 말해줘서 고마워요. 내가 시간을 제대로 계산하지 못한다는 피드백을 받는 게 이번이 처음도 아니고, 그렇다고 귀가 따갑도록 들은 것도 아니에요. 이제부터라도 시간을 제대로 추정하고 분배하도록 공을 들일게요. 더 나아지겠다고 약속할게요."

내 대답에 팀원들은 실망한 표정을 감추지 않았다. 하기야 "알았어. 이제부터 노력할게"라는 대답은 그 순간을 모면하는 데 흔히 사용되는 기법이지 않은가. 나는 심호흡하고, 모든 자유로운 대화의 어머니, 즉 호기심에 굴복했다. "그래, 여러분은 이 문제를 어떻게 해결하고 싶은가요? 자유롭게 말씀해보세요. 나도 알고 싶으니까."

나는 기꺼이 그렇게 물었다. 그들이 무엇이라 말하는지 듣고 싶었다. 그들은 자신의 하소연을 내가 들어주기를 바랐다. 그들은 나에게 비현실적인 아이디어와 시간표를 계속 고집하면 좌절감을 느끼고 사기가 꺾인다고 하소연했고, 또 "이번 과제는 두 달이 아니라 적어도 20개월이 걸릴 겁니다. 현금 투자도 상당히 있어야 하고요"라고 솔직하게 말하며, 그들이 본분을 다하지 못하면 내가 못마땅한 표정으로 그들을 희망 파괴자처럼 바라본다는 불만도 털어놓았다. 그런 지적을 듣고 있자니 마음이 괴롭고 언짢았다. 우리가 이런 대화를 서둘러 마무리 짓고 그만두는 이유가 바로 여기에 있다. "알았어, 알았어"라고 말하고 도망치는 게 훨씬 더 쉽기 때문이다.

팀원들의 불만을 경청한 후, 나는 그들의 용기와 정직함에 고맙다고 말했다. 그리고 그 문제를 신중히 생각해보겠다고 약속하며, 다음 날 다시 원점으로 돌아와(circle back) 대화할 수 있겠느냐고 물었다. 내가 연구에서나 개인적인 경험에서 얻은 절대적인 교훈에 따르면, 촌각을 다투는 화급한 문제가 코앞에 닥치지 않은 상황에서는 어려운 대화를 강행해서 좋을 것이 없었다. 또 내 기억에는 잠깐 동안의 휴식 시간을 갖거나, 서너 시간의 생각하는 시간을 가진 후에 원점에 돌아가서 후회한 경우가 없었다. 하지만 어떻게든 끝장을 보겠다고 강행해서 후회한 경우는 수없이 많았다. 짧은 휴식을 겁내며 이렇게 자기중심적인 본능을 따르면, 결국에는 훨씬 많은 시간을 대가로 치르게 된다.

그날 저녁 집에 돌아가, 나는 프로젝트 관리를 다룬 책을 두 권 다운로드 받았다. 어떤 이유였는지 정확히 기억나지 않지만, 어쩌면 링크드인(LinkedIn)에 대해 읽은 것 때문에 나에게도 '6 시그마 블랙 벨트(Six Sigma Black Belt, 6 시그마 프로젝트를 진행하는 문제 해결 전문가—옮긴이)'가 필요하다는 생각이 들었다. 당시에는 그 블랙 벨트가 무엇을 뜻하는지도 몰랐다. 그러나 구글을 검색한 지 몇 분 되지 않아, 나는 노트북에 완전히 빠져들었다. 그러고는 계획이 별다른 효과가 없을 것이란 걸 깨달았다. 지금도 나는 시간 분할에 익숙하지 않고, 테트리스(Tetris)와 블로커스(Blokus)처럼 윤곽이 뚜렷한 추상적인 게임에 능숙하지 못하다. 내가 그런 식으로 생각하지 않고, 세상을 그런 식으로 바라보지 않기 때문인 듯하다. 달리 말하면, 나는 프로젝트에 선형적으로 접근하지 않고 공간적으로 접근한다. 또 나는 자료를 분석하며 연결 고리와 상관관계를 찾듯이 프로젝트도 그런 식으로 분석한다. 그날 저녁, 프로젝트 관리에 대한 책을 읽어감에 따라 낯설고 복잡한 스프레드시트가 눈앞에 펼쳐진 기분이었다.

내가 생각하는 방식에 관심이 있는가? 대단한 것은 아니다. 실망할지도 모르니 마음을 단단히 먹도록!

다스 베이더의 목을 벤 루크가 마주한 충격적 진실

팀원들에게 돌아가도 번쩍이는 블랙 벨트와 정확한 시간 추정으로 깊은 인상을 줄 수 없다는 걸 깨닫게 되자, 영화 「스타워즈: 제국의 역습」에서 제다이 기사가 되려고 애쓰는 루크 스카이워커가 문득 머릿속에 떠올랐다.[1] 나는 『라이징 스트롱』에서 이 영화 시리즈에 대한 사랑을 이미 털어놓았지만, 여기에서 다시 이야기해보려 한다. 「스타워즈」만큼 당시 내 상황을 적합하게 설명해주는 것은 없기 때문이다.

요다는 루크에게 포스를 사용하는 방법과 아울러, 포스의 어두운 면(분노와 두려움과 공격성)이 어떻게 그를 방해하는가도 가르치려고 애쓴다. 어느 날, 루크와 요다는 훈련하던 습지에 있게 된다. 루크는 거대한 나무의 그루터기에 있는 어두운 동굴을 가리키고, 요다를 바라보며 말했다. "뭔가 좋지 않은 느낌이에요. 차갑고…… 죽음의 기운이 느껴져요."

요다는 루크에게 동굴은 포스의 어두운 면을 지녀 위험하고 강력하다고 설명했다. 루크는 혼란에 빠졌고 두려움에 사로잡힌 듯한 표정을 짓지만, 요다의 반응은 간결했다. "네가 들어가봐야 할 곳이다."

루크가 동굴에 무엇이 있느냐고 묻자, 요다는 말했다. "네가 가져가는 것만 있을 것이다."

루크가 무기를 걸머지자 요다가 냉혹하게 말했다. "그 무기. 무기는 필요 없을 거다."

그래도 루크는 자신의 광선검을 움켜잡았다. 동굴은 어두컴컴하고 스산했다. 루크는 천천히 안쪽으로 들어갔고, 마침내 그의 적, 다스베이더를 맞닥뜨렸다. 그들은 거의 동시에 광선검을 치켜들었다. 루크는 투구를 쓴 다스 베이더의 머리를 재빨리 베어냈다. 머리가 바닥에 나뒹굴고, 얼굴 가리개가 투구에서 떨어졌다. 하지만 드러난 것은 다스 베이더의 얼굴이 아니었다. 루크의 얼굴이었다. 루크는 바닥에 나뒹구는 자신의 얼굴을 멍하니 바라보았다.

이 이야기에서 나는 시간 추정이나 프로젝트 관리 능력보다 '두려움'이 더 큰 문제라는 생각이 떠올랐다. 결국 두려움 때문에 팀원들의 불만을 무시하고, 구체적인 시간표들을 작성한 후에 우리 팀에게 강요했던 것이다. 요컨대 나의 가장 큰 적은 시간 추정 능력의 부족이 아니라 개인적 자각 능력의 부족이었다. 내가 광선검으로 나 자신의 머리를 잘랐던 셈이랄까?

내가 야심에 찬 흥분 상태에서 비현실적인 시간표를 작성했던 것은 아니다. 결코 실행할 수 없는 시간표를 작성한 이유는 두 가지이다. 첫째, 두려움과 부족함, 불안감을 느끼기 때문이다. 예를 들어 이런 식이다. '우리는 충분히 노력하고 있지 않아. 우리가 이 아이디어를 완료하기 전에 다른 조직도 생각해낼 수 있어. 다른 사람들이 무엇을 하고 있는지 눈을 크게 뜨고 보라고!'

둘째, 직원들과 함께하는 일상적인 업무 이외에 나는 대학을 설립하려는 장기적인 비전, 출판 계약, 십여 건의 잠재적인 공동 작업을 항상 머릿속에 그리고 있기 때문이다. 때로는 내가 팀원들에게 미리 알리지 않아 팀원들도 모르는 프로젝트의 진행과 마감 시간을 지키려고 혼자 발버둥하기 때문에 시간표를 무리하게 밀어붙이기도 한다.

문제의 근원을 알아낸 것은 대단한 성과였지만, 그것이 원점으로 돌아가 팀원들에게 핵심 교훈(key learning)을 전달할 수 있다는 뜻은 아니었다. 다시 말하면 "내가 시간 추정에 능숙하지 않은 것은 사실이다. 그 능력에 대한 이해가 깊어질수록, 앞으로 시간 추정을 더 잘

해낼 수 있을 것이란 자신감이 떨어진다"라고 말하고 싶지는 않았던 것이다.

나는 내 두려움에 대한 진실을 누구에게도 털어놓고 싶지 않았다. '내가 리더가 될 자격이 없기 때문에 부족함과 불안감을 느끼는 것이라면 어쩌지?'라는 생각이 들었다. 그 때문에 내가 더 큰 의도를 제대로 전달하지 못한 것이라고 정직하게 말하기가 쉽지 않았다. 그런 의도 전달의 실패가 결국 기업 운영은 내 능력에 벅찬 것이란 징조라고 생각되면 어쩌나 걱정했다. 수치심이란 괴물이 '너는 이 일에 적합하지 않아. 네가 리더십을 공부하지만 리더가 될 수는 없어. 너는 웃음거리일 뿐이야!'라고 끊임없이 속삭이며 비난했다.

우리가 두려움에 휩싸이거나 어떤 감정이 자기방어를 재촉하면, 예측 가능한 순서에 따라 우리는 갑옷을 한 조각씩 조립해간다.

- 나는 부족한 사람이다.
- 현 상황을 솔직하게 털어놓으면, 그들이 나를 하찮게 생각할 수도 있다. 심지어 나중에라도 그걸 약점 삼아 나를 깎아내릴 수도 있어.
- 그러니까 그걸 솔직하게 털어놓을 수는 없어. 누구도 그렇게 하지 않을 거야. 나라고 특별히 달라야 하는 이유가 있나?
- 그래, 그들을 속이는 거야. 그들도 무엇을 두려워하는지 정직하게 말한 적이 없잖아. 그들에게도 문제가 많다고.
- 엄격히 말하면, 그들의 문제와 결함 때문에 내가 이렇게 행동할 수밖에 없는 거야. 순전히 그들의 잘못이야. 지금도 그들이

나에게 책임을 덮어씌우려고 하잖아.

- 내가 이렇게 생각하는 것만으로도 내가 그들보다 낫다는 증거야.

'나는 부족한 사람이다'에서 '내가 그들보다 낫다'까지 전개되는 데 오랜 시간이 걸릴 것 같은가? 실제로는 거의 눈 깜짝할 사이에 이런 생각의 흐름이 전개된다. 두려움에 짓눌리면, 자기방어기제가 발동하여 우리의 갑옷은 순식간에 조립된다. 나는 두려움에 짓눌려 살고 싶지도 않고, 두려움에 휩싸여 팀원을 끌어가고 싶지도 않다. 갑옷이 죽도록 싫다!

용기와 믿음은 나의 핵심 가치이다. 두려움이 몰려오면 나는 여러 방식으로 두려움을 드러낸다. 그럼 내가 그 핵심 가치에서 벗어나서 성실하지 않게 행동하고 있다는 걸 느끼게 된다. 또 이때 "네가 겁나서 들어가지 못하는 동굴에 네가 찾는 보물이 있다"라는 신화학자 조지프 캠벨(Joseph Campbell)의 말을 기억에 떠올린다.[2]

캠벨은 조지 루카스(George Lucas)가 '스타워즈'를 제작할 때 조언을 했다는 점에서, 루카스가 위의 지혜에 생명을 불어넣은 영화를 내가 좋아하는 것은 당연한 듯하다.

이상이 내가 생각하는 방식이다. 번쩍이는 블랙 벨트는 없지만, 중요한 힘이 내 안에 있다고 믿는다.

그렇다면 내가 찾는 보물은 무엇일까? 두려움과 부족함과 불안감을 조금이나마 떨쳐내는 용기. 감정에 휘둘리지 않는 상태. 우리 모두를 신나게 자극하는 목표를 향해 함께 일하는 의욕이라고 말할 수 있다.

내가 들어가기를 겁내는 동굴은 어떤 것일까? '진정한 리더'라면 누구나 알고 있다고 생각되는 것을, 정작 나는 어떻게 해야 하는지 모른다는 걸 인정하는 게 두렵다. 내가 두려움에 휩싸이면 나쁜 결정을 내린다는 걸 팀원들에게 밝히고 싶지 않다. 그래서 어딘가에 갇힌 기분이고 무섭고, 피곤하고 외롭다. 최근에는 그런 빈도가 더욱 잦아진 것 같다.

이튿날 나는 원점으로 돌아와 팀원들과 다시 마주 보고 앉았다. 우리는 평소대로 '허가서 작성(permission slip)'이라는 일종의 의식으로 회의를 시작했다. 우리는 이번 회의에서 각자 자신과 상대에게 허락하는 한 가지를 썼다. 때로는 포스트잇을 사용하지만, 나는 개인용 일지에 쓰는 걸 좋아한다. 그래야 회의 내용만이 아니라 그날 내가 어떤 기분이었는지 기억을 되살릴 수 있기 때문이다.

그날 오후, 나는 그때까지 내 감정을 꾸민 이야기와 경험을 정직하게 팀원들에게 밝히기로 마음먹었다. 내 기억이 맞다면, 팀원들이 그날 작성한 허가서에는 '뜨거운 마음으로 경청하기'와 '필요하면 언제라도 휴식을 위한 회의 중단을 요구하기'가 있었다.

허가서 작성은 무척 효과적인 기법이다. 팀원이 '뜨거운 마음으로 경청하기'라는 허가서를 작성한 경우, 자신의 아이디어나 계획을 승인 받으려고 회의에 들어와서도 자기주장을 앞세우기보다 열린 마음을 유지하며, 더 많이 경청하려고 애쓰기도 한다. 심지어 '자신의 관점을 주장하기에 앞서, 그 문제에 대해 더 깊이 생각할 시간을 더 요구하기'라든가 '다른 일로 바쁘지만 이 회의에 적극적으로 참석하기'

라는 허가서도 있었다. 우리 가족도 허가서 작성을 좋아한다. 엘렌과 찰리가 어렸을 때 학교 친구들과 함께 동물원에 가는 걸 허락하는 허가서에 내가 서명했듯이, 두 녀석은 그 후에도 한동안 교사에게 허가서를 내밀고 버스에 올랐을 정도였다.

허가서는 비유적인 표현일 뿐, 약속 어음이 아니다. 허가서 작성은 의도를 진술하고 적는 행위일 뿐이다. 따라서 당신이 그대로 실행하지 않더라도 아무런 영향이 없다. "회의에 적극적으로 참여하고 모든 이가 발언한다"라고 쓴다고 해서 당신이 반드시 그렇게 해야 한다는 뜻은 아니란 소리다. 하지만 허가서 작성은 책임감과 잠재된 지원을 이끌어내고, 회의에 참석한 사람들의 전문 분야를 이해하는 데 도움이 된다.

우리는 작성한 허가서를 서로 공개하는 시간을 가졌고, 곧이어 나는 팀원들에게 경영학 도서들을 읽어도 제대로 이해하지 못했다는 개인적인 경험에 대해 털어놓았다. 또한 내가 두려움과 불안감, 또는 부족함 때문에 비현실적인 시간표를 작성한다는 걸 깨달았고, 그들이 '만일의 사태와 최상의 경로'를 거론하면서 더욱 두려움에 사로잡혔다고도 덧붙였다. 물론 보이지는 않았겠지만 무수한 근거를 조각으로 힘들게 작성한 시간표를 그들이 뒤로 미루면 내가 어떤 생각이 드는지에 대해서도 숨김없이 털어놓았다. 우리 팀은 개인적으로도 서로 가깝고 모두가 매우 열심히 일하기 때문에, 토론을 원만히 진행하기 위해서 내가 일부러 빠져줄 때도 많다. 그럴 때마다 내가 얼마나 철저히 혼자가 된 기분인지 말하는 것도 쉽지 않았다. 또 그 무리한 시간표들이 모두 두려움에서 비롯된 것이었고, 내가 그런 부정적인 감정들을 정직하게 인정하지 않고 분노하며 그들의 탓으로 떠넘겼다는 것도 인정했다(offload the emotions). 게다가 그들을 내 희망 파괴자로 폄하하는 잘못을 범했다는 것도 인정했다. 프로젝트 관리와 평가 기법을 다룬 서적들을 읽으려고 시도했고, 내 뇌에서 시간을 추정하는 부분이 없어진 것 같다는 푸념까지 팀원들에게 늘어놓았다. 팀원들은 "그렇지 않습니다!"라는 위로의 말을 건네기는커녕, 정말 그런 것 같다고 맞장구쳤다. 더구나 관리자 머독은 친절하게도 "정말 그 부분이 사라질 수 있습니다. 하지만 좋은 소식이라면, 대표님의 뇌에서 창의력을 발휘할 부분이 더 커진다는 겁니다"라고 말했다. 특히 블랙 벨트에 대해 이야기할 때는 팀원들 모두가 웃었다.

우리는 그렇게 허심탄회하게 대화하며 4가지 '핵심 교훈'을 찾아냈다. 첫째, 리더십 연구팀으로서 우리는 모두 유동적인 조각처럼 움직이고, 누가 어떤 역할을 하는지 알고 있어야 한다는 것이다. 따라서 회의가 끝난 후에도 우리는 커뮤니케이션을 거듭한다. 게다가 내가 글을 쓰고 연구에 몰두하거나, 외부로 강연을 나간 경우에도 우리 팀은 끊임없이 모여 경영의 모든 영역을 처리한다. 이런 목적을 위해 우리는 새로운 방식으로 회의록(Meeting minutes)을 작성한다. 모두가 개별적으로 수첩을 소지하지만 한 사람이 자발적으로 회의록을 작성한다. 그 회의록은 다음과 같이 요약된다.

- 날짜 :
- 회의 목적 :
- 참석자 :

- 중요 결정 :
- 과제와 담당자 :

   새로운 회의록의 장점은, 필요하면 누구나 회의를 중단시키고 "회의록에 이 부분을 기록합시다"라고 말할 수 있다는 것이다. 또 우리 팀은 회의를 예정보다 5분가량 일찍 끝내고, 해산하기 전에 모두가 회의록을 검토하고 승인하는 시간을 갖는다. 회의장을 떠나기 전에 회의록 작성자는 회의록을 우리 모두에게 분배하고, 다른 관련 채널에도 공개한다. 따라서 회의가 끝난 후에 쓸데없는 억측이나 반론이 전혀 제기되지 않는다.

   그렇게 회의록을 작성한 덕분에 '주관적인 회의록(회의가 끝난 후에 개인적으로 기억에 의존해 작성한 결과물)'을 비롯해 여러 관련된 문제도 해결할 수 있었고, 신생 기업답게 직원들이 여러 직무에 분산된 상태에서도 일관성을 유지할 수 있었다. 이렇게 새로운 방식으로 회의록을 작성하고, 잠재적 고객들과 출판사와 주고받은 이메일까지 팀원들과 공유함으로써, 우리 연구소의 모든 영역에서 진행되는 상황을 모두가 한결 쉽게 접근할 수 있다.

   둘째로 우리는 시간표을 작성하고 마감 시간을 결정할 때 함께 상의하기로 합의를 보았다. 요컨대 우리 모두가 동의할 때까지 시간표와 마감 시간에 대해 논의하기로 결정했다. 요즘 우리는 시간표를 결정하는 데 단순해 보이지만 무척 효율적이고 효과적인 프로젝트 우선순위 시스템을 사용하며, 그 시스템을 '뒤집어 알아보기(Turn & Learn)'라고 칭한다.

운영 방식은 대략 이런 식이다. 모두가 어떤 프로젝트를 진행하는 데 소요될 것이라고 추정되는 시간을 포스트잇에 쓴다. 또 여러 프로젝트를 진행하는 까닭에 우선순위를 결정해야 할 때, 진행 순서에 대한 각자의 생각을 포스트잇에 쓴다. 모두가 추정 시간이나 우선순위를 작성하면, 셋까지 세고 동시에 답을 보여준다.

회의실에서 가장 영향력 있는 사람의 의도를 알게 되면, 모두가 그의 결정을 따르는 경향을 띤다. '후광 효과(halo effect)'의 부작용이다. 그러나 '뒤집어 알아보기' 기법은 이런 후광 효과를 예방한다. 또한 밴드왜건 효과(bandwagon effect, 생각이 다른 경우에도 전반적인 흐름을 따르려는 인간의 본능)도 예방된다. 모두가 어떤 아이디어에 찬성하며 열띤 반응을 보이는 데 혼자 그 아이디어를 반대하기는 쉽지 않으니 말이다.

이 기법을 '뒤집어 알아보기'라는 칭하는 이유가 궁금할 것이다. 이 기법은 옳고 그름을 따지기 위한 것이 아니다. 다양한 관점을 이해하기 위한 공간을 마련함으로써 참석자 모두로부터 배우며, 기댓값을 명확히 해야 할 영역을 찾아내기 위한 것이기 때문이다. 우리가 다양한 자료와 가정을 활용하다는 것은 우리 자신도 알고 있다. 하지만 우리가 조력이란 개념을 완전히 이해하지 못하고, 다른 사람이 이미 열중하고 있는 일을 빼앗을 수 없다는 것도 알고 있다. 한마디로 '뒤집어 알아보기'는 우리를 하나로 연결해주는 유의미한 도구이다.

내가 직접 나서서 해결해야 할 심각한 문제도 있었다. 또한 우리가 사로잡힌 위험한 쳇바퀴도 찾아냈다. 우리는 그 쳇바퀴를 명확히 규정한 후에 해체해야 했다. 내가 조직을 점검할 때마다 예외 없이 찾아냈던 쳇바퀴가 우리 조직의 사각지대에도 있었다. 구체적으로 말하면 총무부와 영업부의 구분, 자금부와 개발부의 구분이었다. 또 지출과 절약, 감정과 이성, 진보와 보수 등 이런 이분법적 사고에 치우치는 것은 위험하다. 그런 것들은 인간의 충만함에 아무런 영향을 미치지 못하고 개개인의 역할은 희화화되고 정형화될 뿐이다. "후안은 개인 예상 매출을 보면 낙천주의자인 게 분명하다. 그러나 캐리가 최악의 경우까지 전제하며 냉정하게 판단하고 그런 환상을 지워버리기 때문에 다행이다." 낙관주의자이든 현실주의자이든 결국에는 자신의 책임이다. 예컨대 당신이 이상주의자라는 평판을 얻으면, 신용과 신뢰는 상실할 수밖에 없다. 반면에 사실 여부를 꼼꼼히 점검하는 사람이 된다면 기회를 포착하고 위험을 감수하는 기회를 얻지 못할 것이다.

이런 깨달음에 우리는 짐 콜린스(Jim Collins)의 고전적인 명저 『좋은 기업을 넘어 위대한 기업으로』를 떠올렸다.[3] 우리는 회사 차원에서 전 직원이 이 책을 읽은 적이 있었다. 당시에도 스톡데일 패러독스(Stockdale Paradox)는 우리와 관련된 것이었다. 콜린스의 설명에 따르면, 스톡데일 패러독스는 베트남에서 8년 동안 전쟁 포로로 지낸 제임스 스톡데일(James Stockdale) 제독의 이름에서 따온 것이었다. 그는 1965년부터 1973년까지 투옥된 동안 20번이 넘게 고문당했다. 그는 개인적으로 살아남기 위해 분투하는 데 그치지 않고, 다른 포로들은 육체적이고 정신적인 고통을 이겨낼 수 있도록 도움을 주었다.

콜린스는 스톡데일을 인터뷰할 때 "어떤 사람이 견뎌내지 못했습니까?"라고 물었다.

스톡데일이 대답했다. "아, 그 질문에는 쉽게 대답할 수 있습니다. 낙관적인 사람들이요."

낙관적인 사람들은 크리스마스까지는 석방될 것이라 믿었고 크리스마스가 덧없이 지나가자, 이번에는 부활절까지는 석방될 것이라 믿었지만 부활절도 덧없이 지나갔다. 여러 해가 그렇게 재깍재깍 흘러갔다. 스톡데일은 콜린스에게 "그들은 상심해서 죽었습니다"라고 설명했다.

스톡데일은 콜린스에게 이렇게 말했다. "이것은 매우 중요한 교훈입니다. 결국에는 성공하리라는 믿음, 결단코 실패하지 않을 것이란 믿음과 그것이 무엇이든 눈앞에 닥친 현실의 지극히 냉혹한 현상들을 직시하는 자제력을 결코 혼동해서는 안 됩니다." 우리는 이 세 번째 교훈을 '불쾌한 현실을 인정하는 투지에 넘치는 믿음(gritty faith and gritty facts)'이라고 칭한다. 이제 우리 팀은 꿈을 꾸면서도 그 꿈을 현실에 맞추어 검증하는 일을 소홀히 하지 않는다.

스트레스가 크면 우리 팀도 여전히 이분법적 악습에 빠지며, 그 결과 모든 정보를 교환하지 못한 채 하나로 연결된 모습을 보이지 못한다. 이런 경우에도 우리는 문제를 신속히 인정하고, 그 현상에 적절한 이름을 붙이며 강력히 대처한다. 결국, 그런 현상이 닥치면 그 현상을 정직하게 인정하는 대화의 필요성을 우리 모두가 알고 있다는 뜻이다.

그날 회의가 끝난 후, 나는 내 감정을 팀원들에게 떠넘긴 걸 사과했다. 또 팀원들에게 두려움에 대해 털어놓았던 것만큼이나, 그 두려움에서 비롯된 행동을 반복한다면 사과하겠다고 약속한 것도 회의의 중요한 성과였다. 내가 그런 행동을 바꾸는 데 성공하면 그 핵심 교훈에 적절한 이름을 붙이겠다는 것도 팀원들에게 약속했다. 이제 우리 조직에서는 신입 시절부터 진심 어린 사과와 변화된 행동을 통한 사과의 실천이 당연하게 여겨진다. 사과가 잘못을 인정하는 약점의 증거로 생각하는 리더가 적지 않지만, 우리는 사과도 일종의 능력이라 가르친다. 적극적인 사과 표현과 고쳐나가는 용기를 대담한 리더십으로 규정한다.

위에서 정리한 핵심 교훈들을 돌이켜보며 우리는 각자의 몫을 인정했고, 앞으로 나아가기 위해 그 교훈들을 조직에 어떻게 접목할지에 대해 논의했다. '각자의 몫'에 대한 검토는 럼블 과정, 즉 솔직한 대화 및 회의에 무척 중요하다. 힘들지만 진실한 대화를 하지 않으면, 심지어 내가 명확히 의견을 밝혔다고 99퍼센트 확신하며 깊이 파고들어도 내 몫을 찾아내지 못한다. 목소리를 높이지도 않고 궁금증을 갖지도 않는 게 내 역할인 경우에도 우리는 "내 역할은 무엇일까?"라는 의문을 지녀야 한다.

당신,
지금 외로운가요?

조지프 캠벨의 교훈은 결국 "너에게 동굴에 들어갈 용기가 있다면, 보물이나 재물을 얻으려고 구태여 동굴에 들어가지 않을 것"이란 뜻이었다. 또한 두려움에 맞서며 다른 사람을 돕는 힘과 지혜를 키우라는 뜻이었다.

이런 맥락에서 나는 데데 하프힐(DeDe Halfhill) 대령을 소개하고 싶다. 그녀는 현재 미국 공군지구권타격사령부(Air Force Global Strike Command, AFGSC)에서 혁신과 분석 및 리더십 개발을 담당하는 부서의 책임자이다. 3만 3,000명의 장교 및 병사와 군속이 근무하는 AFGSC로 부임하기 전, 그녀는 루이지애나 박스데일 공군기지에 주둔한 제2임무협력부대 사령관으로 1,800명의 항공병을 지휘하며 박스데일 공군기지의 운영을 책임졌다. 그녀가 제2임무협력부대 사령관으로 재직하는 동안에 아래의 사건이 있었다. 데데 하프힐은 내 리더십 영웅 중 한 명이며, 자신감에 넘치고 권위에 연연하지 않는 사람이다. 다른 사람을 돕기 위해 편안함보다 용기를 선택하는 자극이 필요할 때마다 나는 다음의 이야기를 기억에 떠올린다. 그녀는 당시 사건을 회상하며 이렇게 말했다.

"내가 브레네 브라운의 여러 저작에서 배운 가장 유익한 교훈 중 하나가 있다면 어려운 일에 대해 말하고 까다로운 과제를 다룰 때, 특히 '적절한 언어의 사용'이 중요하다는 것이다. 개념적으로 말하면 리더로서 우리는 취약성을 이해하고 개인적으로도 기꺼이 취약할 수 있어야 한다는 게 내 생각이다. 그러나 그런 개념들을 적용할 때 항상 적절한 언어나 관례가 존재하는 것은 아니다. 예컨대 '나는 지금 당장 여기에서 당신에게 취약함을 보여주려고 합니다'라는 말은 실제로 효과가 없다."

그녀가 사령관으로 재직한 첫해, 비행 대대 행사에서 한 항공병에게 상을 수여했다. 행사가 끝난 후, 그녀는 참석자들에게 질문이 있느냐고 물었다. 한 항공병이 손을 번쩍 들고 물었다. "사령관님, 현재의 운영 속도를 조금 늦출 의향은 없으십니까? 저희는 정말 피곤해 죽을 지경입니다."

그녀가 대답했다. "글쎄요, 그동안 상당히 바빴던 거 압니다. 지금도 지휘부가 여러분에게 많은 것을 요구하고 있고요. 하지만 이곳 박스데일에서만 그런 것은 아닙니다. 내가 전에 근무했던 다른 부대에서도 마찬가지였어요. 그들도 여러분들과 똑같은 불평을 했습니다. 우리 공군에서는 모든 지휘관이 여러분이 고생하고 있다는 걸 알고 있습니다. 피곤하다는 것도 알고 있고요."

"그렇습니다, 사령관님. 정말 피곤합니다."

그 비행 대대는 상대적으로 큰 편이었지만 그날 행사에는 대략 40명의 항공병이 참석했다. 그중에서 피곤한 사람은 모두 손을 들어보라고 하자, 거의 모두가 손을 들었다. 그녀는 나의 가르침을 머릿속에 떠올리며 언짢은 것도 말할 수 있는 용기를 끌어 모았다고 한다.

"내가 최근에 읽은 내용을 여러분에게 전해주고 싶군요. 그 구절을 읽었을 때 정말 모든 것을 멈추고 깊이 생각해보지 않을 수 없었거든요. 사흘 전이었습니다. 『하버드 비즈니스 리뷰』에 실린 논문을 읽고 있었는데, 과도한 업무로 탈진을 하소연하는 기업들을 연구한 팀을 다룬 논문이었습니다. 연구팀은 그런 기업에 들어가, 그처럼 높은 피로감의 실질적인 원인이 무엇인지를 조사했습니다. 결론에 따르면, 직원들이 피로감에 젖은 것은 사실이었지만 과중한 업무 속도만이 원인은 아니었습니다. 직원들이 피로감에 짓눌린 실질적인 원인은 외로움에 있었습니다. 직원들이 외로웠던 것이고, 그 외로움이 피로감으로 나타났던 겁니다."

그녀는 잠시 말을 멈추고 항공병들의 표정을 살폈다.

"정말 그렇지 않나요? 우리는 외로울 때 무기력에 빠지곤 합니다. 아무것도 하고 싶지 않죠. 계속해서 졸음이 몰려오고, 피곤하다는 생각밖에 들지 않습니다. 그럼 여기서 질문 하나 하죠. 만약 내가 여러분에게 '피곤하십니까'라고 묻지 않고 '외로우십니까'라고 물으면 몇 명이나 손을 들까요?"

그리고 이렇게 묻자, 대략 열다섯 명이 손을 들었다.

외로움은 많은 사람이 쉽게 인정하지 않는 감정이다. 그래서 그녀는 한 명 정도가 손을 들 것이라고 생각했다고 한다. 하지만 뜻밖에도 열다섯 명이 손을 들었고, 그녀는 깜짝 놀랐다. 그야말로 '맙소사!'였다. 그녀는 어떻게 대응해야 할지 몰라 멍하니 서 있었다.

데데는 그들 앞에 우두커니 서서 생각에 잠겼다. '나는 심리치료사도 아니고 그런 교육을 받은 적도 없는데⋯⋯. 40명 중에 15명이나 그런 생소한 감정을 인정하는 상황에 전혀 준비가 되어 있지 않은걸. 솔직히 말해 나 자신도 외로움이란 감정을 이겨내려고 발버둥치고 있다고! 하지만 외롭다고 인정하는 게 쉽지 않았어. 그래서 항상 다른 주제로 넘어가고 싶었던 거야. 하지만 브레네의 책을 읽고 용기를 얻었어. 5년 전이었다면, 그러니까 브레네의 강연을 듣기 전이었다면 나는 그렇게 물을 용기는커녕, 어떤 대답도 받아들일 여유도 없었을 거야.'

공군, 아니 일반적으로 군대에서는 자살이 가장 중요한 문제이다.

많은 병사가 외로움과 절망에 시달리기 때문이다. 그래서 군대의 리더들은 온갖 수단을 다해 항공병에게 다가가 자살은 해결책이 결코 아니라는 걸 알려주려고 애쓴다. 또 외로움을 떨쳐내기 위한 수단에 대해 그들과 대화하는 데 많은 시간을 할애한다. 그러나 자신의 병사들이 얼마나 많이 외로움을 느끼는지 인정하는 리더가 실제로 얼마나 있는지는 확실하지 않다. 많은 리더가 병사들에게 진심으로 다가가지 않고, 진심으로 관심을 보이지는 않으니 말이다.

데데 역시 그 질문을 던지기 전까지는 그로 인해 그녀와 병사들 사이가 거북해질 것이라고 생각했다. 그러나 반드시 필요한 중대한 질문이라 확신한 까닭에 그녀는 용기를 냈고, 취약함을 인정하고 현재에 충실하기로 결정했다. 데데는 그들에게 정직하기로 마음먹었다.

"나도 마음이 아픕니다. 외로움에 대해서는 여러분에게 지금껏 언급한 적이 없습니다. 하지만 오늘 많은 병사가 손을 드는 것을 보니 약간 겁이 나네요. 솔직히 말하면, 이 결과를 어떻게 해석해야 할지도 확실히 모르겠습니다. 여러분이 정말 피곤한 것에 불과하다면, 나는 리더로서 여러분에게 휴가를 줄 것입니다. 하지만 외로움이 진짜 문제라면, 휴가나 혼자만의 시간을 주는 것으로는 해결은커녕 오히려 문제를 악화시킬 수도 있습니다. 적잖은 병사가 희망을 잃고 외로움에 시달리며 급기야 돌이킬 수 없는 짓을 저지르고 있다는 사실을 여러분도 알고 있죠. 우리 공군에서는 그 문제를 척결하려고 필사적으로 노력하고 있습니다."

그녀는 거북한 질문을 과감히 던짐으로써 진실한 대화의 문을 열었다. 리더와 부대원으로서 어떻게 관계를 구축하고, 외로움을 느낄 때 어떻게 동료에게 다가가며, 또 어떻게 포용적 공동체를 이루어갈 것인가에 대해 진술한 대화를 나눈 후, 그날의 행사는 마무리됐다. 그 대화에서 비행 대대 지휘관은 소중한 통찰을 얻었고, 당면한 쟁점(연대감과 포용 문제, 과도한 업무와 탈진)을 해결하기 위한 조치를 취했다.

게다가 그 대화는 그녀의 리더십 성장에서도 중요한 순간이 되었다. 그날 그녀는 리더로서 자신이 적절한 언어를 사용하며 "여러분, 외로우십니까?"라고 편하게 말하는 것만으로도 그들에게 희망을 주는 연결 고리를 만들어낼 수 있다는 걸 깨달았다. 그녀가 적절한 언어를 사용함으로써 연결 고리를 만들어내면, 그들이 그녀를 찾아와 고민을 털어낼 것이고, 그럼 문제의 핵심을 해결할 수 있을 것 같았다. 지금은 그런 순간에 밀려오는 껄끄러움을 편안하게 받아들이지 못하기 때문에, 곤란을 겪는 병사가 찾아오면 적절한 도움을 줄 만한 전문가, 즉 전문 심리치료사에게 보내는 처리가 최선이지만 말이다. 하지만 그런 조치를 취할 때마다, 그녀가 당사자에게 "솔직히 내가 당신 문제를 어떻게 해결해야 할지 모르겠다"라고 말하는 것이 쉬운 일은 아니다.

모든 리더가 올바른 일을 행하고 싶어 하지만, 사실 조직원들이 원하는 방식으로 그들을 배려할 만큼의 시간과 자금, 또는 경험이 모든 리더에게 충분한 것은 아니다. 그들을 전문가에게 보내는 것은 절대적으로 올바른 행동이지만, 그들에게 고독감을 더해줄 수도 있다는 게 내 생각이다. 어떤 의미에서는 그녀가 그들을 밀어내며, 그들에게 전문가의 처분에 맡기라고 말하는 것으로 느껴질 수 있다. 결국 그녀가 그들에게 "너는 나를 이해하지 못하고, 나도 너를 이해하지 못해"라는 잠재 의식적인 메시지를 보내는 것일 수 있다.

그날 많은 손이 올라가는 것을 보았을 때, 데데는 상당한 충격을 받았다. 그래서 그 이후로 기회가 있을 때마다 그 이야기를 사람들에게 전한다. 그녀는 우리 모두가 '외롭다'와 '지쳤다'라는 말을 듣거나, 그런 단어를 사용할 때 어떤 기분인지 스스로 느껴보기를 바란다고 말했다. 그녀는 여러 단체를 상대로, 또 공군에서도 계급과 병과를 막론하고 군인들을 상대로 그 이야기를 50번 정도 강연한 것 같다고 덧붙였다. 그리고 그 이야기를 할 때마다 청중의 표정을 눈여겨보면, 많은 사람이 동의하듯 고개를 끄덕인다고 한다. 그 메시지가 그들의 아픈 곳을 건드렸다는 뜻이다. 이때 그들은 서로 연결된다. 그런 분위기는 눈에 보이기도 하고 마음으로도 느껴진다. 군대에 있다는 것, 집에서 멀리 떨어져 있다는 것이 어떤 것인지, 새로운 부대에 배치될 때 다시 공동체를 형성하는 것이 얼마나 어려운 일인지 그들은 하소연한다. '외로움'에 대해 그들은 전적으로 동의한다. 그들도 외로움을 느낀 적이 한두 번이 아니기 때문이다. 이 이야기가 그들의 이야기라는 걸 알기 때문에 데데는 그 이야기를 할 때마다 눈물이 핑 돈다고 했다. 우리가 그 이야기를 더욱 자주 공개적으로 하지 못한다는 게 서글플 따름이다. 우리 삶은 서로의 외로움에 의지해야 하는 경우가 적지 않은데 말이다.

"수상식 이후 많은 사람들이 '외로우면 어떻게 해야 합니까?'라고 묻곤 합니다. 거의 대부분이죠. 하지만 저는 이 주제의 전문가가 아니에요. 그 때문에 이 주제에 대해 말하는 게 겁이 나기도 합니다. 저는 아무런 해결책도 준비하지 않은 채 대화의 문을 연 셈이었죠. 그래서 브레네의 책들이 내게는 무척 중요합니다. 나는 항상 브레네의 어휘를 사용해서 질문자에게 '나는 여행자이지 지도를 만드는 사람이 아닙니다. 나도 당신과 함께 똑같은 길을 걷고 있습니다'라고 대답하거든요."

그녀는 그 순간을 함께하는 주변 사람들 모두에게 이렇게 덧붙였다. "나는 계획표를 짜는 데 무척 신중하고, 외로움이 밀려올 때 도움을 구할 사람을 옆에 두고 싶은 마음의 관계를 구축하는 데도 무척 신중합니다."

준비가 되지 않았을 때도, 우리는 어려운 대화를 할 수 있어야 한다. 그녀는 대화의 문을 열어, 그들에게 그런 하소연을 허락한 것이라 생각한다. 그전까지는 항공병이 그녀에게 다가와 외롭다고 말한 적이 단 한 번도 없었으니 말이다. 무엇보다 그녀는, 자신이 어떤 기분이고 언제 괴롭고 힘든지도 솔직하게 털어놨다. 달리 말하면, 외로움도 마음 놓고 논의할 수 있는 안전한 주제라는 뜻을 전달한 것이다. 이제 항공병이 다가와 취약함을 드러내면, 외로움에 압도되어 달리 빠져나갈 방법이 없는 지경에 이르기 전에, 그녀는 그의 문제를 해결할 수 있는 기회를 얻게 된다.

언젠가 이 이야기를 듣고 한 여성 지휘관이 그녀에게 다가와 "나는 병사들에게 매번 '단절'에 대해 훈계합니다"라고 말했다. 그녀는 그 지휘관을 바라보며 대답했다. "왜 '단절(disconnected)'이란 단어를 사용하시지요? 단절은 아무런 소득이 없는 단어입니다. 왜 '외롭다'라는 단어를 사용하지 않습니까?" 물론 단정 지을 수는 없지만, 그 지휘관은 '외로움'이라는 단어를 거북하게 느끼는 듯했다. 그녀가 다시 말했다.

"내가 항공병에게 '자네, 지금 단절된 기분인가?'라고 묻는다면, 항공병들은 내가 그들의 어려움을 진심으로 이해하려고 한다는 걸 느끼지 못할 겁니다. 거듭 말씀드리지만 '단절'은 무익한 단어입니다. 외로움처럼 인간의 공유된 경험을 숨김없이 전달하는 단어가 아닙니다. 반면에 내가 항공병에게 '외로운가?'라고 물으면 나 자신도 그에게 한층 더 깊이 다가가는 기분입니다. 그 순간 나는 항공병에게 우리 삶에서 감추고 싶은 부분을 편하게 다룰 준비가 되었으니, 당신의 외로움을 외면하지 않겠다는 마음가짐을 알려주는 겁니다. 그에게 '함께 고민해봅시다. 우리는 모두를 위해 외로움과 싸울 정도로 강합니다'라고 말하는 것과 같죠."

우리가 사용하는 단어는 정말 중요하다. 그러나 '외로움', '공감', '동정' 등은 리더십 훈련에서 흔히 언급되는 단어도 아니고, 리더십을 다룬 문헌에 자주 등장하지도 않는다. 현재 공군에서 사용하는 리더십에 관한 교범, 「공군 교범 1-1: 리더십과 전력 개발」은 2011년에 쓰였다. 이 교범의 설명에 따르면, 공군의 현재 핵심 가치는 공군이 1948년 처음으로 작성된 리더십에 관한 교범 「공군 교범 35-15」에 명기된 7가지 리더십 특성이 발전된 것이다. 그중 하나가 '인간성(humanness)'이다.

그 교범을 보았을 때 내 머릿속에는 "뭐라고? 인간성이란 게 뭐지?"라는 의문이 가장 먼저 떠올랐다. 호기심에 나는 1948년 교범을 찾아 나섰다. 흥미롭게도 그 교범은 리더십 관련 파일 중 어디에도 존재하지 않아서, 찾아내는 데 상당한 시간이 걸렸다. 그 교범은 공군 군종단(Air Force Chaplain Corps)의 역사 자료에 파묻혀 있었다. 그 교범을 읽어가며 나는 사용된 단어들에 벅찬 감동을 느꼈고, 더욱 집중하게 되었다. 소속하다, 소속감, 감정, 두려움, 동정심과 자신감, 친절과 연민, 전우애 등과 같은 단어로 가득했다. 나는 놀라지 않을 수 없었다.

리더십을 연민과 친절, 소속감과 사랑으로 설명한 군사 교범이었다. 그렇다! '사랑'이란 단어가 군사용 리더십 교범에 있었다. 나는 단어 검색 기능으로 그런 단어와 구절이 몇 번이나 사용되었는지 확인해보았다. 느낌이나 감정과 관련된 표현이 무려 147회나 언급되었고, 소속감 조성의 중요성은 21회 언급되었다. 전투에 대한 두려움, 배척에 대한 두려움, 무기를 다루는 삶에 대한 두려움도 35회 언급되었다. 사랑이란 단어는 '부하를 사랑하는 리더'라는 뜻으로 13회 등장했다. 여기에서 교범 전체를 이야기할 수는 없지만, 리더에게 부하들을 이끌어가는 방법을 가르치며 인간이 경험적으로 공유하는 언어를 사용했다는 것으로 그 교범의 장점을 설명하기에 충분한 듯하다.

그 후에 다시 지금의 교범으로 돌아와 동일한 단어들을 검색해보았다. 안타깝게도 그런 단어들은 없었다. 몇 번이고 검색했지만 한 단어도 찾아내지 못했다. 인간의 감정을 표현하는 단어들이 현재의 리더십 교범에서는 완전히 사라지고 없었다. 요즘의 리더십 교범에서 주로 사용되는 표현은 전술적 리더십, 운영적 리더십, 전략적 리더십 등이다. 물론 일반적으로는 중요한 개념이지만 사람들, 특히 항공병들이 전시에 군대에서 겪는 복합적인 경험을 처리할 수 있는 방향을 우리의 젊은 리더들에게 적절히 제시하지는 못한다. 이렇게 언어적 표현에서 거북한 부분을 제거함으로써, 우리는 감정을 표현하고 상대를 위한 공간을 마련하는 편안함을 오히려 축소해왔다고 나는 생각한다.

"나는 '외로움' 같은 단어, 즉 때때로 입에 올리기 거북하고 불편한 감정을 뜻하는 단어를 아무렇지도 않게 사용합니다. 나 자신이 그에 따른 거북함을 기꺼이 감수하며 상대에게도 껄끄러움을 야기하는 단어의 사용을 허가하기 때문이죠. 브레네가 리더십에서 취약성의 힘에 대해 언급하기 시작했을 때에도 사람들은 이상하게 바라보았습니다. 그때 처음부터 많은 청중을 상대로, 취약성에 대해 노골적으로 말해서는 안 된다는 걸 깨닫고 작게 시작하기로 마음먹었습니다. 그래서 6명의 비행 대대 지휘관만을 상대로 브레네의 가르침을 적용했고, 그 여섯 명이 리더십 세계에서 다른 기술을 지닌 리더로 성장하는 데 도움을 줄 수 있다면, 그것만으로도 내 역할을 다한 것이라고 생각했어요. 저는 그 6명의 리더들과 함께 브레네의 메시지를 더 깊이 연구했습니다. 그녀의 이야기는 수많은 순간, 우리가 부하들을 이끌어가는 방법을 바꿔놓았습니다."

데데의 이야기, 혹은 우리 연구팀이 진정한 대화를 끌어가는 방법에 대한 이야기를 읽고 '지나치게 비현실적이고 낙관적인 방법'이라 생각한다면, 그런 대화에 필요한 용기를 과소평가하고, 시도해보려는 노력을 폄하하는 게 아닌지 생각해보기 바란다. 이런 이야기를 읽고도 '내 팀과 이렇게 일할 수 있을 것이란 확신이 없어'라고 생각한다면, 이렇게 제안하고 싶다. 2장 전체를 복사한 후에 팀원들에게 읽게 하고, 다 함께 모여 45분 동안 토론하는 시간을 가져보라. 먼저 팀원들에게 이렇게 물어보라. 위의 이야기를 어떻게 생각하느냐? 위의 이야기에서 언급된 어휘를 사용하고 기법을 시행하는 게 우리에게 도움이 되겠는가? 그렇게 하려면 우리에게 필요한 것이 무엇이라 생각하는가?

이런 대화 혹은 토론은 안전 컨테이너를 구축(container-building)하기 위한 좋은 기회이다. 팀원들이 시큰둥한 반응을 보이며 유익할 것 같지 않다고 말한다면, 그 이유를 물어라. 이런 시간은 두려움을 비롯한 부정적인 감정, 은밀한 기대와 은밀한 의도를 표면화하고, 더 나은 아이디어를 들을 수 있는 대담한 기회이기도 하다.

또 이런 이야기를 읽고 "그럴 시간이 있을까?"라고 생각하는 리더에게는 생산성과 성과 및 참여를 기준으로 불신과 단절의 비용을 계산해보라고 권하고 싶다. 내가 경험적으로 100퍼센트 맞다고 확인한 것이고, 이 문제를 연구하며 얻은 가장 중요한 교훈 중 하나는 "리더가 두려움을 비롯한 부정적인 감정을 처리하는 데 합리적인 시간을 투자하지 않는다면, 비효율적이고 비생산적인 행동을 관리하는 데 터무니없이 많은 시간을 허비하게 된다"라는 것이다.

다시 말해, 호기심을 드러내는 팀원들의 용기를 격려하고, 또 언어로 정확히 표현하지 못한 감정을 표면화하는 용기를 보이는 것도 리더의 역할이란 뜻이다. 한편, 우리가 똑같은 문제적 행동을 반복해서 해결하고 있다면, 리더로서 그런 행동과 관련된 사고방식과 감정을 더 깊이 연구할 필요가 있다.

동일한 문제가 계속해서 반복된다면, 팀원들이 비협조적이라는 생각이 들기 쉽다. 그러나 내 경험에 따르면, 모두의 책임이다. 우리가 충분히 파고들지 않았기 때문에 똑같은 문제가 반복되는 것이다. 요컨대 양파 껍질을 제대로 된 방법으로 벗기지 않았다는 뜻이다. 일단 껍질을 벗기기 시작할 때, 잠시 멈추고 여운의 시간을 두어야 한다. 힘든 대화에는 여백이 필요한 법이다. 대화가 중단되면 어색하고 불편하겠지만, 그것도 처음 15분에 불과하다.

그들이 말하기 시작하면 경청하라. 진심으로 경청하라. 그들이 말하는 동안에는 당신의 의견을 표명하지 말라. 대단한 통찰이 떠오르더라도 참고 기다려라. 반대로 당신의 말을 듣는 사람이 고개를 점점 빠르게 끄덕이기 시작하면 말을 멈추는 게 낫다. 능동적으로 경청하기 때문에 고개를 끄덕이는 속도가 빨라지는 것은 아니다. 그들이 말하려고, 당신에게 말을 그만 멈추라는 진지한 신호를 무의식적으로 보내는 것이다. 힘든 대화에는 많은 여백을 두는 편이 낫다.

또 하나! 우리가 사람들과 힘들지만 진실한 대화를 하더라도 그들의 감정까지 책임질 수는 없다. 그들은 자유롭게 분노하거나 슬퍼할 수 있다. 놀라거나 마냥 행복할 수도 있다. 그러나 그들의 행동이 적절하지 않으면, 그때는 명확한 경계를 설정해야 한다.

- 어려운 대화라는 걸 알고 있다. 따라서 화를 내는 건 괜찮지만 고함을 지르는 건 괜찮지 않다.
- 모두가 스트레스와 피로에 짓눌려 있다. 긴 회의였다. 불만스러워 하는 것은 괜찮지만, 다른 사람의 발언을 방해하고 눈을 부릅뜨며 위협하는 행동은 괜찮지 않다.
- 다양한 의견과 아이디어에 대한 열정을 높이 평가한다. 감정을 표현하는 것은 괜찮지만, 수동적이면서도 공격적인 지적과 상대를 비하하는 행동은 괜찮지 않다.

또한 진실한 대화에서 즐겨 사용하는 도구, '타임아웃(time-out)'도 잊지 않기를 바란다. 진실한 대화가 원만하게 진행되지 않으면 타임아웃을 요구하라. 모두에게 주변을 산책하거나 숨을 가다듬는 10분 정도의 휴식을 허락하라. 우리 팀의 경우에는 누구나 타임아웃을 요청할 수 있다. 필요하면 누구라도 휴식 시간을 요구할 수 있다는 뜻이다.

간혹 팀원이 "지금까지의 내용을 이해할 시간이 필요합니다. 한 시간 정도 휴식하고, 점심 식사 후에 원점에서 다시 시작할 수 있을까요?"라고 말할 수 있다. 이런 제안은 더 나은 결정으로 이어지기 때문에, 나는 이런 제안을 정말 높이 평가한다. 팀원들에게 생각하는 시간을 충분히 할애하면, 어떤 문화권에서나 바람직하지 않은 회의 뒤의 회의와 뒷담화하는 행동을 예방할 수 있다.

한 가지 확실히 해둘 것이 있다. 팀원의 감정을 여과 없이 받아들이거나, 팀원의 감정이나 그로 인한 행동을 통제하려고 든다면 리더로서 제 역할을 할 수 없다는 것이다. 조직원의 감정은 리더의 책임이 아니라는 단순한 명제를 생각해보기 바란다. 우리는 다른 사람을 돕는 동시에 그의 감정까지 통제할 수는 없다. 또한 대담한 리더십은 궁극적으로 우리 자신이 아니라 다른 사람을 돕기 위해 필요한 것이라는 사실을 명심하길 바란다. 이런 이유에서 리더에게는 용기가 필요하다.

리더는
두려움을 비롯한
부정적인 감정을
처리하는 데
합리적인 시간을
투자해야 한다.

Chapter 3

리더와 팀원이
하나가 되는 의외의 순간

과거의 직업이 근육과 관계가 있었다면
요즘의 직업은 두뇌와 관계가 있다.
그러나 미래의 직업은 심장과 관계가 있을 것이다.[1]
— 미노체 샤피크(Minouche Shafik), 런던 정치경제대학교 학장

내 아들은 지금 13세이다. 이 뜻은 내가 거의 모든 스파이 영화와 마블 영화를 보았다는 소리다. 특히 「블랙 팬서」와 「가디언즈 오브 갤럭시」는 3회 이상 보았다.[2] 우리가 취약함으로부터 자신을 지키는 방법과 이유를 생각할 때마다 나는 그 영화들의 장면을 머릿속에 그린다. 상징적으로 말하면, 요새화된 성벽을 돌파한 후에도 보물에 도달하려면 10개 이상의 장애물을 이겨내야 한다. 당신은 적외선 보안망, 발을 올리면 툭 무너지는 바닥, 숨겨진 덫을 무사히 통과한다. 또 가짜 콘택트렌즈를 이용해서 망막 스캔도 통과한다. 극복하기 불가능

해 보이던 장애물들과 싸우며 나아가자, 마침내 성배가 눈앞에 들어온다. 카메라가 그 작은 성배를 클로즈업하며 확대해 보여준다. 그 안에는 세계를 지배할 수 있는 힘, 혹은 소유자에게 영생을 보장하는 마법의 영약이 담겨 있다.

개인적인 안전 대책과 보호 장치의 한가운데에는 인간 경험에서 가장 소중한 보물, 즉 심장이 있다. 심장은 우리 신체에 끊임없이 피를 공급하며 생명을 부여하는 근육 역할을 하지만, 상징적으로는 사랑하고 사랑받는 능력을 비유하고, 정서적인 삶의 상징적인 관문으로도 여겨진다.

나는 갑옷을 입지 않은 심장, 즉 '온전한 마음(wholeheartedness)'으로 살아가는 삶에 대해 줄곧 이야기해왔다. 『불완전함의 선물』에서 나는 이것을 "가치 있는 곳에서부터 삶에 참여하는 마음"이라 정의했다. 달리 말하면, 아침에 일어나 '오늘 할 일을 끝마치지 못하더라도 괜찮아. 나는 충분히 노력했을 거야'라고 생각하고, 저녁에 잠자리에 들 때에는 '그래, 나는 불완전하고 취약한 존재야. 때로는 두려움에 사로잡히기도 해. 그렇다고 내가 대단한 존재이고, 사랑받고 소속감을 느끼기에 충분히 가치 있는 사람이라는 사실에는 변함이 없어'라고 생각하는 용기와 자기연민을 통해 연결 고리를 키워나간다는 뜻이다.[3]

진심은 충분한 정서적인 삶과 해방된 마음, 즉 사랑하고 사랑받기에 충분한 마음의 가장 본질적인 부분이다. 또한 상처받고 자유롭게 아파할 수도 있는 취약한 마음이기도 하다. 진심은 우리 마음을 방탄

유리로 보호하거나 감출 필요가 없는 '융합(integration)'의 출발점이 되기도 한다.

진심은 생각과 느낌, 행동을 모두 융합한다. '융합하다(integrate)'의 라틴어 어원 integrare는 '온전하게 되다(make whole)'라는 뜻이다. 또한 이 마음은 갑옷을 내려놓게 만들고, 복잡스럽고 혼란스럽지만 경이로운 온전한 사람을 만들어낸다. 하지만 잘못 분배되면 피로와 상심에 시달리게 되는 다양한 촉매의 역할을 하거나, 우리 역사에서 고르지 못한 기형의 조각들을 낳기도 했다.

요즘 '내 모습 그대로, 나답게 출근하라'는 그럴듯한 구호가 간혹 귀에 들어온다. 하지만 그런 것을 실제로 허락하는 조직은 흔하지 않다. 개인적으로 나는 그런 것들에 진심으로 전폭적인 지원을 아끼지 않는 기업을 본 적이 없다. 구호를 외치기는 쉽지만, 그 구호를 지지하는 행동을 하기란 쉽지 않다.

물론 진심의 가치를 포용하는 기업이 분명히 적잖이 존재할 것이다. 그러나 직장에서는 심장(취약성을 비롯한 여러 감정)을 떼어내면 우리가 더 생산적이고 효율적으로 일할 것이고, 그런 우리를 더 쉽게 관리할 수 있을 것이란 잘못된 생각에 빠진 리더와 조직 문화가 의외로 많다. 적어도 혼란에서 조금이나마 벗어날 것이란 믿음은 어느 정도 인정하지만…… 우리의 인간성은 점점 바닥으로 떨어질 것이다. 여하튼 이런 잘못된 믿음에 사로잡혀 우리는 갑옷이 필요한 문화, 심지어 갑옷을 잘 갖춘 사람에게 보상하는 문화를 의식적 또는 무의식적으로 만들어간다.

진심과 감정, 특히 취약성이 골칫거리로 여겨지는 조직의 문화는 마음을 닫고 감정을 표출하지 않는다. 게다가 그런 조직의 리더들은 조직원들에게 감정을 감추라고 독려하며, 완벽주의와 감정 절제 같은 갑옷을 칭찬하고 보상한다. 삶과 일의 불균등, 편의주의적인 일처리도 갑옷에 속한다. 게다가 그런 리더들은 꾸준한 학습과 지속적인 관심보다 전지적 능력을 더 높이 평가한다.

우리가 마음을 닫으면 용기마저 죽는다는 게 문제이다. 물리적인 심장이 생명의 피를 우리 몸의 곳곳에 전달한다면, 정서적 심장인 가슴은 취약성이 용기라는 혈맥 속을 꾸준히 흐르게 한다. 또 신뢰와 혁신, 창의성과 책임을 비롯해 앞에서 언급한 모든 행동이 있게 해준다.

우리가 정서와 완전히 분리되어, 어떤 신체적 느낌이 어떤 정서적 느낌과 연결되는지 전혀 알지 못하는 지경에 이르면 아무것도 통제할 수 없고 이해할 수 없다. 이때 우리의 의사결정과 행동은 감정에 휩쓸리고, 생각은 몽매한 상태에서 벗어나지 못한다. 반면에 마음이 열리고 자유로워져서, 감정이 우리에게 어떤 호소를 하는 것인지 알게 되면, 새로운 세계가 우리 앞에 열린다. 예컨대 의사결정과 비판적 사고가 한층 개선되고, 감정이입과 자기연민 및 회복 탄력성이 향상된다.

'에고(ego)'는 마음을 닫는 일에 자발적이고 적극적으로 협조하는 공모자이다. 나는 내 에고를 '내면의 사기꾼'이라 생각한다. 머릿속에서 윙윙대는 에고의 목소리는 내게 가시적인 행동과 완벽주의를 강요하며, 더 나은 성과를 위해 노력하고, 심지어 주변 사람을 즐겁게 해주라고도 요구한다. 에고는 성과에 대한 보상을 원하고, 주변의 인정과 승낙을 갈망한다. 에고는 진실함, 공정한 자기방어와 공정한 찬사에는 아무런 관심이 없다.

취약성이나 호기심과 같이 에고의 입장에서 불편한 것들을 회피하고 최소화할 수 있다면, 에고는 어떤 짓이라도 한다. 이런 이유에서 에고는 매우 위험하다. '사람들이 어떻게 생각할까?', '나의 불쾌하고 거북한 면을 알게 되면 어쩌지?' 같은 생각에 사로잡히기 때문이다.

에고가 강력하고 까다롭긴 하지만, 우리 자신의 지극히 작은 부분에 불과하다. 에고에 비교하면 심장은 거대하다. 심장의 자유롭고 진실한 지혜는 애정을 갈구하고 인정받고 싶어 하는 옹졸함을 파묻어버릴 수 있다. 분석 심리학자 제임스 홀리스(James Hollis)는 에고를 "영혼의 무지갯빛 바다 위에 떠 있는 의식이란 얇은 조각"이라 정의한다.[4] 개인적으로 나는 이 정의를 좋아한다.

또 홀리스는 다른 책에서 이렇게 말하기도 했다. "우리는 주변의 요구에 맞추고, 정확히 균형을 맞추며, 다른 사람들에게 모범을 보이려고 이 땅에 존재하는 게 아니다. 우리 모두는 별나고 다른 조각, 어쩌면 이상하고 작은 조각, 요컨대 '존재'라는 커다란 모자이크에 투박하고 뭉툭한 자아를 더할 뿐이다. 신의 뜻대로 우리는 하루하루 더욱 더 우리 자신이 되기 위해 여기에 있는 것이다."[5]

우리가 에고를 투사하며 주변에 순응한 채 사랑받고 존경받는 것을 목표로 하는 상황에서, 갑옷에 의지하는 이유는 무엇일까? 그 이유는 우리가 틀릴 수도 있고, 모든 답을 아는 게 아니며, 감당하지 못하는 목표에 허덕이고, 똑똑하게 보이지 않을 수도 있기 때문이다. 또 감정을 통제하고 억제하지 못하는 모습을 다른 사람들에게 들킬 수도 있기 때문에, 우리는 안전 대책을 끊임없이 강구하는 것이다. '내 감정을 꾸밈없이 드러낸다면 약한 놈이라고 오해받고 손가락질 받지 않을까? 내가 취약함을 드러내면 나와 내 능력에 대한 주변 사람들의 생각이 달라지지 않을까?'

이런 상황들이 우리 에고와 자존감(sense of self-worth)에 중대한 위협, 즉 수치심(shame)을 안겨준다. 수치심은 우리에게 슬며시 다가와 자신이 결함투성이라는 기분을 안겨주는 감정이다. 이때 우리는 스스로가 사랑받고 소속되어 연결될 만한 가치가 있는가에 대한 의문을 품게 된다. 수치심은 의욕을 꺾어놓는 무척 강력한 감정이기 때문에, 다음 장에서는 수치심과 그 해독제인 공감에 대해 집중적으로 살펴보기로 하자.

자, 이제 다시 갑옷으로 돌아가자. 우리는 기계 학습과 인공 지능이 우리로부터 일자리를 빼앗아가고 일 자체를 비인간화한다고 걱정하면서도, 취약성과 공감 능력, 정서적 문해력(emotional literacy) 같은 인간의 마음에만 허용된 선물들을 활용하지 않는다. 오히려 그 선물들을 억제하는 문화를 조장하고 있다. 의도적이든 그렇지 않든, 이런 현상은 자기방어의 전 영역에서 목격되는 모순이다. 탁월한 계산력, 인간은 눈치채지 못하는 변수들을 신속히 배제할 수 있는 능력, 에고가 없다는 사실 등과 같이 단순한 이유에서 기계와 알고리즘이 인간보다 나은 분야가 적지 않다. 또 기계는 자존감을 보호할 필요가 없기 때문에 구차하게 변명하거나 합리화하지 않고, 곧바로 다시 계산해서 재조정한다.

그래도 우리가 갑옷을 훌훌 벗어던지고 인간에게만 허락된 위대한 자산, 즉 마음을 활용한다면, 인간이 기계보다 언제나 더 잘할 수 있는 분야가 많다는 희망적인 소식도 있다. 예컨대 취약함을 드러내고, 정직하게 대화하고, 자신의 가치관에 따라 살아가며, 신뢰를 구축하고 본래의 모습으로 되돌아가는 방법을 기꺼이 배우려는 사람은 대담한 리더로 거듭날 것이기 때문에 기계의 등장을 겁내지 않을 것이다.

갑옷으로 무장한 리더십

01. 완벽주의를 추구하고 실패를 두려워한다
02. 부족하다는 강박감으로 일하기 때문에 조직을 칭찬하고 인정할 기회를 헛되이 낭비한다
03. 무감각하게 대응한다
04. 패자와 승자, 가해자와 피해자라는 잘못된 이분법이 팽배하다
05. 전지전능하고 항상 올바르게 행동하려 한다
06. 냉소주의 뒤에 숨는다
07. 비판을 자기방어 수단으로 사용한다
08. 지배하려는 목적에서 권력을 행사한다
09. 자신의 가치를 높이려 한다
10. 순응과 통제를 위해 리딩한다
11. 두려움과 불확실성을 무기로 삼는다
12. 과도한 업무에 따른 피로감을 신분의 상징으로 보상하고, 자기가치를 생산성으로 평가한다
13. 차별과 배타적인 커뮤니케이션과 순응 문화를 용인한다
14. 성과에 대한 보상을 원하며 훈장을 수집한다
15. 지그재그로 행보하고 회피한다
16. 상처받은 마음으로 조직을 끌어간다

대담한 리더십

01. 건전한 분투, 공감, 자기연민을 권장한다
02. 항상 고마움을 표시하고, 중요한 성과와 승리를 칭찬한다
03. 경계를 설정하고 진정한 편안함을 얻는다
04. 강건한 등, 온화한 가슴, 용맹한 심장 - 융합을 추구한다.
05. 항상 배우는 자세로 바로잡으려고 노력한다
06. 명확하고 친절하게 행동하며 희망을 제시한다
07. 의견을 제시하고 위험을 감수한다
08. 조직원들과 함께 일하려는 목적에서 권력을 행사한다
09. 자신의 가치를 알고 있다
10. 공유된 목적을 위한 헌신을 유도한다
11. 두려움과 불확실성을 공개적으로 인정하고 정상화한다
12. 휴식과 놀이와 회복을 위한 기회를 마련하고 지원한다
13. 포용적이고 다양한 관점을 인정하는 문화를 조성한다
14. 성과에 대해 보상하며 훈장을 수여한다
15. 정직하게 말하고 행동을 취한다
16. 진실한 마음으로 조직을 끌어간다

실패를 경험해도 무너지지 않는
리더십의 비밀

어렸을 때 우리는 취약성으로부터, 상처와 폄하, 좌절로부터 우리 자신을 보호할 방법을 찾았다. 갑옷을 입었고, 생각과 감정, 행동을 무기로 사용했다. 또 진실한 모습을 감추고, 심지어 사라지게 만드는 법까지 배웠다. 어른이 된 지금, 우리는 용기와 목표 의식을 갖고 관계를 맺으며 살아가려면, 즉 우리가 간절히 바라는 사람이 되려면 다시 취약해져야 한다는 걸 깨닫게 된다. 따라서 갑옷과 투구를 벗고 무기를 내려놓고, 우리의 진짜 모습을 보여줘야 한다.[6]

—『마음 가면』에서 인용

이번에는 갑옷으로 무장한 리더십(armored leadership)에 대해 연구한 결과로 얻은 16가지의 구체적인 사례과 그에 대응하는 대담한 리더십(daring leadrship)을 살펴보기로 하자. 각 경우에서 갑옷의 형태를 규정하고, 대담한 리더십은 무엇을 뜻하는지도 살펴보았다. 어떻게 해야 우리가 갑옷을 벗고, 팀원들에게도 갑옷을 벗으라고 독려할 수 있을까?

처음 3가지(완벽주의, 환희의 억제, 무감각)는 우리가 취약성에 대해 처음 시도한 연구에서 찾아낸 갑옷의 형태였지만 이 목록에도 포함되었다(『마음 가면』을 참조할 것!). 나머지 13가지는 새롭게 찾아낸 것으로, 일반적인 조직에서 가장 흔히 목격되는 형태의 자기방어였다. 이 16

가지 특징은 내 삶에서는 물론이고 우리 모두의 삶에서 확인되는 현상이기도 하다.

1.

갑옷으로 무장한 리더십

"완벽주의를 추구하고 실패를 두려워한다."

내가 "연구자여, 그대 자신을 고치라!"라고 말한다면, 완벽주의를 추구하는 게 분명하다. 대부분의 경우, 완벽주의가 활개를 치는 곳에는 언제나 수치심이 동반한다. 취약성만큼이나 완벽주의는 온갖 소문들로 둘러싸여 있다. 내가 오랫동안 완벽주의를 연구한 결과를 정리하면 아래와 같다. 다른 책에서도 부분적으로 발표되었지만, 일단 완벽주의가 아닌 것부터 시작해보자.

- 완벽주의는 탁월함의 추구와는 다른 것이다. 완벽주의는 건전한 성취와 성장을 위한 것이 아니다. 완벽주의는 방어적인 몸부림이다.
- 완벽주의는 우리가 흔히 생각하는 자기방어가 아니다. 완벽주의는 우리가 스스로를 보호해줄 것이라 믿으며 힘겹게 짊어지고 다니는 방패가 아니다. 완벽주의는 자신을 감추는 은폐막에 불과하다.
- 완벽주의는 자기계발을 위한 수단이 아니다. 근본적으로 완벽주의는 동의를 얻으려는 발버둥일 뿐이다. 대부분의 완벽주의자는 점수와 예의 바른 태도, 규칙 준수, 상대의 비위를

맞추는 적응력, 외모와 스포츠 능력 등에서 성취나 성과에 대해 칭찬받으며 성장한 경우가 많다. 성장 과정의 어느 시점에서 완벽주의자는 위험하고 피곤한 신념을 받아들인 사람이다. '내가 무엇을 성취하고 얼마나 잘 성취하느냐가 곧 나 자신이다. 비위를 맞추고 성과를 내라. 완벽을 추구하고 능력을 입증해 보여라!'

건전한 분투(healthy strving)는 '어떻게 해야 내가 더 나아질까?'라는 의문을 풀기 위한 자발적 노력이므로 자신에 초점을 맞춘 것이다. 한편, 완벽주의는 '다른 사람은 어떻게 생각할까?'라는 의문에 초점을 맞추고 있어 타자에 초점을 맞춘 것이다. 완벽주의는 속임수이다.

- 완벽주의는 성공의 열쇠가 아니다. 오히려 여러 연구에서 확인되듯이, 완벽주의는 성공을 방해한다. 완벽주의는 우울과 불안, 중독과 마비, 기회의 상실 등과 관계가 있다.[7] 실패하고 실수할지도 모른다는 두려움, 사람들의 기대에 맞추지 못해 비난 받을 수 있다는 공포에 사로잡힌 채, 우리는 건전한 경쟁과 분투가 전개되는 경기장 밖에서 서성댄다.
- 완벽주의는 수치심을 피하는 방법이 아니다. 오히려 완벽주의는 수치심과 연결된다.

반대로, 나는 완벽주의를 이렇게 정의한다.

- 완벽주의는 자기 파괴적이고 중독적인 신념으로 '내가 완벽

하게 보이고, 모든 것을 완벽하게 처리하면, 비난과 심판에서 비롯되는 고통스러운 감정이나 수치심을 피하거나 최소화할 수 있다'라는 원초적인 생각을 부채질한다.

- 완벽주의는 애초에 존재할 수 없기 때문에 자기 파괴적이다. 완벽주의는 도달할 수 없는 목표이다. 모순적이게도 바로 이런 이유에서 완벽주의는 중독적이다. 따라서 우리는 완벽주의라는 불완전한 논리에 의문을 제기하지 않고, 외적으로 올바르게 보이고 모든 것을 반듯하게 하려고 애쓴다.

- 완벽주의는 내적인 동기보다 인식에 가깝다. 아무리 노력해도 우리는 인식을 통제할 수 없다.

- 누구도 완벽하지 않기 때문에, 모두가 예외 없이 엄중한 심판을 받을 수밖에 없다. 그렇기 때문에 우리는 수치심을 피할 수 없고 비난받는다는 느낌을 받는다. 그런 느낌은 '내 잘못이야. 내가 똑똑치 않기 때문에 이렇게 느끼는 거야'라는 더 큰 수치심과 자책으로 이어진다.

대담한 리더십

"건전한 분투, 공감, 자기연민을 권장한다."

조직원 사이에 신뢰가 있는 팀에서는 완벽주의에 대한 대화가 강력한 힘을 가질 수 있다. 이때 대화의 목표는 언제 팀이 완벽주의에 사로잡힐 가능성이 높고, 어떻게 완벽주의가 나타나며, 완벽주의가 탁월함을 위한 건전한 분투와 어떻게 구분되는지를 명확히 하는 것이다. 누구나 효과적으로 교감할 수 있는 방법이 있는가? 모두가 책임지고 찾아낼 수 있는 경고 신호나 깃발 혹은 지시등이 있는가? 나는 이런 대화를 통해 변화를 이루어내며 더 높은 성과를 얻고, 그 과정에서 신뢰를 구축한 팀을 적잖이 보았다.

2.
갑옷으로 무장한 리더십
"부족하다는 강박감으로 일하기 때문에, 조직을 칭찬하고 인정할 기회를 헛되이 낭비한다."

대규모 조직을 대상으로 강연할 때 나는 항상 이렇게 묻는다.

"여러분 중에서도 삶에서 멋진 일이 일어나면 잠시 좋아하다가 '너무 좋아하지 말아야지. 재앙의 전조일 수 있어'라고 생각하는 사람들이 있죠? 예를 들어 승진했다고 생각해보세요. 정말 신나고 즐겁지 않습니까? 약혼했다고, 혹은 임신한 걸 알게 되었다고, 할아버지가 된 걸 알게 되었다고 생각해보십시오. 기막히게 즐거운 일이 있으면, 잠시 동안 우리는 환희에 젖습니다. 하지만 곧바로 그 흥분은 사라지고, 나쁜 일이 닥쳐 그런 기분을 상쇄하지 않을까 전전긍긍하며 '언제 고약한 일이 닥칠지 몰라'라고 걱정하지 않습니까?"

이 글을 읽는 사람 중에 부모가 있다면, 이런 경험이 분명 있을 것이다. 자녀가 잠자는 걸 옆에서 지켜보며 '그래, 이 아이를 상상할 수 없을 정도로 사랑해'라고 생각하면도, 아이에게 언제 닥칠지 모를 끔찍한 사건을 상상하며 두려움에 휩싸인 경험 말이다. 통계적으로 보면, 약 90퍼센트가 그런 상상을 했다고 한다.

왜 우리는 환희에 젖은 순간에 섬뜩한 비극을 상상하는 것일까?

환희는 인간의 가장 취약한 감정이기 때문이다. 이 말은 두려움과 수치심을 연구하는 내게 상당히 중요한 의미가 있다. 우리가 환희와 즐거움을 느낄 때는 크나큰 취약성이 뒤따른다. 환희는 아름다움과 유약함, 깊은 감사와 일시성이 집약된 하나의 경험이다. 실제로 높은 수준의 취약함이 용인되지 않으면 환희는 불길한 예감으로 변한다. 따라서 우리는 곧바로 자기방어 상태가 된다. 이런 자기방어적 움직임은 취약성의 어깨를 움켜잡고 "내 의표를 찌르겠다고? 꿈도 꾸지 마. 넌 나를 불시에 공격할 수 없어. 유비무환 정신으로 항상 너를 경계하고 있으니까"라고 말하는 것과 같다.

즉, 즐거운 일이 있을 때, 우리는 상처받을 가능성을 대비하기 시작한다. 구체적으로 말하면, 실망의 두려움을 극복할 계획을 짜기 시작한다. 이런 계획이 유익할까? 그렇지 않다.

우리가 고통스러운 순간을 대비해 완벽한 계획을 세울 수 없다는 것은 자명한 사실이다. 실제로 고통스러운 순간을 어쩔 수 없이 겪어야 했던 사람들은, 최악의 상황을 상상하며 재앙에 대비하는 계획을 세우는 것이 아무런 소용이 없다고 말한다. 그러나 이런 본능의 부수적 피해는 상당하다. 감정의 비축을 위해 필요한 환희가 헛되어 낭비되지만, 비극적인 사태가 실제로 일어날 때 우리에게 신속히 회복할 수 있게 해주는 것인 환희이기 때문이다.

직장에서 환희의 억제는 한층 미묘하고 파괴적인 형태로 나타나는 경우가 많다. 주로 두 가지 이유에서 승리의 칭찬을 주저하게 된다. 첫째, 우리가 자축하며 즐거운 기색을 드러내면, 재앙을 자초해서 나쁜 일이 생기지 않을까 두려워하기 때문이다. 예컨대 어떤 프로젝트를 성공적으로 개시한 후에도 자축하는 시간을 보내지 못하는 이유는 '지금 당장 자축할 수는 없어. 완벽하게 진행될지도 불확실하고, 제대로 운영될 거라고 확신할 수도 없잖아. 게다가 그 사이트가 계속 유지될 거라는 확신도 없고……'라고 생각하기 때문이다.

두 번째는 자의보다는 타의에 가까운데, 바로 성과를 인정하지 않는 것이다. 대부분의 조직은 직원들이 지나치게 흥분하는 걸 원하지 않는다. 아직도 해야 할 일이 태산처럼 많기 때문이다. 또 우리는 직원들이 액셀러레이터에서 발을 떼고 현실에 안주하는 걸 원하지 않는다. 따라서 언젠가는 칭찬할 생각이지만, 지금 당장에는 칭찬하지 않는다. 결국 이런 이유로 직장에서 환희의 표현이 억제되지만 이런 억제는 큰 대가가 뒤따르는 치명적인 실수라고 할 수 있다.

대담한 리더십

"항상 고마움을 표시하고, 중요한 성과와 승리를 칭찬한다."

기쁨을 정직하게 드러내는 사람들의 공통점이 무엇일까?

고마움을 표현한다는 것이다. 그들은 고마움을 숨김없이 표시한다. '감사하는 태도(attitude of gratitude)'에 머물지 않고 실제로 행한다. 전화로 감사하다고 말하거나 기록에 남기고, 가족에게도 알린다.

자료에서 감사의 표시가 긍정적 효과를 유도한다는 걸 확인한 그날부터 우리 가족은 저녁 식탁에서 하루를 감사하는 작은 시간을 갖기 시작했다. 요즘에는 하느님의 은총에 감사하는 찬송가를 부른 후 각자가 감사해야 할 구체적인 사례를 주고받는다. 그리고 그 작은 행사가 우리 모두를 바꿔놓았다. 그 시간은 우리 부부가 아이들의 삶과 마음을 들여다볼 수 있는 소중한 창문 역할을 했다.

감사를 표현하는 일은 모든 것을 변화시킨다. 감사 표시는 개인적인 구조물이 아니라 인간의 구조물이다. 달리 말하면, 인간이란 존재를 통합해주는 단위이라는 뜻이다. 또한 감사 인사는 환희를 억제하는 일에 대한 해독제 역할을 한다. 감사를 표현함으로써 우리의 성과를 다시 떠올려주기 때문에, 성과의 즐거움을 만끽하는 기회를 준다.

감사 표시는 우리에게 취약성의 전율감('잃을 만한 것이 있다'라는 기분)을 인정하며, 우리 손에 소중한 것이 있다는 것에 감사할 수 있게 해준다. 회의를 시작하고 끝낼 때, 그렇게 감사할 것을 확인하는 순서를 두고 모두가 감사할 것을 하나씩 공유하면, 신뢰와 공감대를 구축하고 '안전 컨테이너'를 만들어가며 조직에 환희와 즐거움을 표현할 기회를 제공할 수 있다.

올해 초, 나는 성과 인정 프로그램과 해결책을 제공하는 다국적기업 글로보포스(Globoforce)가 개최한 인적자원회의, '일과 인간(Work-Human)'에서 기조연설을 요청 받았다. 나는 그 초대를 흔쾌히 받아들였다. 우리 연구팀이 대담한 리더십을 연구하며 수집한 자료에 따르면, 대담한 리더를 키워내고 용기를 높이 평가하는 문화를 함양하기 위해서는 인정(recognition)이 필수 요소였기 때문이다. 또 인정하는 모습을 보여주는 것이 직업의 참여도와 만족도를 높이고, 인재를 유치하려는 경쟁이 심해지는 세계 시장에서 유능한 직원을 확보하도록 돕는 중요한 일이라고 주장하는 서너 편의 논문을 읽었지만, 실제 연구 사례를 본 적은 없기 때문이다. 그래서 나는 리더와 동료의 인정을 주로 연구하는 글로보포스의 중심에 뛰어들었다.

글로보포스는 인정을 활용함으로써 시스코(Cisco)에서는 직원 참여도를 5퍼센트 향상시키는 성과를 거두고, 인튜이트(Intuit)에서는 6개국에 걸친 대규모 작업장에서 직원 참여도를 두 자릿수까지 높이고 유지하는 성과를 거두었다. 허쉬(Hershey)에서도 역시 인정 프로그램을 활용해 직업 만족도를 11퍼센트만큼 끌어올렸고, 링크드인에서는 4회 이상 인정받은 신입사원의 경우 재직률이 거의 10퍼센트나 향상되었다.[8]

나는 "팀 전체를 이끌어가든, 한 명의 팀원을 이끌어가든, 또 인정 프로그램을 공식적으로 사용하든 비공식적으로 사용하든 간에 작은 성과라 하더라도 그 성과를 서로 칭찬해야 합니다. 맞습니다. 아직도 해야 할 일이 태산처럼 많은 것은 사실입니다. 한 시간쯤 손해를 보겠지요. 그렇다고 성과를 칭찬해야 할 이유가 사라지는 것은 아닙니다"라고 그들에게 확실히 말해두었다.

3.
갑옷으로 무장한 리더십
"무감각하게 대응한다."

우리 모두는 마비된다. 개개인을 마비시키는 요인은 수없이 많다. 음식과 일, 소셜 미디어, 쇼핑과 텔레비전, 비디오 게임과 포르노, 알코올 음료(갈색 종이 봉지에 싸인 맥주부터 사회적으로 용인되지만 위험한 '고급 포도주' 취향까지) 등 종류도 다양하다. 여하튼 우리 모두는 마비된다. 우리가 상습적으로나 충동적으로 위의 요인들에 의지한다면 그

것이 바로 '중독'이다.

통계적으로 말하면, 누구나 중독으로부터 영향을 받는다. 당신이 아니면 친구나 동료, 혹은 가족이 중독자일 수 있다. 중독자가 누구이고 어떤 이유에서 중독자가 되었든 간에 중독을 관심 있게 지켜보면, 중독에 따른 고통과 비용이 가장 먼저 눈에 들어온다. 전미 알코올과 약물 중독 협의회(NCADD)에 따르면, 불법 약물을 사용하는 약 1억 4800만 명 중 70퍼센트가 직장인이고, 약물 남용에 따른 연간 비용이 810억 달러에 달한다.[9] 마비에 관한 한 누구도 예외가 없다. 문제는 마비의 정도이다. 중독에 따른 고통은 결코 스스로 억제할 수 있는 폭풍이 아니라 주변까지 휩쓸어버리는 토네이도이다.

마비는 중독과 똑같은 영향을 미치지는 않지만, '우리가 감정을 선택적으로 마비시킬 수 없다'라는 이유에서, 우리 삶에 주는 영향은 가혹하다. 예컨대 어두운 면을 마비시키면 밝은 면도 마비된다. 고통과 불편함을 완화하면, 자연스레 기쁨과 사랑, 소속감 등 우리 삶에 의미를 주는 감정 역시 줄어든다.

괴로운 감정을 무척 날카로운 가시라고 생각해보자. 그런 감정이 우리를 찌르면 불편하고 아프기도 하다. 감정이 예측되고 두려움이 밀려오면, 우리 내면에서 견디기 힘든 수준의 취약함이 모습을 드러낸다. 대다수는 그 매서운 자극에서 불편함과 취약함이 느껴지더라도 처음에는 불편함을 인정하거나 신중히 받아들이지 않고 떨쳐내려고 한다. 어떻게든 신속히 그 고통을 없애거나 완화하는 방식으로 대응한다. 예컨대 알코올과 약물, 음식과 섹스, 관계와 돈, 일과 배려, 도박과 분주함, 불륜과 혼돈, 쇼핑과 계획, 완벽주의와 끊임없는 변

Part 1 | 취약성 인정하기

화, 인터넷 등에 빠져드는 것이다.

나는 20년 이상 동안 술을 거의 입에 대지 않았고, 어떤 갱생 시스템이 나에게 적합한지 알아내려고 버둥거렸다. 하지만 어떤 시스템도 완벽하게 맞아떨어지지 않아, 거의 언제나 베렌스타인 곰 가족 시리즈 중 『낡은 모자, 새 모자』로 되돌아갔다. 알코올 중독자 모임을 경험한 사람들의 기준에서 나는 술꾼도 아니었다. 특히 과식자 모임(Overeaters Anonymous)은 나를 상호의존 모임에 보냈지만, 그곳 사람들은 다시 내게 알코올 중독자 모임에서 시작하는 게 좋겠다고 조언했다. 나는 그런 좌절 과정을 '내가 아직은 괜찮다'라는 징조로 해석하며, 몇 잔의 맥주로 자축하고 싶었다. 물론 실제로 그렇게 행동할 만큼 어리석지는 않았다. 내 삶은 통제를 벗어났고, 특히 대학원 졸업을 앞두고는 뜻하지 않은 중독으로 엉망진창인 상태였다. 그래서 한 친구에게 나를 중독자 모임에 데려가달라고 부탁했다.

모임에 두 번째 참석했을 때 내 후원자가 이렇게 말했다. "당신은 모든 것에 조금씩 중독됐어요. 그야말로 중독 덩어리네요. 좋아지려면 당장 술을 끊고 담배를 끊고, 위안을 얻으려고 먹는 걸 중단하고, 가족 사업에 간섭하는 것도 잊는 게 최선일 거예요."

나는 생각했다. '좋았어. 그럼 모임에 나오지 않아도 되겠군! 만세.'

나는 적합한 모임을 찾아내지 못했지만, 석사학위를 받고 이튿날, 1996년 5월 12일에 술과 담배를 끊었고 그 이후로는 술과 담배를 건들지도 않았다. 솔직히 고백하면, 지금도 운전할 때 밥 시거(Bob Seger)나 롤링 스톤스(Rolling Stones)의 노래를 들으며 담배를 피우는 모습을 상상한다. 만약 내가 펜을 담배처럼 물고 운전하는 모습을 본다면, 라디오에서 멋진 음악이 흘러나오고 있다고 생각하면 된다.

최종적으로 나는 알코올 중독자 프로그램을 1년 동안 실행했다. 내 개인적인 의견을 말하면, 그 프로그램의 모든 구호가 맞는 말이다. 새터데이 나이트 라이브(SNL)의 한 촌극에 나올법한 교회 지하실의 나무판 벽에 일렬로 내걸린 10개의 현수막과 비슷하지만, 누구도 부인할 수 없는 진실이 쓰인 현수막이다. 역시 갱생 과정에 있던 한 친구는 "갱생 과정에 있는 술꾼들에게 삶의 비밀을 푸는 걸 맡겼군!"이라고 말했을 정도였다. 일부 구호를 소개하면 아래와 같다.

- 당신이 어디를 가더라도 거기에 당신이 있다.
- 당신은 당신의 비밀만큼만 아플 뿐이다.
- 서두르지 마라.
- 지금 이 순간에 집중하라.
- 다른 의견과 태도도 받아들여라.
- 너 자신에 충실하라.
- HALT : 굶고 화내고 외롭고 피곤하지 말라(Don't get too Hungry, Angry, Lonely, or Tired)
- 한(恨)을 버리고 신에게 맡기자.

대담한 리더십
"경계를 설정하고 진정한 편안함을 얻는다."

우리 연구에 참여한 리더들의 증언에 따르면, 마비의 가장 주된 원인은 취약성과 원망, 불안이며, 특히 원한은 대부분 불확실한 경계와 관계가 있다. 지금까지 우리는 취약성에 대해서는 상당히 다루었다. 불안에 대해서, 또 신뢰 구축에서 원망과 경계의 관계에 대해서는 뒤에서 더 깊이 살펴보기로 하자. 지금 당장에는 페이스북을 서너 시간 동안 뒤적거리거나, 1리터의 아이스크림을 무지막지하게 먹어대거나, 혹은 월급의 대부분을 온라인 쇼핑에 써대면서 당신의 삶에서 원망할 것을 찾는 데 집중해보자.

핵심이 뭐냐고? 대부분이 그렇듯이, 나 자신도 성장 과정에서 취약성과 정직하게 대화하는 데 필요한 감정과 능력을 키우지 못했다. 따라서 나도 마비에 빠질 수 있는 것에 의지했지만, 결국에는 알코올에 대한 의존에서 벗어나기 위한 분투를 시작했다. 그러나 그 분투에 적합한 구체적인 프로그램은 없었다. 그래서 나는 여러 모임과 심리치료사에게 도움을 받았고, 나에게 적합한 새로운 영적인 훈련에도 기웃거렸다.

결국 내가 깨닫게 된 것은, 마비의 치유법은 우리가 불편함을 받아들이고 정신을 쇄신할 수 있는 도구와 능력을 키우는 것이다. 그 방법을 함께 공유하자면…….

첫째, 그런 원망과 거북함이 느껴지면 '그 느낌을 신속하게 없애버리는 방법이 무엇인가?'라고 생각하지 말고, '그 느낌이 정확히 무엇이고, 어디에서 비롯된 것인가?'라고 생각해보라.

둘째, 당신을 마비시키는 것이 무엇이고, 당신에게 진정한 편안함과 새로운 삶을 안겨주는 것이 무엇인지 생각해보라. 우리는 진정한 편안함을 누릴 자격이 있다. 작가 제니퍼 라우든(Jennifer Louden)은 우리 감각을 마비시키는 것들을 '그림자 위안(shadow comforts)'이라 칭한다. 불안과 단절, 취약함과 외로움, 무력감이 밀려올 때 폭음과 폭식, 끝없는 일과 텔레비전 시청은 위안으로 느껴지지만, 실제로는 우리 삶에 긴 그림자를 드리우는 것일 뿐이다.

라우든은 이렇게 말한다. "그림자 위안은 어떤 형태든 띨 수 있다. ……(중략)…… 차이를 만드는 것은 당신의 행동 자체가 아니라, 당신이 그 행동을 행하는 이유이다. 당신이 초콜릿 한 조각을 맛보며 신성한 경지의 달콤함을 느낀다면 진정한 위안이 되겠지만, 초콜릿 바를 통째로 입에 쑤셔 넣고 맛을 음미할 틈도 없이 삼킨다면, 그건 그림자 위안에 불과하다. 또 인터넷 게시판에서 30분 동안 채팅하며 커뮤니티로부터 활력을 얻은 후에 업무에 복귀하는 경우도 있겠지만, 어젯밤 배우자 때문에 무척 화가 난 사실을 배우자에게 말을 하고 싶지 않아 괜히 인터넷 게시판에서 채팅하며 시간을 보내는 것일 수 있다."[10]

마비에 대한 자료에서도 "차이를 만드는 것은 당신의 행동 자체가 아니라, 당신이 그 행동을 행하는 이유이다"라는 라우든의 주장이 분명하게 나타난다.[11] 결국 라우든의 주장은, 마비를 유도하는 행동 뒤에 감추어진 의도에 대해 생각해보고, 도움이 된다면 가족이나 가까운 친구 혹은 전문가와 그 문제를 상의하라는 것이다.

위안을 얻기 위한 폭식의 억제는 나한테 있어 평생의 과제이지만, 나는 그 단계를 차근차근 밟으며 내 마음속 현수막에 쓰인 구호를 잘 지키고 있다. 내 일과 중에서 가장 중요한 행동 중 하나는 매일 습관적으로 산책하는 것이다. 또 나는 음식에서 구하는 위안을 피하기 위한 구체적인 조치로, 내 운동화를 폴라로이드로 찍은 사진을 식품 저장실에 세워두었다. 그 사진을 보는 순간, '정말 배가 고픈 것인가, 산책으로 더 큰 위안을 얻지 않을까?'라고 생각하는 여유를 갖게 된다.

또한 나는 거의 10년 전부터 적절한 경계를 설정해두고, 그 경계를 넘지 않으려고 노력해왔다. 특히 가족을 돌보는 역할에서 지나친 간섭을 피하려고 애써왔다. 지금까지의 결과를 냉정히 평가하면, 6 시그마 프로젝트 관리 자격증까지 얻지는 못하겠지만, 경계 설정에서 블랙 벨트는 얻은 듯하다. 이와 관련해 재밌는 일화를 짤막하게 소개하겠다.

외부 파트너 중 한 명이 내게 BB라는 별명을 비밀리에 붙였다. 내 이름 브레네 브라운(Brené Brown)이 아니라 '경계 브라운(Boundaries Brown)'을 뜻하는 별명이었다. 그 비밀 별명이 폭로되고 나까지 그 별명에 대해 알게 되자, 그는 당황하며 사과했다. 나는 "사과하실 필요 없어요. 나한테는 최고의 찬사이니까요"라고 대답했다.

일터에서 리더는 취약성에 대한 건전한 대화를 지원하고, 경계를 존중하며, 불안감이 팽배한 상황에서도 차분함을 유지할 필요가 있다. 고용주가 직원들을 상대로 중독 지원 프로그램을 성공적으로 운영한 결과 보고서에 따르면, 생산성과 사기가 향상된 반면, 결근과 사고, 휴가와 이직, 절도 등은 줄어들었다. 장기적인 프로그램을 운영한 경우에는 직원과 가족의 건강 수준까지 더 나아졌다는 보고도 있다.

4.
갑옷으로 무장한 리더십
"패자와 승자, 가해자와 피해자라는 잘못된 이분법이 팽배하다."

승리하느냐 패배하느냐, 살아남느냐 죽느냐, 죽이느냐 죽느냐, 강자가 되느냐 약자가 되느냐, 성공하느냐 실패하느냐, 가해자가 되느냐 피해자가 되느냐, 리더가 되느냐 추종자가 되느냐.

귀에 익은 말인가? 이런 이분법은 승자와 패자라는 패러다임에 매몰된 사람들의 철학이다. 배척 관계에 있는 둘을 짝짓는 이분법적 세계에서 당신은 항상 손해 보는 쪽에 있는 피해자 혹은 패자이거나, 부당하게 괴롭힘을 당하는 걸 거부하는 승자이다. 당신이 취약하지 않다는 걸 보여주는 데 필요한 짓이라면 지배하고 억압하며, 권력을 휘두르고 감정을 차단하며 무엇이든 할 것이다.

이렇게 제로섬으로 승패를 가르는 역학 관계가 수많은 직종에 팽배하지만, 성장 과정과도 밀접한 관계가 있다. 당신이 이런 역학 관계를 주된 본보기로 삼아 성장했다면, '상대를 무찌르지 않으면 살아남지 못한다'라는 잘못된 극단적인 이분법을 믿기 십상이다.

이분법적 관점에서 조직을 운영하는 사람들을 인터뷰할 때, 나는 곧잘 그들에게 성공을 어떻게 정의하느냐고 묻는다. 어떤 경우에는 생존이나 승리가 성공을 뜻하지만, 실질적인 위협이 제거되면 생존은 살아 있는 게 아니다. 누구에게나 소속감이 필요하고, 사랑이 필요하다. 그러나 취약함과 융합이 없이는 그 둘 모두가 불가능하다.

대담한 리더십

"강건한 등, 온화한 가슴, 용맹한 심장— 융합을 추구한다."

잘못된 이분법적 세계에서 '살아남기'의 반대말은 '융합의 추진'이다. 앞에서 말했듯이, 융합은 우리 자신의 모든 부분을 결합하는 행위를 뜻한다. 우리 모두는 강인하면서도 부드럽고, 두려워하면서도 대담하며, 유약하면서도 단호하다. 내가 『진정한 나로 살아갈 용기』에서 썼고, 내 삶의 기준으로 받아들이려 애쓰는 원칙으로 융합의 가장 적절한 예는, 강건한 등과 온화한 가슴과 용맹한 심장의 융합이다. 내 스승인 로시 조앤 핼리팩스(Roshi Joan Halifax)는 강건한 등과 온화한 가슴의 융합을 이렇게 설명한다.

"이른바, 강인함은 사랑이 아니라 두려움에서 비롯되는 경우가 많다. 많은 사람이 강인한 등을 갖지 못하고, 가슴을 방어하며, 약한 척추를 보호하려고만 한다. 다시 말해, 우리는 불안하고 방어적으로 행동하며 자신감의 부족을 감추려고 애쓴다. 상징적으로 말해서 등을 강하게 단련하며 척추를 탄력적이지만 강인하게 키우면, 온화하고 열린 마음을 위험에 노출할 수 있다. ……(중략)…… 어떻게 하면 우리가 강건한 등과 온화한 가슴으로 배려를 주고받으며, 두려움을 극복하고 진정한 온유의 세계에 들어갈 수 있을까? 우리가 진정으로 투명해진 채 세상을 또렷이 관찰하는 동시에 세상도 우리를 들여다볼 수 있다면, 그런 세계가 가능하리라 생각한다."[12]

비유적으로 말하면, 강건한 등은 '근거가 확실한 자신감과 경계'를 뜻하고 온화한 가슴은 '취약함과 호기심을 유지하는 마음'을 뜻한다. 용맹한 심장은 우리 삶에서 강건한 등과 온화한 가슴이란 모순의 융합을 실행하는 것이지, 우리를 위축시키는 허튼소리에 굴복하느냐

않느냐가 아니다. 용맹한 심장의 증거는 취약성과 용기, 모두에서 드러나며, 무엇보다 맹렬하면서도 자상한 모습을 띤다.

5.
갑옷으로 무장한 리더십

"전지전능하고 항상 올바르게 행동하려 한다."

뭐든지 알고 있고, 언제나 바르게 행동하려는 태도는 그야말로 무거운 갑옷이다. 지나치게 방어적이고 가시적인 태도이고, 무엇보다 그 목표는 애초에 허튼소리일 뿐이다. 그러나 이런 태도는 무척 흔하다. 정도의 차이가 있을 뿐, 대부분이 내면에 그런 전지전능의 욕심을 품고 있기 때문이다. 이런 전능한 존재는 텔레비전 시트콤 「치어스」의 등장인물, 시청자를 짜증나게 하지만 매력적인 클리프 클래빈으로 정형화된다. 안타깝게도 모든 것을 알아야 한다는 부담은 그에게는 물론이고 주변의 모든 사람에게도 크나큰 불행이다. 부담은 불신과 잘못된 결정, 불필요한 잡음, 비생산적인 갈등으로 이어진다.

모든 것을 알아야 한다는 갑옷을 벗고 호기심 많은 리더로 변신하기는 쉽지만, 많은 사람이 결함이나 부족한 것이 없어 보이도록 행동하고 싶어 하는 주된 원인은 수치심에 있다. 때로는 트라우마가 원인이기도 하다. 모든 것을 아는 사람이 되면 어려운 상황에서 조직원을 구할 수 있고, 우리가 인간관계와 일에 부여하는 유일한 가치가 완전 무결한 사람이 되는 것이란 잘못된 믿음은 쉽게 우리를 세뇌시킨다.

일부만이 전지전능한 사람으로 평가 받는 문화가 있다면, 이는 더 큰 문제를 일으킨다. '충분한 실력'을 갖추지 못한 사람이나, 전문 분야가 아닌 사람은 입을 다물어야 하기 때문이다. 한 리더는 전직해서 새로운 팀과 일하며 6개월 동안 회의에서 자신의 의견을 개진하지 못했다고 털어놓았다. 사실 그는 20년이 넘는 경험이 있었지만, 기존 리더들의 발언만을 높이 평가하는 문화적 규범 때문에 회의에서 침묵을 지켜야만 했다.

대담한 리더십

"항상 배우는 자세로 바로잡으려고 노력한다."

내 경험에 따르면, 모든 것을 아는 척하는 태도를 항상 배우는 자세로 바꾸는 데는 3가지 전략이 효과적이다. 첫째, 쟁점을 명확히 규정하고 적절한 이름을 붙여라. 다시 한 번 말하지만, 명확함이 친절이다. 물론 쉽지는 않겠지만 말이다. 호기심을 유지하고 비판적 사고 능력을 키우기를 바란다. 당신의 신속한 대답이 때로는 도움이 될 수 있지만, 적절한 질문만큼 유익하지는 않다. 적절한 질문은 당신이 리더로서 성장할 가능성을 보여주고, 적절한 질문이 있을 때 우리가 함께 일할 수 있기 때문이다. 모든 것을 아는 척하는 사람의 등 뒤에서는 험담하는 사람이 많다. 결코 바람직한 현상이 아니다. 둘째, 호기심을 키우고 유지하는 능력을 우선순위에 두어라. 셋째, '지금은 잘 모르겠지만, 나 역시 알아내고 싶다'라는 대담한 말을 리더십 행위로 인정하고 보상하라. 이렇게 하면 '올바르게 행동하고 싶다'에서 '올바르게 바로잡고 싶다'로 중대한 변화가 일어난다. 호기심과 학습 능력의 향상을 위한 능력과 도구에 대해서는 취약성의 인정을 자세히 다룬 뒤에 분석해보려 한다.

6.

갑옷으로 무장한 리더십

"냉소주의 뒤에 숨는다."

냉소주의와 빈정거림은 싸구려 좌석에 앉아 덧없이 시간을 죽이는 일의 가까운 친척쯤 된다고 생각하면 된다. 그러나 결코 과소평가해서는 안 된다. 이 둘은 분노와 혼동, 원망 등 부정적인 감정의 흔적을 남긴다. 특히 리더가 냉소하고 빈정대는 모습을 보이고, 심지어 어떤 견제도 받지 않는다면 조직의 인간관계와 결속력은 무너진다. 상처를 주는 논평과 수동적이면서도 공격적인 지적이 그렇듯이, 면전에서 행해지는 냉소적이고 빈정대는 태도도 나쁘지만, 그런 태도가 전자메일이나 문자로 전해지면 최악일 수 있다. 글로벌 회사에서는 문화와 언어가 다르기 때문에, 전자메일이나 문자로 전해지는 냉소적이고 빈정대는 말이 그야말로 독약일 수 있다. 빈정거림의 어원(sarcasm)은 '살을 뜯어내다'를 뜻하는 그리스어 sarkazein이다. 섬뜩하지 않은가.

떠들썩한 변화가 끊임없이 반복되고 동시에 두려움과 불안감, 결핍감으로 뒤덮인 현대 사회에서, 이제 냉소주의와 빈정거림은 흔하디흔한 것이 되었다. 엄격히 말하면, 냉소주의와 빈정거림은 거북한 상황을 벗어나기 위한 수단으로 사용되기 때문에 갑옷보다 더 나쁘다.

대담한 리더십

"명확하고 친절하게 행동하며 희망을 제시한다."

냉소주의와 빈정거림을 해결하는 방법은 3단계로 이루어진다.

1. 명확하고 친절한 자세를 유지한다.

2. 당신의 의도를 가감 없이 말하는 용기를 발휘한다. 냉소주의와 빈정거림은 분노와 두려움, 결핍감, 심지어 절망감까지 감춘다. 이 둘은 우리가 주변의 감정을 안전하게 무마할 수 있는 수단이다. 냉소에 주변의 반발이 있으면, 농담이었다고 말하며 다른 식으로 생각하는 사람들을 무안하게 만든다.

3. 냉소주의와 빈정거림의 대상이 절망이라면, 해결책은 희망을 주는 것이다. 심리학자 찰스 R. 스나이더(Charles Richard Snyder)의 연구에 따르면, "희망은 따뜻하고 포근한 감정이 아니다."[13] 스나이더는 희망을 감정의 인지 과정으로 정의하며, 그 과정은 세 부분으로 이루어진다고 말한다. 운이 좋은 사람은 그 과정을 성장 과정에서 배우지만, 어느 때라도 배울 수 있는 것이다. 그 세 부분은 목표(goal)와 경로(pathway)와 주도력(agency)이다.

우리에게는 현실적인 목표를 세울 능력이 있다. 또 우리는 그 목표에 도달하는 경로를 찾아낼 수 있다. 물론 그 길이 시원하게 쭉 뻗는 도로가 아니고, 허접스럽고 구불거리는 길일 수도 있기에, 단편적이고 대안적인 경로로 그 목표에 도달할 수 있다. 즉, '현실적인 목표를 세울 능력이 있다'는 '내가 가고 싶은 곳이 어디인지를 알고 있다'는 뜻이고, '목표에 도달하는 길이 험할 수도 있지만, 어떻게든 도달하겠다'는 '나는 끈기가 있고 실망하고 좌절하더라도 집요하게 시도할 것이기 때문에 반드시 목표에 도달할 수 있다'라는 소리가 된다. 주도력은 목표에 도달할 때까지 그 길을 유지하는 우리 능력에 대한 믿음이다. '나는 할 수 있다' 같은 믿음 말이다.

냉소적인 사람은 이들을 희망에 매달리는 사람을 순진하고 어리석은 사람이라 빈정대겠지만, 냉소라는 갑옷은 대체로 심리적 고통에서 비롯된다. 일반적으로, 냉소는 절망과 관계가 있다. 신학자 롭 벨(Rob Bell)이 말했다. "절망은 내일이 오늘과 똑같을 것이란 믿음 때문이다."**¹⁴** 충격적이지 않은가? 냉소와 빈정거림은 대체로 제도적이고 문화적인 성격을 띠고, 다른 사람을 겨냥해 공격하는 게 무척 쉽다는 데 문제가 있다. 대담한 리더라면 냉소주의를 허용하지 않아야 한다. 냉소주의에 대한 보상은 금물이다. 오히려 명확하고 친절한 행동, 진실한 대화에 보상하고, 희망을 가르쳐야 한다.

7.
갑옷으로 무장한 리더십
"비판을 자기방어 수단으로 사용한다."

개방적이고 정직한 토론은 창의력을 자극한다. 그런 토론에서는 모두가 자유롭게 각자의 의견을 제시하고 개진하기 때문이다. 그러나 싸구려 좌석을 차지한 사람들, 즉 경기장에 내려가지 않고 관람석에서 맴도는 사람들에게 비판을 허용하면 혁신이 방해된다. 시어도어 루스벨트는 "비평하는 사람은 중요하지 않습니다. 강한 선수가 어떤 경우에 실수를 범하고, 어떤 선수가 이렇게 했더라면 더 나았을 것이라고 지적하는 사람은 필요하지 않습니다"라고 말했다.

상대적으로 알아보기 어려운 두 유형의 비판이 있다. 하나는 '향수

(nostalgia)'이고, 다른 하나는 '보이지 않는 군대(invisible army)'이다. 새로운 아이디어가 나올 때마다, 곧바로 "우리는 그렇게 일하지 않아" 혹은 "우리는 그렇게 해본 적이 없어"라며 반대하고 나서는 사람들이 있다. 이런 사람들은 조직의 역사까지 거론하며 다른 생각을 비판한다. 또 "우리는 변화를 원하지 않아", "그 프로젝트를 진행하려는 당신의 방향에 우리는 동의할 수 없어"라고 말하며 보이지 않는 군대를 동원할 수도 있다. 나는 보이지 않는 군대를 좋아하지 않는다. '우리'는 실제로는 대변하지 않는 많은 사람을 대변하는 척하는 행위 자체가 비겁한 구경꾼의 행동이다. 걱정거리가 있으면 대담하게 표현하고 인정해야 한다. 그런데도 누군가가 나를 끌어들여 보이지 않는 군대를 사용한다면, 나는 그가 말하는 '우리'가 정확히 누구냐고 당신에게 따져 물을 것이다. 우리 연구팀의 자금관리책임자 찰스는 내가 '우리'라고 습관적으로 말하는 걸 끊임없이 지적한다.

비판은 주로 두려움이나 무가치한 존재라는 걱정에서 비롯된다. 비판은 스포트라이트를 우리에게서 다른 사람에게로 옮겨간다. 그 순간 우리는 더 안전해진 듯한 기분에 젖는다.

대담한 리더십

"의견을 제시하고 위험을 감수한다."

하루 일과를 끝내거나 주말을 맞을 때, 더 나아가 삶을 정리할 쯤에 나는 비판보다 건전한 의견을 더 많이 제시했다고 말하고 싶다. 사실 이 목표를 달성하기는 무척 쉽다. 지금 당신이 의견 제시보다 비판을 더 중요하게 여기는 팀의 리더라면, 이제부터 비판에 대해 보상하지 않겠다고 의식적으로 단호히 결정하라.

의견 제시를 진심 어린 대화의 일환인 능력으로 키워가야 한다. 우리 연구팀에서는 대안을 제시하지 않는 비판을 허용하지 않는다. 예컨대 당신이 어떤 아이디어를 비판하려면, 그 아이디어를 더 강력하고 튼실하게 바꿔갈 수 있는 구체적인 계획까지 제시할 수 있어야 한다. 심지어 회의에 참석하는 팀원들은 비판할 것이 없더라도 나름의 관점을 준비해서 제시해야 한다. 이렇게 팀원 모두를 경기장에 끌어들여 의견을 제시하게 한다면, 당연히 위험도 커진다. 새로운 자료가 밝혀지면 관점을 바꾸는 것으로 충분할 수 있지만, 논쟁에 적극적으로 참여하며, 흙먼지와 피로 얼굴을 더럽히는 위험을 감수할 수도 있다. 중요한 사람은 경기장에 들어서서 나름의 의견을 제시하는 사람이다. 만약 아직도 입만 나불대는 구경꾼이 있다면 저주가 있으리!

8.
갑옷으로 무장한 리더십
"지배하려는 목적에서 권력을 행사한다."

1968년 마틴 루서 킹(King, Martin Luther, Jr.) 목사는 멤피스에서 파업하던 환경미화원들을 대상으로 한 연설에서 '힘'은 목적을 성취하고 변화를 이루는 능력이라고 정의했다. 나는 힘을 이보다 더 정확히 정의한 사례를 본 적이 없다. 따라서 이 정의는 무척 중요한 정의이다. 이 정의로 인해 힘이 본질적으로 좋은 것이거나 나쁜 것이 되는 것은 아니다. 이런 결론은 내가 지금껏 연구하며 얻은 결론과 일치한다. 힘을 위험하게 만드는 것은 '힘을 사용하는 방법'이다.

극소수의 예외가 있지만, 조직은 본질적으로 계급적인 구조를 띤다. 최고경영자나 창업자 혹은 이사회 임원 같이 정상에 있는 사람들이 결정하는 힘, 즉 권력을 갖고 있다. 여하튼 위로 올라갈수록, 최종 회의나 중대한 결정이 논의되고 내려지는 비밀의 공간에 접근할 가능성이 커진다. 지도층에 있는 사람들이 타인을 지배하는 권력을 쥐고, 그들이 소수의 이익을 대변하고 다수를 억압하는 결정을 내릴 가능성을 제외하면 계급 구조는 상당히 효율적일 수 있다.

　군림하는 권력(power over)이 위험한 이유는, 상황이 역전되어 힘없던 사람들이 권력층에 올라가도 과거의 행동을 그대로 반복하는 데 있다. 신입 회원을 괴롭히는 관습이나 권리를 상실한 사람을 지원하는 정책을 결정할 때, 이런 현상이 특히 눈에 띈다. 예컨대 '누구도 나를 돌봐주지 않았는 데 내가 일하는 젊은 엄마들에게 신경 써야 할 이유가 어디 있어?'라고 반문할 수 있다. 따라서 '군림하는 권력'은 상대의 등골을 오싹하게 만들기 십상이다. 누군가 우리에게 군림하는 권력을 휘두르면, 우리는 본능적으로 저항하고 반발한다. 그런 권력 행사는 잘못된 것이라 생각하기 때문이다. 더구나 폭넓게 지정학적으로 보면 그런 권력은 죽음과 폭정을 뜻할 수 있다.

대담한 리더십

"조직원들과 함께 일하려는 목적에서 권력을 행사한다."

　행동주의자와 조직자, 교육자 등의 전세계 학자들의 네트워크인 저스트 어소시에이츠(Just Associates)는 자체적으로 만든 출간물 『변화하려면』에서, 사회정의와 시민운동에 유효한 세 형태의 권력을 정의했다.[15] 이 정의에 따르면, 팀원들이 자체의 주도력을 유지하며 최고선(最高善)까지 올라가 힘의 근원을 파악할 수 있다. 이 정의는 거의 모든 조직에서 유익하게 쓰일 수 있다. 우리 문화에서는 '권한 부여(empowerment)'라는 용어가 흔히 쓰이지만, 이 개념은 너무 막연해서 정의하기가 쉽지 않다. '권한 부여'가 정확히 무엇을 뜻할까? 그 개념을 명확히 정의하면 세 종류의 힘이 언급되어야 한다.

'함께하는 힘(power with)'은 협동심을 키울 목적으로 다양한 이해 관계자들 사이에서 공통분모를 찾아내려는 시도와 관계가 있다. 상호지원과 연대, 공동 작업, 차이의 인정과 존중에 근거함으로써, '함께하는 힘'은 개개인의 힘과 지식 및 인적자원을 크게 확대하며 더 큰 영향을 행사할 수 있다.[16]

'양도되는 힘(power to)'은 모든 팀원에게 주도권을 부여하며, 개개인의 고유한 잠재력을 인정한다는 뜻이다. 힘의 양도는 '누구에게나 변화를 만들어낼 힘이 있고, 그 힘은 새로운 기량과 지식, 자각과 자신감에 의해 크게 증가할 수 있다는 믿음에 근거한 것'이다.

'고유한 힘(power within)'은 차이를 인정하고 타인을 존중하는 능력에 의해 결정된다. 고유한 힘은 강력한 자존감과 자기인식에 근거하기 때문에, 이 힘이 바탕이 되면 우리는 편한 마음으로, 일반적인 가설과 오랫동안 지속된 믿음에 이의를 제기하고 현상에 반발하며, 최상의 공동선을 성취하는 다른 방법은 없는가에 의문을 제기할 수 있다.

9.
갑옷으로 무장한 리더십
"자신의 가치를 높이려 한다."

자신의 강점이 어디에 있고, 조직이나 노력의 어떤 부분에 가치를 부여해야 하는지를 모르는 사람은 부산스레 움직일 뿐이다. 물론 긍정적인 의미에서 '부산스럽다'라고 말하는 것은 아니다. 자신이 한자리 차지할 자격이 있다는 걸 증명하려는 욕심에 아무 데나 끼어들기 때문에 자신의 강점을 발휘할 수도 없고 누구도 원하지 않는 곳까지 끼어든다. 함께하기가 힘들다는 뜻에서의 '부산스러움'이다.

자신의 가치를 정확히 모르면, 도움이 되지 않는 방향으로 자신의 중요성을 과장하는 경향을 띤다. 게다가 의식적으로든 무의식적으로든 자신의 중요성을 입증하며 관심을 받으려 한다. 또 대부분이 무언가를 올바로 바로잡는 행위에 집중하기보다 올바르게 행동하려는 태도에 더 큰 가치를 부여한다. 이런 이유에서 차분한 협력보다 부산스럽기만 한 난리법석이 빚어지는 것이다.

대담한 리더십
"자신의 가치를 알고 있다."

대담한 리더는 팀원들과 마주보고 앉아 그들의 고유한 능력에 대해 진솔하게 대화함으로써 결국 모두가 자신의 강점이 어디에 있는지 알게 된다. 우리는 자신의 강점에 집중하지 않기 때문에 간과하기도 하고 특별한 것이라고 생각하지 않는 경향이 적지 않다. 예를 들어, 나는 어렸을 때 받은 교육의 산물로 뛰어난 이야기꾼이 되었지만,

이야기를 꾸미는 데 별다른 어려움을 느끼지 않기 때문에 내게 그런 재주가 있다는 걸 간혹 잊고 지낸다.

1982년 리더십을 다룬 베스트셀러 『1분 경영』을 발표한 켄 블랜차드(Ken Blanchard)의 가르침대로 "조직원이 일을 적절히 처리하는 순간을 포착하라!" 이런 자세가 잘못된 행동을 수집하는 것보다 조직을 위해서 훨씬 더 바람직하다.[17] 팀원들을 신속히 몰입할 수 있는 영역(그들이 자신의 가치로 기여할 수 있는 영역)으로 유도하라. 리더는 물론 팀원 자신 역시 자신의 가치를 명확히 알게 되면 조직이 혁명적으로 변하며, 과거에는 존재하지 않았던 새로운 길을 만들어낼 수 있다. 예컨대 10명이 전 구간을 달리며 경쟁하지 않고, 팀원들이 각자 강점을 발휘할 수 있는 구역을 달리며 배턴을 주고받는 잘 조율된 계주를 시작할 수 있는 셈이다. 모든 구성원이 자신의 가치를 깨달을 때, 가치를 증대하겠다며 부산스레 법석을 피우지 않고, 각자의 재능을 받아들이고 활용하는 방향을 택하는 게 낫다는 것을 알게 된다.

10.
갑옷으로 무장한 리더십

"순응과 통제를 위해 리딩한다."

여기에서 말하는 '순응'은 법의 준수를 뜻하는 게 아니다. 배우자의 전력을 조사하고, 오토바이를 탈 때 안전모를 쓰고, 비상 탈출로를 알려주는 경보등을 켜두고, 보름 전에 휴가를 신청하라는 요구와 그에 대한 준수는 개인과 조직의 안전을 위한 것이다. 순응과 통제라는 갑옷은 두려움과 권력과 관련된 것이다. 이 갑옷을 입으면 리더는 두 유형으로 행동하게 된다.

1. 리더는 일을 '반드시 해내야 할 과제'라 생각하며, 조직원들이 그가 원하는 일을, 그가 원하는 방식으로, 빈틈없이 해내도록 끌어가는 데 시간을 보낸다. 또한 그들이 실수하면 어김없이 나무라며 소리친다. 순응과 통제라는 갑옷으로 무장한 리더는 일의 성격과 맥락이나 더 큰 목적을 무시한 채 완료를 위해 밀어붙이며 "실패할지도 모른다"라는 두려움을 동기 부여로 활용한다. 그 갑옷은 효과적이지도 않고, 창의적인 문제 해결과 아이디어의 공유 및 취약성의 인정을 방해하기도 한다. 이 때문에 조직원들은 비참한 기분에 빠져들고, 자신의 능력에 의문을 품고, 심지어 필사적으로 조직을 떠나려 한다. 조직원들이 힘들게 일하면서도 더 큰 목적을 위해 별다른 기여를 못한다고 깨닫게 되면 참여도도 크게 떨어진다.

2. 순응과 통제라는 갑옷을 입은 리더는 권력과 권위에 매달리는 경향을 띠고, 책임만을 요구한다. 따라서 조직원들에게 일사불란한 행동만이 아니라, 실질적으로 실행할 권한도 없는 일을 해내라고 요구하기도 한다. 조직원들은 성공을 위한 도움을 받지 못하고 매번 실패한다. 이 때문에 리더의 권력 행사와 원망이 악순환 되기도 한다. "내가 직접 그 일을 했어야 했어. 직원들에게는 그럭저럭 해낼 수 있는 작은 일만을 맡겨야 할까? 어떻게든 직원들이 성공하도록 해야 하는데.

두 방향을 두고 이제부터 고민해봐야겠어. 여하튼 내 몫이 있는 것은 분명해."

대담한 리더십

"공유된 목적을 위한 헌신을 유도한다."

금융과 의료처럼, 순응이 필요하고 철저히 구조화된 산업과 식품 산업에서도 대담한 리더는 새로운 색깔과 환경을 만들어내고 공유할 수 있다.

대담한 리더는 전략 뒤의 '이유'를 설명하고, 업무가 현재의 우선순위와 궁극적인 목표에 어떻게 연결되는지를 설명하는 데 많은 시간을 투자한다. 대담한 리더는 아무런 맥락도 없이 이분법적인 명령을 내리지 않고, 일에 의미와 맥락을 부여하며 작은 일도 원대한 목적에 연결하는 책무에 충실하다.

일례로 우리 연구팀은 애플의 '직접 책임자(Directly Responsible Individual, DRI)' 제도를 받아들여, 특정한 과제를 '직접적으로 책임지는 개인'으로 누군가를 지명하고, 회의록에도 그의 의무를 기록했다. 그러나 지금까지 우리 팀이 경험한 바에 따르면, 그 팀원이 그 의무를 적극적으로 받아들여 책임지고 실행하려고 노력하더라도 항상 성공이 보장되는 것은 아니었다. 따라서 현재 우리 팀은 '책임과 성공 점검표(The Accountability and Success Checklist, TASC)'를 사용한다.

- **T**ask – 누가 그 일을 맡고 있는가?
- **A**ccountability – 그들에게는 책임질 만한 권한이 있는가?

- **S**uccess – 시간과 자원, 명료성 측면에서 그들이 성공할 조건을 갖추었다고 생각하는가?
- **C**hecklist – 그 일을 완수하는 데 필요한 것들을 점검하는 표가 있는가?

우리 팀은 일종의 개발 방법론인 스크럼(Scrum) 기법을 빌려와 과제와 책임을 배정했고, 그것을 결과물을 인도할 때 '그 결과가 어떻게 보일까?'라는 질문의 판단 기준으로 삼았다. 덕분에 우리 팀은 큰 발전을 이루었지만, 결과물을 우리 목적에 결부시키는 데 적합하지 않았기 때문에 그 기법을 적잖게 수정해야 했다.

예를 들어 설명해보자. 나는 다른 지역에서 대담한 리더십 워크숍을 진행할 때 머독과 바렛을 데려간다. 내가 워크숍을 의뢰한 기업의 최고경영자와 대담하는 동안, 그들에게는 이틀간의 훈련에 참여한 사람들로부터 역할극 시나리오를 수집해달라고 부탁한다. 머독과 바렛은 그날 저녁 늦어서야 워크숍에 참여한 사람들이 손으로 직접 쓴 시나리오들을 봉투에 넣어 내 호텔 방문의 틈새로 밀어 넣는다. 그리고 나는 그 시나리오들을 이튿날 강연 자료로 사용한다. 나는 아침에 눈을 뜨는 순간부터 정신없이 바쁘다. 시나리오들을 살펴보고 분류해서 깔끔하게 정리해야 한다. 가끔 머독과 바렛에게 실망하기도 하는데, 그들은 그 이유를 전혀 모른다.

하지만 다음번에도 나는 똑같은 것을 부탁한다. 그때 머독이 "그런데 저번 결과물은 어땠나요?"라고 묻는다.

"아, 타이핑해주면 고맙겠어요. 또 바렛이랑 상의해서 특수하지만 주목할 만하고, 참가자 전체에게 적용될 정도로 보편성을 띤 시나리오 3개만 골라주면 좋겠어요. 정리본은 저녁 8시 이전에 받아 보면 좋겠네요. 그래야 오늘 밤에 검토할 수 있으니까요."

크나큰 진전이다. 그러나 아직…….

다음에도 똑같은 시나리오가 이어지지만, 머독은 "저번 결과물은 어땠나요?"라고 묻지 않고, 구체적인 설명까지 덧붙이라는 뜻에서 "색칠을 끝내주세요(Let's paint done)"라고 말한다.

텔레비전 드라마 「웨스트 윙」에 등장하는 정치인들과 달리, 나는 머독과 나란히 걸으며 대화하고 지시를 내리지 않는다. 우리는 바렛을 찾아가 5분 정도 대화를 나눈다. 나는 이렇게 말한다. "내 계획은 이래요. 오늘 훈련에 참석하는 사람들에게도 시나리오를 받고 싶어요. 그래야 내일 새로운 역할극을 할 수 있을 테니까요. 오늘 우리가 사용한 시나리오를 다시 사용하고 싶진 않아요. 청중이 역할극에서 '진심 어린 대화' 부분을 이해하기가 정말 힘들 거예요. 그래도 시나리오가 그들의 문화와 쟁점에 맞아떨어진다면 역할극이 도움이 되겠죠? 그러니까 두 분은 그런 시나리오를 찾아 분류해주면 좋겠어요. 구체적이지만 폭넓은 호소력을 지닌 그런 시나리오요. 그런 시나리오 3개를 찾아 타이핑한 후에, 인원수대로 복사해주면 좋겠어요. 또 이번에는 그들을 2명씩 짝짓지 않고 3명씩 짝짓고, 한 명에게는 관찰하고 지원하는 역할을 맡길 거예요. 또 역할을 번갈아 맡게 하면, 팀마다 3개의 역할극이 있게 되잖아요."

머독과 바렛은 생각에 잠긴다. 잠시 후, 바렛이 말한다. "그런데 오늘 훈련 참가자들은 모두 관리부 소속이었고, 내일은 마케팅부 소속이에요. 그 차이가 역할극의 관계에도 영향을 미칠까요?"

"쳇! 내 생각을 완전히 바꿔야겠군. 고마워요."

적어도 우리 팀에게는 '색칠 끝내기'가 "결과물은 어땠나요?"보다 훨씬 더 유용하다. '색칠 끝내기'는 은밀한 기대와 은밀한 의도를 드러내고, 과제를 책임진 사람들에게 다양한 색과 맥락을 부여하기 때문이다. 또 '색칠 끝내기'는 호기심과 학습 의욕, 협동심과 현실 점검을 북돋우고, 궁극적으로는 성공을 자극한다.

구체적인 예를 들어보자.

벤: 브레네! 모든 청구서를 4시까지 모아줄 수 있겠어요?

브레네: 그렇게 할게요.

2시간 후.

브레네: 여기요. 받으세요.

벤: 이게 뭐죠?

브레네: 청구서를 모아달라고 했잖아요.

벤: 2005년에 발행된 것부터 필요했어요. 그것도 날짜 순서로. 이 상태로는 자금관리 책임자를 만날 수 없어요.

브레네: 내가 그걸 어떻게 알았겠어요?

벤과 브레네는 몹시 실망한다.

반면, 색칠 끝내기와 TASC(책임과 성공 점검표)를 적용한 경우에는 대화가 이렇게 흘러간다.

벤 : 브레네! 모든 청구서를 4시까지 모아줄 수 있겠어요?

브레네 : 그렇게 할게요. 색칠을 끝내줄래요?

벤 : 2005년에 발행된 것부터 모두, 또 날씨 순서로 정리해주면 고맙겠어요.

브레네 : 그게 전부인가요?

벤 : 예. 나는 지난 2년 동안의 회계장부에서 비용을 추적해야 해요.

브레네 : 잠깐만. 2007년 전에는 청구서로 비용을 추적할 수 없을 걸요? 별도의 영수증이 필요할 거예요.

벤 : 그 자료도 구할 수 있을까요?

브레네 : 물론이죠. 하지만 4시까지는 힘들어요. 자금관리 책임자와 회의할 때 필요한 게 정확히 뭐예요? 색칠을 끝내주세요.

벤 : 청구서를 처리하는 방법을 바꾸면 비용 분류도 달라진다는 걸 보여주려고요.

브레네 : 그럼 모든 청구서를 모을 필요는 없을 것 같은데요. 더 나은 방법이 있어요. 그게 문제라면 내가 4시까지 끝내고 그래프 하나로 요약할 수 있을 거예요.

벤 : 정말 고맙습니다. 그렇게 할 수 있다면 더할 나위 없지 좋지요. 내가 어떻게 도와드릴까요? 내가 할 수 있으면 나한테 맡기세요.

브레네 : 지금 일을 앞으로 2시간 정도 더 해야 하는데…….

벤 : 그건은 내가 처리할게요. 당신은 청구서 문제를 바로 시작해 주세요.

브레네 : 알았어요.

벤 : 정말 고맙습니다.

| TASC : 책임과 성공 점검표 |

· 과제(Task) : 브레네가 그 일을 맡는다.

· 책임(Accountability) : 벤은 브레네에게 책임지고 일하는 데 필요한 권한을 부여했다.

· 성공(Success) : 시간과 자원과 명료성에서 브레네가 성공할 조건을 갖추었다는 게 그들의 대화로 확인된다.

· 점검표(Checklist) : 점검!

리더는 목표와 사명을 향한 자신의 열의를 조직원들이 함께해주기를 바란다. 그렇다고 조직원들이 두려움에서 리더 자신을 따르기를 바라지는 않는다. 그런 태도는 모두를 피곤하게 만들고, 지속 가능하지도 않다. 순응을 기대하는 리더는 끊임없이 실망하고 분개한다. 따라서 팀원들은 항상 감시받는 기분일 것이다. 순응 리더십에서는 신뢰마저 말살되고, 팀원들은 자신들이 그럭저럭 해낼 수 있는 일까지 검증하는 모순된 경향이 증가한다.

리더는 팀원들이 스스로 단속하며 기대치 이상의 성과를 생산하기를 바란다. 색칠 끝내기와 TASC 기법은 헌신적인 기여를 유도함으로써, 팀원에게 새로운 것을 학습하고 신뢰를 함양할 공간을 제공하고, 작은 일에서도 즐거움을 누리고 창의력을 발휘할 기회를 허용한다.

11.

갑옷으로 무장한 리더십

"두려움과 불확실성을 무기로 삼는다."

불확실성의 시대에, 리더가 두려움을 유리한 방향으로 활용하고 무기화하는 것은 흔한 현상이다. 리더가 두려움을 조장하고, 조작된 원흉에게 원망의 화살을 돌리게 하는 일은 요즘 시대에 쉽게 볼 수 있다. 인류의 역사, 특히 정치와 종교, 기업의 역사에서도 흔히 확인할 수 있다. 게다가 세계 전역에서 권위주의적인 리더가 즐겨 사용하는 전술이기도 하다.

리더가 두려움을 조장하며, 이해하기 쉬운 말로 확신에 차서 공동의 적을 비난하는 것은 단기적으로 효과가 있을 수 있다. 그러나 문제가 복잡해지면 그런 확신의 이행이 문자 그대로 불가능하다. 대담하고 윤리적인 리더는 이런 유형의 리더십을 거부한다.

대담한 리더십

"두려움과 불확실성을 공개적으로 인정하고 정상화한다."

불확실성과 두려움이 팽배한 때 리더는 팀원들을 불편하게 하는 윤리적 책임을 감수해야 한다. 구체적으로 말하면, 혼란을 인정하되 부채질하지 않고, 정보를 공유하되 부풀리거나 조작하지 않아야 한다. 대담한 리더는 불화와 차이를 인정하고 정상화하려 노력하지, 차이를 확대하거나 차이로부터 이익을 획책하지 않는다.

두려움과 불확실성이 깊은 시기에 관리자 역할을 맡은 리더는 불확실성을 기꺼이 받아들이고 인정하는 게 무엇보다 중요하다. 리더는 공유할 수 있을 때 공유할 수 있는 것을 최대한 공유할 것이라고 팀원들에게 알려야 한다. 또 대담한 리더라면 팀원의 보고에 대한 사실 여부를 확인하는 여유도 가져야 한다. 두려움이 팽배하면 누구나 최악의 시나리오를 상상하기 마련이듯, 팀원이 분칠하고 가공해서 보고할 수 있기 때문이다. 또 누구나 취약성을 드러내며 허심탄회하게 상담할 수 있도록 리더는 항상 방문을 열어둘 필요도 있다.

두려움과 불확실성을 명확히 하고 정상화하면, 팀원들에게 크나큰 안도감을 부여하며 그 효과도 엄청나다. 팀원들은 적절한 방향 제시를 원하며 리더를 바라본다. 그때마다 리더는 그들을 되돌아보며, "지금은 어려운 상황이라 간단히 대답하기 쉽지 않습니다. 현재의 고통과 두려움을 다른 사람들에게 떠넘기면 마음은 편할 수 있겠지요. 하지만 그 방법은 부당하고 진실하지도 않습니다. 우리는 나중에 자부심을 느낄 수 있을 만한 방법으로 현재의 위기를 헤쳐나갈 겁니다. 힘들겠지만 모두 함께 노력해봅시다!"라고 말하는 용기를 발휘할 수 있어야 한다.

12.
갑옷으로 무장한 리더십
"과도한 업무에 따른 피로감을 신분의 상징으로 보상하고, 자기가치를 생산성으로 평가한다."

나는 2010년에 발표한 『불완전함의 선물』에서 이 갑옷에 대해 다루었다. 당시, 나는 너무 바쁘고 수면 부족으로 고생하고 문화적 위기도 겪던 때였다. 그 후로 수면 부족이 당뇨와 심장 질환, 우울증 및 치명적인 사고의 원인이라는 큰 깨달음이 있었다. 지금은 상황이 조금은 나아진 듯하지만, 사회가 기업의 가치를 순자산으로 평가하기 때문에 '브레이브 리더스'는 아직도 힘겹게 분투 중이다.

가치가 생산성의 함수로 계산되는 문화에서, 성급히 결론을 내리려는 조급함을 억제하기는 쉽지 않다. 최종적인 결론에 더해지지도 않을 행동을 한다는 생각은 스트레스와 불안을 야기할 뿐이며, 우리가 삶에서 성취하고 싶은 것과는 완전히 반대되는 행동으로 여겨진다. 따라서 아이들과 놀고, 배우자와 시간을 보내며, 낮잠을 즐기고 차고에서 공작 기계를 만지작거리고, 산책하며 휴식을 즐기는 행위는 소중한 시간의 낭비라고 생각한다. 일할 수 있을 때 왜 잠을 자는가? 사무실의 런닝머신으로 일요일의 오랜 산책을 대체할 수 있는 게 아닌가? 어쨌든 나 자신도 사무실에 런닝머신을 설치하는 걸 반대하지는 않는다. 우리 모두가 오랜 시간을 앉아서 일하는 것은 사실이지 않는가.

대담한 리더십

"휴식과 놀이와 회복을 위한 기회를 마련하고 지원한다."

정신과 의사 겸 임상 연구자이며, 미국 놀이 연구소(National Institute for Play) 창립자인 스튜어트 브라운(Stuart Brown)의 주장에 따르면, 휴식 시간과 놀이의 부족이 사무실의 생산성에 악영향을 미친다고 한다. 우리는 살면서 필사적으로 즐거움을 추구하지만, "세상에 기여하는 의미 있는 삶을 살고자 한다면, 의도적으로 잠과 놀이를 권장해야 한다"는 그의 주장을 이해하지 못한다. 이제부터라도 우리는 피로감과 분주함, 생산성을 신분의 상징이나 자기가치의 척도에서 배제해야 한다.

브라운의 연구에 따르면, 놀이는 우리 뇌에 중대한 영향을 미치고, 공감 능력을 향상시키며, 복잡한 사회에서 생존하는 데 도움을 준다. 게다가 놀이는 창의성과 혁신의 중심에 있으며 과열된 뇌를 식히는 데도 도움이 된다. 이런 연구 결과를 사무실 문화로 접목하려면, 리더는 적당한 시간 동안 전자메일을 읽는 등의 업무를 중단하고 자신과 가족에 집중하며, 일과 삶의 적절한 경계를 설정해야 한다. 주말에도 일하는 사람, 크리스마스 휴가에도 컴퓨터에 얽매여 지내는 걸 자랑하는 사람을 칭찬하지 말라. 궁극적으로 그런 삶은 지속 가능하지 않고, 극도의 피로에 따른 탈진과 우울과 불안 등 위험한 부작용이 있다. 또한 모두에게 해로운 일중독과 경쟁 문화도 그처럼 놀이가 없는 삶에서 생겨난다. 스튜어트 브라운은 "놀이의 반대는 일이 아니다. 놀이의 반대는 우울증이다"라고 결론지었다.[18]

13.
갑옷으로 무장한 리더십
"차별과 배타적인 커뮤니케이션, 순응하는 문화를 용인한다."

2017년에 발표한 『진정한 나로 살아갈 용기』에서 나는 진정한 소속감(true belonging)을 이렇게 정의했다.

진정한 소속감은 가장 중요한 진실을 모두와 공유할 수 있을 정도의 힘이다. 또 무엇인가의 일부가 될 때나 광야에 홀로 서 있는 경우에도, 신성함을 찾아낼 수 있을 정도로 자신을 굳게 믿고 자신과 완전히 하나가 되는 정신 활동이다. 진정한 소속감은 우리에게 현재의 우리를 바꾸라고 요구하지 않는다. 오히려 현재의 우리를 유지하라고 요구한다.[20]

진정한 소속감을 가로막는 가장 큰 장애물은 순응이다. 순응은 우리가 세상에 받아들여지도록 현재의 우리를 바꾸는 것이다. 직장에서 무조건적으로 순응하거나 동의를 구하려는 문화가 구축되면, 개인성이 억압되고 진정한 소속감도 추락한다. 사람들은 필사적으로 무엇인가의 일부가 되기를 바라고, 주변과 깊은 관계를 경험하기를 바라지만, 자신의 진정성과 자유, 권력을 희생하면서까지 그런 바람이 이루어지기를 바라지는 않는다.

대담한 리더십
"포용적이고 다양한 관점을 인정하는 문화를 조성한다."

다양한 관점이 포용되고 인정되며 존중되는 경우에만 우리는 세상을 완전한 모습을 그리기 시작할 수 있다. 달리 말하면, 우리가 누구에게 도움이 되고, 사람들에게는 무엇이 필요하며, 어떻게 해야 우리가 사람들의 욕구를 성공적으로 채워줄 수 있는지 알게 된다. 대담한 리더는 모두, 또 모든 의견과 관점을 포용하려고 싸운다. 그래야 더 유능하고 더 강하게 성장하기 때문이다. 요컨대 대담한 리더라면 자신의 특권을 인정하는 동시에 마음을 열고 자신의 편향과 맹점에 대해 배우려는 용기가 있어야 한다는 뜻이다.

리더는 연고주의와 파벌의 형성(내집단과 외집단)을 경계해야 한다. 나는 종종 직원들로 포커스 그룹(시장조사나 여론조사를 위해 선발한 소수로 이루어진 그룹—옮긴이)을 꾸린다. 30대와 40대, 50대 심지어 60대도 여전히 '일을 잘하는 젊은 직원'과 '구내식당에서 인기 있는 식탁'에 대해 말하는 걸 자주 듣는다. 주로 '내집단'을 결정하는 특징은 성과나 연령이지만 때로는 입장에 따라 달라지기도 한다.

대담한 리더는 팀원들이 확실한 소속감을 느낄 수 있도록 애쓴다. 대담한 리더십 전략의 일환으로 성과와 기여를 인정하고, 함께하는 힘과 양도되는 힘, 고유한 힘이 공존하는 시스템을 개발하고, 각자의 가치를 알아주면 팀원의 소속감을 크게 증진할 수 있다.

14.
갑옷으로 무장한 리더십
"성과에 대한 보상을 원하며 훈장을 수집한다."

성과를 인정받고 싶어 하는 것은 당연한 현상이다. 사회생활을 이제 막 시작한 초년병 시절에는 성과에 대한 보상을 원하며 훈장을 수집해도 괜찮다. 특히 완벽주의보다 건전한 분투에 따른 성과라면 보상의 요구는 당연하다. 우리가 어떤 부문에서 강점이 있는가를 파악하는 단계에서도 가치를 최대로 더할 수 있는 부문을 알아내려면, 보상이 반드시 필요할 수 있다. 그러나 우리 역할이 관리자나 리더로 옮겨가면, 훈장과 포상은 더 이상 목표가 아니며, 오히려 이런 생각이 실질적인 리더십에 역효과를 낳을 수 있다.

대담한 리더십

"성과에 대해 보상하며 훈장을 수여한다."

직관적으로 들리지 않을 수도 있겠지만, 과거에 우리를 승진시키며 조직에서 반드시 필요한 존재로 키워낸 요인이 훌륭한 리더십에는 방해가 될 수 있다. 보상을 받으려고 안달하지 않고 다른 사람들을 보상하려는 마음가짐이, 조직 내에서 계속 성장하며 대담한 리더의 역할을 완벽하게 구현하는 유일한 방법이다.

팀을 더 높이 높여주고 빛나게 해주는 것이 대담한 리더의 역할이다. 대담한 리더십은 부산스러운 법석에 익숙한 사람들이 가장 넘기 힘든 난관이다. 과거에 가치를 더하는 데 기여한 영역이 후임에게 위임된 후 어떤 영역에서 가치를 더할 수 있는지, 정확히 모르는 사람들에게도 다를 바가 없다. 이런 이유에서 '대담한 리더십은 직속 부하들을 거느린 리더가 반드시 우선순위에 두어야 하는 것'이다. 대담한 리더십은 추가로 덧붙여지는 가설도 아니고, 여가 시간에 행해지는 것도 아니다.

빌 젠트리(Bill Gentry)는 우리가 리더로서 새로운 역할을 맡게 되면 알아야 할 '규범에서 벗어나 상황을 뒤집을 필요성'에 대해 역설했다.[21] 그의 저서 『누구나 함께 일하고 싶어 하는 보스가 되라: 신임 리더를 위한 지침서』는 대담한 리더가 되고 싶지만 훈장 수집을 포기하지 못하는 사람들의 필독서이다.

15.
갑옷으로 무장한 리더십

"지그재그로 행보하고 회피한다."

내가 초등학교 3학년이었을 때 우리 가족은 뉴올리언스에서 살았다. 어느 날 부모는 나와 남동생을 데리고 습지로 낚시를 갔다. 우리가 낚시를 하려고 자리를 잡자, 습지 관리자가 "악어가 달려들면 지그재그로 도망가세요. 악어가 재빠르지만 방향을 트는 데는 미숙하니까요"라고 말했다. 낚시를 시작하고 5분이 지나지 않아, 악어가 엄마의 낚싯대 끝을 잡아챘다. 다행히 그 악어는 우리를 쫓아오지 않았다. 그랬더라면 우리는 주차장에 도착할 때까지 지그재그로 미친 듯이 도망갔을 것이다.

지그재그(zigzagging)는 우리가 취약성이란 탄환을 피하려고 애쓸 때 소비하게 되는 에너지를 상징하는 표현이다. 그 에너지는 갈등과 대립, 거북함 혹은 수치심과 타격과 비판 등으로 나타날 수 있다.

나는 취약함을 드러낼 때 지그재그로 행동하는 경향이 있다. 예컨대 어려운 사람에게 전화해야 할 때, 그 장면을 머릿속에 그리며 대본을 쓴다. 하지만 다음 날 아침에 실제로 전화하면 상황이 더 나아질 것이라고 확신한다. 그리고는 전자메일이 전화보다 나을 것이란 생각에 전자메일로 작성해본다. 이렇게 오락가락하다 결국 피곤에 지쳐 나자빠진다. 그렇다고 어떻게든 연락을 취해야 한다는 사실은 변하지 않는다.

대담한 리더십

"정직하게 말하고 행동을 취한다."

뒤로 돌아서서 쫓아오던 무언가에 정면으로 맞서보자. 그렇게 하면 엄청난 양의 시간과 정신력을 아낄 수 있다. 불편한 상황을 받아들이면 어떤 이점이 또 있을까? 도망치며 어깨 너머로 뒤돌아보는 것보다 상황을 정면에서 바라보며 평가하는 게 훨씬 덜 두렵다.

그런 순간이 닥치면, 모든 행동을 멈추고 심호흡하라. 지금 본능적으로 피하려고 하는 것이 무엇인지 먼저 명확히 파악하라. 그러고는 취약함을 인정하고 드러내려면 어떻게 행동해야 하는가를 정확히 알아내라.

도망치고, 가식적으로 행동하며, 회피하고, 꾸물거리며, 합리화하고, 남을 탓하며 거짓말하는 등 지그재그로 행동하고 있다면, 도피가 엄청난 에너지를 빼앗고 있으며 우리 가치관에 어긋나는 행동이란 사실을 떠올려야 한다. 결국에는 어느 시점에서든 취약성을 마주하고 결정을 내려야 한다.

2년 전, 나는 코스트코(Costco)에서 주최한 글로벌 리더십 행사에 강연자로 참가했다. 나는 앞줄에 마련된 탁자에 앉아 크레이그 엘리네크(Craig Jelinek) 최고경영자가 코스트코의 리더에게 질문을 받는 모습을 지켜보았다. 거칠고 까다로운 질문이 이어졌고, 크레이그의 대답도 거침이 없었다. 그때까지 나는 많은 최고경영자가 즉석 질문을 받는 모습을 보았는데, 대부분의 리더가 까다로운 질문을 받으면 악어에게 뒤쫓기는 것처럼 지그재그로 갈팡질팡하기 일쑤였다. 아무런 의미도 없는 대답이 주어질 뿐이다.

"좋은 질문입니다. 그 문제에 대해서는 좀 생각해봅시다."

"괜찮은 아이디어로군. 누가 이 아이디어를 기록해두면 고맙겠군. 재밌는 게 나올 것 같아."

"그렇게 접근할 수도 있겠군요……."

그러나 그 쌀쌀한 아침 시애틀에서는 그런 지그재그가 없었다. 직언과 직설의 연속이었다.

"맞습니다. 우리는 그런 결정을 내렸습니다. 그 이유는……."

"아닙니다. 우리는 그 방향으로 가지 않을 겁니다. 그런 결정에 도달한 이유를 밝히면……."

나는 그들의 대담을 지켜보며 생각에 잠겼다. '쳇! 이 공개적인 질의응답 시간이 끝난 후에 내가 강단에 올라야 하는데 이들이 많이 흥분한 상태여서 걱정이군.'

크레이그의 대답이 끝나자 모든 청중이 벌떡 일어나 박수치며 환호했다. 나는 깜짝 놀랐다. 나는 옆에 앉은 여자를 바라보며 말했다. "정말 이해가 되지 않네요. 크레이크가 직원들이 원하는 대답을 한 것도 아니잖아요. 그런데 왜 모두가 환호하는 걸까요?"

그녀가 미소를 지으며 대답했다. "코스트코 직원들은 정직함에 박수를 보내는 겁니다."

우리는 정직함을 좋아한다. 그 이유는 진실을 밝히는 일이 점점 희귀해지고 있기 때문이다. 이런 이유에서 나도 진실 하나를 털어놓고 싶다. 당신이 습지에서 악어를 만나더라도 크게 걱정할 것이 없다. 악어는 아무리 빨리 달려도 시속 16킬로미터를 넘지 못하고 끈기도 없다. 따라서 인간은 악어를 쉽게 따돌릴 수 있다. 그러나 악어에게는 강한 이빨이 있다. 그것도 많이!

16.

갑옷으로 무장한 리더십

"상처받은 마음으로 조직을 끌어간다."

나는 "진정으로 필요하지 않은 것은 아무리 많이 가져도 충분하지 않다"는 격언을 귀감으로 삼아 살아가는 방법을 배웠다. 하지만 BBC 방송국의 범죄 드라마, 감자튀김과 치즈 소스, 동료들의 동의는 항상 부족한 듯한 기분이다. 내가 리더들과 함께 일하며 관찰한 공통된 현상 중 하나는 다수의 리더가 상처를 주며 조직을 끌어가고, 자기가치의 간격을 메우려고 리더라는 지위의 힘을 사용한다는 것이다. 그러나 조직원 위에 군림하는 힘을 사용하고, 그 힘으로 조직을 끌어간다고 해서 자기가치의 간격이 메워지는 것은 아니다. 그 힘은 리더에게 반드시 필요한 것이 아니기 때문이다.

간단히 말하면, 우리는 자주 자신의 결함을 남의 탓으로 떠넘긴다. 하지만 진짜 문제를 해결하지 않고는 우리가 추구하는 것을 아무리 많이 가져도 충분하지 않다. 쉽게 말해, 우리는 온종일 다른 사람을 탓하며 살아간다. 그러나 여기에 리더십 능력의 차이를 덧붙이면 위험해진다.

배우자나 자식에게 가치 있는 존재로 존중받지 못하면 '상처받은 마음'으로 조직을 이끌게 된다. 따라서 그런 리더는 다른 사람의 아이디어를 가로채고, 항상 비교하며, 배우려고 애쓰지 않고 무엇이든 아는 척하며 조직에서 '중요한 존재'로 보이려고 안달한다. 이런 행동은 부모로부터 받지 못한 동의와 칭찬을 동료들에게 구하는 것처럼 보일 수 있다. 또 부모의 실패와 실망이 어린 시절에 악영향을 미쳤다면, 우리는 사회생활에서 그 고통을 해소하려고 많은 에너지를 쏟게 된다. 그 결과는 대체로 성공과 인정을 향한 채워지지 않는 갈망, 비생산적인 경쟁으로 나타나고, 드물지만 위험에 대한 무관용으로 나타나는 경우도 있다.

리더가 팀원을 끌어가는 방법, 더 나아가 팀원들에게 보여주는 모습에도 주된 영향을 미치는 그 고통의 근원을 찾아내는 게 중요하다. 근원으로 돌아가야 유일하게 진정한 해결책을 찾아낼 수 있기 때문이다. 그 고통을 다른 사람들에게 투사하는 행위는 아무런 관계가 없는 사람에게 떠넘기는 행위이기 때문에 중대한 신뢰 위반이다.

대담한 리더십

"진실한 마음으로 조직을 끌어간다."

2장에서 정리했듯이 "리더가 두려움을 비롯한 부정적인 감정을 처리하는 데 합리적인 시간을 투자하지 않으면, 비효율적이고 비생산적인 행동을 관리하는 데 터무니없이 많은 시간을 허비하게 된다"라는 교훈을 다시 생각해보기 바란다. 또 이 교훈에 따라, "리더여, 그대 자신을 고치도록 하라!"

우리 모두는 두려움을 비롯한 부정적인 감정을 처리하고, 과거의 상처를 돌보는 데 합리적인 시간을 투자해야 한다. 그렇지 않으면 비생산적인 행동을 관리하는 데 허겁지겁하게 된다. 대담한 리더로서 우리는 우리 자신의 맹점 및 그 맹점을 찾아내는 방법에 대한 관심을 늦추지 않아야 한다. 또한 우리가 지원하는 사람들, 즉 조직원들도 자신의 맹점을 찾아낼 수 있도록 안전하고 확실한 방법으로 도움을 주어야 한다.

지금까지 내가 함께 일한 대담하며 변화를 추구하는 리더들은 대체로 과거의 상처(어린 시절의 질병과 가슴 아픈 가족사부터 폭력과 정신적 외상까지)를 극복한 사람들이었다. 물론 지금까지 실패한 결혼, 재활원에 있는 자식, 개인적인 건강 위기로 깊은 아픔을 겪는 리더도 많다. 과거의 경험으로 상처받은 마음의 리더십과 진실한 마음의 리더십이 구분되는 것이 아니다. 리더가 그 상처와 아픔을 어떻게 다루느냐에 따라 두 리더십이 구분된다.

내 생각에 진실한 마음의 리더십을 가장 설득력 있게 보여준 사례는 영화 제작자 하비 와인스타인(Harvey Weinstein)의 체포에 대한 타라나 버크(Tarana Burke)의 반응이었다. 타라나는 '성평등을 위한 여성들(Girls for Gender Equity)'이란 비영리단체의 임원이며, '미투(Me Too) 운동'의 창시자 중 한명으로 손꼽힌다. 트레버 노아(Trevor Noah)와의 인터뷰에서 타라나는 "지금은 권력자가 무너진 걸 자축하거나 좋아할 때가 아닙니다"라고 말했다. 타라나는 성폭행 피해자들을 치유하고, 그들의 용기를 인정하는 데 초점이 맞추어져야 한다고 역설했다.

분노와 증오로 가득한 세계에서, 타라나는 자신도 성폭행의 피해자였지만 다른 피해자들을 돕는 데 평생을 바친 인권 운동가답게, "미투 운동으로 내가 개인적인 즐거움을 얻는 것은 아닙니다. 더욱이 개인적인 즐거움을 얻으려고 시작한 것도 아니었죠. 힘 있는 사람을 무너뜨리려고 시작한 것도 아닙니다. 많은 오해가 있지만 여성운동은 더더욱 아닙니다. 미투 운동은 성폭행 생존자들을 위한 운동입니다"라고 말했다.[22]

대담한 신뢰를 다루고 있는 3부에서 다시 살펴보겠지만, 우리가 힘든 이야기를 털어놓고 진솔하게 대화하면 새로운 결말(우리가 견뎌낸 위기 등을 활용함으로써 더 공감하고 더 동정적인 리더로 성장한다는 결말)을 맞이할 수 있다. 그러나 우리가 과거의 아픈 이야기를 부정한다면, 그 이야기가 우리를 삼켜버릴 것이다. 그 이야기가 우리를 억누르며 우리의 행동과 감정, 생각과 지도력까지 지배할 테니 말이다. 대담한 리더십은 상처가 아니라 마음으로 조직을 끌어가는 지도력이다.

40개 나라의 리더가 공통으로 느끼는 한 가지 감정

시어도어 루스벨트는 갑옷이나 무기에 대해서는 언급하지 않았다. 햇빛에 반사되어 반짝이는 방패도 없고 칼도 없다. 물론 라이플총도 없다. 경기장에서 갑옷으로 무장하지 않는 사람은 머리와 용기 및 맨손으로 싸우는 듯하다.

루스벨트는 투사들이 맞붙은 격투에 대해 언급하며, 명예는 "얼굴이 흙먼지와 땀과 피로 뒤범벅된 채 용감하게 싸우는 투사, 몇 번이고 실수를 범하고 곤경에도 처하는 투사, 잘되면 궁극적으로 높은 성취감을 만끽하고 최악의 경우에 실패하더라도 대담하게 뛰어든 시도 후의 실패를 경험하는 투사"의 몫이라고 덧붙인다. 명예는 경기장에 오른 사람들의 몫이란 뜻이다. 두려움과 비판, 냉소로 들끓는 세계에서 가장 큰 경기장은 '취약성'이다.

취약성에 대한 내 연구는, 박사 논문을 쓰기 위해 자료를 조사하기 시작한 1998년까지 거슬러 올라간다. 나는 취약성에 대해 연구하는 동안, 취약성을 가장 잘 보여주는 예는 "나는 너를 사랑한다"라는 말을 먼저 하는 경우라고 생각했고 이 생각은 앞으로도 변하지 않을 듯하다.

갑옷을 벗을 때, 깜짝 놀라 숨이 막혔던 때에 대해 생각해보라! 많은 사람이 그랬겠지만, 나도 그런 위험을 감수한 때가 한두 번이 아니다. "어쩌면 좋아! 그래요, 나도 당신을 사랑해요!"라는 짜릿한 반응을 얻기도 하지만, 결국에는 "그렇군요. 고마워요. 그런데 우리는 다른 세상을 살고 있는 것 같군요"라고 끝났던 때를 떠올려보라.

이런 순간에 상심하는 사람이 우리 중에서 가장 용감한 사람이라 기억하기는 쉽지 않다. 그는 에고를 내려놓았고, 에고라는 감옥을 깨뜨리고 마음을 드러냈기 때문이다. 그렇다, 그런 순간에는 고통이 따른다. 더 많은 흙먼지와 땀과 피로 뒤범벅된다. 힘들고 어렵다. 상처와 실패를 기꺼이 무릅쓰려는 의지가 용기라는 것을 이해하지 못하거나, 아픔을 진솔하게 털어놓고 회복하는 역량이 없으면, 취약성이 음습한 냄새를 풍기기만 해도 갑옷과 무기에 손을 뻗기 십상이다.

우리 연구팀이 세계 곳곳에서 일하며 확인한 바에 따르면, 취약성이란 갑옷을 벗을 때 뒤따르는 두려움(심판받거나 제대로 이해되지 못할 거라는 두려움, 실수하거나 잘못해서 수치를 겪을 거라는 두려움)은 매우 보편적이다. 이 책을 쓰려고 인터뷰한 리더들은 영화계와 첨단 기업, 회계법인부터 군사령부와 교육기관 및 비영리단체까지 세계적인 조직을 대표하는 사람들이다. 갑옷을 벗는 두려움이 보편적인 이유가 무엇일까? 세계 어디에서나 사람은 똑같은 사람이기 때문이다.

사람, 사람, 사람들.

2년 전, 우리 연구팀은 런던에서 워크숍을 개최했고, 40개가 넘는 국가에서 그 워크숍에 참가했다. 취약성과 수치심에 대한 강연을 본격적으로 시작하자, 한 참가자가 벌떡 일어나더니 "우리가 그런 감정을 공유하고 있다는 게 충격입니다. 하지만 취약성과 수치심이 어떤 감정보다 우리가 공통적으로 지닌 감정이란 것은 분명한 듯합니다"라고 말했다.

취약성과 수치심이란 감정을 부채질하는 메시지와 결과는 문화권마다 다를 수 있지만, 두 감정의 경험 자체는 보편적이다. 또한 이 둘에 의해 우리 본연의 모습이 달라질 수 있다는 것도 보편적이다. 요컨대 "수치심과 책망이 조직의 만연한 관리 방식이고 문화적 규범이라면, 우리는 조직원들에게 취약함과 용기를 가감 없이 드러내라고 요구할 수 없다"는 누구도 부인할 수 없는 보편적인 진리이다. 수치심이 일정한 수준까지 올라가면, 사람들은 갑옷으로 무장하고도 때로는 전투를 중지하며 안전을 모색한다.

대담한 리더십의 보편성은, 우리가 세계 전역에 분포된 리더들을 인터뷰한 결과에서도 확인되었다. 그들은 취약함을 드러내는 대화의 중요성을 역설하며, 메시지와 기대치에서 문화적 차이가 인정되고 논의되지 않으면 팀의 신뢰와 심리적 안전까지 해친다는 사실을 지적했다.

런던 워크숍에 참가한 한 여성은 대담한 리더십의 옹호자로, 전세계에서 일하는 노련한 분석가들로 이루어진 팀의 리더였다. 그렇기에 그 팀은 문화적인 면에서는 물론이고, 연령과 성별에서도 다채로웠다. 그녀는 "내 업무에서 가장 중요하면서도 가장 흥미진진한 역할은, 팀의 커뮤니케이션과 성과를 방해하는 것을 표면화하는 것입니다. 작년의 경우를 예로 들면, 나는 홍콩 팀이 어떤 패턴에 따라 화상 회의에 참가하지 않는다는 걸 눈치챘습니다. 홍콩 팀은 일단 회의에 참석하면 많은 의견을 제시하기 때문에, 그들이 회의 참석을 자제하는 이유를 짐작할 수 없었습니다. 그래서 다른 지역 팀들은 모르게 홍콩 팀에 연락을 취했고 '앞으로 자주 회의가 있을 것이고 여러분의 의견을 듣고 싶습니다. 회의에 참석하지 않는 것은 일하지 않는 것입니다. 내가 어떻게 도와주면 좋겠습니까?'라고 물었습니다."

한동안의 침묵 끝에, 마침내 한 남자가 대답했다고 한다. "우리는 회의에 앞서 의제를 받았으면 좋겠다고 몇 번이고 요청했습니다. 회의가 시작하기 10분 전에야 의제를 받으면 정말 무시받는 기분입니다. 우리 팀의 의견이 정말 필요하면, 의제를 검토하고 준비할 충분한 시간을 주어야 하지 않겠습니까?"

그녀는 이런 유형의 솔직한 대화가 문화적 규범이나 차이에 대한 대화가 필요한 이유라고 말했다. 하지만 거북하고 불편하기 때문에, 누구도 그 문제를 노골적으로 거론하는 걸 원하지는 않는다고 덧붙였다. 그래서 대화가 중요한 것이다. "그렇지만 불편함도 감수하는 게 리더로서의 내 역할입니다. 쉽지 않지만, 그런 대화를 하고 나면 우리가 더 강해지므로 감사할 수밖에 없습니다."

같은 경험을 해야만
공감하는 것은 아니다.

공감은 경험과 직접적인 관계가 없다.

Chapter 4

취약성은
조직에서 어떻게 드러날까?

수치심에 사로잡히면 우리의 에고는 데프콘 1단계, 즉 전시 상황까지 치닫는다. 갑옷을 벗고 진심을 드러냄으로써 수치심에 고스란히 노출될 때, 취약성이 가장 무섭게 느껴진다. 에고는 우리가 '기준에 이르지 못한 존재'이기 때문에, 사랑받고 어딘가에 소속될 만한 가치가 없다는 느낌을 피할 수 있다면 어떤 대가를 치르더라도 우리 가슴을 항상 갑옷으로 감싸두려고 한다. 정서적 성장을 억제하고 취약성을 감춘다고 우리가 수치심과 단절과 소외로부터 지켜지는 것은 아니다. 오히려 수치심의 늪에 더 깊이 빠진다. 에고는 이런 사실을 전혀 이해하지 못한다. 수치심이 어떻게 작동하는지와 공감이 건전하게 더해지면 수치심이 존재할 수 없는 이유를 자세히 살펴보자.

수치심은 흔히 연구자들에게 '주인 감정(master emotion)'이라 일컬어지지만, 결코 바람직한 감정이 아니다. 수치심은 시간을 두고 슬금 슬금 다가올 수도 있고, 순식간에 우리를 덮치기도 한다. 어느 쪽이든 간에 인간관계에서 어딘가에 소속되거나 사랑받을 만한 가치가 없다는 씁쓸한 기분을 안겨주는 이 감정은, 정서적인 부분의 영향력 측면에서도 타의 추종을 불허한다.

우리가 처음 취약성을 인정하고 갑옷을 입으려는 욕구를 억제할 때, 세상으로부터 무시받고, 소외되고, 바보가 된 기분으로 이어진다. 수치심이 우리 자존감에 큰 타격을 가할 수도 있기 때문에, 수치심에서 비롯되는 두려움에 우리는 취약성을 진심으로 들여다볼 기회로부터 점점 멀어진다.

나는 지금까지 발표한 모든 책에서 '수치심'에 대해 광범위하게 다루었다. 이번에도 수치심에 대한 기본적인 정보를 독자에게 제공할 목적에서 다른 책들에서 소중한 자료들을 수집했다. 먼저, 수치심을 본격적으로 분석하기 전에 내가 최근에 겪은 경험적 사례를 소개해보려 한다.

『진정한 나로 살아갈 용기』의 최종 원고를 출판사에 전달하고 한 달쯤 지난 2017년 7월, 나는 신간 홍보를 위한 순회를 시작하기 전에 3주간의 회복 과정을 끝냈다. 전작 『라이징 스트롱』의 홍보를 위한 순회 강연을 끝낸 후, 다음에는 신간 홍보를 위한 순회를 시작하기 전에 몸과 마음의 건강부터 되찾겠다고 굳게 다짐한 때문이었다. 『진정한 나로 살아갈 용기』는 9월 12일에 출간될 예정이었다.

나는 여행을 하며, 우리 팀과 흉금을 털어놓고 보내는 시간을 좋아한다. 신간 홍보를 위한 여행은 내가 삶에서 뜻밖에 얻는 선물 중 하나이다. 그러나 신체적으로나 정신적으로 건강하지 않으면 항공기 이동과 호텔 생활을 견디기 힘들었고, 집의 포근함이 한없이 그리웠다. 따라서 심야의 룸서비스가 최고의 친구가 되었고, 상황을 대처하는 능력도 떨어지기 시작했다. 게다가 경계하지 않으면 불안감과 외로움까지 밀려왔다. 그런 상태로 집에 돌아오면 그야말로 무너졌다. 2~3일 동안 침대에서 일어나지도 못했다. 아이들도 병문안을 하듯이 걱정스러운 표정으로 내 방에 들어와 안부를 물었을 정도였다. 처음에는 내향적 성격이 문제라고 생각했다. 나는 철저히 내향적인 성격인데, 머리와 가슴이 온전히 기능하려면 혼자만의 시간이 상당히 필요하다.

『진정한 나로 살아갈 용기』의 홍보를 앞두고 우리 팀은 새로운 홍보 전략을 시도했다. 나는 그 전략이 상당히 효과가 있을 거라고 생각했다. 적절한 운동과 영적인 삶에 집중하는 일을 하지 않을 때는 몸 상태가 좋은 적이 없었다. 따라서 새로운 전략이 나에게 맞아떨어진다면 기적 같은 마법이 일어날 것이다. 마법이었는지 극기였는지 몰라도 나는 이런저런 힘든 요구를 견뎌냈다. 그 방법은 정말 견실하고 옹골졌다.

나는 3주 동안 달리고 운동하며 고지방 저탄수화물 식이요법(Keto diet)을 시행했다. 기도를 중심에 두었고 순회하는 동안 입을 멋진 옷도 구입했으며, 대가급의 순회 일정도 결정했다. 모든 것이 순조롭게 진행되는 듯했다. 7월 10일, 『진정한 나로 살아갈 용기』의 오디오북을 녹음하려고 직접 운전해서 집에서 20분쯤 떨어진 와이어 로드 스튜디오로 향했다. 나는 휴스턴 하이츠에 위치한 그 스튜디오를 좋아해서 모든 녹음 작업을 그곳에서 진행한다. 내 기억이 맞는다면, 그날 아침도 나는 거의 뛰듯이 현관에 들어서며 벽에 걸린 비욘세의 사진을 지나갔다. 온갖 가능성으로 충만한 기분이 드는 아침이어서, 나는 기분이 무척 좋았다. 사진 속의 비욘세에게 하이파이브라도 건네고 싶었다. '휴스턴 여성이라면 누구나 똑같은 마음일 거야!'(비욘세는 휴스턴 출신―옮긴이)

녹음을 시작하고 10분쯤 지났을까. 음향 기사의 목소리가 내 헤드폰을 통해 들어왔다. "귀걸이가 부딪치는 소리가 들립니다. 귀걸이를 빼면 좋겠는데요."

"그럴게요. 미안해요." 나는 서둘러 녹음실을 나와, 방으로 향했다. 그러다 일이 터졌다. 고개를 숙인 채 빨리 걸으며 귀걸이를 빼다가, 15센티미터 두께의 유리 벽에 이마를 들이박고 만 것이다. 그 이후는 별로 기억나지 않는다.

정신을 차렸을 때 나는 바닥에 누워 있었다. 거의 1분 동안 의식을 잃고 쓰러져 있었다. 이마가 지독히 아팠고 혼란스럽기도 했다. 나도 모르게 비명을 질렀고 사람들이 도와주려고 달려왔지만, 너무 창피했다.

오디오북 제작자 카렌이 집이나 병원에 데려다주겠다고 고집했지만 나는 녹음실로 돌아가고 싶었다. 일정표가 조금의 여유도 없이 빠듯했기 때문이었다. 30분쯤 녹음을 했을까? 갑자기 왈칵 눈물이 쏟아지기 시작했다. 나는 카렌을 바라보며 말했다. "더는 못하겠어요. 뭐가 잘못된 건지……."

카렌이 집에 데려다주겠다고 제안했지만, 나는 괜찮다고 말하며 그녀를 안심시켰다. 직접 운전해서 사무실에 갔지만 어떻게 운전했는지 조금도 기억나지 않는다. 여하튼 사무실에 들어가자, 내 이마에 탁구공 크기로 불룩 솟은 혹을 본 직원들이 걱정스럽게 물었다.

다시 한 번 괜찮다는 말로 모두를 안심시켰고, 팀원들과 함께 화상 회의를 시작했다. 나는 사무실에서 바렛과 수잔의 옆에 앉았고, 머독과 찰스는 각각 뉴욕과 오스틴에서 환히 웃는 얼굴을 보여주었다. 회의가 시작되고 몇 분이나 흘렀을까? 나는 정신을 차릴 수 없었다. "뭐가 뭔지 모르겠어요. 도무지 집중이 안 돼요."

머독이 물었다. "대표님, 정말 괜찮습니까?"

팀원들은 내 안색이 좋지 않다고 말했고, 나는 대답했다. "나 좀 가만히 내버려둬요. 그냥 피곤한 거예요."

하지만 곧바로 나는 수잔의 책상 아래에 있던 쓰레기통에 구역질 했고, 턱에 묻은 이물질을 닦아냈다. 그러고는 수잔의 책상 위에 두 팔을 괴고 잠이 들었다.

나는 집에서 깨어났다. 팀원들이 남편 스티브에게 전화로 연락한 후에 나를 집에 데려왔고, 스티브는 사무실에서 곧바로 집으로 달려왔다. 눈을 뜨자마자 그는 나에게 온갖 질문을 퍼부어댔다. 팀원들은 내가 무척 전투적이었고 좌절하며 눈물까지 흘렸다고 말했지만, 솔직히 아무것도 기억나지 않았다. 스티브는 계속해서 자기를 쳐다보라고 다그쳤지만, 지금 기억에는 너무도 미안한 마음이어서 남편을 똑바로 바라볼 수 없었다. 그저 남편을 못 본 척하거나, 시선을 먼 곳에 둘 수밖에 없었다. 여동생은 보이지 않는 곳에 서서 불안에 떨며 눈물을 참고 있었다.

나는 심각한 뇌진탕이란 진단을 받았다. 뇌진탕이란 단어는 귀에 무척 익숙했지만, 뇌진탕이 정확히 무엇을 뜻하는지는 잘 모른다는 생각이 문득 떠올랐다.

다음 날부터 우리 팀은 지체 없이 행동했다. 그들은 코앞에 닥쳐온 강연을 취소하고, 일정을 뒤로 미루기 시작했다. 나는 화가 났다. "일 주일이면 좋아질 거예요. 거의 1년 전부터 준비한 중요한 행사들이라고요. 취소할 이유가 전혀 없어요"라고 계속 반발했다. 그러나 머독은 단호했다. "대표님은 이번 일에 발언권이 없습니다."

나도 쉽게 굴복하지 않았다. 굴복할 수도 없었다. 나는 수치심과 두려움을 견딜 수 없었다.

심리학자 타마라 퍼거슨(Tamara Ferguson), 하이디 에어(Heidi Eyre), 마이클 애슈베이커(Michael Ashbaker)는 수치심의 주된 원인 중 하나가 '원하지 않는 정체성(unwanted identity)'이라는 것을 밝혀냈다.[1] 그들의 설명에 따르면, 원하지 않는 정체성은 우리가 원하는 이상적인 모습을 침해하는 특성을 뜻한다.

내 경우에는 '질병으로 인한 아픔', '신뢰할 수 없고 의지할 수 없는 상태'가 원하지 않는 정체성이다. 제5세대 독일계 텍사스인으로 나는 '아픈 것은 나약한 것'이라 믿으며 성장했다. 물론 다른 사람의 경우에는 그렇지 않다. 당연히 아파도 괜찮고, 오히려 인간적인 모습이라고 말할 수 있다. 따라서 우리는 아픈 사람을 돕고 지원해야 한다. 그러나 우리 집안에서 아픈 것은 나태한 것이다. '강인한 사람은 무엇이든 이겨낼 수 있다. 심지어 질병까지도.' 이런 고결한 삶의 원칙 자체를 좋아하며 그대로 지키는 사람은 없지만, 수치심은 너무도 포괄적이어서 떨쳐내기가 쉽지 않다.

　내 삶에서 그 잘못된 믿음을 버리기가 가장 힘들고 어려웠다. 다양한 문화적 요인으로 그 믿음이 끊임없이 세뇌되거나, 그런 믿음에 사로잡힌 삶은 끔찍하기 이를 데 없는 삶이다. 따라서 내 아이들에게는 무의식 중에라도 그 믿음을 전해주고 싶지 않아, 나는 앞으로도 끝없이 싸울 작정이다.

　머리를 다치고 닷새 후에도 나는 완전히 회복되지 않았다. 이마의 커다란 타박상과 눈 아래의 멍도 여전했다. 책을 읽지도 못했고, 텔레비전과 컴퓨터 모니터도 오랫동안 바라볼 수 없었다. 바깥세상의 밝은 빛을 즐기지도 못했다. 뇌진탕은 생각하는 능력에도 타격을 주었다. 정상으로 돌아가려고 안달할수록 증세는 악화되었다. 앞으로 나가려고 조바심낼 때마다 오히려 뒤로 후퇴했다. 팀원들이 나에 대한 연민과 공감으로 강연 계획을 취소한 데서 비롯된 수치심은 그럭저럭 해소했지만, 나를 나답게 만든 것, 즉 내 정신을 통제할 수 없게 되었다는 것에 수치심을 느꼈다.

　신간 홍보를 위한 순회 강연을 앞두고 심신의 건강을 회복하려던 계획은 물거품이 된 건가? 내가 건강을 회복하지 못하면 어떻게 하지? 뇌진탕이 치유되지 않으면 어떻게 하지? 이번 책이 마지막 책이 되면 어떻게 하지? 내가 다시는 연구하지 못하게 되면 어떻게 하지?

　마침내 우리 가족의 소중한 친구, 트레이가 병문안을 이유로 나를 찾아와 19세의 지혜를 숨김없이 풀어놓았을 때, 나는 중요한 사실을 깨달았다. 트레이는 아무것도 감추지 않고 자신의 생각을 가감 없이 털어놓았다. 트레이는 내가 남의 말을 듣고 싶어 하지 않는다고 말했다. 누구에도 듣지 못한 매서운 지적이었지만, 트레이가 뛰어난 공감 능력을 보이며 너무도 부드럽게 말했기 때문에 나는 눈물을 흘리며 듣기만 했다. 트레이는 고등학교에서 럭비 선수로 활동했고, 6개월 전에 뇌진탕으로 고생한 적이 있었다. 그러나 뇌진탕의 후유증을 극복했고, 대학에 진학한 후에도 여전히 럭비 선수로 활약했다.

트레이는 "나도 뇌진탕이 무섭다는 걸 알아요. 증상을 다른 사람들에게 명확히 설명할 수 없어도 증상이 있는 건 분명하죠. 증상에 맞서 싸우려고 조바심 낼수록 증상은 악화되고, 치유하는 시간도 길어질 거예요. 강하게 저항해서는 이 싸움에서 이길 수 없어요. 싸워서는 승산이 없어요. 시간이 필요합니다. 머리가 제대로 기능하지 못하니까 겁이 나겠죠. 하지만 서너 주 동안 조바심내지 말고, 모든 것을 내려놓는 방법을 찾아내는 편이 나을 거예요"라고 말했다.

한 달 후에야 나는 서서히 업무에 복귀하기 시작했다. 조금이라도 서두르면 여지없이 증상이 악화되었다. 운동도 제대로 할 수 없었다. 먹는 것에서 위안을 얻으려고 발길이 저절로 식료품 저장실로 향했다. 그 사이에 체중이 5킬로그램이 늘었고, 순회 강연을 위해 구입한 옷들이 하나도 맞지 않을 정도였다. 몸과 마음의 건강을 어떻게 정의하든, 내 상황은 최악이었다.

결코 과거의 나로 돌아가지 못할 것이란 두려움.

업무에 복귀하려고 시도할 때마다 내 뇌가 어김없이 손상을 입는다는 두려움이 심각한 불안증으로 발전했다. 결국 나는 신경심리학자에게 진료를 받기로 약속했다. 그는 뇌진탕을 전문으로 진료하며,

휴스턴 텍슨스(Houston Texans, 휴스턴을 연고지로 한 프로미식축구팀—옮긴이)와 휴스턴 로키츠(Houston Rockets, 휴스턴을 연고지로 한 프로농구팀—옮긴이)에 도움을 주는 신경심리학자였다.

그를 찾아갈 때 스티브가 동행해주었다. 그 진료는 의외로 큰 도움이 되었다. 내가 다시 과거로 돌아가지 못할지도 모른다는 두려움에서 비롯되는 예기불안(anticipatory anxiety)상태라는 걸 알게 되었기 때문이다. 그리고 지극히 정상적인 현상이라는 것도. 신경심리학자는 나에게 예기불안을 극복하는 방법을 알려주며, 천천히 업무에 복귀하고 가볍게 운동하는 것도 괜찮다고 격려해주었다. 또 내 몸이 무엇을 원하는지 듣는 요령도 알려주었다.

그날 집으로 돌아갈 때는 희망으로 가득했다. '할 수 있어. 순회 강연은 보름 후에야 시작해. 그 시간이면 충분히 회복할 수 있을 거야. 날씨가 개면 내일부터 가볍게 운동을 시작하겠어!'

하지만 다음 날, 허리케인 하비가 휴스턴을 강타했다. 우리 이웃도 큰 피해를 입었고, 집을 잃은 팀원도 많았다. 그야말로 가슴이 미어지는 큰 재해였다.

신간 홍보를 위한 순회는 예정대로 시작되었다. 우리는 허리케인의 피해를 복구하는 현장을 이동하고 다녔다. 힘든 일도 있었지만 기분 좋은 일도 있었다. 팀원들과의 교감은 언제나 마음을 진정시켜주는 묘약이다. 수치심에 일정한 거리를 두었던 그 기간에도 우리는 어떻게든 진심으로 공감하며 서로 사랑하고 의지하며 지냈다.

다행히 그 후로 나는 그때의 뇌진탕만큼 중대한 부상을 입거나 병을 앓지 않았다. 하지만 여전히 크리스마스에는 컴퓨터 바이러스와

싸웠고, 지난해에는 전염성 단핵구증(granular fever)에 감염된 두 아이를 돌봐야 했다. 과거에도 나 자신을 제외하고 누구에게도 "좋지 않은 결과도 긍정적으로 받아들여라"와 "끝까지 해내라"라는 말을 전혀 사용하지 않았지만, 이제는 이런 말이 내 사전에 아예 없다는 걸 세상에 알릴 수 있어 행복하기만 하다. 수치심과 관련된 그런 말을 완전히 버리는 데 15년이 걸렸지만, 아예 하지 않는 것보다는 늦더라도 하는 편이 낫지 않겠는가!

수치심을 인정하거나, 소시오패스가 되거나!

먼저 수치심에 대한 3가지 사실을 정리해보자.

- 수치심은 누구에게나 있다. 다시 말해, 수치심은 보편적이고 가장 원초적인 감정이다. 수치심을 모르는 사람이 있다면, 공감 능력과 인간관계가 절대적으로 부족한 사람인 것이 분명하다. 당신에게는 두 가지 선택이 있다. 수치심을 느꼈다고 깨끗이 고백하거나, 아니면 반사회적 인격 장애자(sociopath)라는 걸 인정하거나. 지금이야말로 수치심도 괜찮은 선택으로 보이는 유일한 때가 아니겠는가.
- 우리 모두는 수치심에 대해 이야기하는 걸 두려워한다. 수치심이란 단어조차 거북하고 불편한 사람도 있다.

• 수치심에 대해 언급하지 않을수록 우리 삶에 대한 수치심의 지배력은 커진다.

수치심은 단절에 대한 두려움이다. 우리가 어떤 이상이나 목표에 부응하지 못하고 성취하지 못한 탓에, 애정 어린 관계를 맺을 만한 가치가 없는 존재로 전락할 수 있다는 두려움이다. 취약성의 잘못된 믿음을 다룬 장에서 우리는 육체와 정신이 모두 관계와 사랑, 소속감을 추구하도록 설계된 존재라는 것을 배웠다. 사랑이나 소속감과 마찬가지로 '관계' 역시 우리가 지금 여기에 존재하는 이유이고, 우리 삶의 의미와 목적이 된다. 내가 지금까지 연구한 결과를 바탕으로 수치심을 정의하자면, 수치심은 자신에게 문제가 있어 사랑받고 소속감을 느낄 만한 관계를 맺을 가치가 없다고 생각되는, 무척 고통스러운 감정이다. 또한 수치심은 두 가지 부정적인 생각을 부추긴다.

너는 항상 부족한 놈이야.
너는 네가 어떤 사람이라고 생각해?

이런 작은 악마의 목소리는 무시무시한 괴물처럼 우리 삶에 영향을 미친다. '항상 부족한 놈'이란 속삭임을 이겨내고 경기장에 뛰어드는 용기를 내더라도, 수치심이란 악마는 "우와, 너한테 수치심을 떨쳐낼 만한 무기가 있다고 생각하는 거야? 잘 해봐!"라고 빈정댄다. 예컨대 텍사스의 작은 악마라면 "아이쿠, 분수를 알아야지, 아줌마!" 라고 나를 조롱할 것이다.

수치심이 밀려올 때 안전을 확보하는 가장 쉽고 가장 유혹적인 방법은 편협한 내면으로 후퇴하는 것이다. 그러나 앞에서 반복해서 말했듯이 우리가 갑옷으로 무장한 편협한 내면에 빠져들면, 오히려 상황이 악화되고 우리는 숨이 막힐 지경에 이른다. 우리 연구팀이 훈련 참가자들에게 들은 수치심에 대한 대표적 경험적 사례를 정리하자면,

- 첫 아이를 임신하고 있을 때 수치심은 없어지는 편이다.
- 수치심에 중독 현상을 감춘다.
- 수치심에 아이들에게 화를 낸다.
- 수치심에 업무 실수를 감춘다.
- 친구들에게 투자를 받아 시작한 사업을 실패했을 때 수치심에 사로잡혔다.
- 승진하고 6개월 후에 프로젝트를 성공하지 못한 이유로 다시 강등되었을 때 수치심이 밀려왔다.
- 상사가 동료들 앞에서 나를 실패자 취급했을 때 수치심을 느꼈다.
- 배우자를 얻지 못한 것도 수치스러운 일이다.
- 아내가 이혼을 요구하며 아이들을 나에게 맡기지 않고 직접 양육하겠다고 말했을 때 수치심이 들었다.
- 직장에서 성희롱을 당했지만, 가해자가 모두에게 사랑받는 사람이라서 아무 말도 못하고 두려움에 떨었던 게 너무도 수치스럽다.
- 영업부 회의에서 모든 라틴계를 대표해 발언하라는 요구를

받을 때마다 창피하고 부끄럽다. 내가 라틴계여도 캔자스에서 태어난 데다 스페인어를 전혀 못하기 때문이다.

- 프로젝트를 성공해서 기뻐했는데, 그 결과가 상관이 원하고 기대하던 수준에 전혀 미치지 못했다는 평가를 받았을 때 수치심을 느꼈다.

- 세상이 빠르게 변하는 걸 보면서도 내가 어떤 분야에서 어떻게 기여할 수 있는지 모를 때 수치심을 느낀다. 무익한 존재라는 두려움이 수치심을 일으키는데, 심지어 그 수치심은 우리가 해결할 수 없는 것이다.

정확한 예시가 아닐지라도, 우리가 자신을 알고 자신의 취약성까지 파악하고 인정한다면, 다른 사람이 겪는 수치심의 고통을 어렵지 않게 알아볼 수 있을 것이다. 수치심은 보편적인 감정이기 때문이다.

신경과학계의 연구에 따르면, 수치심에서 비롯되는 심적 고통은 육체의 고통만큼이나 실질적인 것이다.[2] 육체의 고통을 치료하려면 그 고통을 묘사하고 적절한 명칭을 부여해야 하듯이, 수치심의 영향에서 벗어나려면 수치심을 인지하고 그에 대해 언급할 수 있어야 한다. 수치심을 표면화하는 게 육체의 고통에 대해 언급하는 것보다 훨씬 더 어렵지만, 수치심은 감추면 감출수록 더욱 커지기 때문에 표현하는 일이 중요하다.

헷갈리는 감정들 : 수치심과 죄책감, 모욕감과 당혹감

부정확한 어휘 사용 때문에도 수치심에 대해 언급하는 게 어렵다. 우리는 '수치심'을 당혹감(embarrassment), 죄책감(guilt), 모욕감(humiliation)과 뒤섞어 사용하지만, 생명과학과 전기 및 행동과학에서 엄격히 사용되는 예는 무척 다르며 완전히 다른 결과를 뜻한다. 먼저 '수치심'과 '죄책감'에 대해 살펴보자. 이 둘은 가장 흔하게 혼동되어 사용되지만, 이를 혼동하면 심각한 결과를 초래한다.

이론적으로든 임상적으로든 수치심을 연구하는 대다수의 학자가 동의하듯이, 수치심과 죄책감의 차이는 '나는 나쁜 사람이다'와 '나는 나쁜 짓을 했다'의 차이로 이해하면 된다.[3]

> 죄책감 = 나는 나쁜 짓을 했다.
> 수치심 = 나는 나쁜 사람이다.

불합리한 시간표를 고집한 실질적인 이유가 두려움과 불안감에 있었다는 걸 팀원들에게 진솔하게 알리려고 결정했을 때도, 수치심 때문에 적잖게 망설였다. 앞서 말한 작은 악마가 내 귓전에 속삭였다. "너는 리더십을 연구하는 사람이지, 직접 팀을 이끌지는 못해. 너는 아무짝에도 쓸모가 없어."

죄책감은 아니었다. "이런 시간표로 나는 팀원들에게 못쓸 짓을 한 거야. 잘못된 이유로 잘못된 선택을 한 거야."

수치심이었다. "내가 나쁜 선택을 한 것은 아니다. 내가 나쁜 리더인 거야."

혼란스러운 정치계에서 누군가 이기적이고 비윤리적인 결정을 내리는 걸 보면, 수치심이 결여되어 그렇게 비양심적으로 행동한 것이라 생각하며 '파렴치하다(shameless)'라는 단어를 사용한다. 수치심과 두려움은 거의 언제나 비윤리적 행동을 자극한다. 자기애적인 행동을 부채질할 때도 있다. 그러나 그 어떤 경우라도, 비양심적인 행동은 잘못되고 위험한 짓이다. 오만한 에고와 나르시시즘 같은 것에 사로잡혀 수치심의 결여가 그런 행동의 원인이라 생각하는 어리석은 잘못을 범하지 않기를 바란다.

나는 나르시시즘을 수치심에서 비롯되는 평범하다는 두려움으로 정의한다. 부풀려진 자아는 과장과 허세와 쉽게 연결된다. 가식적이고 이기적인 행동 뒤에 실제로 감추어진 두려움과 결여된 자존감을 찾아내기는 쉽지 않다. 가식은 상처를 무기화해서 다른 사람을 겨냥하기 때문이다. 필요하지만 가장 달갑지 않은 것이 수치심이다.

그렇다면 수치심은 우리의 행동과 공감 능력의 결여에 더 큰 책임이 있을까? 그렇다. 수치심은 우리를 더 큰 위험에 몰아넣고, 우리에게 수치스러운 행동에 관심을 돌리게 하며, 게다가 자신의 고통을 덜어낼 방법과 책임을 전가할 적을 찾아 사방을 두리번거리는 사람들로부터도 지지를 받으려 한다.

수치심은 우리를 도덕적 행동으로 유도하는 나침반이 아니다. 파괴적이고, 마음을 아프게 하며, 비도덕적이고 자기과시적인 행동을 치유하기는커녕, 오히려 부추길 가능성이 훨씬 더 크다. 그 이유가 무엇일까? 수치심이 존재하는 곳에는 거의 언제나 공감이 없기 때문이다. 공감이 없기 때문에 수치심이 더욱 위험해진다. 따라서 수치심의 반대말은 공감이라 할 수 있다. 오늘날 많은 사람에게 지극히 나쁘게 여겨지는 행동은 수치심이 없는 행동이 아니라 공감 능력이 없는 행동이다.

수치심은 중독과 폭력, 공격성과 우울증, 식이 장애와 집단 괴롭힘과 밀접한 상관관계가 있지만, 죄책감(guilt)은 그런 증상들과 부정적인 상관관계에 있다.[4] 죄책감에는 공감과 가치관이 개입되기 마련이고, 이런 이유에서 죄책감은 사회적으로 적응하는 감정이다. 우리가 이미 행한 행동을 사과하고, 잘못된 것을 교정하고, 우리 가치관과 맞지 않는 행동을 수정한다면 이런 변화를 주도하는 것은 수치심이 아니라 죄책감이다.

우리는 가치관에 어긋나는 행동을 하거나, 나중에라도 가치관과 행동이 맞아떨어지지 않는다는 알게 되면 죄책감을 느낀다. 죄책감은 심리적으로 거북한 감정이지만 유익한 감정이다. 이런 인지 부조화(cognitive dissonanace)가 불편하게 느껴지기 때문에 유의미한 변화가 있게 된다. 하지만 수치심은 우리가 더 나은 방향으로 변할 수 있다고 믿는 사람의 자신감을 좀먹는다.

모욕감(humiliation)도 흔히 수치심과 혼동되어 사용되는 단어이다. 정신의학자 도널드 클라인(Donald Klein)은 수치심과 모욕감의 차이를 이렇게 설명했다. "수치심은 용납할 수 있다고 생각하지만 모욕감은 용납할 수 없다고 생각하는 사람이 많다."[5] 예를 들어 설명해보자.

동료 교사들과 함께 참석한 회의에서 교장이 소냐에게 그녀 학급의 성적이 평균보다 떨어진다며 그녀를 실패자라고 부른다면, 소냐는 수치심이나 모욕감을 느낄 것이다.

소냐가 혼잣말로 '나는 실패자야'라고 말한다면, 수치심을 느낀 것이 된다. 하지만 소냐가 '저 사람이 미쳤구만. 내가 그런 말을 들어야 하나?'라고 생각하면, 모욕감을 느낀 것이 된다.

모욕감은 특히 견디기 힘든 감정이기 때문에, 업무 환경이나 집안 분위기를 우울하게 만든다. 회의가 본격적으로 시작된 후에도 모욕감이 사라지지 않고 계속되면 수치심으로 발전할 수 있다. 하지만 우리가 '실패자'라는 평가를 내면화하는 경우에도 모욕감은 수치심보다 훨씬 덜 파괴적이다. 소냐는 모욕감을 느끼며 '내 문제가 아니야'라고 혼잣말했다. 이런 경우, 소냐가 저항하고 반격할 가능성은 크게 낮아진다. 오히려 자신의 가치관을 유지하며 문제를 해결하고 노력할 것이다.

당혹감(embarrassment)은 일반적으로 순간적인 감정에 불과하고, 궁극적으로는 재밌게 느껴질 수 있다. 따라서 당혹감은 수치심과 혼동되는 다른 감정들에 비교하면 심각하지도 않고 해롭지도 않다. 예컨대 내가 당혹스러운 짓을 하더라도 나만 그런 짓을 하는 것은 아니라고 생각한다. 다른 사람들도 똑같은 짓을 하고 있다는 걸 알기 때문에, 낯을 붉히는 경우처럼 당혹감은 순식간에 사라지며 우리에게 별다른 영향을 미치지 않는다. 이런 차이에 당혹감의 전형적인 특징이 있다.

용어의 정확한 정의는 수치심의 이해를 위한 중요한 출발점이
다. 용어의 이해, 즉 정서적 문해력은 수치심 회복 탄력성(shame
resilience)의 핵심이다. 수치심 회복 탄력성은 수치심에서 공감으로
이동한다는 뜻이다. 수치심의 진정한 해독제인 공감에 대해서는 뒤
에서 더 자세히 살펴보기로 하자.

빌 게이츠 재단에서 해고당한 사람들이 화를 내지 않는 이유

조직에서 수치심이 어떻게 드러나는
지를 찾는 일은 집에서 흰개미를 추적하는 것과 비슷하다. 집 안을 샅
샅이 뒤진 끝에 흰개미집을 발견하면 화급히 해결해야 할 문제이지
만, 실제로는 한참 전부터 계속된 문제일 수 있다. 한편 당신이 사무
실이나 학교 혹은 교회를 돌아다니다가 수치심을 느낄 만한 장면을
본다면, 예컨대 관리자가 직원을 질책하거나 교사가 학생을 무시하
거나, 성직자가 신도를 억압하는 수단으로 수치심을 이용하거나, 시
민운동가가 사회 정의를 구현하려는 도구로 수치심을 이용하는 현장
을 목격하면, 당신 조직을 위협하는 중대한 문젯거리를 목격한 것과
같다. 당신은 그 문제가 어떤 이유에서 어떻게 일어난 것인지 알아내
야 하고, 즉각적으로 해결해야 한다. 그렇다고 부끄러워할 것은 없다.
  하지만 대부분의 경우, 수치스러운 현장이 조직의 벽 뒤에 감추어
져 있기 때문에 문제 해결이 더욱 힘들다. 그렇다고 수치심이 휴면기
에 있는 것도 아니어서 혁신과 신뢰, 연결과 문화를 서서히 좀먹는다.

그러나 수치심의 현장을 찾아내기는 쉽지 않다. 그렇지만 그런 일이 조직에 비일비재하다는 증거로 삼을 만한 단서들이 있다.

완벽주의

편애

뒷담화

비공식적인 통로

비교

생산성과 결부된 가치 평가

희롱

차별

권위적 군림

집단 따돌림

책임 전가

괴롭힘

은폐

위의 행동들은 수치스러운 일이 조직에 만연하다는 걸 보여주는 단서이다. 수치스러운 짓이 효율적인 관리를 위한 노골적인 도구가 되었다면, 그보다 명백한 증거는 없다. 당신의 조직에도 서로 집단 따돌림을 행하고, 부하 직원을 동료들 앞에서 비난하고, 공개적인 질책을 서슴지 않고, 당혹감과 수치심, 모욕감을 의도적으로 조장하는 사람이 있는가?

한 워크숍에서, 한 여성 참가자는 의자에 기댄 채 눈물을 글썽이며 "저는 수치심이 너무 깊이 뿌리를 내려 어디까지 내려갔는지도 모르겠습니다"라고 말했다. 그녀가 동료들 앞에서 상관으로부터 심각한 비난을 받았다고 어렵게 입을 열었을 때, 동료들은 그녀의 고백을 조용히 들어주었다.

종교 공동체와 학교도 수치심에서 자유로운 공간은 아니다. 수치심에 대한 우리 팀의 연구에 따르면, 우리가 인터뷰한 사람의 85퍼센트가 학교에서 겪은 무척 수치스러운 사건을 기억했고, 그 사건이 학습자로서 자신에 대한 생각을 바꿔놓았다고 증언했다. 더구나 안타깝게도 그런 기억의 절반가량이 내가 '창의력에 생긴 흉터(creativity scar)'라고 칭하는 것이다. 우리 연구에 참가한 사람들 중 작가, 미술가, 음악가, 무용수들은 자신에게 필요한 창의적인 재능이 없다는 말을 들었던 특정한 사건을 뚜렷이 기억했다. 이런 수치스러운 상황에서 사용된 도구는 언제나 '비교'였다. 작은 악령이 끊임없이 부정적인 생각을 불어넣고, 비교가 관리의 수단으로 사용되는 경우에 창의성이나 혁신은 기대할 수 없다.

한편 동일한 자료에서 긍정적인 결과도 확인되었다. 우리가 인터뷰한 사람 중, 90퍼센트 이상이 자신에게 자존감을 키워주며 자신의 능력을 믿도록 격려해주었던 교사나 교수 혹은 학교 행정관의 이름을 기억했다. 얼핏 보면 모순된 이런 결과가 뜻하는 게 무엇일까? 학교 리더들이 학생들에게 엄청난 힘과 영향력을 행사하며, 그들이 그 힘과 영향력을 어떻게 행사하느냐에 따라 학생이 달라진다는 뜻이다. 좋은 쪽으로든 나쁜 쪽으로든!

나는 수치심을 도구로 사용하지 않는 대담한 리더들을 많이 만났지만, 직원들에게 관리의 수단으로 수치심 유발을 전혀 사용하지 않는 조직을 만난 적은 없다. 그런 조직이 정말 어딘가에 존재할 수 있겠지만, 내가 만날 가능성이 있을지 모르겠다. 그런 수단이 사용되는 조직에서 사용빈도를 줄이는 것만으로도, 그런 문화가 제한되고 억제되는 것만으로도 최상의 시나리오가 아닐까 싶다.

연구 과정에서 가장 흔히 마주하는 사례는 사람들이 해고되는 때와 해고되는 방법에서 느끼는 수치심이다.

예를 들어 설명해보자. 수잔 만은 금융기관 고등 교육기관 및 자선단체에서 30년가량 고위급 리더로 근무했다. 코칭과 컨설팅을 전문으로 취급하는 자신의 기업을 창업하기 직전에는 빌 앤드 멀린다 게이츠 재단(Bill & Melinda Gates Foundation)에서 글로벌 학습·개발팀의 팀장이었다. 국제코치연맹에서 정식으로 자격증을 취득한 수잔은 브레이브 리더스 사가 설립한 비영리단체를 통해 제공되는 전문가용 교육 프로그램 담당 교수진의 창립 회원이기도 하다.

그녀는 우리 팀에서 신임 리더들을 코칭하며 그들이 리더십 능력을 함양하도록 돕는다. 내가 수잔에게 직원을 해고하는 난감한 과제를 어떻게 해결했느냐고 물었을 때 그녀는 이렇게 대답해주었다.

"내가 인력 관리를 처음 시작했을 때 한 멘토가 '사람들에게 언제든 품위 있게 나갈 수 있는 출구를 마련해주라'고 가르쳐주었습니다. 30년이 지난 지금까지 해고하는 방법을 리더에게 무수히 조언했지만, 나는 항상 그 가르침을 마음에 새기고 실천했던 것 같습니다.

품위 있게 나가는 출구를 마련해주라는 말이 무슨 뜻이겠습니까? 그 사람이 인간임을 기억하고, 그의 감정에 유의하라는 뜻입니다. 물론 리더는 기업에 이익이 되는 방향으로 세심한 결정을 내려야 합니다. 누군가에게는 강제 휴직을 권고하고, 누군가를 해고하고, 누군가를 다른 부서에 배치해야 합니다. 오직 기업의 목표를 성취하는 데 집중해서, 조직에 유리한 방향으로 단호한 결정을 내려야 합니다.

하지만 당신이 해야 할 일을 하는 동안에도 '사람'을 염두에 두어야 합니다. 당신의 결정에 영향을 받을 그 사람을 바로 당신 앞에 두어야 합니다. 당신의 결정에 그 사람의 가족과 경력, 심지어 삶까지 영향을 받을 수 있으니까요.

또한 해고 소식을 전할 때는 인정이 있어야 합니다. 명확해야 합니다. 존중심을 보이고 너그럽게 대해야 합니다. 그 사람이 해고되는 게 아니라 사직하는 형식을 띠면 어떨까요? 해직 수당을 제공할 수 있다면 어떻겠습니까? 그가 회사를 그만둔다는 걸 동료들에게 알리고, 환송회도 원하느냐고 물어보십시오.

그가 품위를 유지하도록 아름다운 퇴직을 허락할 수 있겠습니까? 힘든 결정과 힘든 대화를 피하려는 배려를 하자는 게 아닙니다. 누구나 마음에 상처를 받을 수 있다는 걸 알고 있기 때문입니다. 위대한 리더는 단호히 '인간다운 결정(people decision)'을 내리고, 부드럽게 그 결정을 시행합니다. 사람들에게 품위 있게 나갈 수 있는 출구를 마련해주는 것도 그런 결정의 하나입니다."

내친김에 나는 사람들에게 '품위 있는 출구'를 마련해주려는 노력을 방해하는 요인이 무엇이냐고도 물었고, 수잔은 다음과 같이 대답했다.

- **갑옷으로 무장하는 가식**: 많은 리더가 직원의 해고를 결정할 때 소극적으로 변한다. 해고는 부담스럽고 쉽지 않은 결정이다. 한편, 해고 결정이 옳고 타당한 이유들을 나열하며 합리성을 지나치게 강조하는 리더도 적지 않다. 이런 냉정함 역시 자기방어의 한 형태이다.
- **시간과 돈**: 품위 있게 나갈 수 있는 출구를 마련해주려면, 시간과 돈, 마음과 에너지를 더 많이 투자해야 한다. 이렇게 하려면 리더는 속도를 늦추고 더 깊이 생각하며, 충만한 대화를 시도해야 한다. 안타깝게도 현실에서는 이런 노력이 충분하지 않다.
- **속죄의 어린 양**: 팀의 시스템이나 기능 장애에 대한 책임이 한 사람에게 집중되는 경우가 있다. 뭔가 잘못된 일이 생겼을 때, 리더는 자신을 돌이켜보며 더 큰 문제의 예방을 위해 어떻게 해야 하는지 고민하지 않고, 책임을 떠넘길 누군가를 찾는 경우가 많다. 게다가 그런 시도는 대체로 무의식적으로 행해진다.
- **취약성과 용기의 부족**: 가슴과 머리를 이분법적으로 갈라놓을 수도 없지만, 둘 모두를 동시에 사용할 수도 없다. 해고되는 사람이 드러낼지도 모를 감정에 대한 리더의 두려움은 "눈물

을 터뜨리고 화를 낼까 두렵다"이다. 심지어 해고자 앞에서 리더 자신이 감상적인 반응을 보일까 두려워하는 경우도 있다. "내가 냉정을 잃고 눈물을 터뜨리면 어떻게 하지?"

수잔은 이렇게 결론지었다. "사람들에게 품위 있는 출구를 마련해주는 데도 기술이 필요합니다. 중요한 기술이기 때문에 일정한 수준에 오르려면 훈련이 필요하죠. 하지만 그 기술을 중요하게 생각하며 우선순위에 두는 리더와 기업은 거의 없습니다."

수치스러운 행위가 조직에 존재한다는 걸 보여주는 가장 파괴적인 증거는 은폐(cover-up)일 수도 있다. 은폐는 본래의 행위자만이 아니라 공모와 수치심의 문화에 의해서도 행해진다. 침묵하고 진실을 감추면 자신에게 이익이 되고, 자신이 가진 영향력과 힘을 위험에 빠뜨리지 않는 경우에 많은 사람이 공모자가 된다. 또 많은 사람이 은폐가 이미 오래도록 문화로 자리 잡은 환경에서 일하고, 은폐 문화는 수치심을 이용해 조직원에게 침묵을 강요한다. 이처럼 우리 사회에서는 은폐가 암묵적인 규범이기 때문에 많은 사람이 은폐의 공모자가 되기도 한다.

은폐하는 이유가 어느 쪽이든 간에 기업과 비영리조직, 대학과 정부, 종교 기관과 스포츠 단체, 중등학교와 가족 등에서 개인과 조직원의 기본적인 품위보다 조직의 평판과 권력층을 보호하는 걸 더 중요하게 생각하면, 그 조직에는 다음과 같은 문제가 존재한다고 확신할 수 있다.

- 수치스러운 짓이 조직적으로 행해진다.
- 공모는 문화의 일부이다.
- 돈과 권력이 윤리를 압도한다.
- 책임감은 사망했다.
- 통제와 두려움이 관리의 도구로 이용된다.
- 파괴와 고통의 흔적이 곳곳에 있다.

수치심에 대한 진실한 대화는 당사자가 안전하다고 느낄 수 있도록 진행되어야 한다. 그 대화에서는 강력한 효과를 기대할 수 있다. 수치심에 대한 언급을 허락한다는 것은 구속으로부터의 해방을 뜻한다. 따라서 그런 대화는 어두운 곳에 빛을 던지고, 당사자는 혼자만 수치심에 시달리는 게 아니라는 깨달음을 얻게 된다. 각자의 이야기를 공유할 때 수치심이 정상화되고, 관계가 맺어지며 신뢰가 쌓인다. 실천하기 쉽지 않은 대화이지만, 바람직한 새로운 행동과 문화로 다가가는 길을 제시할 수 있는 기회이다. 수치심에 대한 대화는 간혹 치유 효과를 발휘하며 우리의 삶을 바꿔놓을 수도 있다.

섣부른 동조는 오히려 독이 된다

안타깝게도 수치심에는 저항할 수 없다. 따라서 우리가 관계를 중시하는 한, 단절에 대한 두려움이 우리 삶에서 항상 강력한 힘을 행사하고, 수치심에 따른 고통이 예외 없이 현실화된다. 그러나 좋은 소식도 있다. 수치심은 회복 탄력성이 있고, 그 능력은 누구나 배울 수 있다는 것이다.

수치심 회복 탄력성은 수치심을 경험하면서도 진실하게 행동할 수 있고, 수치심에 시달리는 과정에서도 자신의 가치관을 버리지 않는 능력이다. 따라서 수치심 회복 탄력성이 있으면, 수치심을 겪고 난 후에는 수치심을 겪기 시작한 때보다 용기와 동정심과 인간관계와 관련된 능력이 향상된다. 결론적으로 수치심 회복 탄력성은 수치심에서 공감으로 옮겨가는 힘을 뜻하며, 공감은 수치심의 진정한 해독제이다.

공감과 자기연민에 대해서는 다음 장에서 더 깊이 살펴보겠지만, 우리가 서로 상대의 이야기를 이해하고 공감하면서 우리 사이에 수치심은 존재할 수 없다는 걸 이해하는 게 무엇보다 중요하다. 비판적인 관점에서 보면 자기연민(self-compassion)도 중요하지만, 수치심은 사람 사이에 존재하는 사회적 개념이므로 사람 사이에서 가장 잘 치유된다. 사회적 존재인 인간에게는 사회적 위안이 필요하고, 공감이 그 위안이다. 이때 자기연민이 반드시 필요하다. 수치심을 겪는 와중에도 자신에게 너그러울 수 있다면, 다른 사람에게 다가가 관계를 맺고 공감을 경험할 가능성이 더 높아지기 때문이다.

공감(empathy)은 관계와 신뢰로 구축된 문화에서 반드시 필요한 요건 중 하나이고, 위험을 감수하며 진정한 대화를 위해 취약성을 드러내는 팀에게도 필수적인 구성요소이다. 한편, 공감은 동조(sympathy), 조언 전달, 걱정으로 위장된 판단 등과 쉽게 혼동된다. 용기를 끌어내기 위한 도구 상자에 공감을 더하려면, 공감을 우리가 배우고 익힐 수 있는 구체적인 기법으로 분해할 수 있어야 한다. 또 공감을 동조와 손쉽게 구분하고, 공감을 방해하는 큰 장애물들을 이해할 수 있어야 한다. 일단 내 이야기로 시작해보자.

2년 전, 브레이브 리더스의 사장 겸 최고운영책임자인 수잔과 나는 포트 브래그 육군 기지에서 우리의 대담한 리더십 프로그램을 지원하며 하루를 보냈다. 그날 하루는 내게 경이로운 경험이었다. 나는 그날 강연을 위한 이동 시간표를 군사 작전처럼 정밀하게 작성했다. 예컨대 기지에서 강연을 끝내면, 곧바로 출발해 120킬로미터쯤 떨어진 롤리-더럼 국제공항까지 달려가 렌터카를 반환하고, 점심을 먹은 후에 90분의 여유를 두고 탑승구를 통과할 계획이었다. 이렇게 대여섯 가지 시나리오와 항공편을 점검한 후, 빅게임을 앞둔 딸을 위해 그날 밤에는 귀가할 수 있을 것이라 확신했다.

나의 딸 엘렌은 고등학교에 진학하기 직전의 여름에 처음으로 필드하키 스틱을 쥐었다. 기온이 37.8도까지 치솟은 여름에 신입생들에게 엄한 교훈을 주려고 개최된 예비 교육장에서 만난 코치에게 격려를 받자, 엘렌은 지체 없이 필드하키팀에 가입했다.

안타깝게도 육상 스포츠에 관한 한, 스티브와 나는 유전적 재능을 두 아이에게 전혀 물려주지 못했다. 우리 부부는 수영을 꽤 잘했지만 (특히 스티브는 수구 선수이기도 했다), 잔디 운동장에서는 힘을 쓰지 못했다. 엘렌은 코치들과 팀원들을 좋아했다. 열심히 운동했고, 경기와 훈련을 한 번도 빠지지 않았다. 마당에서 스틱을 다루는 기술을 연습하며 몇 시간을 보냈으며, 고등학교 시절 내내 전심전력으로 운동했다.

최종적으로 수잔과 나는 빅게임을 두 시간 앞두고 휴스턴에 착륙할 예정이었다. 두 시간이면 옷을 갈아입고, 20개의 패트 헤드(fat head)를 깜짝 선물로 내 차에 싣고, 필드하키장으로 달려가기에 충분했다. 패트 헤드는 선수들의 얼굴을 상하로는 90센티미터, 좌우로는 60센티미터로 확대한 사진이었다. 나는 그 사진들을 긴 막대기 끝에 연결해 관중석에서 응원 도구로 사용할 생각이었다. 엘렌이 고등학교 졸업을 앞두고 마지막으로 갖는 필드하키 경기였고, 중간 휴식 시간에는 부모들이 졸업을 앞둔 딸들에게 꽃다발을 안겨주고 함께 운동장을 한 바퀴 도는 기념식이 예정되어 있었다.

모든 것이 계획대로 진행되었고, 엘렌에게 "엄마를 빨리 보고 싶어요. 오늘 저녁이 마지막 경기라니! 시간이 정말 빨리 흘렀네요!"라는 문자 메시지를 받았을 때 감격하지 않을 수 없었다. 나는 탑승하려고 줄을 서서 "자랑스러운 우리 딸! 2시간 내에 집에 도착할 거야. 타이거스 파이팅!"라는 답장을 보냈다.

그런데 탑승객들이 늘어선 줄이 움직이지 않았고, 탑승구 담당 직원이 우리 항공기가 기체 문제로 10분쯤 지연될 것이라고 방송했다. '괜찮아. 60분쯤 지연돼도 문제없어. 90분이 지연될 경우에 대비해 플랜 B도 준비해 두었잖아. 나는 곧장 경기장으로 가고, 패트 헤드는 친구 쿠키에게 경기장에 가져다달라고 하면 돼!'

20분 후 조종사가 탑승구 담당 직원을 찾아와 뭐라고 나지막이 속삭였고, 나는 초조한 마음에 수잔의 팔을 꽉 잡았다. 수잔은 깜짝 놀라며 물었다. "왜 그래요? 뭐가 잘못됐어요? 괜찮아요?"

나는 소란을 피우고 싶지 않아 나지막이 말했다. "우리 비행기가 취소될 모양이에요. 빨리 노트북을 켜서 다음 항공편을 예약해줘요."

곧이어 수잔의 뛰어난 강점 중 하나가 유감없이 발휘되었다. 수잔은 컴퓨터를 엄청나게 빠른 속도로 다루는 재주가 있었다. 스트리트 파이터 게임에서 승리하고 싶은가? 그럼 수잔을 당신 편에 두면 된다.

수잔은 아무것도 묻지 않고 곧바로 항공편을 검색하기 시작했다. 그러나 노스캐롤라이나에서 휴스턴까지 가려면 애틀랜타까지 날아가서, 그곳에서 항공기를 갈아탈 수밖에 없었다. 게다가 휴스턴에는 밤 10시에야 도착했다. 여하튼 수잔은 그 항공편을 예약한 후, 나를 물끄러미 바라보며 물었다. "왜 우리 항공편이 취소될 거라고 생각한 거예요?"

내가 수잔의 질문에 대답하기도 전에 탑승구 담당 직원이 우리 항공편이 기체 결함으로 취소되었다고 방송했다. 곧바로 많은 승객이 그 직원에게 우르르 몰려갔다. 수잔과 나는 빈 좌석을 찾아 앉은 후에 휴스턴의 사무실로 전화했다. 잠시 후, 세 명의 직원이 경기가 시작되기 전까지 우리를 휴스턴까지 데려올 방법을 궁리하기 시작했다. 하지만 45분 후, 수잔은 나를 바라보며 말했다. "미안해요. 경기 시간 전까지 도착할 방법이 전혀 없네요."

"그래도 우리가 직접 운전해서 가면……."

수잔은 내 팔에 손을 얹으며 말했다. "온갖 방법을 찾아봤는데 안 되겠어요. 정말 미안해요."

나는 실망해서 갈피를 잡지 못할 때 습관적으로 내뱉는 말을 반복할 뿐이었다. "모르겠어. 모르겠어."

수잔은 내 눈을 똑바로 쳐다보며 말했다. "우리는 오늘 밤 10시 전에는 집에 도착할 수 없어요."

나는 흐느끼기 시작했다. 주변 사람들이 우리에게 관심을 가질 정도로 크게 울기 시작했다는 뜻이다. 수잔은 내가 사람들 앞에서 그렇게 울어도 개의치 않았기 때문에, 나를 향한 그녀의 깊은 공감을 느낄수 있었다. 게다가 수잔은 상황을 미화하려고 애쓰지도 않았다. 그녀는 그저 "개판이 됐어요! 말도 안 되지만 할 수만 있다면 휴스턴까지 걸어서라도 가고 싶어요"라고 말했다.

"모르겠어, 왜……." 나는 다시 말했지만 말꼬리를 흐렸다.

"알아요. 이번 경기가 당신에게 중요하다는 걸. 내 마음도 찢어질것 같아요."

"이번 경기는 정말 중요한 거예요." 나는 되풀이해 말했다.

수잔은 나를 바라보며 말했다. "그래요, 중요한 경기예요. 정말, 정말 중요한 경기예요. 그래도 당신은 최선을 다했어요. 시간 맞춰 경기를 보러 가려고 노력했잖아요. 그게 중요한 거예요."

우리는 고통받는 사람에게 "맞아, 그것 때문에 마음이 아프겠다. 정말 중요한 일이지. 그래, 개판이 된 거야"라고 말하는 걸 꺼린다. 이때의 우리 역할이 상황을 조금이라도 개선하며 고통을 최소화하는 것이라 생각한다.

그러나 수잔은 내 아픔을 줄여주지 않았다. 오히려 내게 그런 아픔을 안겨준 상황을 직시하게 유도하는 용기를 발휘했다. 딸의 마지막 경기에 참석할 수 없어 내 마음이 무너졌다는 진실을 나에게 되살려주며, 수잔은 편안한 길보다 나와 아픔을 공감하는 길을 택했다.

"나도 정말 가슴이 찢어지는 것 같아요." 수잔은 이렇게 자신도 마음이 아프다고 말하며, 내 기분을 적나라하게 들추어냈다. 당시를 돌이켜보면, 그 경기는 우리 가족에게 중요하고 특별한 행사였고, 한편으로는 엘렌이 수개월 후에는 대학에 진학하려고 집을 떠나는 사실의 확인이기도 했다. 또한 고등학교와 이별하고 눈물과 함께하는 많은 공식적인 행사의 시작을 알리는 신호였다.

나는 당시를 회상하며 수잔에게 말했다. "삶이란 큰 틀에서 보면, 그날 경기는 그렇게 중요한 건 아니었어요. 그 이후로 공항에서 우는 사람을 보면 좋지 않은 일을 겪고 있는 것이라 생각하며, 억지로라도 미소를 지어 보이려고 한다니까요. '당신을 이해해요. 도움을 주지 못해 미안해요'라는 뜻으로 말이죠. 장례식이나 교통사고, 혹은 실제로 나쁜 일이 아닐 수도 있겠지만…… 나한테 일어나는 일도 뭐가 뭔지 모르겠는데, 어떻게 정확히 알겠어요."

수잔은 고통의 비교(comparative suffering)를 시도하지 않았다. 수잔은 내 아픔을 줄여주려고도 하지 않았고, 내가 내 아픔에 순위를 매기는 걸 허용하지도 않았다. 나는 '누가 더 불쌍한가'라는 고통의 비교에 내재한 위험에 대한 연구를 통해 많은 것을 배웠다. 공감이 피자처럼 유한한 것이어서 누군가와 공감할 경우 다른 사람에게 돌아갈 피자 조각이 줄어든다면, 고통의 비교가 불가피할 수 있다. 더 큰 고통에 공감을 쏟아야 할 테니 말이다. 그러나 공감은 무한하고 재생된다. 따라서 우리가 누군가와 공감할수록 공감의 총량은 증가한다. 달리 말하면, 어떤 고통에나 공감이 더해질 수 있다는 뜻이다. 따라서 고통에 순위를 매기고 공감을 제한할 이유가 없다.

수잔과 고통을 함께한 순간은 공감의 실천이었다. 그처럼 황망한 순간에는 상황을 더 낫게 하는 것이 리더의 역할이 아니다. 물론 상황을 개선하려는 노력도 있어야겠지만, 더 중요한 역할은 연결하는 것이다. 다른 사람의 관점을 취하는 것이다. 공감은 어떤 경험 자체와 연결하는 것이 아니라, 어떤 경험과 관련된 감정들과 연결하는 것이다.

지금까지 한 번도 겪지 못한 불미스러운 일을 겪고 있는 사람에게 어떤 식으로 공감을 표현해야 하는가? 내가 자주 받는 질문이기도 하다. 거듭 말하지만, 공감은 경험 자체가 아닌 경험과 관련된 감정과 연결하는 행위이다. 가령 당신이 슬픔과 실망, 수치심과 두려움, 외로움과 분노 등을 느낀 적이 있다면 공감할 자격을 갖춘 셈이다. 이제 당신에게 필요한 것은 공감 능력을 훈련하고 키우겠다는 용기이다.

다시 그날의 공항으로 돌아가보자. 눈물로 소란을 피우기 직전, 나는 '라이프 이즈 굿'이란 공항 매점에서 숨을 곳을 찾아냈다. 만약 이 책을 읽고 있는 당신이 그날 그 매점에서 일한 여성이라면, 나를 보고는 괜찮냐고 물어봐준 배려에 정말 감사하고 싶다. 내가 한구석에 숨어 바닥에 주저앉은 채 흐느끼는 걸 30분 동안이나 허락한 것에 무엇보다 감사하고 싶다. 자상한 배려가 큰 도움이 되었다.

형형색색의 티셔츠들이 진열된 선반 뒤에서, 나는 엘렌에게 자칫하면 시간에 맞추어 경기장에 못 갈 수 있다는 문자 메시지를 보냈다. 전화를 할까도 생각했지만, 중요한 경기를 앞두고 엘렌의 목소리를 들으면 내가 감정을 주체하지 못할 수도 있다는 생각에 문자 메시지를 보냈다. 물론 엘렌은 사랑이 가득 담긴 답장을 보내주었다.

"비행기가 취소되다니, 정말 안타까워요. 엄마도 나만큼 기대하고 있었다는 걸 알아요. 하지만 오늘 경기는 그저 수많은 경기 중 하나에 불과해요. 엄마는 그동안 내 경기를 보러 100번도 더 왔고, 나랑 연습도 함께 했잖아요. 게다가 내가 훈련 캠프에 참가하지 않으려고 빈둥대면 나를 억지로 보냈고, 우리 팀원 전부를 갤버스턴에 데려가 멋진 파티도 열어주었잖아요. 중요한 것은 그런 거예요. 엄마를 너무너무 사랑해요. 아빠한테 사진을 많이 찍어달라고 할 게요."

한편 남편 스티브는 내 전화를 받고 조용히 듣기만 했다. 내가 일을 그만두고 다시는 이런 불상사가 일어나지 않도록 하겠다고 다짐하자 스티브가 말했다. "당신 탓이 아니야. 당신이 열심히 노력한 건 저 커다란 얼굴들과 꽃다발이 증명하잖아. 당신은 지금까지 엘렌을 충분히 응원해왔어. 이번에 이런 일이 생겨서 유감일 뿐이야."

수잔에게도 다시 감사하고 싶다. 집에 돌아오는 비행기에서 나는 몇 번이고 손목시계를 훔쳐보고 눈물을 터뜨렸다. 그때마다 수잔은 내 손을 꼭 쥐어주며 "알아요"라고 말했을 뿐이었다.

그날 저녁 8시 30분경 나는 수잔에게 눈길을 돌리며 "경기가 끝났겠네"라고 말했다. 수잔도 나를 바라보며 말했다. "벌써 사진도 다 찍었겠지?" 수잔은 자기 일처럼 관심을 보였다. "그러게, 이제 다 끝났네"라고 냉담하게 말하지 않았다. 수잔은 자신의 일처럼 내게 물었다. 내가 여전히 그 아픔을 놓지 않았기 때문에, 그녀도 아픔을 함께했던 것이다. 힘든 시간이었지만, 나는 혼자라는 외로움을 느끼지 않았다.

공감은 선택이다. 더 좁혀 말하면, 공감은 취약한 선택이다. 내가 공감을 통해 당신과 연결하기로 결정하면, 내 안에서 당신이 지금 느끼는 기분을 아는 것을 찾아 연결해야 한다. 누군가 상처받고 고통받고 있다는 걸 알게 되면, 우리는 본능적으로 상황을 개선하려고 애쓴다. 또 잘못된 것을 바로잡고, 조언하고 싶어 한다. 그러나 공감은 바로잡으려는 시도가 아니다. 공감은 어둠 속에서 방황하는 사람과 함께하겠다는 대담한 선택이지, 상대의 기분이 나아지게 만들기 위해 경쟁하듯 불을 밝히는 게 아니다.

내가 쉽게 말을 꺼내기 힘든 고민을 힘들게 당신에게 털어놓는다면, 당신이 "지금 당장은 무슨 말을 해야 할지 모르겠습니다. 그래도 당신이 그렇게 말해줘서 고맙습니다"라고 나에게 말해주기를 바라는 것이다. 어떤 대답을 해주더라도, 내 상황이 나아지는 경우가 극히 드물기 때문이다. 연결 자체로 치유가 시작된다.

누군가 인생의 구멍에 빠져 몸부림치고 있다면, 그와 공감하는 방법은 그 구멍에 뛰어드는 것이 아니고, 몸부림을 멈추게 만드는 것도 아니다. 그의 감정과 당신의 감정이 하나가 된다면, 몸이 아니라 마음이 하나의 구멍에 있게 된다. 두 사람이 하나의 구멍에 있다고 해서 도움이 되는 것은 아니다. 여기에서는 경계가 중요하다. 진정으로 공감하고 있다는 걸 보여주려면, 경계를 정확히 알아야 한다. 즉 그의 세계가 시작되는 곳과 당신이 넘지 않아야 할 경계를 알아야 한다.

영국의 간호학 전문가, 테리사 와이즈먼(Theresa Wiseman)은 깊은 연결 관계가 필요한 직업군을 상대로 공감 능력을 연구한 끝에 공감의 4가지 속성을 찾아냈다.[6] 이 속성들은 내 자료에서 얻은 결론과 완전히 일치했지만, '관심을 기울인다'란 개념은 조금 부족하다. 그런 공백을 해결하기 위해서 나는 크리스틴 네프(Kristin Neff)의 연구에서 다섯 번째 속성을 끌어왔다.[7] 네프 박사는 텍사스 대학교 오스틴 분교의 교육심리학자로 자기연민을 심층적으로 연구했다. 그녀의 연구에 대해서는 뒤에서 자세히 살펴보기로 하자.

공감 능력을 키우는 5가지 기술

공감의 속성에 대한 연구는 상당히 많은 편이다. 따라서 웬만한 학술 도서관에는 이를 다룬 수백 권의 저서가 진열되어 있다. 이제부터 이 속성들이 어떻게 결합되어, 신뢰를 구축해내며, 연결을 증대하는 로켓 연료로써 공감을 형성하는지 본격적으로 살펴보자.

공감 향상 기법 #1 : 타인의 입장에서 세상을 본다.

우리는 각자 고유한 렌즈를 통해 세상을 본다. 그 렌즈는 개개인의 정체성과 방대한 경험이 집약된 것이다. 렌즈에는 연령, 인종과 민족성, 능력과 종교적인 믿음 등이 포함되지만, 지식과 통찰 및 경험처럼 우리가 세상을 관찰하는 관점에 영향을 주는 렌즈도 있다. 개인의 관점은 그가 겪은 역사와 경험의 산물이기 때문에 세상에 대한 그의 의견은 유일무이할 수밖에 없다. 이런 이유에서 10명이 동일한 사건을 목격하면, 어떤 사건이 어떤 이유에서 어떻게 일어났는지에 대해 10가지 다른 의견이 존재하게 된다.

관찰할 수 있고 인식할 수 있는, 보편적인 진리가 있을까? 수학과 과학에는 이런 진리에 속하는 예시가 많지만, 인간의 감정과 행동, 언어와 인지에 관련해서는 다양한 해석이 가능하다.

공감에 대한 가장 잘못된 오해 중 하나는 우리가 자신의 렌즈를 벗고 타인의 렌즈로 세상을 볼 수 있다는 믿음이다. 우리는 그렇게 할 수 없다. 렌즈는 자신의 일부여서 떼어낼 수 없기 때문이다.

하지만 자신의 관점과 타인의 관점이 다르더라도 우리는 타인의 관점을 진실로 인정하며 존중할 수 있다. 만약 당신이 주류 문화(백인 남자, 이성애자, 중산층 기독교)에서 성장한 까닭에, 당신의 관점이 유일하게 올바른 관점이고 다른 사람들은 자신의 렌즈를 당신에게 맞추어야 한다고 배웠다면 이런 양보가 쉽지 않을 것이다. 더 정확히 말하면, 당신은 다른 관점을 인정하라고 배운 적이 없다. '내 진실이 유일한 진실'이라는 초깃값은 삶의 과정에 마주하는 시스템과 상황에 의해 더욱 강화된다.

어린아이는 태생적으로 세상에 대한 관심이 많고, 다른 사람이 세상에서 어떻게 살아가는지 궁금해하기 때문에 다른 관점을 받아들이는 기법을 무척 쉽게 배운다. 다른 이의 관점으로 바라보는 기술을 배운 사람은 부모에게 큰 빚을 진 것이므로 감사해야 마땅하다. 한편, 어렸을 때 그 기법을 전혀 배우지 못한 까닭에 성인이 된 후에 배우려면 더 열심히 노력해야 하고, 더불어 자신의 갑옷과도 싸워야 한다.

다른 관점을 인정하려면, 전지전능자가 아니라 학습자가 되어야 한다. 가령 내가 대화를 나누는 상대가 25세의 흑인 동성애자이고, 시카고의 부유한 동네에서 성장했다고 해보자. 대화 과정에서, 우리는 새롭게 시작하려는 프로그램에 대한 의견이 완전히 다르다는 걸 깨닫는다. 그는 "제 경험에 따르면, 그런 접근법은 우리가 포섭하려는 사람들로부터 어떤 호응도 얻지 못할 것 같습니다"라고 말한다. 나는 백인 이성애자 중년 여성의 렌즈를 벗을 수도 없고, 그가 세상을 어떻게 보는지 알아야겠다며 그의 렌즈를 빼앗을 수도 없다. 그러나 "더 자세히 말해봐요. 그래서 당신의 생각은 뭐예요?"라고 물어봄으로써 내 편협한 해석에 머무는 것이 아니라 진심으로 그의 의견을 존중할 수 있다.

모든 연구에서 포용성과 혁신, 또 성과 간의 긍정적인 상관관계가 확인되는 이유가 여기에 있다. 거듭 말하지만, 다양한 관점이 포용되고 인정되며 존중되는 경우에만 우리는 세상을 완전한 모습을 그리기 시작할 수 있다. 다시 말해, 우리가 누구에게 도움이 되고, 사람들에게는 무엇이 필요하며, 어떻게 해야 우리가 사람들의 욕구를 성공적으로 채워줄 수 있는지 알게 되는 것이다.

비욘세는 2018년 『보그』 9월호에 발표한 에세이에서 이렇게 말했다. 내가 무척 좋아하는 글이다.

"영향력 있는 지위를 가진 사람들이 자신들과 비슷하게 꾸미고, 비슷하게 말하며, 같은 지역에서 성장한 사람들만을 계속 고용해서 함께 일한다면, 다른 경험을 하며 자라온 사람들은 결코 이해하지 못할 것이다. 그들이 반복해서 동일한 모델들을 고용하고, 똑같은 그림들을 전시하고, 동일한 배우들을 섭외한다면, 결국 우리 모두가 패배자가 될 것이다. 소셜 미디어의 장점은 더할 나위 없이 민주적이라는 것이다. 누구에게나 자신의 의견이 있다. 한 사람, 한 사람의 목소리가 중요하다. 누구에게나 자신의 관점으로 세상을 그릴 수 있다."[8]

　9월호의 표지를 장식한 비욘세의 사진은 타일러 미첼(Tyler Mitchell)이 찍은 것이다. 미첼은 잡지 『보그』의 126년 역사에서 표지 사진을 찍은 최초의 아프리카계 미국인 사진작가가 되었다.

　누구에게나 맹점이 있다. 결국, 이런 문제를 끈질기게 따지며 우리 자신의 맹점을 찾아내려 한다면 갑옷 조립 과정을 정확히 알아야 한다. 모든 것을 다 하는 척하는 전지전능자는 절대 공감을 느낄 수 없다. 학습자가 되지 않으면 공감하지 못한다. 명확함이 친절이므로, 더 자세히 말해보자. 모든 것을 다 아는 척하면 공감 능력만을 잃는 것이 아니다. 취약성을 인정하며 진솔하게 대화하려면 호기심이 필수적인 요건이기 때문에, 전지전능한 그들에게 용기의 함양과 관련된 능력을 기대하기는 힘들다.

공감 향상 기법 #2 : 비판적인 입장을 취하지 않는다.

　인간이라면 대체로 비판하기를 좋아하기 때문에, 비판적인 태도를 버리기는 쉽지 않다. 많은 연구를 종합하면, 우리가 비판하는 경향은 주로 두 방향으로 나뉜다. 첫째로는 우리 자신이 가장 부끄럽게 생각하는 분야에서 비판하고, 둘째로는 그 분야에서 우리보다 못한 사람을 비판한다. 예컨대 당신이 외모에 대해 지나치게 비판적이면서도 그렇게 비판하는 이유를 알지 못한다면, 외모가 당신에게 해결하기 힘든 문제라는 단서이다. 비판은 수치심으로 연결되어 악순환으로 발전할 수 있기 때문에, 자신이 어떤 분야에서 비판적인지 찾아내는 게 중요하다.

타인의 비판은 우리에게 수치심을 안긴다. 그래서 우리는 다른 사람을 다시 비판함으로써 그 상처를 지워버리려 한다. 이런 현상은 조직에서 흔히 목격된다. 비판의 화살이 넘겨지고 또 넘겨져서 결국 소비자의 가슴에 꽂힌다. 적어도 내가 아는 한, 수치심을 조장하는 비판적인 문화를 지닌 기업이 소비자에 대한 서비스가 좋은 사례를 여태껏 본 적이 없다.

비판을 자제한다는 것은, 우리 자신이 부끄럽게 생각하고 힘들어하는 부분이 무엇인지 알고 있다는 뜻이다. 또 우리가 높은 자존감과 객관적인 자신감을 지닌 분야에서도 비판하지 않는다는 것 역시 좋은 소식이다. 결국 자존감과 자신감이 확고해지면 비판의 유혹에서도 자유로워진다는 뜻이다.

공감 향상 기법 #3 : 타인의 감정을 이해한다.

공감 향상 기법 #4 : 그 사람에게 그의 감정을 이해한다는 사실을 전달한다.

3번과 4번은 별개의 것으로 분리하긴 했지만, 불가분하게 연결되는 관계이기 때문에 하나로 결합해서 설명하는 게 나을 듯하다.

타인의 감정을 이해하고, 그의 감정을 이해한다는 걸 그에게 전달하려면, 먼저 우리 자신의 감정에 대해 충분히 알아야 한다. 이상적으로 말하면, 우리가 '감정의 언어'에 능통해야 한다는 뜻이다. 적어도 감정의 세계를 그런대로 편안하게 받아들이며 대화할 수 있어야 한다. 내가 지금까지 인터뷰한 사람들은 대부분 감정의 세계를 편안하게 받아들이지 못했고, 감정의 언어에도 능통하지 못했다.

내 생각에 정서적 문해력은 언어 능력만큼이나 중요하다. 우리가 정서적인 느낌에 이름을 붙이고, 그 느낌을 명확히 표현할 수 없다면, 그 느낌을 헤치고 나갈 수 없다. 가령 당신이 오른쪽 어깨가 무척 아파 의사를 찾아간다고 해보자. 통증이 느껴질 때마다 숨이 막히고 몸을 수그려야 할 정도로 극심하게 아프다. 그러나 당신은 진료실 앞에 도착한 순간부터 접착테이프를 입에 붙이고 두 손이 등 뒤로 묶인 포로로 변해버린다.

의사는 당신을 어떻게든 도와주려고 애쓴다. 그러나 의사가 당신에게 증상에 대해 물어도 당신은 접착테이프의 틈새로 "음, 음"하고 신음소리만 겨우 내뱉을 뿐이다. 당신도 필사적으로 설명하려 하지만 말할 수가 없다. 따라서 그 증상에 적절한 이름을 붙여주지 못하고, 그 증상을 명확히 표현하거나 설명하지도 못한다. 의사가 당신에게 아픈 곳을 손가락으로 가리켜보라고 한다. 그러나 두 손이 묶여 있어, 당신은 펄쩍펄쩍 뛰며 눈짓으로 오른쪽을 가리킬 뿐이다. 당신은 끝없이 웅얼거리고 버둥거리지만, 결국 당신과 의사 모두 기진맥진해서 포기하게 된다. 감정의 표현에 익숙하지 않으면 누구도 이런 현상을 피할 수 없다. 우리가 겪는 감정을 확인해서 이름을 부여하고, 그에 대해 진솔하게 이야기하지 않으면 그 감정을 처리하는 게 거의 불가능하다.

'정서적 문해력'이 정서를 학습하고 연구해야 할 충분한 이유까지는 아니더라도, 공감과 수치심 회복 탄력성을 위한 전제조건인 것은 확실하다. 추락한 후에 마음을 다시 추스르고, 초심으로 돌아가기 위해서도 정서적 문해력이 필요하다. 예컨대 우리가 실망과 분노, 수치심과 죄책감, 두려움과 서글픔의 미묘하지만 중요한 차이를 구분하지 못하면 추락한 후에 어떻게 다시 일어설 수 있겠는가? 게다가 우리 내면에서 부글대는 이 감정들을 구분하지 못하면, 다른 사람의 감정을 어떻게 읽어낼 수 있겠는가?

요즘 우리 연구팀은 정서적 문해력에 대한 연구를 마무리 짓고 있다. 그 결론을 영화 예고편처럼 소개하겠다. 상상해보라. 배경 음악이 시작되고, 격정적인 아나운서의 목소리가 흘러온다. "정석적 문해력의 세계에 들어가면, 우리는 우리 자신과 타인에게서 30~40개의 정서를 구분하고 거기에 이름을 붙일 수 있을 것입니다!"

정서의 수를 대략적으로 얼버무린 이유는, 우리 연구팀이 정서의 수를 정확히 확인하는 최종적인 단계에 있기 때문이다. 하지만 정서에 관련된 대화를 편안하고 능숙하게 끌어간다면, 적어도 30개의 정서에 이름을 붙일 수 있다고 보아도 무방하다.

상대에게 감정을 이해한다는 사실을 표현한다는, 공감의 기술은 무척 위험하게 느껴질 수 있다. 상대의 감정을 잘못 판단할 수 있기 때문이다. 따라서 틀리면 완전히 원점으로 돌아갈 용기가 필요하다. 온 마음을 다해 진심으로 상대에게 다가가서, 관심을 꾸준히 유지하면, 올바른 방향으로 수정할 수 있다. 심리치료사가 습관적으로 "내가 듣기에 당신의 말뜻은⋯⋯"이라고 말하는 이유가 여기에 있다. 이때 상대에게 "아닙니다. 내 말뜻은 그게 아닙니다. 나는 슬프지 않습니다. 실망하고 화가 난 겁니다"라고 말할 수 있게 허용하고, 이에 따라 심리치료사는 바로 자신의 판단을 수정한다.

심리치료사가 아닌 보통 사람의 언어로는 "그 프로젝트는 정말 유감입니다. 가슴이 아프고 실망스럽기도 합니다. 이에 대해 특별히 하고 싶은 말씀이 있습니까?"라고 말할 수 있다. 이 질문은, 상대에게 당신도 해당 문제를 논의하는 데 기꺼이 함께하겠다며 각자의 느낌을 진솔하게 털어놓고 대화하자고 말하는 것이다.

감정을 대화의 테이블에 올린다는 것은, 상대에게 "좌절한 것인지는 모르겠다. 당황하고 실망한 것은 분명한 듯하다. 무슨 말인가 하면, 모두가 나를 그 일에 완벽하게 들어맞는 사람이라 평가했지만, 나는 그렇게 생각해본 적이 없었다. 이제라도 내가 그 일에 적합하지 않은 이유를 설명하고 싶다. 모두가 나를 그렇게 평가한 이유가 도무지 이해되지 않는다"라고 수정할 기회를 준다는 뜻이다. 이런 대화의 교화만으로도 우리가 신뢰를 구축하고 유의미한 대화, 심지어 치유의 대화를 끌어가는 데 필요한 관계와 협력을 얻을 수 있다.

감정을 확인하고 적절한 이름을 붙이는 게 어려운 이유 중 하나는 빙산 효과(iceberg effect)이다. 빙산에 대해 잠시 생각해보라. 수면 위로 올라와 우리 눈에 보이는 부분도 있지만, 빙산은 수면 아래로 수 킬로미터까지 이어질 수 있다. 감정도 마찬가지다. 우리가 실제로 경험하는 대다수의 감정은 역겹고 배타적으로 보이지만, 수면 아래로는 훨씬 큰 의미와 깊이가 감추어져 있다.

예를 들어, 수치심과 슬픔은 완전히 표현하기가 힘들어 대부분 분노와 침묵에 의지하는 대표적인 두 감정이다. 이렇게 분노와 침묵에 의지하는 이유는 충분히 이해된다. 대다수가 상처받는 것보다 화를 내는 게 더 쉽다고 생각하기 때문이다. 또 고통을 표현하는 것보다 분노를 표출하는 게 더 쉽다. 우리 문화가 분노를 표출 하는 일을 더 너그럽게 받아들이는 것은 사실이다. 이제부터라도 배척된 기분이나 분노를 느끼면, 그 감정 아래에 무엇이 있는지 자문해보라.

정리하자면, 공감은 첫째로 '타인의 관점을 취하는 것'이다. 즉, 모든 것을 아는 척하는 전지전능한 사람이 아니라, 경청하고 배우는 사람이 되라는 뜻이다. 둘째로는 '비판적인 입장을 취하지 않는 것'이다. 셋째와 넷째로는 '타인이 표현하는 감정을 이해하려고 노력하고, 내가 그 감정을 이해했다는 걸 상대에게 전달하는 것'이다.

공감 향상 기법 #5 : 마음 챙김

다섯 번째 속성, 마음 챙김(mindfulness)은 크리스틴 네프에게서 빌려온 것이다. 네프는 마음 챙김을 '억압되지도 않고 과장되지도 않은 방향으로, 부정적인 감정에 대한 균형 잡힌 접근'이라 정의하며 이렇게 덧붙였다. "우리가 고통을 무시하면서 그 고통에 연민을 느낄 수는 없다. ……(중략)…… 마음 챙김은 우리에게 생각과 느낌에 지나치게 몰입하지 말라고 권한다. 그래야 우리가 부정적인 반응에 사로잡히고 휩쓸리지 않기 때문이다."[9]

나는 대화에서 나타나는 현상 및 그 대화가 내게 불러일으키는 감정, 내 몸짓 언어와 대화 상대의 몸짓 언어에 관심을 집중함으로써 마음 챙김을 수행한다. 그런데 '마음 챙김'이란 용어는 가끔 내 신경을 거스른다. 그래서 나는 '관심 집중(paying attention)'이라는 표현을 즐겨 사용한다. 마음 챙김에 대한 네프의 연구 결과 중에서, 특히 '감정에 지나치게 몰입하거나 과장하면 안 된다'는 조언은 우리 연구팀이 찾아낸 결론과 완벽하게 일치한다. 똑같은 것에만 매달리는 행위는 어떤 것에도 관심을 두지 않는 무관심만큼이나 도움이 되지 않는다. 감정을 최소화하거나 과장하면, 똑같은 정도의 공감의 상실로 이어진다.

조직의 소통을 방해하는 6가지 장벽

내가 공감을 가르칠 때마다 사람들은 더 구체적이고 확실한 설명을 요구한다. 강연자로 활동하기 시작한 초기에, 사회복지를 전공하던 한 학생이 나에게 '공감 결정 나무(empathy decision tree)'를 키울 수 있느냐고 물었다. '공감이 별것인가? 상대가 그렇게 말하면 나도 그렇게 응답하고, 상대가 방향을 틀며 저렇게 말하면 나도 똑같이 방향을 틀며 저렇게 말하면 되지 않는가?'라고 생각할지 모르지만, 실제로는 좀처럼 뜻대로 되지 않는다.

공감은 연결과 관련된 것이고, 연결은 최고의 네비게이션이다. 괴로워하는 사람과 하나가 되려는 시도에서 우리가 방향을 잘못 잡더라도, 연결이 있으면 잘못된 방향을 용서하고 신속히 수정할 수 있다.

우리는 제각각 다르기 때문에 공감 결정 나무는 별다른 효과가 없다. 예컨대 당신이 누군가에게 까다로운 고민을 털어놓을 때 그 사람이 어떻게 반응하기를 원하는가?

눈길을 마주치기를 원하는가?
눈길을 돌리기를 원하는가?
두 손을 뻗어 당신을 안아주기를 원하는가?
당신에게 숨 쉴 공간을 주기를 원하는가?
즉각적으로 반응하기를 원하는가?
침묵을 지키며 당신의 고민을 조용히 들어주기를 원하는가?

위의 질문들을 100명에게 물으면, 100종류의 다른 대답을 얻을 것이다. 유일한 정답은 '관심을 집중하는 것'이다.

롤리-더럼 국제공항에서 내가 수잔을 바라보며 "모르겠어요"라고 웅얼거리자, 수잔은 나에게 엘렌의 마지막 경기에 참석하지 못할 거라는 진실을 냉정히 말한 후에 약간 물러났지만 여전히 내 곁을 지켜주었다. 진실을 말하자마자, 곧바로 나를 껴안아주었다면 나쁜 선택이었을 것이다. 그랬더라도 내가 수잔에게 주먹질하거나 목을 죄지는 않았을 것이다. 하지만 그렇게라도 수잔의 냉정함을 응징하고 싶었을지 모른다. 수잔은 나에 대한 관심을 늦추지 않고 내 눈을 똑바로 바라보며 내 마음을 읽어냈다. 그 결과 내게 엘렌의 마지막 경기에 참석하지 못할 거라고 말할 수 있었고, 그 후에는 상체를 약간 뒤로 젖히며 나에게 숨 쉴 공간을 주었다.

수잔과 나는 포트 브래그에서 함께 보낸 그날 이후 강하게 연결되었다. 당신도 잘 모르는 사람과 공감하고 싶은가? 그럼 이렇게 해보

라. 먼저 그 사람에게 집중하고, 관심을 유지하고, 연결된 관계를 유지하라. 무언가를 잘못 말할지도 모른다는 두려움, 잘못된 것을 바로잡고 싶은 욕구, 모든 것을 치유하는 완벽한 대답을 제시하겠다는 욕심을 내려놓아라. 게다가 모든 것을 치유하는 완벽한 대답이란 것은 존재할 수 없다. 또 당신이 완벽하게 행동할 필요도 없다. 그냥 시작해보라!

2년 전, 나는 빌 앤드 멀린다 게이츠 재단의 리더들과 함께 일하며 멀린다를 알게 되는 큰 즐거움을 누렸다. 멀린다는 재단 직원들에게 용기의 중요성을 역설하며, 공감과 취약성을 결합하여 한층 긴밀하게 연결된 문화를 조성하는 놀라운 일을 해내고 있다.

멀린다 게이츠의 간단한 이력을 소개하자면, 1987년 마이크로소프트에 입사했다. 멀티미디어 제품을 개발하는 프로젝트의 리더로서 두각을 나타내며 이후 정보 관련 제품을 총괄하는 관리자가 되었다. 그리고 1996년 멀린다는 자선사업과 가족에 집중하려고 마이크로소프트를 떠났다.

현재 멀린다는 빌의 도움을 받아 재단의 전략을 구상하고 승인하며, 결과를 검토하고, 조직의 전반적인 방향을 결정하는 역할에 집중하고 있다. 빌과 멀린다는 미국을 비롯한 전 세계에서 공정성을 개선하려는 재단의 목표를 앞당기기 위해 기부금을 받는 사람들과 기부자를 만난다. 멀린다는 여성에게 적절한 권한과 수단이 부여되면 가정과 공동체, 사회가 모두 건강하고 긍정적으로 변화할 수 있다는 걸 직접 보았다. 현재 멀린다는 성평등 분야에서 유의미한 변화를 끌어내려는 노력에 집중하고 있다.

멀린다는 취약성을 경험한 사례에 대해 이렇게 고백했다.

"나는 취약성을 실험하기 시작했다. 솔직히 말하면, 나는 그 반응에 충격을 받았다. 빌과 나는 1년에 서너 차례 재단 모든 직원을 만난다. 그 만남은 우리가 그들과 연결하며, 하나가 되는 중요한 기회이다. 최근에도 그런 만남의 시간이 있었고, 한 만남에서 빌과 나는 우리가 '해야 할 일과 해서는 안 될 일'을 정리한 목록(기본적으로 우리 자신이 올바른 본보기를 보이기 위해 솔선해서 반드시 행해야 하는 것들)을 갖고 있다고 인정했다. 만남의 시간이 끝난 후에 많은 직원이 나를 찾아왔고, 나는 자신을 개선하려는 노력이 있을 때 그들이 더 잘할 수 있는 일에서 성취감을 느끼도록 도울 수 있지 않겠느냐고 말했다.

최근 들어 나는 이런 모임에서 내 아이들에 대해 더 많이 말하기 시작했다. 과거에는 아이들에 대한 이야기를 의도적으로 피했다. 지나치게 개인적인 문제라고 생각했기 때문이었다. 그러나 일과 삶의 균형을 찾으려고 노력하는 직원이 의외로 많다는 걸 알게 되었다. 그들은 매일 재단에서 일하고, 아이들을 양육하며, 각자의 가치관에 따라 살아가는 사람들이었다. 요즘 나는 재단의 집단 문화와 구성원 개개인과 더욱더 가까이 연결된 기분이다. 내가 취약한 면을 드러내는 과감한 조치를 취한 덕분이라 생각한다."

부정적인 감정에 시달리고 있어 연대감과 공감이 절실히 필요하다면, 우리의 저항과 발버둥을 인정하며 우리를 포용하는 사람(우리 이야기를 들을 권리를 얻은 사람)과 대화해야 한다. 대화에 적합한 사람을 찾아내려면 훈련이 필요하다. 물론 우리가 그런 사람이 되기 위해서도 훈련이 필요하다. 요컨대 공감을 얻기 위해서는 적절한 시기에, 적절한 쟁점에 대해, 적절한 사람이 있어야 한다는 조건이 갖추어져야 한다.

공감을 방해하는 6가지 장벽이 있다. 우리는 이런 장벽을 만나면 우회할 수 있어야 한다. 그렇지 않으면 공감을 경험할 수 없다. 공감의 실패가 어떤 느낌인지는 누구나 알고 있다. 개인적이고 취약한 면이나 신나고 즐거운 것을 타인과 공유하려고 하지만, 당신의 발언과 행동이 주목받지 못하고 당신의 의도가 받아들여지지 않는 기분 말이다. 따라서 공감을 얻지 못하면 비밀이 발각되고, 때로는 수치심의 나락에 떨어지는 듯한 기분이 든다. 이에 대한 임상 용어는 공감 실패(empathic failure)이지만, 공감을 얻지 못하는 게 그다지 수치스러운 행위는 아니기 때문에 내 생각에는 '공감 놓침(empathic miss)'이란 표현이 더 적합한 듯하다.

그럼 이제부터 공감을 방해하는 6가지 장벽에 대해 자세히 살펴보도록 하자. 그렇게 하면 그 장벽들을 경험할 때 인식할 수 있을 것이고, 그 이후로 힘겹게 발버둥치는 사람과 교감할 기회가 있을 때 공감의 가능성을 높일 수 있을 것이다.

공감 놓침 #1 : 동조 vs 공감

수잔이 공감하지 않고 나에게 '동조(sympathy)'했다면, 나는 롤리-더럼 국제공항에서 더욱 큰 외로움에 빠져들었을 것이다. 수잔이 "정말 유감이야. 불쌍한 사람!" 혹은 "그래, 정말 힘들겠어! 나라도 감당할 수 없을 거야!"라고 말했다면, 나는 외로움의 구렁텅이에 깊이 빠져들었을 것이다. 하지만 수잔은 나를 안쓰럽게 생각하지 않았다. 수잔은 나와 함께 고통을 나누었다.

공감은 누군가와 함께 느끼는 기분이고, 동조는 누군가를 불쌍히 여기며 동정하는 것이다. 공감은 연결의 연료이지만, 동조는 단절을 재촉한다. 나는 공감을 신성한 공간, 즉 누군가가 깊은 우물 바닥에서 "여기는 어둡고 무섭습니다. 어떻게 해야 할지 모르겠다고요!"라고 소리치는 공간으로 생각한다.

우리는 쉽게 우물 가장자리에 서서 아래를 내려다보며 "당신이 보입니다"라고 소리치고는, 다시 올라올 수 있다는 확신에 차서 우물을 내려간다. "그 아래가 어떤 곳인지 잘 알고 있습니다. 당신은 혼자가 아닙니다."

물론 누구도 출구를 찾지 않은 채 내려가지는 않는다. 출구도 없이 구멍에 뛰어드는 행위는 '얽힘(enmeshment)'이다. 공감을 위해서는 상대와 명확한 경계를 유지해야 한다. 경계를 무시하고 상대의 곤경에 뛰어들면 얽히게 된다.

한편, 동조는 구멍의 가장자리를 둘러보며 "안타깝군. 정말 힘들겠어. 유감이야"라고 말하는 것이다. 그 후에도 이런 반응을 계속 유지한다. 공감과 동조의 차이를 다룬 재밌는 단편 만화영화가 있다. 내가 런던에서 공감에 대해 행한 강연의 일부를 영국 왕립예술협회(RSA)가 제작한 것이다. 재주 많은 케이티 데이비스(Katy Davis)가 그림을 그리고 제작한 단편 영화로 brenebrown.com/videos/에서 시청할

Part 1 | 취약성 인정하기

수 있다.[10]

곤경에 처한 사람에게 가장 위로가 되는 말은 "미 투(Me Too, 나도 그래.)"이다. 실제로 타라나 버크가 시작한 '미투 운동'은 우리 시대에 가장 중요한 운동 중 하나였다. 게다가 타라나는 구호에 그치지 않고 행동으로 '미 투'라는 두 단어에 내재한 힘을 뒷받침했다. 미투 운동은 우리 사회, 특히 기업에 만연한 성희롱과 성폭행을 다루며, 공감이 용기를 함양하고 근본적인 변화를 촉진할 수 있다는 걸 확실히 보여주었다.

"미 투"는 "내가 당신과 정확히 똑같은 걸 경험하지 않았을 수 있지만, 당신이 어떤 곤경을 겪었는지 잘 알고 있습니다. 당신은 혼자가 아닙니다"라고 말하는 것이다.

한편 동조는 "저런, 안타깝습니다. 정말 딱하게 됐습니다. 당신이 어떤 일을 겪었는지 잘 모르지만 틀림없이 볼썽사나웠겠지요. 그래서 정확히 어떤 일이었는지 알고 싶지 않습니다"라고 말하는 것이다.

거듭 말하지만 공감과 동조는 다른 것이다. 공감은 '함께 느끼는 것'이고 동조는 '불쌍히 여기고 동정하는 것'이다. 공감하는 대답이 "압니다. 당신 기분을 이해합니다. 나도 비슷한 상황을 겪은 적이 있으니까요"라면, 동조하는 대답은 "정말 딱하게 됐습니다"이다.

곤경에 빠진 사람에게 수치심까지 더해주려면 동조를 사용해보라. "불쌍한 사람!"이라고 말해보라. 남부식으로 표현하면 "당신의 서러운 마음에 축복이 있기를!"이 된다. 곤경에 빠진 사람을 이렇게 불쌍하게 여기면, 오히려 혼자라는 외로움이 더 커진다. 하지만 곤경에 빠진 사람의 감정을 이해하며 공감하면, 정상인 상태에 있다는 느낌과 둘 사이의 연결감이 더 커진다.

공감 놓침 #2 : 과도한 감정 이입

동료가 당신 이야기를 듣고는 당신을 대신해 수치심을 느끼는 경우가 이에 해당한다. 동료는 겁을 내며, 당신도 겁에 질렸을 것이라 확신할 것이다. 그는 질겁하고 냉정을 잃는다. 어색한 침묵이 뒤따른다. 그럼 당신은 동료의 기분을 달래줘야 한다.

예를 들어보자. 당신은 동료에게 말했다. "어제 최종적인 보고서를 제출했어. 흥분되고 기분도 썩 좋았지. 그런데 교장이 전화를 걸어, 마지막 두 페이지가 빠졌다고 하는 거야. 내가 제대로 점검하지 못한 거지." 당신은 동료가 "나도 그런 적이 있었어. 멍청한 짓이지"라고 대꾸해주기를 바라지만, 동료는 "저런, 나라면 까무러쳤을 거야"라고 말한다. 그럼 당신은 서둘러 "아니야. 별 문제가 아니었어"라고 말하며 황급히 대화를 마무리해야 한다.

공감 놓침 #3 : 실적의 추락

친구가 당신을 '자존감과 진정성의 대들보'로 생각하는 경우이다. 이런 친구는 당신에 아무런 도움을 주지 못한다. 당신의 불완전함을 알게 되면 환멸에 빠지고 실망할 수 있기 때문이다. 만약 당신이 그에게 속내를 털어놓는다고 해보자. "내 업무 평가가 생각만큼 좋지 않았어. 부끄러워해야 하는 건지는 모르겠어. 여하튼 지금 당장은 망연자실할 뿐이야. 이번 분기에 내 등급이 그처럼 낮은 게 나 자신도 믿기지가 않아."

그 친구가 "네 등급이 그렇게 낮을 거라고는 전혀 생각하지 못했어. 네가 그런 등급을 받을 사람이라고는 한 번도 생각해본 적이 없었어. 대체 어떻게 된 거야?"라는 반응을 보인다면, 당신은 그 친구와 연결되었다는 공감을 느끼지 못한다. 따라서 그 후로 당신은 그가 실망할 것이란 두려움에 방어적인 태도를 취하게 된다. 이런 현상이 어린 시절에 빈번하게 일어나면 완벽주의를 추구하게 된다.

공감 놓침 #4 : 도르래 장치

위의 이야기를 계속 끌어가보자. 당신 친구는 취약성을 드러내는 걸 무척 거북하게 여기기 때문에 당신을 질책한다. "대체 어떤 일이 있었던 거야? 무슨 생각을 했던 거야?" 아니면 책임을 전가할 어린 양을 찾는다. "그놈이 대체 누구야? 같이 혼을 내주자고! 그놈의 비행을 주변에 알려야지!" 이런 반응은 공감을 놓치는 큰 실수이다. 예컨대 내가 어떤 문제로 고심하던 끝에 당신을 찾아와 도움을 구하는데, 정작 당신은 거북한 길을 거부하고 자신에게 편안한 길을 택한 것이다. 달리 말하면, 당신은 엉뚱한 제3자에게 분노를 터뜨리거나 나를 비판하는 쪽을 선택한 것이다. 이런 반응은 나에게 아무런 도움이 되지 않는다.

공감 놓침 #5 : 장화와 삽

거북한 분위기를 피하려고 필사적으로 상황을 개선하려 애쓰는 동료가 있다고 해보자. 그는 당신도 실수하고 나쁜 결정을 내릴 수 있다는 걸 인정하지 않는다. 오히려 그는 "자네도 잘 알겠지만, 크게 잘못된 것은 아니야. 그렇게까지 잘못될 수 있는 일도 아니고. 자네는 대단한 능력, 놀라운 능력을 지녔다고!"라고 말한다. 여하튼 그는 서둘러 당신의 기분을 좋게 해주려고 애쓰며, 당신이 실제로 느끼는 기분을 아랑곳하지 않고 당신이 드러내는 감정에도 교감하지 않으려 한다. 따라서 그의 위로는 당혹스럽고 아무짝에도 쓸모없는 허튼소리에 불과하다.

공감 놓침 #6 : 잘못된 교감

당신이 곤경에 처했을 때 상대에게 말 하거나, 상대로부터 듣게 되는 가장 중요한 말은 "나도 그래요. 당신만 그런 게 아니에요"이다. 이 말은 "어, 그래요? 나도 그래요. 내가 그랬을 때는 말이죠……"와 다르다. 두 표현의 주된 차이가 무엇일까? 바로, 후자는 초점을 상대에게서 빼앗는다는 것이다.

안타깝게도 공감에 관한 한, 열심히 노력하지만 목표에 못 미치는 사람이 있고, 우리 자신이 바로 그런 사람이었다. 하지만 공감은 일종의 기량이다. 기량이 배워서 익히는 것이라면, 우리 모두가 공감 능력을 훈련해서 키우는 법을 배울 수 있을 것이다. 기량 연마의 일환으로 우리가 반드시 생각해봐야 하는 4가지 질문이 있다.

- 공감을 방해하는 6가지 장벽 중에 자신에게 해당하는 장벽이 있는가?
- 진실한 대화를 나눌 때, 이런 장벽 중 하나를 만나면 어떤 기

분이 밀려오는가? 그 기분이 상대와의 교감에 어떤 식으로 악영향을 미치는가?

- 당신은 자신의 공감 능력을 어떻게 평가하는가?
- 당신이 지금 습관처럼 사용하지만, 바꿔야 한다고 생각하는 한두 가지의 대답이 있는가?

거듭 말하지만, 우리 모두에게는 제대로 공감하지 못하는 친구와 동료가 있다. 우리 또한 누군가의 친구이자 동료로서 이런 잘못을 범하기도 한다. 나를 포함해서 모두가 마찬가지다. 그럼에도 나는 20년 동안 공감 능력을 가르쳐왔다. 누군가의 이야기가 나에게 내재한 완벽주의에 대한 두려움을 자극하면, 특히 그의 상황이 내게 충격을 줄 경우, 나는 나 자신을 비판적으로 관찰한다. 그때 나는 공감에 실패하며 "저런, 어떻게 그렇게 할 수가 있었어요?"라고 불쑥 내뱉게 된다.

나는 공감과 동조를 무척 오랫동안 연구한 덕분에 동조를 피하는 데 상당히 능숙한 편이다. 나는 "정말 안됐군"이나 "불쌍한 사람"이라는 말을 별로 사용하지 않는다. 내가 이 말을 듣는 쪽이 되면 부정적인 충격을 받고, 공감하는 척하겠지만 크게 실망할 것이기 분명하기 때문이다.

언젠가 한 강연에서 나는 "주먹을 먹이고 싶을 뿐입니다"라고 말한 적이 있다. 그런데 질의응답 시간에 한 참석자가 손을 들고 "누군가에게 주먹을 먹이고 싶었다는 강사님의 말이, 저에게는 진심이었던 것 같지 않습니다. 강사님은 저에게 솔직함의 우상이십니다"라고 말했다.

나는 곧장 끼어들었다. "진실성의 우상이 되기에 나는 턱없이 부족한 사람입니다. 물론 솔직함은 지금도 내가 목표로 삼고 얻기 위해 분투하는 것이지만, 나를 당신의 역할 모델로 삼지는 마십시오. 당신이 그렇듯이 나도 솔직함이란 목표에 도달하려고 노력하는 사람일 뿐이고, 아직 거기에 도달하지 못했습니다."

어떤 식으로든 완벽함을 가정한다면 그 자체로 공감을 놓치게 된다.

공감이 습득하기 어려운 기량인 것은 분명하다. 일정 수준의 공감 능력을 갖추려면 많은 연습과 훈련이 필요하고, 연습한다는 것은 몇 번이고 실패를 거듭해야 한다는 뜻이기 때문이다. 연습에는 실패가 필연적으로 수반된다. 누구도 자유투 구역에서 3,759번의 슛을 실패하고 싶지 않겠지만, 자유투를 계속해서 성공할 수는 없다.

우리 팀은 공감을 주제로 시행하는 워크숍에서 참가자들에게 먼저 다음과 같은 내용의 게시글에 서명하라고 말한다. "나는 공감을 연습하고, 실패하고, 다시 원점으로 돌아와 마음을 가다듬고 다시 연습하는 데 동의한다."

당신 자신과 당신 팀, 친구와 가족에게도 그렇게 헌신하라. 당신이 원점으로 돌아가, "당신은 나에게 진실한 모습을 드러내보였습니다. 나도 그렇게 행동했다면 좋았을 텐데요. 이제라도 당신과 당신의 말에 진실로 다가가고 싶습니다. 다시 기회를 주시겠습니까?"라고 상대에게 말하는 것에 얼마나 깊은 뜻이 있는지 짐작도 못할 것이다. 이런 것이 바로 대담한 리더십이다.

인터뷰 중에 욕을 내뱉은
여자의 후회

공감을 방해하는 가장 까다로운 장벽이 무엇일까? 거울을 들여다보라. 우리가 혼란에 빠질 때, 친절하고 너그러운 모습을 우리 자신에게도 전제로 하는 것이 첫걸음이다. 실수했다는 이유로 자신을 벌주고 수치스럽게 생각하려는 충동을 억누른다면 숙달된 수준에 오른 것이 된다.

텍사스 대학교 오스틴 분교의 크리스틴 네프 박사는 자기연민 연구소를 운영하며, 『자기연민: 자기 학대를 중단하고 불확실성에서 벗어나라』라는 책을 썼다.[11] 여기에서 네프는 자기연민을 위한 훈련에는 3가지(자신에게 친절함, 공통된 인간성, 마음 챙김)가 필요하다고 말했다. 앞에서 언급했듯이 마음 챙김은 공감 향상 기법 중 하나이며, 나는 이용어보다 '관심 집중'이란 표현을 더 즐겨 사용한다.

마음 챙김은 자기연민만큼이나 공감과 관계가 있지만, 네프는 자기연민을 위해서는, 사실은 내 것이 아닌 생각과 감정을 자신의 것으로 받아들이지 않아야 한다고 말한다. 간단히 말하면, 타인의 말을 당신 것으로 착각하지도 말고, 책임지려고 하지도 말라는 뜻이다. 따라서 자기연민을 연습하려면 "그녀는 나 때문에 무척 짜증났다"라고 말하지 않고, "그녀는 무척 짜증났다"라고 간단히 말하면 된다. 특정한 것에 집착하거나 맴돌지 말고, 갇히지도 말라.

네프는 자기친절(self kindness)을 '고통받거나 실패할 때, 혹은 부족한 사람이라 느껴질 때, 그 고통을 무시하거나 자기비판으로 자책하지 않고, 자신을 따뜻하게 받아들이며 이해하는 태도'라고 정의했다.[12] 따로 설명이 필요 없을 정도로 명확한 정의이다. 이 정의를 내 삶에 적용하면 "당신이 사랑하는 사람에게 말하듯, 당신 자신에게도 말하라!"는 좌우명으로 바꿔 쓸 수 있다. 우리 대부분은 다른 사람에게 생각조차 할 수 없는 방식으로 우리 자신을 부끄럽게 생각하며 폄하하고 비판한다. 상대가 엘렌이나 찰리라면 그들을 뚫어지게 쳐다보며 "이런 멍청이!"라고 결코 소리치지 않겠지만, 나 자신에게는 생각해볼 틈도 없이 얼마든지 그렇게 다그칠 수 있다.

내 이야기를 예로 들어 설명해보자. 얼마 전에 나는 한 잡지사 기자와 인터뷰했다. 나는 군더더기를 걸러내거나 대본대로 이야기를 끌어가는 데 익숙하지 않고, 내가 말하는 모든 것에 집중하지도 못하기 때문에, 언론 인터뷰를 할 때마다 취약함을 절실하게 느낀다. 또 이른바 '공식 회견'은 내가 거의 20년 동안 수많은 사람과 진행한 인터뷰와는 형식이 완전히 다르다. 내 인터뷰의 목적은 마음을 열고 숨김없이 상대와 연대감을 느끼고, 두려움이나 여과 없이 서로 교감함으로써 실제의 경험을 알아내는 것이다. 따라서 상대가 나에게 연구에 사용하지 말라고 당부한 자료는 결코 사용하지 않는다. 그가 먼저 밝히거나, 내가 인터뷰한 자료를 사용해도 좋다는 합의서에 동의하며 서명하지 않는 한 누구도 그 사람이 누구인지 알아낼 수 없다.

2시간 동안 계속된 인터뷰의 중간쯤에 기자는 우선순위를 어떻게 결정하냐고 물었고, 나는 "정말 빌어먹을 정도로 어려운 문제"라고 대답했다. 진짜 속마음을 드러낸 대답이었지만, 나는 곧바로 바꿔 말한다. "죄송합니다. 그 말은 취소해주세요!"

하지만 이미 때는 늦었다. 나는 공식 회견 중이었다. 공식 회견의 모든 발언은 공정하게 기록되어야 마땅했다. 내가 부주의한 것이었다.

그렇다고 오해하지 않기를 바란다. 나는 욕하는 능력을 모계에서 물려받은 욕쟁이이다. 욕을 섞어 말하는 게 말할 수 없이 편하다. 물론 글에서는 자제하려고 애쓴다. 언어 습관은 대화에서는 욕이 두세 마디 더해져도 괜찮지만, 글에서는 자연스럽지 않고 의도적인 냄새를 풍긴다는 믿음과 밀접한 관계가 있다. 당신이 밖에서 입는 옷이나 티셔츠에 욕이 쓰여 있다면, 나는 텍사스 침례교회에 출석하는 여인이 되어 당신을 나무랄지도 모른다.

남편 스티브의 지적에 따르면, 내 말투가 일을 시작한 때보다 훨씬 더 고약해진 것 같다고 한다. 여하튼 햇수가 거듭될수록 내 말투는 더 거칠어지고 있다. 사람들도 삶에서 힘들고 고통스러운 순간들을 나에게 털어놓기 때문에, 다행이라 해야 할지 모르겠지만 그들도 달콤하게 꾸며서 말하지 않는다. 자신의 이야기를 불쾌하더라도 진실하게 그대로 들려준다.

게다가 스티브는 나에게 영화 「스타트렉」의 외계 종족, '보그(Borg)'라는 별명까지 붙어주었다. 보그가 다른 외계 종족을 흉내 내고 복제하는 것처럼, 나도 주변에 있는 사람들의 억양과 습관을 끝없이 따라가는 경향을 띠는 것은 사실이다. 내가 수개월 전에 인터뷰한 한 남자는 상관들을 '멍청한 놈들'이라고 끊임없이 욕했다. 그로부터 한 주가 지나지 않아, 스티브와 나는 자동차를 직접 운전해 외출했다. 그런데 한 운전자가 우리 앞에 끼어들려고 했다. 나는 닫힌 차창에 얼굴을 바싹 대고 "멍청한 놈! 멍청한 짓 좀 하지 마, 인간아!"라고 중얼거렸다. 지난 30년 동안 내가 그 단어를 사용하는 걸 한 번도 들은 적이 없었던 스티브는 고개를 설레설레 저으며 웃고 말았다.

여하튼 내가 공식 회견에서 욕 폭탄을 쏟아냈다는 걸 깨달았을 때, 내 머릿속에 가장 먼저 떠오르는 생각은 "멍청한 짓을 한 거야, 브레네! 욕을 하지 않고 두 시간 동안 인터뷰할 수 있겠어?"였다. 거듭 말하지만, 상대가 가족이나 동료였다면 나는 결코 그런 식으로 말하지 않았을 것이다. 오히려 "마감 시간이 코앞에 닥쳐 지치고 초조하구나. 그래 좀 쉬어라. 너 자신을 너무 심하게 몰아세우지 마라. 너도 사람이고, 많은 사람이 네가 힘들다는 걸 알고 있으니까"라고 말했을 것이다. 그러나 나는 인터뷰를 끝내고, 이틀 후에 스티브가 내 어깨를 살며시 잡고는 정확히 이렇게 말할 때까지 나 자신을 자책하며 지냈다. 자기친절은 자기공감(self-empathy)이다. 내가 사랑하는 사람에게 말하듯이 나 자신에게 말할 때, 이상한 기분이 들더라도 분명히 효과가 있다.

크리스틴 네프는 공통된 인간성(common humanity)을 '나는 나일 뿐'이란 세계관을 고집하는 게 아니라 우리를 불편하게 묶어두는 것이라 정의한다. 나는 개인적으로 이 정의를 좋아한다. 네프가 말하듯이, "공통된 인간성은 고통과 불완전함은 인간이 보편적으로 경험하는 것, 즉 나에게만 일어나는 불행이 아니라 우리 모두가 겪는 것이다."[13] 공통된 인간성은 공감을 떠받치는 토대 중 하나이고, 미투 운동의 핵심적인 요건 중 하나이기도 하다. 실제로 우리가 연대감을 갖기 위한 대화를 거듭할수록, 우리 모두가 좋은 쪽으로나 나쁜 쪽으로 연결되어 있다는 걸 실감하게 된다.

공감은 우리가 서로 연결하고 신뢰를 구축하는 데 필요한 가장 강력한 도구이며, 수치심의 해독제이다. 만약 우리가 수치심을 배양 접시에 넣고, 판단과 침묵, 비밀 유지라는 뚜껑으로 덮으면, 수치심이 배양되는 완벽한 환경을 조성한 셈이다. 이런 환경에서, 수치심은 우리 삶의 구석구석에 스며든다.

반면에 우리가 수치심을 배양 접시에 넣고, 공감을 골고루 부으면, 수치심은 힘을 잃고 시들기 시작한다. 공감은 수치심에 적대적인 환경, 요컨대 수치심이 생존할 수 없는 환경을 만들어낸다. 우리가 혼자이고, '나는 나'라는 믿음이 팽배한 곳에서 수치심이 확대되기 때문이다. 이런 이유에서 다음과 같은 표현은 강한 설득력을 갖는다.

> "당신 심정을 이해해요."
>
> "나도 그 기분을 알아요. 정말 엿 같지요."
>
> "나도 그래요."
>
> "나는 당신 편이에요. 당신은 혼자가 아니에요."
>
> "나도 비슷한 상황을 겪었어요. 정말 힘들 거예요."
>
> "그게 어떤 건지 알아요."
>
> "많은 사람이 그 경험을 했어요. 그렇다면 우리 모두가 정상이거나 아니면 우리 모두가 괴물이겠죠. 어느 쪽이든 당신만 그런 것이 아니에요."

지금까지 공감이 무엇이고, 공감 능력을 향상하는 기법은 어떤 것들이 있는지 살펴보았다. 이제부터는 수치심 회복 탄력성의 4요소에 대해 살펴보자. 우리가 수치심에 사로잡히더라도 우리 이야기를 누군가에게 털어놓고 공감과 이해를 얻는다면, 수치심은 살아남을 수 없다.

1. 수치심을 인식하고, 수치심을 유발하는 요인을 알아내라.

당신이 수치심에 사로잡힌 때를 신체적으로 인식할 수 있는가? 어떤 메시지와 기대가 당신의 수치심을 유발하는지 알아낼 수 있는가?

수치심 회복 탄력성이 좋은 사람은 수치심의 신체적 징후를 인식할 수 있을 것이다. 그 징후는 관심을 집중해야 할 중대한 단서가 된다. 감정적으로 회복될 때까지 이런 태도를 유지할 테니 말이다. 예를 들면 이런 식이다. "나는 수치심에 사로잡히면 말도 하지 않고 문자 메시지도 보내지도 않고 글을 쓰지도 않는다. 다른 사람과 의견을 섞기에 적합한 상태가 아니다."

우리가 수치심을 이해하고 자각하면, 수치심 방패(shame shield)를 들어 올릴 가능성이 줄어든다. 웰즐리 칼리지 부설 스톤 센터의 린다 하틀링(Linda Hartling)과 그녀의 동료들은 수치심 방패를 '단절 전략(strategies of disconnection)'이라 칭한다.[14]

> 멀어지기 : 물러서고, 숨고, 침묵하고, 비밀을 지킨다.
>
> 다가가기 : 다른 사람을 달래고 즐겁게 해주려 한다.
>
> 대항하기 : 공격적인 자세를 취하고, 수치심을 이용해서 수치심과 싸우며, 다른 사람을 지배하려는 권력을 얻으려 한다.

모든 갑옷이 그렇듯이, 수치심 방패도 자기방어로 사용하기에 매력

적이지만, 사실은 우리를 진정성과 진실성으로부터 밀어낸다.

2. 비판적으로 자각하라.

수치심은 카메라의 줌 렌즈처럼 작용한다. 수치심을 느낄 때, 우리의 카메라는 수치심을 확대한다. 따라서 결함만이 눈에 들어오고, 홀로 분투하는 것처럼 보인다. "난 혼자야. 나한테 잘못된 것이 있어. 나만 혼자 이런 거야."

그러나 시야를 넓히면 다른 그림이 눈에 들어온다. 많은 사람이 똑같이 힘들어하는 모습이 보인다. 그때부터 "난 혼자야"라고 생각하지 않고, "믿을 수가 없어. 당신도 그랬다고? 내가 정상이라고? 지금까지 나만 그렇다고 생각했어!"라고 생각하기 시작한다. 이렇게 큰 그림을 보기 시작하면, 수치심을 유발하는 것과 수치심을 부채질하는 사회적 기대를 냉정하게 점검할 수 있게 된다.

3. 다른 사람에게 도움을 청하라.

다른 사람에게 도움을 청할 때 기대할 수 있는 중요한 이점 중 하나는, 혼자라는 불안감을 주는 사건이 실제로는 '보편적'이란 걸 깨닫게 된다는 것이다. 우리가 누구이고, 어떻게 성장했고, 무엇을 믿든지 상관없이 우리 모두가 충분히 착하지 않고, 어딘가에 충분히 소속되지 못했다는 부정적인 감정과 보이지 않는 침묵의 전쟁을 벌이고 있다는 사실 말이다. 우리가 자신의 경험을 다른 사람에게 털어놓는 용기를 발휘하고, 다른 사람이 자신의 이야기를 말하는 걸 듣고 연민을 보인다면, 우리는 수치심을 드러내고 침묵을 끝낼 수 있다. 반대로 우리가 다른 사람에게 도움을 청하지 않으면 결국에는 두려움에 사로잡히고, 책임을 전가하고 단절을 겪게 된다.

4. 수치심에 대해 말하라.

수치심은 침묵에서 힘을 얻는다. 이런 이유에서 수치심은 완벽주의자를 사랑한다. 수치심이 우리를 침묵하게 만들기는 너무나도 쉽다. 그렇지만 우리가 수치심에 대한 자각을 키운다면, 그래서 수치심에 이름을 붙이고 수치심을 대담하게 말할 수 있게 되면, 기본적으로 수치심을 잘라낸 것과 같다. 수치심은 언어로 거론되는 자체를 싫어한다. 우리가 수치심에 대해 말하는 순간부터 수치심은 시들기 시작하기 때문이다. 언어와 이야기로 수치심에 빛이 비추어지면, 수치심은 파멸의 늪에 빠져든다. 우리가 어떤 느낌인지 말하지 않고, 우리에게 필요한 것을 요구하지 않을 때, 우리는 간혹 침울함에 빠지거나 거꾸로 행동에 옮긴다. 혹은 둘 모두를 행하기도 한다.

수치심에 대해 말하는 법을 배우면, 우리는 수치심과 관련된 미묘하면서도 조작적인 표현, 즉 우리가 어떤 느낌이고 우리에게 필요한 것을 설명하려고 할 때 일어나는, 수치심을 자극하거나 수치심 자극을 방어하려고 사용되는 표현까지 알아낼 수 있다. 그래서 나는 다음과 같은 말을 들으면 극도로 신중해진다.

"당신은 무척 예민하시군요."
"당신이 그처럼 유약한 줄 몰랐습니다."
"그 문제가 당신이 그처럼 중대한 문제라고는 생각하지도 못했습니다.”

“당신은 무척 방어적이군요.”

“당신에 대해 말할 때는 조심해야 할 것 같습니다.”

“전부가 당신의 상상입니다.”

“당신은 정말 적대적인 듯합니다.”

나는 ‘패배자(loser)’, ‘변변찮은(lame)’, ‘약한(weak)’ 같은 단어를 금기시한다.

또 나는 잔혹한 것을 좋아하지 않는다. 어떤 의미에서는 ‘정직’도 잔혹한 것이다. 정직이 최선의 정책이지만, 수치심과 분노, 두려움과 상처에서 야기된 정직은 ‘정직’이 아니다. 오히려 정직으로 위장된 수치심이고, 분노이자 두려움이고, 상처이다.

정확하고 사실에 기반을 둔 것이라는 이유만으로, 그것이 파괴적으로 사용될 수 없다는 뜻은 아니다. “죄송합니다. 나는 당신에게 사실만을 말씀드릴 뿐입니다. 이것들은 정말 사실입니다”라는 말을 생각해보라.

이 장의 핵심은 “공감이 있어야 연결이 가능하다”라는 것이다. 공감은 다른 사람의 느낌을 인정하고, 세상에 대한 공통된 경험을 반영하고, 사람들에게 외롭지 않다는 걸 알려주기 위한 회로판이다.

수치심과 상처, 실망과 역경 등을 겪는 사람들과 거북함을 감수할 수 있고, 그들에게 “나는 당신 편입니다. 당신과 함께하겠습니다”라고 말할 수 있다면, 그것이야말로 용기의 발로이다. 공감은 우리의 유전자 정보에 심어지지 않지만, 우리가 얼마든지 배워서 익힐 수 있다. 시인 준 조던(June Jordan)이 말했듯이 "우리가 바로 우리가 기다리던 그 사람들"이기 때문에, 우리는 공감을 배워서 익혀야 한다.[15]

지금의 우리가
누구이냐에 따라
확신을 이끌어내는
방법이 달라진다.

Chapter 5

최고의 조직 문화를 만드는 특별한 힘

근거 있는 확신(grounded confidence)은 학습과 호기심 해소, 연습과 실패가 반복되는 복잡한 과정이다. 이런 확신은 드센 오만이나 가식이 아니고, 허튼소리에서 비롯된 것도 아니다. 근거 있는 확신은 정확한 현실에 기반을 두고 있어 진실하고 옹골진 것이다. 여기에 용기가 더해져 우리가 리딩하는 방법이 달라질 수 있다는 걸 확인하면, 우리를 질식시키는 무거운 갑옷을 벗어던지고 근거 있는 확신을 선택할 수 있다. 무거운 갑옷은 우리를 점점 작아지게 만들지만, 근거 있는 확신은 우리를 정신적으로 고양시킬 뿐만 아니라 대담해지려는 우리 노력에 힘을 주기 때문이다.

우리가 자신의 자기방어 기제를 벗어던진 채 직장에서 근무할 수 있다는 생각은 이치에 맞지 않다. 우리는 어렸을 때부터 자기방어가 필요했기 때문에, 갑옷으로 무장하는 삶을 살았다. 실제로 우리가 상처받거나, 무시당하거나, 사랑받지 못하는 등, 부정적인 감정으로부터 실망하지 않도록 갑옷이 우리를 지켜준 경우도 많았다. 또 육체적으로나 감정적으로 안전하기 위해서 자신을 보호해야 할 상황도 많았다. 취약성은 트라우마의 가장 큰 피해자이다. 예를 들어, 안전하지 않은 환경에서 자라며 인종차별과 성차별, 폭력과 빈곤, 동성애 혐오 등의 수치심 자극에 맞닥뜨릴 때 취약성은 생명을 위협할 수 있지만 갑옷은 안전장치가 된다.

밀레니얼 세대와 Z세대(1990년대 중반에서 2000년대 초반에 태어난 세대 -옮긴이)가 어떻게 자랐는지 생각해보면, 그 세대의 부모들은, 부모와 인간으로서 자신감이 부족한 까닭에 자식들을 갑옷에 단단히 싸맨 채 길렀다. 부모가 근거 있는 확신을 가지면, 결과만을 칭찬하고 사사건건 간섭하며 질책함으로써 자식을 위한 완벽한 길을 준비하려고 하지 않고, 용기를 가르치고 노력을 칭찬하며 담력의 본보기를 보이며 자식에게 나아갈 길을 보여주려고 애쓴다.

우리가 지금까지 취약성을 인정하는 일의 필요성을 다루며 압도적으로 많은 시간을 보낸 이유는 간단하다. 취약함을 받아들이는 것이 용기를 함양하는 데 반드시 필요한 요소이기 때문이다. 갑옷을 입거나 도망치지 않고, 침묵하거나 문자 메시지를 보내는 데 만족하지 않고, 거북하더라도 취약함을 인정하며 근거 있는 자신감을 쌓아 가야 한다. 그렇게 해야 가치관에 따라 살아가고 신뢰를 구축하며, 실패하더라도 다시 일어서는 법을 학습하기 위한 준비를 완벽하게 갖춘 것이라 할 수 있다. 무엇보다, 취약성의 인정이 대담한 리더십에 기본적으로 필요한 조건이란 사실을 이해해야 한다. 운동에서 기량 향상을 위한 연습에 비유해서 설명해보자.

모든 운동에는 핵심이 되는 기본적인 기술이 있고, 우리는 팀에 들어가거나 강습 교실에 등록한 첫날부터 그 기술을 지치도록 훈련한다. 내가 테니스와 수영을 배울 당시를 기억해보면, "경기나 하자고! 플립 턴(flip turn, 수영장 끝에서 방향을 전환하는 기술—옮긴이)만 50번씩 연속으로 하는 건 지겨워 죽겠어!" 혹은 "발리 기술을 익히려고 테니스 코트를 뒤뚱뒤뚱 가로지르고 싶지는 않아! 경기를 하고 싶다고!"라고 머릿속에서 끝없이 아우성쳤다. 그러나 이내 우리는 절제된 훈련을 통해 기본 기량을 익힌 뒤에야 대담하게 경기에 임할 수 있다는 확신을 갖게 된다.

리더의 경우에도 다를 바가 없다. 취약성을 인정하고 절제된 훈련을 반복하면, 리더도 대담하게 도전하는 강인함과 감정적 끈기를 얻을 수 있다.

스포츠 경기 중에 압박감을 받으면 우리는 언제든 습관적으로 갈고닦은 기량에 의존할 수 있어야 한다. 플립 턴과 발리를 충분히 연습하면 그 움직임에 필요한 동작이 근육에 기억된다. 충분한 시간을 두고 연습하며 여러 기술에 근거 있는 확신을 갖게 될 때, 우리는 더 높은 목표에 도전할 수 있다.

대학 시절, 포켓볼은 상당히 쉬워 보였지만, 점수가 그렇게 좋지 않았던 이유는 순서를 기다리면서 맥주와 담배를 양손에서 떼지 않았기 때문이라고 생각했다. 그러나 2장에 처음 언급된 찰스는 포켓볼의 대가답게 나의 엉망진창인 포켓볼 솜씨가 술과 담배 때문이라는 생각을 여지없이 깨뜨려버렸다. 그의 지적에 따르면, 내가 당구의 기본기를 모르기 때문에 포켓볼도 엉망인 것이었다. 남들이 보기에 포켓볼을 능수능란하게 치는 선수들은 당구의 기본기를 완벽하게 익힌 사람들이었다.

포켓볼 선수들은 샷을 설계할 때 항상 각과 속도와 회전이란 3가지 요소를 고려한다. 샷을 설계한 대로 실행하는 성공 여부는 큐볼의 어떤 지점을 큐대로 정확히 맞출 수 있느냐는 기본기에 달려 있다. 다시 말해, 훌륭한 포켓볼 선수는 큐대를 일관되게 다루는 기본기를 연마하는 일에만 수백 시간을 보냈다는 뜻이다. 손가락으로 브리지를 안정되게 구축하고, 다양한 스트로크 방법을 익히고, 안정된 자세를 유지하는 데도 지루한 연습이 필요하다. 가장 흔히 연습되는 기본적 연습법 중 하나가 '빈 병 훈련법(empty bottle drill)'이다. 빈 유리병을 옆으로 뉘여 놓고, 병을 전혀 건드리지 않으면서 큐대를 빈 병의 구멍에 넣는 훈련법이다. 당연하게도, 한 치의 오차도 없어야 한다.

물론 경기 중인 포켓볼 당구대에서 유리병을 본 사람은 없을 것이다. 그러나 최고의 선수들은 스트로크와 초구, 샷을 오랫동안 끊임없이 연습한 사람들이다. 따라서 그들은 심한 압박감에서도 10시간 동안 계속되는 경기를 견뎌내는 데 필요한 힘과 끈기를 갖추고, 자신의 기본기를 확신하며 전략과 샷 선택에만 집중할 수 있는 것이다.

우리 팀에서 공동체 참여 및 연구를 촉진하는 책임자인 로렌은 스코틀랜드 출신으로 전(前) 프로 축구선수였고, 대학원에서 나의 제자이기도 했다. 그녀의 설명에 따르면, 축구의 기본기는 공 컨트롤이다. 그녀는 어렸을 때부터 발의 여러 부분을 활용해서 축구공을 다루는 연습을 수없이 반복했다고 말해주었다. 심지어 프로 선수가 된 후에도, 그녀는 발의 다양한 부분을 이용해서 동료와 공을 주고받는 연습을 게을리하지 않았다.

로렌은 나에게 이렇게 말했다. "스코틀랜드 집의 정원에는 1.2미터 높이의 벽돌담이 있었습니다. 벽돌담 앞에 서서 한곳을 정해두고 축구공으로 그곳만 맞추는 훈련을 했었죠. 몇 시간 동안 그렇게 훈련하고는 다른 곳을 표적으로 삼아 연습했고, 다시 몇 시간이 지나면 다른 곳을 표적으로 삼았습니다. 그 모든 시간이 공 컨트롤 능력을 높이기 위한 훈련이었습니다."

찰스의 이야기에서 굳건한 기본기가 더 높은 목표에 도전하기 위한 조건이란 게 확인되듯이, 로렌도 똑같은 논조로 말했다. "볼 컨트롤을 충분히 익혀야 합니다. 그래야 고개를 들고 경기하면서 주변 상황을 파악할 수 있기 때문입니다. 경기장 전체를 읽고, 공을 받기 전에 다음 움직임에 대한 전략을 세울 수 있습니다. 결국 기본기에 완벽한 자신감이 있어야 다른 것에 집중할 수 있는 겁니다."

거북한 대화와 멋쩍은 회의, 감정적으로 격앙된 상황에서도 리더가 가치관을 지키고, 감정적으로 반응하지 않고 냉정하게 대응하며, 자기방어에 급급하지 않고 자각적으로 행동하려면 '근거 있는 확신'이 필요하다. 거북하더라도 긴장감을 유지하며 진실한 면을 드러낼 때 우리는 상대를 배려하고, 마음의 문을 열고 상대에게 관심을 두며 어떤 난제라도 맞설 수 있다.

올해 초, 나는 실리콘 밸리에 있는 클라우드 소프트웨어 기업 뉴타닉스(Nutanix)와 함께 일할 기회가 있었다. 창업자로 회장 겸 최고경영자인 디라즈 판데이(Dheeraj Pandey)와 대화하며, 리더십에서 취약성의 중요성에 대한 그의 믿음뿐 아니라 그런 믿음 뒤의 이유에도 큰 감명을 받았다. 디라즈는 리더가 취약성을 인정할 만한 역량을 갖추지 못하면 기업가 정신에 내재하는 긴장 관계를 성공적으로 유지할 수 없다고도 말했다. 그가 리더들의 취약성에서 대표적인 예로 끌어낸 역설적인 사실들은 우리 연구팀이 참가자들로부터 들은 것들과 크게 다르지 않았다.

- 낙관주의와 편집증
- 혼돈에 의한 지배(설립 과정)와 혼돈의 지배(정돈 과정)
- 너그러운 마음과 냉정한 의사결정
- 겸양과 단호한 결단
- 새로운 것을 설립할 때의 속도와 질
- 좌뇌와 우뇌
- 단순성과 선택
- 세계적으로 생각하고 지역적으로 행동하라.
- 단기와 장기
- 마라톤과 단거리, 즉 기업을 설립할 때는 멀리 내다보며 전력 질주하라.

디라즈는 내게 말했다. "리더는 이런 대립적 관계를 유지하는 능력을 배워야 합니다. 또한 삶이란 '줄타기'에서 균형을 유지하는 법도 배워야 하죠. 궁극적으로, 리더십은 여러 가지 역설적인 상황과 대립이 애매하게 충돌하는 환경에서도 팀을 이끌어가는 능력입니다."

진심 어린 대화를 이끌어가는 능력은 연마하기가 쉽지 않다. 혹시라도 누군가 그게 쉽다고 말한다면, 분명 과장된 것이다. 게다가 대부분이 옛날부터 알고 있었지만 탐탁지 않게 여겼던 것(쉽게 배우는 것은 강점이 되지 않는다)을 확인해주는 연구도 점점 증가하는 추세이다. 특히 뉴로리더십 연구소(NeuroLeadership Institute)의 메리 슬로터(Mary Slaughter)와 데이비드 록(David Rock)은 월간지 『패스트 컴퍼니』에 기고한 글에서 이렇게 말했다.

"안타깝게도, 많은 조직이 뭔가를 배워나가려는 시도를 가능한 범위 내에서만 쉽게 설계하는 것이 일반적인 추세이다. 기업이 제공하는 훈련 프로그램은 직원들의 분주한 삶을 존중해서인지, 아무런 전제 조건 없이 언제라도 시행되고 때로는 휴대폰으로도 시행된다. 훈련 프로그램이 재밌고 평이한 편이라 직원들의 반응이 좋고 개발자도 쉽게 판매하지만, 교육 효과는 지속적이지 않다.

게다가 이런 훈련 프로그램은 '좋아요', '공유' 등의 추천지수로 평가되기 때문에 기업주에게 잘못된 정보를 전달할 수 있다. 실제로 훈련 프로그램이 배우기 쉽고 까다롭지 않을 때 그런 평가 점수는 높게 나타나는 경향을 띤다. 반성과 변화를 유도하지 않고, 호응을 얻으려는 목적에서 프로그램을 설계하는 위험을 무릅쓰고 있는 셈이다.

학습에 효과를 거두려면 힘든 노력이 필요하다. 그렇다고 쉬운 학습은 역효과를 낳고, 불편한 학습이 효과적이란 뜻은 아니다. 여기에서 말하려는 것은 '바람직한 어려움(desirable difficulty)'이다. 근육이 강해질 때 타는 것처럼 느껴지듯이, 우리 뇌도 학습할 때 거북함을 느낀다. 따라서 우리 정신은 잠시 동안 고통을 느낄 수 있지만, 그런 반응은 좋은 것이다."

취약성을 인정하는 방법을 연습하는 것은 결코 즐겁지 않다. 취약성은 결코 편안하게 느껴지는 것이 아니기 때문이다. 하지만 취약성을 인정하는 기법을 꾸준히 연습하면, 취약성이 우리를 엄습할 때 근거 있는 확신이 우리 귓가에 속삭이는 목소리를 들을 수 있다. "취약성은 워낙 불편하고 어색하고 거북한 거야. 취약성이 어떤 모습으로 나타날지는 누구도 몰라. 하지만 너는 강해. 게다가 취약성을 받아들일 공간을 마련하고 유지하려면 무엇이 필요한지도 연습해서 잘 알잖아."[1]

밀레니얼 세대를 이끄는
대화의 기술

지금까지 우리는 많은 새로운 기술과 여러 가지 도구들을 살펴보았다. 이 모든 것들에서 공통적으로 발견되는 요소는 '호기심'이다.

호기심(curiosity)은 취약성과 용기가 겸비된 행위이다. 호기심이 창의성과 지능, 학습 능력과 기억력의 향상, 문제 해결 능력과 상관관계가 있다는 증거는 이미 많은 연구에서 확인되고 있다. 예를 들어, 2014년 10월 22일에 발간된 학술지 『뉴런』에 실린 한 논문에 따르면, 우리가 호기심을 보이면 뇌의 화학적 성질이 변하며 정보를 학습하고 유지하는 능력이 향상된다.[2] 그러나 이와 동시에, 호기심은 불확실성과 취약성을 동반하기 때문에 불편하고 거북한 것이기도 하다.

또 이언 레슬리(Ian Leslie)는 『호기심: 지적 욕구, 당신의 미래가 호기심에 달려 있는 이유』에서 이렇게 말했다. "호기심은 다루기 힘들다. 호기심은 규칙을 좋아하지 않는다. 적어도 호기심에서는 모든 규칙이 일시적인 것일 뿐, 누구도 아직까지 제기할 생각조차 않는 멋진 질문이 던져지면, 규칙은 여기저기 찢겨져 없어진다고 추정한다. 호기심은 공인된 길을 무시하고, 방향 전환과 계획되지 않은 여정, 충동적인 좌회전을 좋아한다. 한마디로 호기심은 일탈적이다."[3]

바로 이런 이유에서, 호기심은 진실하게 대화하는 능력에서 근거 있는 확신으로 이어진다. 우리가 거북한 대화를 두려워하는 이유가 무엇이겠는가? 대화의 과정이나 결과를 통제할 수 없기 때문이다. 이런 대화에서 성급히 결론이 나지 않을 때, 우리는 껍질을 깨고 나오기 시작한다. 따라서 문제를 식별하는 불확실한 단계에서 맴도는 것보다, 나쁜 해결책이라도 행동으로 이어지는 것이 나은 듯 느껴진다.

알베르트 아인슈타인(Albert Einstein)은 호기심과 자신감에 관련된 최고의 멘토 중 한 명이다. 나는 그가 남긴 두 명언을 특히 좋아한다.

"문제 해결을 위해 한 시간이 주어진다면, 55분은 그 문제에 대해 생각하고, 나머지 5분은 해결책을 찾는 데 사용할 것이다."[4]

"나는 그다지 영리하지 않다. 문제에 좀 더 끈기 있게 매달렸을 뿐이다."[5]

우리 안의 전지전능자, 즉 우리의 '에고'는 실제 쟁점과 관련성이 모호한 대답으로 회의 참석자 전원을 공격한다. 때로는 '나는 이 쟁점에 대해 언급하고 싶지 않아. 어떻게 말해야 할지도 모르겠고, 내 말에 사람들이 어떻게 반응할지도 모르겠으니까. 내가 말하는 게 틀릴 수도 있고 내 대답이 틀릴 수도 있잖아'라고 생각하기도 한다.

반면, '호기심'은 이렇게 중얼거린다. '걱정할 게 뭐 있어. 나는 관습에 얽매이지 않아. 마음이 끌리는 대로 할 거야. 문제의 핵심에 도달하는 데 무척 오랜 시간이 걸릴 수도 있겠지. 내가 모든 답을 알아야 하고, 항상 정답을 말해야 할 필요는 없어. 나는 그저 귀담아듣고 계속 질문하면 돼.'

우리가 진실한 대화에서 호기심을 유도할 때 주로 사용하는 구체적인 표현과 질문을 예로 들면 다음과 같다.

1. "내가 시작하려는 이야기는……." (자유세계에서 호기심을 유도할 수 있는 가장 강력한 도구 중 하나로, 내 삶의 모든 면을 바꿔놓은 말이기도 하다. 이에 대해서는 4부에서 자세히 살펴보기로 하자.)

2. "내가 궁금한 것은……."

3. "더 자세히 말해봐."

4. "내 경험은 달라요." ("당신 생각이 틀렸어요"라는 말의 대안이 된다.)

5. "내 생각에는……."

6. "잘 이해가 되지 않습니다. 보충 설명을 해주시겠습니까."

7. "나에게……에 대해 보여주시겠습니까."

8. "우리 생각이 같다는 건 확인되었습니다. 이번에는 그것에 대한 당신의 열정을 말씀해주십시오."

9. "이 문제가 당신에게 적합하지 않다고 생각하는 이유를 말씀해주십시오."

10. "우리가 지금 어떤 문제를 해결하려고 머리를 맞대고 있습니까?"

누군가 대담하게 "잠깐만, 아직 혼란스럽습니다. 우리가 지금 어떤 문제를 해결하려고 하는 거지요?"라고 물으면 거북하고 까다로운 대화가 시작되겠지만, 십중팔구 우리는 서로 이해하고 있는 내용이 같지 않다는 걸 깨닫게 될 것이다. 우리가 문제를 확인하는 과정을 건너뛰고, 아직 규정하지 못한 문제의 해결책을 찾으려는 의도에서 회의를 시작하기 때문이다.

최고의 회의는 사실을 확인하는 30분간의 대화나, 몇 시간 후 또는 다음 날에 원점으로 돌아가자고 합의하는 회의이다. 여하튼 너무 뒤로 미루어서는 안 되겠지만 말이다. 얼마 전, 나는 우리가 계획하고 있던 훈련 프로그램에 대해 두 동료와 대화를 나누었다. 내가 자리에 앉자마자 그들은 계획안에 대해 설명하기 시작했다. 그들의 계획안은 이해하기 힘들었고, 내 의도와 완전히 달랐다. 그래서 나는 그들에게 다음의 질문을 하나씩 던졌다.

"우리 생각이 많이 다른 것 같아요. 어째서 우리 생각이 이처럼 다른지 20분쯤 허심탄회하게 대화해보고, 내일 원점으로 돌아가 새로운 접근법을 찾아보는 게 어떻겠어요?

"두 분이 계획안의 근거로 삼은 자료들을 빠짐없이 나에게 알려줄 수 있겠어요?

"이런 접근법을 어떻게 생각해낸 거예요?

"두 분이 이런 접근법의 이점이라 생각하는 것을 알기 쉽게 설명해주겠어요?"

우리는 다른 목표를 지향하고 있었고, 우선순위도 달랐으며, 계획안 수립을 위해 참고한 자료까지 다르다는 걸 깨닫는 데 채 20분이 걸리지 않았다. 한 동료는 "이 시간이 정말 도움이 되네요. 우리가 빠뜨린 정보를 보충하고, 동일한 목표와 우선순위하에서 내일 다시 시작하지요"라고 말했다.

호기심을 자극하는 또 하나의 유익한 도구는 '시야 갈등(horizon conflict)'을 감시하는 망루를 지키는 것이다. 조직에서 우리가 어떤 역할을 맡느냐에 따라 우리 시야, 즉 관점이 결정된다. 예를 들어, 설립자이자 최고 경영자인 나한테 기대되는 역할은 기업의 장래에 대한 계획이다. 따라서 나는 10년 후와 현재를 오가야 한다. 물론 다른 부서의 리더들은 마땅히 다른 시야를 가져야 한다. 만약 영업부 리더라면 새로운 상품의 출시 시간표를 고려하며 6개월 후를 내다볼 수 있어야 한다.

효과적으로 조직을 이끌기 위해서 리더들은 다른 관점을 존중하는 동시에 다른 관점에 영향을 주어야 하며, 어떤 경우에 그 관점들이 충돌하는가에 의문을 품어야 한다. 이를 위한 대화가 격해지기 시작하면 시야에 대한 쟁점도 점검해야 한다. 또한 그들끼리 각자 다른 관점을 지녀 조직의 세세한 부분에 대한 지식의 수준이 다르더라도, 조직의 현재 상태에 대한 의견을 끊임없이 공유해야 한다. 시야 갈등을 핑계로 조직 전체에 대한 관심의 태만이 허용되는 것은 아니다. 고백하건대 내가 5개년 계획에 크게 관심을 갖지 못하는 이유는 우리 팀이 해결해야 할 문화적 쟁점에 대해 내가 잘 모르기 때문이다.

30억 달러 매출을 179억 달러로 끌어올린 H&M의 비밀

나는 『라이징 스트롱』을 위한 자료를 수집하고 원고를 작성할 때, 호기심을 억누르는 가장 공통된 장애물이 '마른 우물(dray well)'이라는 걸 알게 되었다. 카네기 멜론 대학교의 행동경제학자 조지 로웬스타인(George Loewenstein)은 1994년에 발표한 논문 「호기심의 심리학」에서 호기심에 대한 정보 격차 이론을 소개하며, 우리가 지식의 격차를 확인하고, 그 격차에 집중할 때 겪게 되는 박탈감이 '호기심'이라고 규정했다.[6]

로웬스타인의 접근법에서 주목할 점은, 우리가 지식과 자각에서 일정한 수준에 이르러야만 호기심을 갖게 된다는 것이다. 하기야 우리가 전혀 모르는 것이나 알지 못하는 것에 어떻게 호기심을 갖겠는가. 로웬스타인은 사람들에게 질문을 독려하는 것만으로는 호기심을 자극하는 데 큰 효과가 없다며, "특정한 주제에 대한 호기심을 유도하려면 '마중물을 붓는 것'이 필요할 수 있다"라고 조언한다.[7] 요컨대 상대의 흥미를 자극할 만한 정보를 사용하면 그가 호기심을 갖게 된다는 뜻이다.

좋은 소식도 있다. 당신이 이 책을 여기까지 읽었다면, 이미 취약성을 인정할 준비를 마쳤다는 뜻이다. 진실한 대화를 위한 모든 조건을 충족할 만큼은 알지 못하고, 훈련도 충분하지 않을 수 있지만, 호기심을 보일 정도의 지식은 충분히 갖춘 것이다. 게다가 호기심이 있을 때 지식이 증가한다는 사실과 우리가 많이 알수록 더 많은 것을 알고 싶어 한다고 믿는 연구자의 수가 증가한다는 것도 무척 반가운 소식이다.

이쯤에서 '진실한 대화를 끌어가는 기량'과 '근거 있는 확신'을 어떻게 결합해야 하는지 궁금할 것이다. 이 둘을 통해 갑옷을 벗고 호기심을 유지하며 조직을 바꿀 수 있는가를 보여주는 2가지 사례를 소개하고 싶다. 하나는 스테판 라르손(Stefan Larsson)의 사례이고, 다른 하나는 사네 벨(Sanée Bell) 박사의 사례이다.

스테판 라르손은 소매업계에서 잔뼈가 굵은 노련한 리더로, 얼마 전까지 랄프 로렌(Ralph Lauren Corporation)의 최고경영자를 지냈다. 라르손은 미국의 대표적인 의류 브랜드 올드 네이비(Old Navy)의 상황을 뒤바꿔놓은 주역으로 평가받는다. 그의 지휘하에 올드 네이비는 12분기 연속으로 성장을 기록하며, 3년 만에 매출이 10억 달러나 증가했다. 라르손은 스웨덴에 기반을 둔 의류 기업 H&M에서 리더십 팀의 핵심 일원으로 14년을 보냈다. 그 사이에 H&M은 세계에서 가장 가치 있는 3대 의류 브랜드 중 하나로 성장했고, 44개 국가에 영업소를 두고 범세계적인 영업망을 확보했으며, 매출은 30억 달러에서 170억 달러로 증가했다.

스테판 라르손의 연구 사례를 꼼꼼히 읽다보면, 취약성이 '가치관에 따라 살아가기, 대담하게 신뢰하기, 다시 일어서는 법을 배우기'라는 3가지 역량의 주춧돌 역할을 한다는 걸 확인할 수 있을 것이다. 라르손은 이렇게 말했다.

"내가 올드 네이비의 경영자로 부임했을 때. 올드 네이비는 오래 전부터 사세가 흔들리고 퇴보하는 상태였다. 따라서 우리는 최초의 비전으로 되돌아가야 했다. 서고를 며칠 동안 뒤진 끝에, 우리는 최초의 비전이 담긴 선언문을 찾아냈다. 그 비전은 열망으로 가득한 미국적인 의상을 모든 가정에 안겨주는 것이었다. 이제라도 우리는 그 비전을 구현해내야만 했다. 성공을 위해서는 조직 문화를 바꾸는 게 급선무라는 것이 확인되었다. 한때 자율권을 부여하여 신속하게 움직이고 도전적이던 문화가 수년간의 미진한 성과에 짓눌린 탓에, 두려움에 사로잡혀 안전을 추구하고 계급적이며 정치적으로 변했다.

대부분의 팀원은 올드 네이비 집단에 어떤 문제가 있는지 알고 있었다. 달리 말하면, 당장 해야 하는 일을 가로막는 방해물을 명확히 알았다. 하지만 개인적인 통찰을 다른 직원들과 공유하고, 조직의 문제에 대한 걱정을 경영진에 알리고, 그 문제를 해결하기 위해 행동을 취하는 대담한 팀원은 극소수에 불과했다. 밉상으로 보일지도 모른다는 두려움, 혹은 다른 팀원을 태만하게 보이게 만들 수도 있다는 두려움 때문이었다. 결국 올드 네이비를 되돌려놓기 위한 우리의 주된 임무는 '신뢰 문화'를 구축하는 것이었다.

신뢰 구축을 위해 우리는 몇 가지 목표를 우선적으로 설정했다. 훗날 확인되었듯이 그 목표들이 성공의 원동력이었다.

- 고위직 리더 60명을 대상으로, 주 1회 학습 시간을 가졌다. 매주 2시간씩 모두가 한 팀이 되었고, 결과를 평가하지 않는다는 전제를 두었다. 우리는 결과를 결과로만 읽었고, 결과로부터 배우며 하루가 다르게 달라지는 게 목표였다. 결국 이 단계에서의 목표는 학습 능력으로 경쟁 기업들을 앞서는 것이었다. 결과에 대해 좋거나 나쁘게 평가하지 않자, 결과를 두고 수치스러워 하거나 남을 탓할 이유가 없었다. 하지만 우리는 스스로 끊임없이 물었다. "우리는 무엇을 했고, 어떤 일이 있었고, 무엇을 배웠으며, 그렇게 학습함으로써 얼마나 빨리 나아질 수 있는가?"
- 분기별로, 우리 회사 직원이라면 누구나 전화로 참여할 수 있는 회의를 개최했다. 여기에서 우리는 비전과 계획에 관련된 결과와 학습 및 개선 효과를 주기적으로 알렸다.
- 관리팀 전체가 유리벽으로 된 하나의 큰 공간으로 옮겼고, 문은 의도적으로 잠그지 않았다. 그 공간을 본사 건물의 중앙에 두고, 관리팀이 일하는 모습을 시각적으로 보여줌으로써 개방성과 신뢰와 팀워크의 향상을 유도했다. 또한 지위에 상관

없이. 누구라도 조직의 효율성을 개선할 수 있는 방법에 대해 아이디어와 생각이 있으면 관리팀에 찾아와 제안하라고 독려했다.

오랜 시간이 지나지 않아, 모두가 업무의 효율성을 다시 생각해볼 만한 아이디어들을 제안하기 시작했다. 처음에는 괜히 수치심을 자극하고 책임을 묻지 않을까 의심하는 직원이 많았지만, 시간이 지나자 직원들은 회의에서 거침없이 발언하기 시작했다. 예컨대 적절한 해답을 알지 못하는 의문을 주저 없이 제기했고, 계획보다 실망스러운 결과도 감추지 않고 발표했다. 과거에는 그런 결과에 '실패'라는 평가가 내려졌지만 이제는 '학습' 과정으로 여겨졌다.

우리 모두가 서로에게 취약함을 더욱 솔직히 드러내기 시작하기했다. 또 우리 모두가 한 팀으로 똑같이 난관에 빠져 있었기 때문에 더욱더 서로를 신뢰하기 시작했다. 특히 관리팀이 의문을 제기하고, 실험을 거듭하며, 지속적인 개선을 추구하는 데 집중한 덕분에 마침내 견인력을 얻기 시작했다. 결과의 잘잘못을 따지지 않고, '실패 방지(failure proof)'를 위한 교훈으로 삼았다. 그 결과로 우리는 퇴보와 몰락의 길을 극복하고, 책임 전가보다 학습에 집중할 수 있었다. 실패의 두려움과 평가에 대한 두려움이 사라지자, 우리는 학습과 실적에서 경쟁사들을 앞서기 시작했다. 결과적으로 우리는 경쟁이 치열한 시장에서 12분기 연속으로 성장을 기록했고, 3년 사이에 매출이 10억 달러나 증가했다. 그러나 내가 리더로서 가장 자랑스러워하는 부분은 팀원들이 취약성을 솔직히 인정하며 강점으로 키워내고, 신뢰와 열린 마음과 협력을 우선시하는 문화를 조성하도록 도움을 준 것이다. 물론 지속적인 학습을 강조하는 쪽으로 팀원들의 사고방식을 바꿔간 것도 자랑스러워할 만한 성과이다. 다른 기업의 리더로 자리를 옮긴 지 2년이 지났지만, 지금도 나는 팀원들로부터 이메일을 받고 있다. 그들은 새롭게 배운 것과 학습으로부터 위대함을 지속적으로 추구하는 방법을 공유하고 싶어 하는 사람들이다. 그 이메일들이 모든 차이를 만들어내고 있다."

나는 학습으로부터 위대함을 추구한다는 생각을 무척 좋아한다. 조직원들이 취약함을 기꺼이 드러내는 조직에서 그 생각이 놀라운 효과를 발휘하는 걸 세계 전역에서 직접 보았다. 또 하나의 놀라운 사례는, 사네 벨 박사의 도전이다. 그녀는 현재 텍사스 케이티에 있는 모턴 랜치 중학교 교장으로 재직중인데, 2005년부터 초등학교와 중등학교의 행정 관리자로 일했다. 중학교와 고등학교에서 영어를 가르쳤고, 여학생 농구팀 코치를 지내기도 했다. 2015년에는 '올해의 케이티 독립 교육구 교장'으로 선정되었다. 사네는 이렇게 말했다.

"다른 사람을 이끌고 가는 리더 역할은 어렵다. 교육 기관에서, 성인과 어린아이 모두의 리더가 되는 것은 더욱 어렵다. 교장의 역할은 복잡하고 흥미를 돋우고 보람이 있지만 항상 외롭다. 내가 대담한 리더십 여정을 시작했을 때에도 교육계에서 나름대로 성공한 리더였다. 두 번째 교장직을 수행하는 동안, 나는 대담한 리더십을 철저히 분석했고, 그때까지 대담한 리더십의 뜻을 피상적으로만 알고 있었다는 걸 깨달았다.

개인적으로나 교장으로서 일하며 취약성을 드러내는 법을 배우고, 개인적으로 자각 능력을 향상시키고, 거북한 대화를 시작하고 유지하는 도구를 확보한 덕분에 나는 리더 역할을 한층 효과적으로 수행할 수 있었다. 이 세 가지 영역은 내 리더십의 근간을 이루는 핵심이다."

취약성을 드러내는 법

내가 리더의 지표로 삼는 격언이 있다. "얼마나 많은 것을 아느냐보다 얼마나 남을 배려하는가가 중요하다."

상대를 얼마나 배려하는가를 알리는 방법 중 하나는 당신의 개인적인 이야기를 들려주는 것이다. 이런 깨달음 뒤에 취약성을 드러내는 훈련을 거듭하며 개인적인 이야기를 직원들과 공유하는 용기를 얻게 되었다. 가난한 환경과 결손 가정에서 성장한 과거를 이야기했고, 직원들은 힘든 역경을 이겨낸 내 삶의 여정을 알게 되자, 학교를 학생들에게 힘을 북돋워주는 곳으로 만들어가려는 내 열정을 더욱 깊이 이해하게 되었다.

리더로서 나는 이제 개인적인 삶을 비밀로 감추어두지 않는다. 삶의 이야기를 공유하고, 다양한 관점과 경험을 포용함으로써 학생들과 직원들, 더 나아가 공동체에 더 쉽게 다가가고, 더 쉽게 공감대를 형성할 수 있었다. 내 개인적인 이야기와 리더로 일하는 이유를 숨김없이 밝힘으로써 직원들이 내 목표와 열정 및 용기를 더 깊이 이해하도록 도왔다. 게다가 직원들도 자신의 취약성을 인정하고 드러내며, 자신의 삶에 대한 이야기를 대담하게 고백하고 공유하는 용기를 보여주었다.

자각 능력의 향상

리더로서 자각 능력이 부족하고, 자신의 생각과 감정과 행동에 영향을 주는 목표를 제대로 파악하지 못하면, 리더가 조직원들과 공유할 수 있는 관점과 통찰도 제한되기 마련이다. 나는 충실한 기록과 주변으로부터 얻는 피드백을 통해 리더십 능력을 직원들과 학생들 및 공동체의 욕구에 더욱 신속히 대응할 수 있는 방향으로 키우고 개량할 수 있었다. 이제 조용히 사색하며 반성하는 시간을 갖는 습관을 가지게 되었다.

불편한 대화의 시작과 유지

나는 불편한 대화를 실천하며 분명한 효과를 경험한 까닭에, 그런 대화를 지속적으로 시행하지 않으면 학생들의 학습 능력 차이를 해결할 방법이 없다는 걸 깨달았다. 많은 학생과 직원 사이에 "그냥 하던 대로 하자"라는 사고방식이 팽배했지만, 반대로 그런 무사안일에서 벗어나려는 비판적인 욕구도 있었다. 그런 욕구를 해소해주기 위해 나는 감정적으로 북받친 토론을 이끌어야 했다. '내가 아니면 누가? 지금이 아니면 언제?'라는 생각을 끊임없이 하면서도, 주변의 도움 역시 절실했다.

내 전략은 '공정함'에 대해 거침없이 언급할 수 있도록 신뢰와 관계를 충분히 구축하는 것이었고, 평소에 침묵하는 조직원들도 껄끄럽고 솔직한 대화에는 참여할 수 있도록 필요한 능력과 근거 있는 확신을 갖추도록 돕는 것이었다. 따라서 나는 강점에 집중하는 직업 인성 평가를 활용해 업무 능력과 조직력이 뛰어난 팀을 만드는 데 열중했고, 과정 점검 및 거북한 대화를 위한 체계적인 규칙도 개발했다.

지금도 나는 우리의 소명과 비전과 가치를 위협하는 문제들과 씨름하며, 조직원들에게 우리 조직에서 문화를 말살하는 행동을 비판해달라고 요구한다. 또 효과적인 대책을 적극적으로 받아들이고, 조직에 아무런 가치도 더해주지 않는 것을 바꿔가고 있다.

나는 분배 리더십과 협력 리더십을 통해 조직원들과 함께 힘을 키우고, 리더의 권한을 조직원들에게 위임함으로써, 우리 학교에 대한 이야기를 바꿔놓았다. 결국 인간으로서 나 자신에게 진실하고, 내 삶의 여정을 존중하며 내 삶의 이야기를 진솔하게 고백하는 전략으로 한층 유의미하고 깊이 있게 조직을 이끌어갈 기회를 얻었다.

불편한 대화를 위한 도구들
: 침묵은 신뢰를 갉아먹을 뿐이다

취약성의 인정과 관련된 더 많은 자료는 웹사이트 brenebrown.com에서 '리더의 용기'라는 허브(Dare to Lead hub)를 통해 찾아볼 수 있다. 워크북과 이미지뿐만이 아니라, 진실한 대화를 끌어가는 능력을 함양하는 본보기로 사용할 수 있는 역할극 비디오까지 무료로 다운로드 받을 수 있다.

워크북을 내려받든 받지 않든, 또 비디오를 시청하든 않든 간에, 역할극의 연습이나 중요한 회의나 대화에 앞서 쪽지를 준비하는 과정의 중요성을 과소평가해서는 안 된다. 나는 이런 행위를 거의 매일 반복한다.

과거에 일하던 회사에서 퇴사하기 위해 거북한 대화를 하던 때였다. 내가 대화하며 끊임없이 수첩에 눈길을 두는 것을 보고는 상관이 물었다. "준비한 쪽지를 보는 건가?"

내가 대답했다. "그렇습니다. 이 대화에 대해 많은 생각을 했습니다. 제게 있어 굉장히 중요한 대화인 이 자리를 위해 제가 준비한 모든 것을 빠짐없이 팀장님께 전하고 싶었으니까요."

그는 의자에서 자세를 바꾸었고, 나는 본능적으로 수첩을 가렸다. 그가 다시 말했다. "썩 괜찮은 생각이군. 중요한 항목만을 써두는가, 아니면 완전한 문장으로 써두는가?"

결국 사람, 사람, 사람들은 모두가 똑같은 사람, 사람이다!

Part

2

가치관에 따라 살아가기

Value

| 가치관 |

리더는
거북한 문제에 대해서도
결코 침묵하지 않는다.

진심으로 대범해지기 위해 애써도 유난히 어둡고 힘든 순간이 있다. 경기장은 혼란스러운 광기와 소음으로 가득하고 비상구 유도등은 정신없이 깜빡인다. 이 불편한 상황에서 벗어나면 곧바로 위안을 얻을 수 있을 것 같은 생각이 든다. 관중석은 냉소적인 사람들로 가득하다. 평론가들이 유난히 목소리를 높이고 소동을 피우면 마음이 조급해진다. 구체적으로 말하자면 성급히 상황을 마무리 짓고, 실행하고, 주변의 비위를 맞추려 한다. 나는 분명히 그렇게 믿는다. 군중에게 우리가 여기에 있을 자격이 있다는 걸 서둘러 보여주려고 하거나 군중의 위협에 겁먹고 달아날 수도 있다. 어느 쪽이든 군중이 우리 머릿속에 들어와 마음을 장악하는 것은 그다지 어려운 일이 아니다.

이때 문제는 우리가 자신의 목소리보다 다른 목소리를 앞에 두기 시작한다는 것이다. 이 모든 것이 애초에 우리를 경기장에 이끌었던 것과 경기장에 있는 이유를 망각한 결과이다. 우리는 자신의 가치관을 곧잘 망각한 채 살아간다. 심지어 자신의 가치관이 무엇이고, 그 가치관에 어떤 이름을 붙여야 하는지 모르는 경우도 비일비재하다. 가치관을 명확히 모르는 데다 우리에게 나아갈 방향을 알려주는 이정표가 없다면, 다시 말해서 우리에게 현재의 위치에 있는 이유를 되살려주는 빛이 머리 위에서 반짝이지 않는다면, 우리는 냉소주의자와 평론가에게 굴복하기 십상이다.

우리를 경기장 입구까지 인도하는 것은 대체로 가치관이다. 우리는 개인적인 믿음 때문에 거북하지만 대담한 행동을 기꺼이 시도한다. 경기장에서 비틀거리거나 특히 흙먼지와 땀과 피로 뒤범벅된 채 엎드려 쓰러질 때 우리에게 경기장에 들어섰던 이유를 되살려주려면 가치관이 필요하다.

그렇다면 '가치관'이란 무엇일까? 경기장 앞에서 용기를 내려면 갑옷과 무기를 점검할 필요가 있겠지만, 거북한 대화와 까다롭고 진실한 대화를 철저히 빈손으로 시작할 필요는 없다.

우리 연구팀이 인터뷰한 대담한 리더들은 경기장에서 결코 빈손이 아니었다. 그들에게는 진실한 대화에 필요한 기술과 도구만이 아니라 명확한 가치관이 있었다. 명확한 가치관은 어두운 하늘의 북극성처럼, 대담한 리더에게 반드시 필요한 덕목이다.

『옥스퍼드 영어사전』에서 '가치관'을 찾아보면 이렇게 나온다. "행동 원칙 혹은 행동 기준. 삶에서 중요한 것을 판단하는 기준." 한편, 대담한 리더십에서는 이렇게 정의한다. "가치관은 우리가 존재와 믿음에서 가장 중요하게 생각하는 방향!"

'가치관에 따라 살아가기'는 우리가 가치관을 깨닫는 데 그치지 않고 실천한다는 뜻이다. 다시 말해, 말한 대로 행동한다는 의미다. 따라서 우리가 무엇을 믿고, 무엇을 중요하게 여기는지 명확히 밝히고, 우리의 말과 의도, 생각과 행동이 그런 믿음에서 벗어나지 않도록 신중하게 처신한다는 뜻이다.

가치관에 따라 살아가려면, 약간의 사전 준비가 필요하다. 대부분이 등한시하면서 지금까지 시간을 투자한 적이 없는 '사색(contemplation)'이다.

나는 이 부분이 워크북처럼 느껴지지 않기를 바라지만, 이 부분은 '책 속의 워크북'처럼 쓰일 수밖에 없다. 따라서 그런 느낌을 조금이라도 탈피하고 싶은 욕심에, 나는 독자들에게 내 경험까지 숨김없이 전해주며 '가치관에 따라 살아가는 3단계 기술'을 알려주려 한다. 이렇게 나와 함께 서너 페이지를 읽고 나면, 당신 자신에 대해서는 물론이고, 가치관에 따라 살아가는 방법을 지금보다 훨씬 더 많이 알게 될 것이라 확신한다.

가치관에 따라 살아가는 3단계 기술

1단계 : 가치관에 따라 살고 싶으면, 먼저 가치관에 적절한 이름을 지어라.

가치관에 따라 살아가는 방법의 첫 단계는, 우리에게 가장 중요한 것을 결정하는 것이다. 나의 북극성은 무엇인가? 내가 가장 중요하게 생각하는 가치는 무엇인가?

우리가 가장 소중하게 여기는 것이 무엇인지 의문을 품고 거기에 이름을 붙이는 시간을 투자하지 않는다면, 인생을 가치관에 맞추어 살아갈 수 없다.

워크숍에서 이 단계를 시행할 때마다 나는 항상 똑같은 질문을 받는다. "직업적 가치관을 말씀하시는 겁니까, 아니면 개인적 가치관을 말씀하시는 겁니까?" 이 질문에 대한 정확한 대답은 "당신은 한 종류의 가치관밖에 가질 수 없다"라는 것이다.

가치관은 상황에 따라 바꿀 수 없다. 상황이나 조건에 상관없이, 우리는 가장 중요하게 생각하는 것을 지키며 살아가라는 요구를 받는다. 물론 가치관에 따라 살아가기란 무척 힘들다. 개인적인 가치관이 조직의 가치관, 또 식료품점이나 투표소에서 마주친 낯선 사람, 심지어 친구와 가족의 가치관과 충돌하는 경우가 비일비재하기 때문이다.

우리 연구팀이 워크숍에서 활용하는 가치관들을 소개하면 아래와 같다. 맨 끝의 빈칸은 당신 생각에 이 목록에 빠졌다고 판단되는 가치관으로 채워보라. 먼저 당신이 가장 중요하게 생각하는 두 가지 가치를 선택해보라. 두 개를 고르기가 쉽지 않을 것이다. 나 자신도 예외는 아니었다. 거의 모든 사람이 10개, 또는 15개까지 선택하려고 한다. 선택이 쉽지 않다면, 먼저 15개를 선택하고, 두 개의 핵심 가치를 얻어낼 때까지 차츰차츰 줄여가면 조금이나마 쉬워지리라 생각한다.

가치 목록

가정	가족	감사하는 마음	개인적 성취	건강
겸손	경력	경쟁력	경제적 안정	공동체
공정함	관리	관용	권력	균형
기여	끈기	낙관주의	다양성	단순함
독립성	리더십	만족	모험	미래
배려	보은	봉사	부	비전

리더의 용기

사랑	성공	성실	성장	성취
세대	소속감	스포츠맨 정신	시간	신뢰
신앙	신용	아름다움	안녕	안보
안전	안정된 직업	애국	야망	양육
여가	여행	연결	연민	열린 마음
영성	예의범절	용기	용서	우정
위험 부담	유머	유산	유일함	윤리
이타주의	이해	인내	인정	임기응변
자기표현	자기훈련	자부심	자신감	자연
자유	재미	적응	전심전력	전통
절약	정의	정직	조화	존중
즐거움	지식	지혜	직관	진실
진정성	진취성	질서	차이를 만들라	창의성
책무	책임	최고가 되자	충성	취약성
친절	탁월함	팀워크	평등	평정
평화	포용	품위	학습	헌신
협동	협력	호기심	환경	효율성
희망				

당신의 가치관을 써보라: _____

핵심 가치를 둘로 제한한 이유가 무엇일까? 취약성을 인정하고 용기를 발휘하는 데 가장 적극적이었던 연구 참여자들이 자신의 행동

기준을 한두 개의 가치에 두었기 때문이다. 이런 선택은 두 가지 이유에서 이해가 된다.

먼저 짐 콜린스가 말했듯이 "우선순위에 두어야 할 것이 3개 이상이면, 우선순위에 있는 것이 아무것도 없는 것과 같다."[1] 목록에 나열된 모든 가치가 중요하게 여겨진다면, 당신의 진정한 지표는 없는 것과 마찬가지다. 따라서 당신에게 가치 목록은 그저 멋지게 느껴지는 단어들의 단순한 나열에 불과하다.

이 기법을 1만 명 이상에게 실험한 결과에서도 핵심 가치를 둘로 제한하는 이유를 알 수 있다. 내가 그랬듯이, 오랜 시간이 걸리더라도 긴 목록을 둘로 압축하는 과정에서 적극적으로 참여한 사람들도 항상 같은 결과를 보인다. 바로 '두 핵심 가치는 처음에 차선으로 선택한 가치 중에 있다'는 사실이다.

내가 두 핵심 가치를 어떻게 선택했는지 살펴보자. 내 핵심 가치는 '신앙'과 '용기'이다. 가족을 선택하지 못해 못마땅했다. 그러나 깊이 생각하자, 내 삶에서 가족이 가장 중요한 것은 분명하지만 가족에 대한 내 헌신의 원동력은 신앙과 용기라는 것을 깨닫게 되었다.

나는 용기와 신앙이란 핵심 가치를 우선시하기 때문에 이 두 가지 가치를 등한시하게 되면, 어떤 흥미로운 작업의 제안이라도 완곡히 거절한다. 모두가 그런 것은 아니겠지만 나는 상당히 대담한 편이기 때문에, 내가 배은망덕하게도 좋은 기회를 받아들이지 않았다고 사람들이 생각할 것이라는 두려움에 짓눌리지는 않는다. 나 스스로 올바르게 행동하면 다른 기회가 또 생길 거라는 확고한 신앙적 믿음도 있다. 따라서 "내가 놓친 버스는 애초부터 내가 탈 버스가 아니었다"

라고 생각하기도 한다.

가치관은 우리 삶에서 우리가 누구인지를 규정하는 것이다. 힘든 시기에도, 우리는 쉬운 것보다 올바른 것을 선택해야 한다. 편안함보다 용기를 선택하고, 재밌고 성급하고 쉬운 것보다 올바른 것을 선택하는 것이 성실함(integrity)이다. 또 가치관을 입으로만 떠들지 않고 실천하는 것이 성실함이다.

한두 가지 가치관을 선택하라. 가치관은 당신에게 가장 중요하고 소중한 믿음이고, 당신이 어둠에서 길을 찾도록 도와주고 당신에게 목적의식을 더해주는 믿음이다. 가치관에 해당하는 단어를 읽을 때마다 단어와 당신의 동일성을 깊이 느껴야 마땅하다. 당신이 지향하라고 배운 목표를 대략적으로 뜻하지만, 정작 당신에게 적합하다고 느껴본 적이 없는 단어는 배제하라. 단어를 선택하기 전에 이렇게 자신에게 물어보라.

이 단어가 나를 적절히 규정하고 있는가?

이 단어가 가장 좋은 상태의 나를 가리키는가?

이 단어는 내가 어려운 결정을 내릴 때 사용하는 여과장치인가?

2단계 : 허튼소리에서 실천하는 가치관으로 만들어라.

사람들이 가치관에 대해 말하기 시작할 때 우리가 불신의 눈길을 던지는 이유는 모두가 고결한 가치관을 경쟁하듯 떠벌리지만 정작 실천하는 사람은 극소수에 불과하기 때문이다. 이런 지적이 짜증날 수도 있겠지만 개인만이 이런 언행불일치를 범하는 것은 아니다. 우리 팀의 연구에 따르면 약 10퍼센트의 조직만이 가치관 실천에 관심을 기울였다. 그들은 가치관을 가르치고 관찰할 수 있는 행동 양식으로 전환해서 그 행동을 직원들에게 가르쳤고 그 결과를 평가했다. 고작 10퍼센트만이!

가치관을 이상에서 행동으로 옮기는 시간을 갖지 않을 거라면, 더욱 구체적으로 말해서 사람들에게 각자의 가치관을 지키며 살아가는 기술이나 가치관에 맞게 행동하며 책임을 자발적으로 떠안는 문화를 조성하는 데 필요한 기법을 가르치지 않을 거라면, 아예 가치관에 대해 언급하지 않는 편이 낫다. 그렇지 않으면 가치관은 그저 농담거리가 되고 완전히 허튼소리가 된다.

'가치관에 따라 살아가기'의 두 번째 단계에서는 가치관을 뒷받침하는 서너 종류의 행동과 '미덥지 못한 행동(slippery behavior)' 즉, 우리 가치관과 어긋나더라도 행동에 옮기고 싶은 유혹을 받는 행위를 명확히 규정할 필요가 있다. 행동을 서너 개로 제한한 것에는 어떤 특별한 의미도 없다. 그저 '서너 개'라는 숫자는 우리에게 쉬운 것을 넘어 그 이상을 생각하도록 유도하기에 충분하고, 목록을 작성하기에 지나치게 많은 숫자도 아니기 때문이다.

그 서너 종류의 행동을 찾아내는 최선의 방법은, 언제 가치관에 따라 행동하고 언제 그렇게 행동하지 않는지를 철저히 생각해보는 것이다. 예컨대 나는 소셜 미디어에서 '사회 정의와 관련된 쟁점'에 대해 자주 논쟁을 벌인다. 사람들은 "글쓰기에나 집중하세요. 이민 문제는 당신 전공이 아닙니다." 혹은 "인종 문제에 대해 더 언급하지 마십시오"라는 댓글을 남긴다. 이런 감정적 반응은, 내 대중 강연의 질의응답 시간에서 곧잘 나타난다.

'용기'를 가치관으로 삼기 때문에 나는 목을 치켜들고 내 믿음을 떳떳하게 말할 수 있다. 가령 당신이 내 면전에서 나에게 인종차별주의자, 성차별주의자, 혹은 동성애 혐오자라고 말한다면, 다른 사람은 그냥 웃어넘기더라도 나는 마냥 웃지는 않을 것이다. 오히려 당신에게 나에 대해 다시는 그렇게 말하지 말라고 부탁할 것이다. 내가 옳다는 독선이나 '더 나은 존재'라는 오만함 때문에 그렇게 말하는 것은 아니다. 당신에게 화난 표정을 지어 보이고 뒤돌아 가버리는 게 나은 경우도 많다.

내가 그렇게 말하는 이유는 용기가 내 핵심 가치관 중 하나이기 때문이다. 나는 편안함보다 목소리를 내는 쪽을 선택함으로써 용기의 가치를 높이고, 그 결과로 신체적으로나 감정적으로, 더 나아가 영적으로도 위안을 얻는다.

또 어떤 쟁점에 갑자기 관심이 끌리면 나는 그 문제에 대해 글을 쓰고 소셜 미디어에 올릴 것이다. 당신이 그 글에 수치심을 자극하는 덧글을 남기거나, 나를 비롯한 우리 팀원에게 혐오감을 드러낸다면 나는 당신의 덧글을 삭제하고 당신을 강제로 탈퇴시킬 것이다. 내가 지향하는 용기 있는 행동 중 하나는 '침묵하지 않고 올바른 것을 말한다. 다른 사람을 더 편하게 해주는 것은 내 역할이 아니다. 모두에게 사랑받으려는 욕심을 버리자!'는 것이다.

작년은 '신앙'의 가치관을 무척 지키기 힘든 해였다. 내게 이와 관련된 행위 중 하나가 '모두에게서 하느님의 얼굴을 찾아내는 것'이기 때문이다. 달리 말하면, 다른 사람을 미워하지 말고 그의 생각만을 미위하라는 뜻이다. 또 상대를 부끄럽게 하거나, 상대에게 책임을 전가하지 않고, 그가 책임질 것만을 책임지게 하라는 뜻이다. 책임을 전가하기는 쉽고, 책임 소재를 따지려면 엄청난 시간을 허비해야 한다. 게다가 누구에게도 유쾌한 일이 아니다. 작년에 나는 내가 좋아하는 사람과 나와 생각이 같은 사람의 얼굴에서만 하느님을 찾으며 신앙심을 재무장하려고 애썼다. 그러나 그 효과는 하루를 넘기지 못했다. 스스로가 내가 좋아하지 않는 사람으로 변했고, 나 자신에게서도 하느님을 찾아낼 수 없었다.

신앙이란 핵심 가치와 관련된 또 하나의 행위는 '인간성을 저버린 언어를 사용하지 않는 것'이다. 나는 거의 20년 동안 이 가치관을 지키며 살아왔다. 따라서 이제 좌우 어느 쪽에서든, 인간성을 저버린 언어를 듣게 되면 당혹스럽고 움츠리게 된다. 이런 이유에서 소셜 미디어의 사용을 주기적으로 중단한다. 특히 나와 정치관을 같이하는 사람이 인간성을 저버린 언어를 사용하고도 '우리는 좋은 쪽'이기 때문에 그런 표현이 용납된다고 정당화하면, 그 사람과는 말을 섞기가 두렵다.

가치관을 벗어나 행동하는 것이 어떤 기분인지 모르는 사람은 없다. 우리가 믿는 것을 밝히지 않고 침묵하며 편안한 길을 선택할 때어떤 기분인지도 모르는 사람은 없다. 나는 시시때때로 내 가치관을 시험한다. 내가 가치관을 어디까지 밀고 갈 수 있고, 가치관을 꺾기전에 어디쯤에서 물러서야 하는지 끊임없이 시험한다. 앞서 대담한편이라고 말했지만 여전히 나는 불완전하고 많은 것을 두려워하는사람이기 때문에. 우리 모두 마찬가지다.

그러나 우리와 가까운 사람이 정말 힘든 일을 겪은 때를 생각해보자. 예컨대 친구나, 동료의 배우자나, 부모님, 혹은 자식이 다치거나 사망했다고 생각해보자. 그럼 그에게 전화해서 확인하고 어떻게 도와줄 수 있는지 물어야 한다. 그러나 우리는 그렇게 하지 않고 우왕좌왕하며 망설인다. 그 사이에 몇 번이고 전화기를 스쳐 지나가고, 결국에는 전화를 걸기는 너무 늦었다고 자책하게 된다.

망설임은 이렇게 시작된다. "그래, 전화를 해야 해. 그런데 지금쯤 저녁을 먹고 있지 않을까. 나중에 전화해야지." 서너 시간이 지난 후에는 "어, 잠자리에 들 시간이잖아. 내일 전화하는 게 낫겠어"라고 생각하며 뒤로 미룬다. 다음 날 아침, 잠에서 깨면 "아직 가족이 모두 모여 부산스럽겠지. 며칠 후에 조용해지면 전화하는 게 낫겠어"라고 생각한다. 결국 전화를 하지 못한 채 2~3주가 흐르고, 나중에 식료품점에서 그 친구나 동료를 마주치면 어떤 기분이겠는가? 대부분은 수치심을 느낄 것이고, 성실하지 못했다고 생각할 것이다. 내가 지향하는 용기 있는 행동 중 하나는 "고통받는 사람을 외면하지 말고 그에게 적극적으로 손을 내밀어라!"는 것이다. 내가 어렸을 때 어머니에게 배운 교훈이다.

지금까지 겪은 개인적인 경험과 내가 인터뷰한 대담한 리더들로부터 배운 교훈을 바탕으로, 나는 매일 집에 들어가기 전에 진입로에 들어서서 시동을 끄고, 그날 하루를 되짚어보며 5~10초간의 불편한 시간을 갖는다. 예컨대 무엇인가를 말하고 행동할 기회를 놓치며, 내가 가장 소중하게 생각하는 가치관을 위배하지는 않았는지 생각한다. 내가 지향하는 또 하나의 용기 있는 행동은 '편안함보다 불편함을 선택하는 것'이다.

이제부터 나는 그 불편한 순간에 대해 잠시 털어놓으려 한다. 수년 전, 나는 그 불편하기 이를 데 없는 절정의 순간이 얼마나 오랫동안 지속되는지 실험해보았다. 두 달 동안 집요하게 추적한 끝에 8초라는 결론을 내렸다. 대부분의 상황에서 거북함의 절정은 8초를 넘기지 않았다. 그래서 남편 스티브에게 거북한 말을 들으면 "황소에 올라탄 기분이야. 8초 만에 끝내!"라고 말하곤 했다. 요즘에는 거북한 일이 곧 일어날 듯하면, 가수 조지 스트레이트(George Strait)의 「아침에는 애머릴로에서」를 머릿속에서 생각한다.

하지만 나는 8초를 버틸 겁니다.
그들이 로데오 문을 열고 나갈 때까지.[2]

8초라는 시간이 일반적이란 뜻이다. 8초 동안 우리는 무엇이든 할 수 있지 않을까? 거북함이 그 이상 지속될 수 있지만, 로데오에서 가장 힘든 부분은 지나간 뒤이다. 가치관을 행동으로 옮기는 방법을 찾는 데 도움을 주는 질문들을 예로 들면 다음과 같다.

가치관 1 : _____

1. 당신의 가치관을 뒷받침하는 세 가지 행동은 무엇인가?
2. 당신의 가치관에 벗어나는 세 가지 미덥지 못한 행동은 무엇인가?
3. 당신이 이 가치관을 충실히 지키며 살았던 때의 예를 들어보라.

가치관 2 : _____

1. 당신의 가치관을 뒷받침하는 세 가지 행동은 무엇인가?

2. 당신의 가치관에 벗어나는 세 가지 미덥지 못한 행동은 무엇인가?

3. 당신이 이 가치관을 충실히 지키며 살았던 때의 예를 들어보라.

3단계 : 공감과 자기연민 – 경기장에서 가장 중요한 좌석에 앉혀라.

경기장에서 고군분투하는 우리에게 가장 힘든 상대는 '관중'이다. 특히 눈비나 따가운 햇살에도 아랑곳하지 않고 항상 관중석을 차지하고 앉아 있는 정기권 소지자들이다. 경기장이 관중으로 만원이더라도 우리가 계속 주시해야 할 사람은 그들이다. 더욱이 수치심은 정기권을 두 장 정도 갖고 있는 듯하다. 수치심을 유발하는 악령은 항상 짝을 지어 다니며, 우리를 양옆에서 압박한다. "마음에 들지 않아!", "너는 대체 네가 누구라고 생각해?"라고 빈정거린다. 결핍과 비교도 관중석에서 항상 나란히 앉는다. 결핍은 "시간도 없고 돈도 없고, 사랑과 관심도 부족해……"라고 투덜대는 목소리이고, 비교는 "다른 사람들은 어떻게 하는지 봐! 너보다 훨씬 낫잖아!"라고 질책한다.

본부석은 특권층의 전유물이다. 따라서 본부석은 경기장을 지은 사람들로 채워진다. 그들이 경기장을 지은 이유는 인종과 계급, 성적 성향과 능력 및 지위에서 자신과 유사한 사람들에게 도움을 주려는 것이었다. 따라서 그들은 고정 관념과 잘못된 정보, 두려움에 근거해 당신의 승패를 이미 결정했다. 우리는 이런 현실을 인정하고, 그에 대해 말해야 한다. 당신이 선택한 가치관이 무엇이든 간에, 자신의 가치관에 따라 살아가는 대담한 리더는 부당한 것에 대해 결코 침묵하지 않는다.

모든 리더와 조직은 불편하더라도 대담하게 '특권'에 대해 거론해야 마땅하다. 내가 경기장에 들어서지만, 그 경기장에 들어서는 다른 사람들과 똑같은 정도의 경험을 가진 것은 아니다. 나는 백인이고 이성애자이며 교육 받은 사람이다. 관중석의 많은 사람은 내가 잘해내리라 기대하며 나를 응원한다. 내가 성별을 극복할 만한 무엇인가를 갖추어야 할까? 물론이다. 그러나 내가 대다수보다 훨씬 특권적인 위치에 있다는 것은 의문의 여지가 없다. 우리는 경기장에 대해 생각할 때 우리는 인종과 연령, 성별과 계급, 성적 성향과 신체 능력, 인지 능력 등과 같은 요인들에 대해 생각해야 한다.

내가 지금까지 방문해서 강연한 거의 모든 기업에서 조직원들은 "멋진 조언이십니다. 하지만 인종에 대해 어떻게 말해야 할까요?"라며 주저하는 경우가 많았다. 이런 망설임을 마주할 때마다 이렇게 대답했다. "먼저 주변 사람들이 인종에 대해 어떻게 말하는지 들으십시오. 나중에 인종에 대해 말하더라도 많은 실수를 범할 겁니다. 인종에 대해 언급하는 자체가 무척 거북할 겁니다. 또 그때마다 필연적으로 비판이 따를 거고요. 그렇다고 침묵해서는 안 됩니다." 특권과 억압에 대한 대화가 거북하다는 이유로 그런 대화를 외면하는 것이 바로 특권의 전형이다.

침묵은 대담한 리더십이 아니다. 침묵은 용기 있는 문화의 일부도 아니다. 까다롭고 거북한 대화에 참여하는 용기는 당신이 미리 결정할 수 있는 길이 아니다. 대담한 리더는 모든 대답을 알고 있는 사람이 아니다. 대담한 리더는 난해한 주제에 대한 흠결 없는 논의를 가능하게 해주는 사람도 아니다. 대담한 리더는 "여러분을 지켜보고 있습니다. 여러분의 목소리를 듣고 있습니다. 내가 모든 대답을 알지는 못합니다만, 끊임없이 듣고 끊임없이 질문하겠습니다"라고 말하는 사람이다.

누구나 이런 말을 할 수 있다. 누구에게나 그런 능력이 있다. 또 노력을 통해 이런 공감 능력을 키워나갈 수도 있다. 좋은 일을 하고 싶다면, 우리는 이런 까다롭고 거북한 대화를 구체적으로 계속하여 비밀주의와 침묵을 멀리해야 한다. 이렇게 할 때 직장에서 수치심이 근절되고, 두려움을 퍼뜨리는 관중들에게 흔들리지 않으며, 경기장에 뛰어들어 가치 있는 피와 땀을 흘리게 될 것이다.

경기장에서 가장 중요한 좌석, 특히 어려운 시대에 우리가 눈길을 둘 수 있어야 하는 좌석은 공감과 자기연민을 위해 준비되어야 한다. 공감 좌석에는 우리의 가치관을 잘 알고, 가치관을 행동에 옮기려는 우리의 노력을 지원하는 한두 사람이 있어야 한다. 한편, 자기연민 좌석은 우리를 위한 좌석이다. 이런 공식에서 우리가 우리 자신을 응원하지 못하면 다른 사람의 응원을 기대해서는 안 된다는 걸 깨닫게 된다. 하기야 우리가 자신의 가치관을 우선시하지 않으면서 어떻게 다른 사람들에게 우리 가치관을 인정해달라고 요구할 수 있겠는가.

1. 당신의 가치관을 알고, 가치관을 행동에 옮기려는 당신의 노력을 지원해주는 사람이 있는가? 그렇다면 그 사람이 누구인가?

2. 그의 지원은 어떤 모습을 띠는가?

3. 가치관을 지키며 살려는 힘든 과정에서 당신은 자기연민으로 어떤 행동을 하는가?

4. 당신이 가치관을 벗어났다는 걸 알려주는 조기 경고나 신호는 무엇인가?

5. 가치관을 지키며 살아갈 때는 어떤 기분인가?

6. 두 가지 핵심 가치를 지키며 살아가는 것은 당신이 피드백을 주고받는 방법에 어떻게 영향을 미치는가?

공감 좌석이 이미 채워져 있다는 점에서 나는 운이 좋은 사람이다. 내 공감 좌석은 스티브가 차지하고 있다. 그는 내가 어떤 문제를 떠맡으면 그 압박감을 집까지 가져온다는 걸 잘 알지만, "그 문제는 당연히 당신이 맡아야지. 그게 당신의 진짜 모습이고, 그래서 내가 당신을 사랑하는 거야. 위기에 대비하는 차원에서 그 일을 맡아야지"라고 말한다. 내 자매들과 자식들도 나이가 들자, 종종 공감 좌석을 차지하고 앉아 뜨겁게 나를 응원한다. 대중적인 인지도가 있는 사람을 응원하는 일은 쉽지 않다. 그런 공개적인 응원에 대한 역풍이 때로는 잔혹하고 위협적일 수 있기 때문이다. 내 연구팀도 나를 응원하는 공감 부대에서 큰 부분을 차지한다. 그들이 없었다면 지금의 나는 없었을 것이다.

든든한 응원과 지원은 사랑과 격려, 바른 말과 '경계 설정'으로 여겨진다. 때로는 "아니, 나는 너를 지지하지 않아. 왜냐면……" 같은 말도 응원으로 느껴질 때가 있다.

자기연민은 말하기는 쉬워도, 실천하기는 어렵다. 내 경우에 자기연민은 수면과 건강식, 운동과 관계와 관련된 것이다. 뇌진탕 일화에서 언급했던 것처럼 내가 가치관에 따라 살아가느냐를 예측하는 최고의 변수는 신체와 감정과 영성의 건강 상태이다.

따라서 "이 문제는 결코 가볍게 넘길 문제가 아니야!"라고 생각하며 격분하면 내가 가치관에서 벗어났다는 증거이다. 분개는 일종의 조기 경보 장치이다. 비유해서 말하면, 분개는 '탄광의 카나리아'이다. 내가 누군가를 짜증나게 하지 않으려고 침묵을 지키면 마음속에는 분노가 치민다. 내가 삶의 행복보다 일을 우선시할 때 분노가 치민다. 이렇게 내가 경계를 올바로 설정하지 못하면 분노가 마음의 문을 경첩까지 통째로 날려버린다.

신앙과 용기를 가치관으로 유지하려면 많은 노력이 필요하다. 앞에서도 자주 말했듯이, 대담해지기 위해서는 많은 노력과 능력이 필요하다. 신앙도 다를 바가 없다. 영성에 대한 내가 가장 좋아하는 정의는 내 친구이며 멘토인 피트먼 맥기히(Pittman McGehee)의 것이다. 피트먼은 "영성은 평범한 삶에서 초월적인 것을 경험하려는 인간의 깊은 열망이다. 영성은 평범한 것에서 특별한 것을 경험하려는 기대, 일상적인 것에서 기적적인 것, 또 세속적인 것으로 위장된 신성한 것을 경험하려는 기대이다"라고 말했다.[3]

내 신앙을 가치관으로 유지하려면 하루하루를 진지하게 보내야 한다. 나는 트위터에서 낯선 사람과 허튼소리를 주고받을 만큼 한가하지 않다. 나는 평범한 것에서 기적을 찾아내느라 바쁘다. 사무실을 잠깐만 비워도 이메일이 도착했다는 신호음이 내 귀를 때리는 듯하다.

내가 소중한 시간을 낭비하고 있는 생각이 들면 나 자신에게 분노가 치민다. 만약 '트위터에서의 논쟁이 세속적인 것으로 위장된 신성한 것이지 않을까요?'라고 생각할 사람도 있겠지만, 나는 아직 그런 경지에 이르지 못했다!

가치관에 따라 살아가면 어떤 기분일까? 시간이 지남에 따라 이 질문에 대한 생각이 바뀌었다. 과거에는 결정이 쉽게 내려지면 내가 가치관을 지키고 있다는 증거라고 믿었지만, 리더가 된 후에는 사실 정반대라는 걸 알게 되었다. 다시 말하면, 결정이 어렵거나 무척 어려운 경우, 혹은 그 중간쯤에 있을 때가 내가 가치관을 지키고 있다는 증거이다. 나는 옳은 일을 하기가 쉽기를 바라지만, 실제로 그런 경우는 극히 드물다. 나는 경이롭고 멋진 순간을 더는 기대하지 않는다. 오히려 강하고 옹골찬 기분이 느껴질 때 조용한 시간을 바란다. 하지만 거의 언제나 피곤에 지쳐 지낸다. 내가 경기장의 힘든 순간에 대해 말할 때 자주 인용하는 캐나다 가수 레너드 코헨(Leonard Cohen)의 노랫말을 빌리면 "사랑은 승리의 행진이 아니다. 사랑은 차갑고 부서진 할렐루야다."[4]

생산적인 소통을 할 준비가 됐다는 10가지 신호

우리가 흔히 직장에서 맞닥뜨리는 가장 큰 과제는 피드백을 주고받을 때도 가치관을 유지하는 일이다.

리더의 용기

『마음 가면』에서 언급한 '참여형 피드백 체크 리스트'를 여기에서도 다시 소개하고 싶다. 이 체크 리스트는 『마음 가면』을 쓰기 위해 조사하고 연구한 결과를 바탕으로 작성된 것이지만, 새로운 리더십을 위한 검증 시험도 너끈히 통과했기 때문이다.

이 10가지 체크 리스트는 진심으로 소통을 시작할 준비가 되어 있는지를 판단하는 기준이다. 차분히 앉아서 피드백을 주기에 적합한 기분 상태에 있는가?[5] 그럼 시작하자.

1. 맞은편에 앉지 않고, 상대방 옆에 앉으려 한다.

누군가의 맞은편에 앉는다는 것은 단순히 위치의 문제만이 아니다. 그런 자리 배치는 본질적으로 적대적인 관계를 반영하는 것으로 생각한다. 물론 때로는 맞은편에 앉아도 상관없을 수 있지만, 당신과 나 사이에 중대한 무엇인가가 있다면 큼직한 책상은 우리 둘 사이의 거리감을 확대할 뿐이고, 힘의 차이를 보여주는 상징이기도 하다.

2. 문제를 어중간한 사이에 놓거나 상대 쪽으로 밀어내지 않고, 자기 앞에 기꺼이 놓으려 한다.

두 사람이 나란히 앉아 어떤 쟁점을 앞에 두면, 둘 사이에 둘 때와는 완전히 달라진다. 나란히 앉으면 그 쟁점을 동일한 시각에서 볼 수 있기 때문이다. 언어적 표현도 "이 부분에서 당신이 틀렸습니다"에서 "이 부분을 좀 바꿔야 할 것 같습니다"로 달라진다. 누군가가 당신 옆에 앉아, 당신이 그 문제에 개입한 잘잘못을 지적하지 않고 당신이 난관을 극복하도록 돕는다면 신체적이고 감정적인 경험, 인지적인 경험이 완전히 달라진다.

3. 경청하고 질문하며, 상대가 그 문제를 완전히 이해하지 못했을 수 있다는 걸 이해한다.

소통을 하는 목적은 가르치는 것이 아니다. 피드백으로 대화를 원만하게 풀어가고, 호기심 차원에서 사실을 확인하는 데 그쳐야 한다. 가르치려 한다면, 당면한 문제를 재빨리 끝내버리고 다른 문제로 넘어가는 데 집중하게 된다. 달리 말하면, 거북한 피드백이나 난해한 대화를 종결짓고 다음 모임까지 끌고 가기를 원하지 않는다는 뜻이다. 하지만 우리는 이런 태도를 버리고 근거 있는 확신을 찾아나서야 한다. "난 아직 확신할 수 없어. 내 생각을 솔직히 말하면, 여전히 많은 의문이 있어. 내가 이해하게 도와줄 수 있겠나?" 그러고는 더 깊이 파고들고 궁금한 점을 기록하며 질문한 후에 이렇게 덧붙일 수 있다. "이 건에 대해 생각할 시간이 필요해. 내일 원점에서 시작할 수 있을까? 그 사이에도 궁금한 게 또 생기면 너에게 연락할 게. 너도 질문이 있으면 언제라도 나한테 연락을 해."

4. 상대방의 실수를 지적하지 않고 상대가 잘하는 것을 인정한다.

이 기준은 적용하기 상당히 힘들 수 있다. 문제가 위기상황이거나, 마감 시간이 코앞에 닥쳤는데 기대치에 못 미친 상품이나 주문품에 대해 이야기하는 경우를 생각해보라. "정말 엉망이야! 그런데 5시가 마감이잖아!"라고 곧장 본론으로 들어가고 싶은 마음이 절실한 이런 경우, 점잖게 앉아 "시간을 내줘서 고맙네. 썩 잘한 부분이 3가지나

있더군!"이라 말하면 진실성이 느껴질 수 있겠는가. 그러나 잘못을 지적한다고 도움이 되지는 않는다. 이때마다 나는 "분노해서 조직원의 실수를 수집하는 것보다, 조직원이 일을 적절히 처리하는 순간을 포착하는 것이 조직을 위해 훨씬 더 바람직하다"는 켄 블랜차드의 가르침을 되새긴다. "5시가 마감이라는 걸 나도 알고 있네. 개요는 완벽한 것 같군. 하지만 도표는 약간 손을 봐야겠는데 도움을 받으면 어떻겠나?"라고 말하는 데는 2분밖에 걸리지 않는다.

5. 상대의 강점을 파악하고, 자신이 그 강점을 활용해서 문제를 해결할 수 있다는 걸 인정한다.

내 생각에는 강점에 기반을 둔 피드백이 최적의 접근법이다. 이때 당신은 그의 강점, 혹은 그가 잘하는 것이 이번 문제를 해결하는 데 적용되지 않았다는 걸 설명할 수 있기 때문이다. "당신의 강점은 세부적인 것도 놓치지 않는 것입니다. 작은 것에도 세심한 주의를 기울이는 그런 강점이 우리 팀의 성공에 큰 도움이 됩니다. 하지만 이번 일을 보면 그런 강점이 발휘되지 않은 것 같습니다. 우리에겐 당신의 그런 강점이 필요합니다." 그러나 우리가 극도로 화난 상태에 들어가면, 그의 긍정적인 감정을 생각해내지 못할 수 있다. 그렇게 되면, 좋은 피드백을 주기에 적합한 기분이 아니기 때문에 감정적으로 적절히 대응하지 못한다.

6. 상대에게 수치심을 주거나 비난하지 않으면서 책임을 물을 수 있다.

안타깝게도 많은 사람이 피드백을 수치심 자극과 질책의 형태로 받으면서 자랐다. 대부분이 생산적이고 존중하는 피드백을 주고받는 법을 배운 적이 없다. 이제부터라도 소통을 할 때, 대화에 집중하며 어디에서 수치심을 유발할 수 있었는지 기록해둔다면 도움이 될 수 있다. 이런 수준에 이르면 우리는 마음가짐에서 잘못된 피드백을 피할 수 있는 안전지대에 있게 될 것이다.

7. 마음을 열고 자신의 역할과 잘잘못을 인정한다.

당신이 어떤 것도 인정할 마음이 없다면, 또 그 문제에 기여할 것이 전혀 없다고 생각한다면, 당신은 소통할 준비가 되지 않은 것이다. 앞서 2장에서 언급했듯이, 나는 어떤 책임도 인정하지 않는 사람의 피드백이 필요한 경우를 본 적이 없다.

8. 상대의 실패를 탓하며 비판하지 않고, 그 노력에 진실로 감사한다.

상대가 잘한 점을 칭찬할 기회를 일부러라도 찾아라. "전화에 대한 피드백을 당신에게 주고 싶습니다. 그 프로젝트에 대해 고객들과 함께 상의한 것은 무척 잘한 일이라 생각합니다. 그렇게 하는 게 무척 어렵다는 걸 잘 알고 있습니다. 당신이 정말 잘했다고 생각합니다."

9. 문제의 해결이 어떻게 성장과 기회로 이어지는가에 대해 말할 수 있다.

생산적인 피드백은 경력을 쌓는 관점에서 무엇을 바꿔야 하는지 논의할 준비가 된 것이다. "내가 당신에게 바꾸라고 요구하는 것은 우리가 당신의 개인적 성장 영역이나 개인적인 과제로 논의했던 것과 밀접한 관계가 있습니다." 당신이 말하는 것을 당신의 대화 상대에게 중요한 것과 결부시키는 것이 무척 중요하다.

10. 취약성과 개방성을 보여주기를 기대하며 내가 먼저 본보기가 된다.

상대에게 새로운 것을 받아들이는 적극성을 기대하고 싶다면, 당신이 먼저 개방적이고 끝없이 질문하는 모습을 보여주어야 한다. 상대보다 먼저, 그런 행동의 본보기가 되어야 하고, 다른 종류의 기대와 기준을 무시해서도 안 된다. 가령 당신이 수동적이고 방어적으로 행동하면서도 까다로운 피드백으로 강한 인상을 주려 한다면, 그 피드백은 당신의 맞은편에 앉아 역시 수동적이고 방어적으로 행동하며 당신에게 강한 인상을 주려는 사람의 반응을 살피는 일이 될 뿐이다.

위의 체크 리스트 이외에 우리는 가치관에 따라 살아가면서 동시에 피드백을 주고받는 방법에 대해 생각해봐야 한다. 나는 직속 부하직원이나 다른 리더 혹은 사업과 무관한 사람 등 누구에게든 피드백을 주기 전에 내가 상대에게 어떤 모습을 보여주어야 하는가에 대해 신중하게 생각한다. 우리가 곤란한 대화를 한다는 이유로 가치관을 벗어나고 진실에서 일탈해야 할 때가 가장 고통스럽기 때문이다.

나는 피드백을 위해 대화할 때도 핵심 가치를 잊지 않는다. 먼저, 어김없이 용기를 발휘한다. 달리 말하면, 마음이 편안하자고 존중과 정직을 내팽개치지 않는다는 뜻이다. 존중보다 예절을 선택한다고 해서, 상대를 존중하지 않는 것이 아니다. 그 다음으로는 상대에게 마음껏 감정을 표현하도록 허용하지만 그 감정에 대한 책임을 묻지 않는다. 예컨대, 내가 껄끄러운 주제를 꺼내면, 상대가 있는 그대로 거북한 감정을 표현할 수 있도록 허용한다. 그의 감정적인 반응 때문에 내가 불편함을 느꼈다고 해서 그를 질책하거나, 반대로 상대가 그런 감정에서 벗어나도록 함부로 돕지 않는다. 어느 쪽이든 용기 있는 행동이 아니고 내 책무가 아니기 때문이다. 또한 그런 대응은 좋은 피드백을 방해한다.

직장에서 '나답게'를 지키려면 어떻게 해야 하는가?

이 경우에도 핵심 가치는 중요한 관련이 있지만, 그 이유는 다르다. 따라서 여기에서 풀어야 할 주된 의문은 "상대의 피드백 능력과 상관없이, 우리가 피드백을 받을 때도 핵심 가치를 지키려면 어떻게 해야 하는가?"이다.

삶을 관통하는 가장 까다로운 운명 중 하나는 태어나는 순간부터 피드백을 받는 쪽에 있다는 것이다. 부모와 교사, 성직자와 상담자, 대학 교수, 그 후로는 수십 명의 상사와 관리자, 동료로부터 피드백을 받아야 한다. 좋은 피드백을 주는 것은 일종의 능력이며, 피드백 전달을 잘하는 사람도 많지만 그렇지 않은 사람도 많다.

피드백이 어떻게 주어지더라도, 우리는 피드백을 받아 생산적으로 적용할 수 있어야 한다. 그 이유는 간단하다. 최고 수준에 이르려면 피드백이 필요하기 때문이다. 어떤 분야의 최고가 되느냐에 상관없이 반드시 필요한 것이 피드백이다.

여러 이유에서 피드백 받기는 까다롭다. 첫째는 전달 능력이 부족한 사람으로부터 피드백을 받을 수 있기 때문이고, 둘째, 상대가 전달 능력이 뛰어난 사람일 수 있지만 그의 진정한 의도를 알 수 없기 때문이다. 마지막으로, 우리는 예정된 수순에 따라 움직이며 무엇을 말하고 시행해야 하는지 정확히 아는 상태에서 피드백을 주지만, 반대로 피드백을 받을 때는 경계심을 푸는 경향이 있다. 어떤 상사는 사무실로 불러들이고, 고객은 전화로 피드백을 준다.

"자네가 제출한 보고서를 살펴보고 있네만, 형편없는 수준이군. 간결하지 않고 장황하기만 하더군. 자네 생각대로 그 프로젝트에 그렇게 많은 돈을 써야 하는지 모르겠네." 이런 질책도 여하튼 피드백이다. 이런 피드백이 생산적인 피드백이라 생각하는가? 마음의 문을 열고 순순히 받아들이겠는가? '형편없다!'라는 말을 듣는 순간부터 이 피드백은 백해무익하다.

피드백을 받을 때 도움이 되는 전술이 있다. 예컨대 피드백을 받을 때 우리 가치관에 부합하는 행동이나 발언을 찾아내면, 부정적인 피드백을 조금이나마 긍정적으로 바꿀 수 있다. 내 경우를 예로 들어보자. 나는 피드백을 받으면서 용기라는 가치관을 굳게 지키고 싶을 때, "어떤 말이라도 대담하게 경청하겠어"라고 혼잣말로 다짐한다. 구체적으로 말하면 "어떤 말이라도 대담하게 경청하겠어. 한 마디 한 마디를 모두 받아들여 짐스럽게 생각할 필요가 없어. 어떤 말이라도 대담하게 경청하겠어!"라고 다짐하는 것이다. 특히 맞은편에 앉으려는 사람이나 피드백 전달 능력이 뛰어나지 않은 사람에게 피드백을 받는 경우에는 "이 사람의 지적에도 소중한 것이 있고, 받아들일 게 있을 거야. 흥미로운 것은 취하고 나머지는 버리면 그만이야"라고 계속해서 생각한다.

또 피드백을 제공하는 사람이 유능해서 생산적인 대화를 주고받더라도, 거북한 말에 마음이 흔들리면 "최고의 수준에 이르려면 반드시 거쳐야 할 통과의례야." 혹은 "이 사람도 나만큼이나 이 문제에 관심이 있는 거야"라고 혼잣말로 중얼거린다.

나는 내 강연 방식에 대해 항상 피드백을 받는다. 강연장에서 어떤 옷을 입고, 카메라 앞에서 어떻게 행동해야 하느냐에 대해서도 피드백을 받는다. 그때마다 피드백을 주는 사람이 나를 도와 프로젝트를 최선의 방향으로 끌어가려는 것이라고 선의로 생각한다. 결국 거북한 문제를 주제로 대화할 때 나는 혼잣말로 다짐하며, 용기라는 가치관을 지키려고 애쓴다.

우리 워크숍에 참여해서 지식을 핵심 가치로 언급한 한 남성은, 피드백이 자신을 더 깊이 이해하는 데 반드시 필요한 수단이라고 설명했다. "내가 듣는 말에 대한 관심을 잠시도 늦추지 않습니다. 피드백을 받아 학습의 기회로 삼고, 기존의 지식까지 더하면 더 깊이 이해할 수 있으니까요." 또한 핵심 가치가 '가족'이라는 한 여성은, 피드백을 어떤 마음가짐으로 받느냐는 질문에 "내 행동을 조카딸이 지켜보고 본받기를 바라는 마음으로 행동합니다. 상대를 존중하며 차분하게 경청하죠. 끊임없이 질문하지만 상대를 윽박지르지는 않습니다"라고 대답했다. 무척 감동스러운 대답이었다.

현재에 충실하며 방어적인 자세를 피하는 데도 많은 연습과 훈련이 필요하다. 이렇게 하는 것만으로도 그 자체가 대단한 성공이다. 우리 안의 모든 것이 단절과 폐쇄를 지향하는 경향을 띠기 때문이다. 가령 내 몸이 "이것은 안전하고 편안하게 느껴지지 않아. 그만두는 게 낫겠어"라고 말하면, 상대의 말이 전혀 내 귀에 들어오지 않을 것이고 결국 나는 "음, 음, 알았어. 그만둘게"라고 중얼거릴 것이다.

예를 들어, 당신이 최근에 방어적인 자세를 취했던 피드백 대화를 돌이켜 생각해보라. 신체적 징후로는 팔짱을 끼거나, 두 손을 호주머니에 찔러 넣은 자세를 취했을 것이다. 입속이 바싹바싹 말랐을 것이고, 머릿속으로는 의견 충돌을 확인했을 것이다("그들은 내 말을 듣지 않아", "그들은 큰 그림을 보지 않아"). 또 감정적 징후로는 불안감과 좌절감 및 압도된 기분을 느꼈을 것이다.

만약 당신이 이렇게 방어적인 자세를 자주 취하는 경우, 호기심을 되찾아 끈질기고 자세하게 질문을 던지며 다른 사람의 관점을 배워야 한다. 또한 대화의 속도를 늦출 수 있도록, 당신을 되돌리는 행동과 혼잣말을 개발하는 게 무엇보다 중요하다. 압도된 기분에 사로잡히는 경우에는, 그 문제를 나중에 다시 논의하자고 제안하며 시간을 벌 필요가 있다.

피드백을 받는 궁극적인 목적은 피드백을 듣고 적절히 통합해서 효과적으로 반영하는 것이다. 불편함을 충분히 인정하고 감당할 수 있다면, 우리는 피드백을 주고받는 어떤 경우에라도 언제나 유리한 입장이 될 수 있다. 예컨대 내가 여러 과제를 제대로 해내지 못했고, 실패한 까닭에 당혹감을 느끼지만 거북한 피드백을 담담히 받아들일 수 있다면, 이렇게 말할 수 있다. "당신도 아시다시피 난 지금 일이 너무 많습니다. 당신의 지적대로 하나만 선택해서 집중적으로 파고들고, 나머지는 뒤로 미루고 나중에 처리할 수 있다면 기꺼이 그렇게 할 겁니다. 하지만 지금 당장에는 많은 이야기를 들으려고 합니다."
이런 반응은 생산적이고 대담하며 상대를 존중하는 태도이다.

나는 용기를 핵심 가치로 삼기 때문에 휴식이 필요하면 "휴식이 필요하다"라고 말한다. 또 "당신의 행동 때문에 당신이 무슨 말을 하는지 제대로 들을 수 없습니다. 당신이 화난 것은 이해합니다. 상관없어요. 하지만 분풀이는 다른 식으로 하는 게 어떻겠습니까? 나도 신경쓰이니까요"라고도 과감히 말한다. 더 많은 시간을 요구하고, 원점으로 돌아가자고 요구하며, 상대에게 더 많은 것을 말해달라고 요구하려면 용기가 필요하다. 까다로운 피드백 시간을 끝낸 후에 "연결된 기분을 느꼈다. 용기를 유지했다. 진정성과 호기심을 잃지 않았다!"라고 말할 수 있다면, 피드백 자체가 대담한 것이고, 그 자체로 승리한 것이다.

마이오비전(Miovision)의 최고문화책임자, 나탈리 두몬드(Natalie Dumond)의 이야기로 피드백에 대한 설명을 마무리 짓기로 하자. 마이오비전은 교통 체증을 줄이고 도로의 안전성을 향상시키며 도시계획을 지능적으로 결정하는 데 필요한 자료와 도구 및 지혜를 도시 당국에 제공하는 스마트 시티 테크놀로지 기업이다. 마이오비전은 어떻게 하면 효율적인 피드백 문화를 만들어갈 수 있는가를 설득력 있게 보여주었다.

"많은 조직이 그렇듯이 마이오비전도 성과 관리(구체적으로 말하면 성과 피드백)를 의미 있게 진행하고, 그 과정에서 모든 직원에게 소중한 교훈을 전달하는 방법을 찾기 전까지 오랫동안 시행착오를 겪었다. 그 방법을 찾기 위한 여정을 시작하기 전에, 우리는 별의 개수와 역량 목록표를 이용한 지루하고 장황한 평가 방법으로 성과를 관리했다. 결국 직원별로 360개 항목에 대한 평가가 이루어지는 셈이었다. 이런 평가는 수동적이면서도 공격적인 행동을 유발하고, 직원들을 불안하게 만드는 듯했다. 하기야 자신에 대한 평가가 궁금하지 않은 사람이 어디에 있겠는가.

인력관리부와 팀장들은 모든 직원이 참여하도록 그 프로그램을 감독해야 했지만, 안타깝게도 팀장들에게는 거북한 대화를 끌어갈 만한 능력이 없었다. 따라서 팀장들은 거북한 대화를 아예 피하거나, 형편없이 시행할 수밖에 없었다. 전체적으로 그 프로그램은 아무런 효과를 거두지 못했고, 직원들에게 의미나 가치를 더해주지도 못했다. 결과적으로 우리가 조직 전체에서 보기를 원했던 행동(신뢰와 취약성, 호기심과 긍정적인 의도, 자각 등)을 함양하거나 촉진해주지 못했다.

유의미한 성과 관리 시스템을 찾아내기 위해 수년을 시도한 끝에, 우리는 모든 가식을 벗어던지고 급진적이고 취약한 방법을 선택하기로 결정했다. 직원들을 운전석에 앉히고, 리더들을 조수석에 앉혔다. 그때부터 피드백과 성장은 모두의 책임이 되었다. 우리의 목적은 용기 있는 피드백을 통해 신뢰 문화를 구축하는 것이었다. 직원들이 취약성을 인정하며 동료와 일대일로 피드백을 구하고, 동료에게 거북한 말도 할 수 있는 용기와 능력을 겸비한 문화, 리더들이 가치를 공평무사하게 평가하고 거북한 대화가 성장으로 이어진다고 인정하는 문화, 이런 문화를 우리는 마음속에 그렸다.

우리는 이런 접근법을 성공적으로 시행했고, 이제 그 새로운 프로그램은 우리 문화의 일부가 되었다. 그 프로그램과 관련된 비전과 영감, 특히 용기 있는 피드백에 대한 강조는 브레네 브라운의 '대담한 리더십 프로그램'에서 비롯된 것이다. 이 프로그램을 시행하는 과정에서, 우리는 유의미한 피드백을 위해서는 문제의 핵심을 찔러야 하고, 직원들에게 취약성을 인정하는 능력을 가르치고 독려해야 한다는 걸 알게 되었다. 우리는 직원들과 리더들이 용기 있고 진실하게 조직을 끌어가도록 훈련을 계속하고, 그들에게 대담한 피드백을 주고받는 방법도 가르친다. 이렇게 우리는 신뢰와 호기심, 긍정적인 의도와 자각의 문화, 또 나날이 번성하는 문화를 형성해가고 있다.

현재 마이오비전의 성과 관리 프로그램은 직원들이 동료들과 지속적으로 피드백을 주고받는 과정이다. 어떤 경우도 익명이 허용되지 않고 거북한 대화가 기본이다. 동료로부터 받은 피드백을 종합하는 방법을 비롯해, 전 과정이 직원에 의해 운영된다. 우리는 직원들에게 부정적인 피드백도 받아들이고, 동료들로부터 배운 것을 리더에게도 알려주라고 독려한다. 그래야 리더가 직원들을 적절히 도와주고 인도할 수 있을 것이라 생각하기 때문이다. 우리는 직원들이 각자의 성과를 인정하고, 지속적인 성장을 추구하는 마음가짐을 함양하며, 동료들과 진정한 관계를 형성하기를 진실로 바란다.

우리 프로그램의 성공을 결정하는 주된 열쇠는, 용기 있는 피드백이 어떤 것인지에 대한 리더들과 직원들의 훈련에 있다. 따라서 우리는 직원들에게 실시간으로 서로 피드백을 주고받으며 '피드백 근육(feedback muscle)'을 강화하도록 돕는 워크숍을 제공한다. 직원들이 각자의 성과를 인정하고 피드백에 충실하도록 유도하는 조직은 내부적으로 놀랍도록 자유롭다. 또한 거북한 대화를 해낼 수 있는 유능한 코치로 리더를 키워내는 조직의 효율성은 놀랍도록 높다. 우리가 지금까지 확인한 바에 따르면, 현재의 프로그램을 통해 모든 직원이 적절한 행동 능력을 기르고, 성장할 기회를 얻고, 용기를 발휘하려는 자극을 받는다."

'가치관을 알고 있다'는 말의 의미

가치관의 공유는 팀원 간의 신뢰와 관계를 구축하는 원동력이다. 나는 개인적으로 우리 팀원들과 연결되어 교감하는 걸 자랑스럽게 생각한다. 그러나 어느 날 아침, 내가 팀원들에게 나의 두 가치관을 알리고 나서 논의하는 시간을 가진 후에 깨달은 것이 있다면, 우리가 상대의 가치관을 이해하는 충분한 시간을 갖지 않는 한 그 사람을 진정으로 알 수 없다는 것이다. 예컨대 한 신입 팀원은 우리 문화와 하나가 되려고 무척 노력했지만 쉽지 않았다. 따라서 그녀에게 조금이라도 도움을 주려고 나는 다양한 시도를 해보았지만, 어떤 시도도 상황을 눈에 띄게 바꿀 수는 없었다.

그녀와 가치관을 공유하려고 애쓰는 과정에서 나는 그녀의 가치관이 '연결'이라는 걸 알게 되었다. 그녀는 동료로서 업무로만 연결되는 게 아니라, 작지만 인간적 관계를 맺는 시간이 있어야 그 가치관이 돈독해진다고 밝혔다. 예컨대 아침에 출근해서 안부를 묻는다거나, 업무 이외의 삶에 대해서도 알아야 한다는 뜻이었다. 그다지 어려운 일은 아니었다. 나도 그런 작은 연결을 좋아했지만 습관적으로 실행하지 않을 뿐이었다. 하지만 이제 나도 그렇게 하며, 그녀만큼이나 작은 연결을 즐긴다. 그 '작은 연결'이란 가치관의 공유가 그녀만이 아니라 우리 관계까지 크게 바꿔놓았다.

가치관의 공유가 관계를 강화해준다는 또 다른 증거는, 내 친구이자 우리 연구소의 자금관리책임자인 찰스와의 관계에서 알 수 있다. 솔직히 말해서, 우리는 오래전부터 서로 알고 지낸 까닭에 더 이상의 연결이 가능할 거라고는 꿈에도 생각하지 않았다.

찰스가 나와 합류하겠다며 중견 광고회사의 자금관리책임자라는 직책을 그만둔 것은 무척 힘든 결정이었다. 가치관에 대해 대화하는 과정에서 나는 그의 가치관 중 하나가 재무적 안정이란 걸 알게 되었다. 물론 당신은 이렇게 생각할 수 있다. "뭐가 힘든 결정이란 거지? 이해가 되는데. 지금은 당신 회사의 자금관리책임자이고, 당신의 가장 절친한 친구이기도 하잖아." 하지만 솔직히 나는 잘 모르겠다. 내가 큰 위험을 무릅쓰고 새로운 사업에 크게 투자하려고 그럴듯한 이야기를 꾸미면, 찰스는 그 이야기를 의심하고 끝없이 질문을 퍼부어댔다. 나를 완전히 신뢰하지 않았거나, 나를 설득해서 그 사업을 그만두게 하는 게 그의 임무라고 생각했기 때문이었다. 그런 의심이 그의

리더의 용기

책무이자 그의 가치관이란 걸 알게 되었을 때 나는 울고 싶었다. 하지만 그 이후로 그런 의심은 내가 특별히 좋아하는 그의 장점 중 하나가 되었다. 이제 나는 그를 크게 신뢰하기 때문에 그에 대해 언급하는 것만으로도 눈물이 맺힐 지경이다. 결론적으로 우리는 상대의 가치관을 알 때까지 그를 완전히 아는 것이라고 할 수 없다.

나는 전 세계의 리더들에게 '가치관 공유'라는 훈련을 시행했고, 적지 않은 리더가 20년 이상 함께 일한 동료나 친구의 가치관을 깨닫고는 충격을 받았다고 대답했다. 작년에 우리는 전사적으로 한 해를 마감하는 훈련을 실시했다. 우리는 한 권의 책을 다 함께 읽었고, 모든 팀에게 연말 보고를 하는 20분 동안, 그 책에서 얻은 두세 개의 교훈을 포함하라고 요구했다. 대학 교수들이 흔히 사용하는 기법으로, 어떤 책에서 얻은 교훈을 자신의 것으로 만드는 최적의 방법은 그 교훈을 다른 것에 접목하고 다른 사람에게 가르치는 것이다. 훈련을 시작할 때, 우리는 각자 커다란 게시판에 2개의 가치관을 썼다. 훈련이 진행된 이틀 동안, 동료들을 높이 평가하는 이유와 그들이 가치관에 따라 살아간다고 생각하는 이유도 적었다. 무척 아름다운 이틀이었다. 나는 당시 작성한 게시판을 지금도 서재에 걸어두고 '가치관 공유'의 중요성을 마음에 새기는 촉매로 삼고 있다.

내가 가장 좋아하는 혁신가는 하인츠 두펀스머츠(Heinz Doofenshmirtz) 박사이다. 드루셀스타인에서 태어난 두펀스머츠는 전 지역에 피해를 주며 자신의 규칙을 강요하는 두펀스머츠 악당 주식회사의 창업자이다.

당신이나 당신의 자녀가 디즈니 만화영화 「피니와 퍼브」의 팬이라면, 내가 누구를 이야기하려는 것인지 알 것이다. 그 만화영화를 보지 않은 사람에게는 지금이라도 시청해보라고 권하고 싶다. 하인츠 두 펀스머츠는 많은 인상적인 등장인물 중 한 명이다. 두펀스머츠는 자신이 발명한 모든 것에 '-이네이터(-inator)'라는 접미어를 덧붙인다. 나는 이런 발상이 특히 마음에 든다. 이 만화영화를 모르는 사람을 위해 약간의 예를 들어보자.

- 팝업-이네이터(Pop Up-inator) : 실질적으로 전 지역에 어디에나 사악한 팝업 광고를 띄우려는 기계
- 도도새 인큐베이터-이네이터(Dodo Bird Incubator-inator) : 두펀스머츠가 전 지역을 점령하는 데 도움을 줄 수는 사나운 괴물 새를 만들어내려는 기계
- 소금물 타피-이네이터(Salt Water Taffy-inator) : 아이들에게 충치를 잃게 하려는 기계
- 닭고기 스프-이네이터(Chicken-Soup-inator) : 두펀스머츠에게 판매를 거부한 상점을 파산시키려는 기계

두펀스머츠와 경쟁하고 싶은 생각은 조금도 없지만, 나는 팀원들과 힘을 합해 '가치관의 행동화를 돕는 것(value operationalizinator)'을 고안해냈다. 우리 워크숍에 참여한 많은 기업이 우리에게 기업의 가치관을 가르치고, 관찰하고, 평가할 수 있는 행동 양식으로 전환해달라고 요청했다. 우리는 두펀스머츠처럼 거대한 나팔관을 가진 기계도 없고, 아직은 그럴듯한 알고리즘을 찾아내지도 못했다. 그러나 우

리 연구팀은 대부분의 조직이 폭넓게 채택하는 가치와 관련된 수백 가지의 행동 양식을 자료로 확보하고 있다.

'브레네 브라운 교육 및 조사 연구소'를 예로 들어 설명해보자. 우리 조직이 지향하는 가치관은 다음과 같다.

- 대담하라.
- 섬기는 마음으로 일하라.
- 배려하고 또 배려하라.

각 가치관은 적합한 행동 양식으로 전환되었고, 우리는 그 행동을 실천해 보여야 한다. 각 행동은 직원들과 그들의 관리자에 의해 별개로 리커트 척도(Likert Scale, '매우 그렇다'에서 '전혀 그렇지 않다'까지 5-1)로 평가되고, 1년 내내 진행되는 일련의 일대일 대화에서 비교된다. 이 대화를 통해 우리는 강점과 성장 기회 및 코치가 필요한 영역을 찾고, 다시 다른 사람에게 멘토링을 제공할 수 있는 영역을 찾아간다.

'대담하라'는 가치관은 이 책에서 주로 다루는 용기를 키우는 작업과 밀접한 관계가 있다. 이 가치관을 뒷받침하는 행동을 예로 들면,

- 다른 사람과의 경계를 명확히 설정한다.
- 거북하고 까다로운 대화와 모임 및 결정을 받아들인다.
- 상대에게 말하고 상대에 대해 말하지 않는다.

'섬기는 마음으로 일하라'는 가치관은 관리 책무(stewardship)와 관련된 것이다. 역시 이 가치관을 지원하는 행동을 예로 들면,

- 나는 우리 조직과 소비자의 경험을 책임진다.
- 나는 책임지고 어떤 상황에나 활력을 주어야 한다. 따라서 항상 긍정적이려고 노력한다.
- 내게는 급속히 변하는 환경에 적응할 책임이 있다.

'배려하고 또 배려하라'는 가치관은 우리가 자신과 상대를 배려하는 방법과 관계가 있다.

- 나는 시기적으로나 직업적으로 적절하게 대응함으로써, 동료들을 존중하고 그들과 교감하려고 애쓴다.
- 나는 팀과 동료들에게 항상 감사한다.
- 나는 다른 사람의 시간을 소중하게 생각한다.

이런 식으로 접근하면 당신도 고결하고 주관적인 가치관을 실질적으로 실천할 수 있는 행동 양식으로 전환할 수 있을 것이다. 거듭 말하지만, 명확함은 친절한 것이고 불명확함은 불친절한 것이다.

이렇게 하면, 조직의 가치관에 대한 기대치는 물론이고, 조직 문화와 언어적 표현의 경계까지 명확히 규정할 수 있다. 또한 신입 직원을 채용할 때 문화적 적합성을 결정하고, 성과와 관련되지 않는 쟁점에서 적정한 행동 기준을 제시하는 데 도움이 된다.

행동화된 가치관은 생산적인 결정을 내리는 데도 도움이 된다. 가치관이 분명하지 않으면 조직원이 쉽사리 우왕좌왕할 수 있다. 조직원들은 충동적으로 대응하게 되고, 결국 조직이 위험에 빠질 수 있다. 하지만 행동화된 가치관은 내가 최적의 의사결정이라 생각하는 신중하면서도 명확한 결정에 도움을 준다.

이 책의 곳곳에서 대담한 리더십의 사례로 인용한 멀린다 게이츠도 가치관의 공유에 대해 이렇게 말했다.

"당신이 팀원들을 가치관 대화에 끌어들일 수 있으면 갈등을 해소하기가 훨씬 쉬워진다. 사람들은 특정한 전략에 애착하는 경향을 띠며, 빌과 나도 예외가 아니다. 그러나 당신이 그 전략을 핵심 가치에 결부시켜 다른 사람에게 설명해야 한다면, 당신의 가정에 더 효과적으로 의문을 제기할 수 있고, 다른 사람이 자신의 가정에 의문을 제기하도록 도움을 줄 수도 있다.

우리 재단의 기본 원칙은 공정함이다. 따라서 불완전한 수단을 동원해서라도 지금 당장 생명을 구하는 게 나은가, 아니면 더 나은 수단을 확보해서 나중에 더 많은 생명을 구하는 게 나은가를 두고 의견이 갈릴 때, 각 전략이 공정성이란 핵심 가치와 얼마나 일치하는가를 따져본다.

물론 이런 논쟁에서 정답은 없다. 어느 쪽이든 장점이 있다. 그러나 공정성을 기준으로 내 주장의 타당성을 입증하다보면, 내가 느끼는 것과 그렇게 느끼는 이유에 대한 연대감을 얻는다. 게다가 내가 처음에 제안한 방향과 다른 방향으로 향하더라도, 다른 사람들이 어떤 방향의 공정성을 선호하는지 이해하기 때문에 크게 개의치 않는다. 가치관에 중점을 두는 것만으로도 훨씬 더 생산적인 대화가 가능하다. 또, 그 대화에서 어떤 결정이 내려지더라도 자신의 의견이 경청되었다는 만족감도 크다."

가치관을 행동에 옮기려면 가치관을 뒷받침하는 능력이 무엇이고, 그 능력을 어떻게 결합해야 하는가를 명확히 해야 한다. '긍정적 의도의 추정'이란 가치관을 예로 들어 설명해보자. 우리 연구팀이 확인한 바에 따르면, 이 가치관은 많은 조직이 채택한 보편적인 가치관으로, 다른 사람의 의도와 언어, 행동을 최대한 너그럽게 해석해야 한다는 것이다.

상당히 쉽게 들리겠지만, 나는 '긍정적 의도'를 오래전부터 연구해왔다. 지금까지의 연구 결과에 따르면, 긍정적 의도는 쉽게 배우고 실천할 수 있는 능력이 아니다. 긍정적 의도의 추정을 가치관으로 삼는 조직에서는 그런 의도의 중요성을 설명하고 가르치지만, 그런 가치관을 실질적으로 뒷받침하는 구체적인 능력을 나는 어디에서도 본 적이 없다.

인간에게서 기대할 수 있는 최고의 기본적인 능력은 무엇일까? 경계를 설정하고 유지하는 것이다. 그렇다면, 긍정적인 의도 추정이 가능하다는 기본적인 믿음은 무엇일까? 인간은 최선을 다한다는 믿음이다. 시간이 지남에 따라 우리는 그 능력과 믿음을 차례로 얻게 되겠지만, 대부분의 사람은 경계를 설정하는 능력을 갖고 있지 못하다. 또 우리 연구팀이 인터뷰한 리더의 50퍼센트만이 조직원이 최선을 다한다고 믿었다. 따라서 기업이 자신들의 가치관을 게시판에 써 붙이기는 쉽지만, 그 가치관을 실천하기는 훨씬 어렵다.

먼저 경계 설정을 살펴보자. 타인을 가장 너그럽게 해석하는 사람이 경계를 가장 명확히 설정한다. 실제로 내가 지금까지 인터뷰한 리더들 중에서 동정적이고 너그러운 사람이 경계 설정에서 상대적으로 명확했다. 우리는 상대가 우리 경계를 존중하지 않을 때, 상대의 의도를 나쁘게 짐작한다고 밝혀졌다. 그런 경우에는 상대가 의도적으로 우리를 실망시키려 한다고 의심하기 쉽기 때문이다. 하지만 좋은 것만이 아니라 그렇지 않은 것까지 인정하고 존중하는 사람에게는 동정적인 마음을 가질 수 있다.

이런 이유에서 우리 연구팀은 이런 가치관을 Live BIG(boundary, integrity, generosity, 크게 살기. 즉, 경계를 명확히 설정하고 성실하고 너그럽게 살기)이라고 칭한다. 따라서 긍정적 의도의 추정이 지속되려면, 팀원들이 "내가 다른 사람의 의도와 언어, 행동 등을 성실하고 너그럽게 추정하려면 어떻게 경계를 설정해야 하는가?"라고 끊임없이 자문할 수 있어야 한다.

조직의 가치관이 적힌 게시글을 벽에 걸어두더라도, 그 가치관을 뒷받침하는 행동을 깊이 연구하고 그렇게 찾아낸 행동을 조직원들에게 가르치지 않는다면, 그 가치관은 허튼소리에 불과하다.

명확한 경계 설정과 긍정적 의도의 추정에는 '조직원들이 현재의 수단으로 최선을 다할 것'이라는 확고한 믿음이 필요하다. 하지만 인간은 게으르고 나태하다. 심지어는 일부러 리더를 열받게 한다는 속설도 있다. 물론 누구나 변하고 성장할 수 있지만, 긍정적 의도를 전제하기 위해서는 조직원들이 그 순간 진실하게 노력하고 있다는 믿음이 필요하다.

나는 긍정적 의도라는 개념을 연구하며 오랜 시간을 보냈다. 만약 사람들에게 당신이 최선을 다한다고 생각하느냐고 묻는다면, 자신에게 냉정한 사람은 단호히 "천만에!"라고 대답할 것이다. 그러나 자기연민과 공감을 강조하는 사람은 "글쎄요, 나는 그렇다고 믿습니다"라는 변명투로 대답할 것이다. 내 경험에 따르면, 자신의 감정이 전혀 보편적인 감정이 아니라는 것을 아는 사람이 주로 변명투로 말한다. 두 대답 사이에는 거의 차이가 없다. 한때 나는 단호히 "천만에!"라고 말하는 사람이었지만, 이제는 구태여 그렇게 대답하고 싶지는 않다. 연구 결과를 통해 성실하게 살아가는 사람들은 거의 "그렇다. 인간은 최선을 다한다"라고 대답하고, 완벽주의와 씨름하는 사람들은 "아니다. 인간은 최선을 다하지 않는다"라고 생각하는 경향을 띤다는 게 밝혀졌기 때문이다. 대담한 리더십에 초점을 맞추면 두 대답의 차이가 드러난다. 대담한 리더는 조직원들이 최선을 다한다는 전제하에 일하지만, 에고와 갑옷, 부족한 능력과 씨름하는 리더는 그렇게 생각하지 않는다.

"천만에! 인간은 그렇지 않지!"라는 생각에서 나를 끌어내준 사람은 남편 스티브였다. 언젠가 내가 "인간이 모든 수단을 동원해 최선을 다한다고 생각해?"라고 물었을 때, 스티브는 "당신이 알고 있을지 모르지만, 모두가 최선을 다한다고 생각하고 일하면, 내 삶이 더 나아지는 건 분명한 것 같아"라고 대답했다.

『라이징 스트롱』에서 워크숍 참가자들에게 때때로 시도하는 훈련의 결과를 다룬 적이 있다. 이곳의 논점과 완벽하게 맞아떨어지기 때문에 그 결과를 여기에 다시 인용해보려 한다. 그 훈련에서 우리 팀은 참가자들에게 좌절감이나 실망, 혹은 원망을 안겨준 사람의 이름을 쓰도록 했다. 그러고는 그 사람이 최선을 다한 것이라 생각해보라는 제안을 덧붙였다. 참가자들의 응답은 무척 폭넓었다. 한 남자는 "저런! 그 사람이 정말 최선을 다한 거라면 내가 얼간이였네요. 그를 그만 괴롭히고 도와줘야겠지요"라고 대답했다. 한편, 한 여인은 "그 말이 사실이라면, 그러니까 어머니가 최선을 다한 것이라면 정말 슬플 것 같네요. 하지만 슬프기보다 화가 났으면 좋겠어요. 어머니가 앞으로도 지금처럼 나를 실망시킬 거라는 사실에 슬퍼하기보다는, 일부러 내 기대를 저버렸다고 생각하는 편이 더 마음 편할 테니까요"라고 대답했다.

리더들에게 이 질문에 대한 대답을 구하기는 언제나 쉽지 않다. 조직원들이 최선을 다하고 있는데도 성과를 올리지 못한다면, 대부분의 리더가 그들을 어떻게 이끌어가야 하는지 난감할 거라고 판단하기 때문이다. 현재의 쟁점을 끈질기게 밀고 가겠다는 전략은, 팀원들을 가르치고 그들의 능력 차이를 재평가해서 그들에게 새로운 임무를 맡기거나 해고하는 어려운 과제 앞에서 무너질 수밖에 없다.

사람들은 당면한 문제에 대한 거북한 대화를 시도하지 않는다. 바보 같은 소리로 들릴 수 있겠지만, 대부분이 차라리 그런 대화를 외면하며 원망과 실망, 좌절감을 껴안고 지내는 쪽을 선택한다.

언젠가 웨스트포인트에서 리더들을 상대로 이 훈련을 실시했을 때 무척 심오한 대답을 얻었다. 한 장교가 '정보의 정확성'을 강력하게 주장하며, "강사님은 상대가 최선을 다하고 있다는 걸 100퍼센트 확신하십니까?"라고 집요하게 물었다. 내가 두세 번 "그렇다"라고 대답하자 그 장교는 길게 숨을 내쉬며 말했다. "그럼 바위를 움직여야지요."

나는 당황해서 물었다. "바위를 움직이다니요? 그게 무슨 뜻인가요?"

그가 고개를 설레설레 저었다. "바위를 그만 발로 차고, 움직이는 게 낫다는 뜻입니다. 발로 차면, 바위와 나 모두에게 상처만 남기니까요. 그 사람이 현재의 자리에 적합한 사람이 아니면, 아무리 자극하고 밀어붙여도 변하지 않을 겁니다. 그 사람은 조직을 위해 기여할 수 있는 자리에 재배치되는 게 더 낫습니다."

긍정적 의도를 추정한다고 해서 조직원이 목표를 설정하는 걸 돕지 않는다는 뜻이 아니다. 또 조직원들이 성장하고 변하는 걸 기대하지 않는다는 뜻도 아니다. 긍정적 의도로 추정한다는 것은, 조직원이 성취해야 마땅한 것만을 근거로 그를 존중하고 평가하지 않고, 조직원을 그 자체로 존중하고 실제로 행한 일에 대해서만 책임을 묻겠다는 뜻이다. 따라서 "나는 지금 최선을 다하고 있다"라는 긍정적인 추정을 자신에게 돌리다가는 격한 감정에 휩싸이며 분투하게 된다.

겉보기에 단순한 가치관을 뒷받침하는 행동과 능력이 이렇게 매번 복잡한 것은 아니다. 하지만 대부분이 일반적으로 생각하는 것보다 더욱 복잡하다는 것은 사실이다. 우리가 가치관에 따라 살아가고 싶다면, 그 가치관을 가르치고 관찰할 수 있는 행동과 능력으로 전환할 수 있어야 한다. 또한 우리 자신과 다른 사람이 그 가치관에 어긋나지 않게 행동했을 때, 책임을 묻는 불편한 일도 해낼 수 있어야 한다.

3부에서는 '신뢰'라는 개념을 분석하며 개념의 행동화에 대해 더 깊이 살펴볼 것이다. 지금 당장에는 경기장에서 승리를 보장하는 것은 없다는 걸 기억하는 게 중요하다. 우리는 앞으로도 힘들게 분투할 것이고 실패도 피할 수 없을 것이다. 물론 어둠도 있을 것이다. 그러나 우리가 행동하고 노력할 방향을 인도하는 가치관을 명확히 규정하면, 어둠 속에서도 빛을 찾아낼 수 있을 것이고 대담하게 산다는 것이 어떤 뜻인지도 깨닫게 될 것이다.

Part

3

대담하게 신뢰하기

Realiability

| 신뢰 |

대담한 리더는
편안함을 추구하기보다
용기 있는 선택을 하는
사람이다.

재밌고, 빠르고, 쉬운 일보다는 올바른 것을 선택하는 일,
자신의 가치관을 실천하는 것이 진짜 리더십이다.
입으로만 떠드는 것이 아니라!

나는 '신뢰'라는 단어가 변신 로봇 트랜스포머처럼 선한 사람을 순식간에 공격적인 사람으로 바꿔놓는 것을 몇 번이고 보았다. 누군가 우리의 신뢰성에 의문을 제기하는 작은 낌새만으로도 취약성을 감추기 위한 조치는 시작된다.

방해할 준비는 됐는가? 옙!
갑옷과 투구는 입었는가? 옙!
마음은 단단히 닫았는가? 옙!
방어 기제는 작동하는가? 옙!

일단 우리가 '안전을 위한 견제 상태'에 들어가면 뇌의 변연계에서는 방어와 생존과 관련된 반응을 보인다. 살아남기 위한 생존 모드에 들어가기 때문에, 우리는 주변에서 말하는 것을 들을 수도 없고 처리할 수도 없다. 누구나 자신이 신뢰할 만한 사람이라고 생각하지만, 모순적이게도 다른 사람을 신뢰하기는 쉽지 않다. "저는 정말 신뢰할 만한 사람입니다"라고 말하면서도 극히 일부의 동료만을 신뢰하는 것이다. 수학적으로 앞뒤가 맞지 않는 현상이다. 자신이 신뢰할 만한 사람이라 생각하는 것과, 다른 사람에게 신뢰할 만한 사람으로 인식되는 것은 완전히 별개의 일이다.

신뢰와 불신에 대한 찰스 펠트먼(Charles Feltman)의 정의는 우리 워크숍에 참가한 사람들이 신뢰에 대해 언급한 내용과 완벽하게 일치한다. 그는 『신뢰에 대한 얇은 책』에서, 신뢰(trust)를 '소중한 것이 다른 사람의 행위에 의해 취약해지는 위험을 감수하는 마음'으로 정의한다.[1] 한편 펠트먼의 정의에서, 불신(distrust)은 '내가 중요하게 생각하는 것을 이 상황에서 이 사람과 함께하면 안전하지 않다는 결정'이다.[2]

두 정의를 읽는 것만으로도 우리가 신뢰에 대해 의심받을 때 변신 로봇으로 완전히 변하는 이유를 이해하는 데 도움이 된다. "브레네, 지금 이 상황에서, 아니 어떤 상황에서든 당신과 함께하는 건 안전하지 않습니다"라는 말을 누군가에게 듣는다면 얼마나 섬뜩하겠는가! 사실이든 아니든 간에, 신뢰는 우리가 우리 자신이 가장 중요한 사회적 존재라는 생각을 위협하기 때문에 결코 만만한 것이 아니다. 신뢰가 없으면 연결도 없고 교감도 없다.

신뢰에 대해 언급하는 게 쉽지도 않은 데다가 신뢰에 대한 대화는 쉽게 옆길로 빠질 수 있기 때문에, 우리는 진실하지만 거북한 대화를 습관적으로 피한다. 하지만 이런 기피는 굉장히 위험한 일이다. 첫째로, 우리가 신뢰를 얻으려고 몸부림치면서 관련된 사람과 직접적으로 말할 만한 능력이나 수단이 없다면, 결국에는 당사자에게 말하는 게 아니라 당사자에 대해 말하게 되기 때문이다. 진실한 대화를 피하는 일과 당사자에 대한 언급은 대부분의 조직에서 핵심 가치관의 위반에 해당되고, 대다수의 개인적 가치관과도 십중팔구 충돌할 것이다.

리더의 용기

둘째, 신뢰는 팀과 조직을 결속시켜주는 접착제 역할을 하기 때문이다. 우리는 개인적인 성과를 희생하고, 팀과 조직의 성공을 희생하면서까지 신뢰와 관련된 쟁점을 무시한다. 이런 걱정을 뒷받침하는 연구는 상당히 많다.

내 리더십 이론에 큰 영향을 미친 두 리더, 스티븐 M. R. 코비(Stephen M. R. Covey)와 더글러스 R. 코넌트(Douglas R. Conant)는『하버드 비즈니스 리뷰』에 게재한 논문에서, 코넌트가 최고경영자로 10년을 일하며 캠벨 수프 컴퍼니(Campbell Soup Company)를 회생시키는 과정에서 '신뢰 고취하기(Insprining Trust)'를 가장 중요한 사명으로 삼았던 이유를 설명했다.[3] 그들은 '일하기 좋은 100대 기업'에 대한『포춘』의 연구를 분석하며, "관리자와 직원 간의 신뢰가 일하기 좋은 직장의 가장 결정적인 특징"이며, "신뢰 지수가 높은 기업의 연평균 수익률은 S&P 500에 속한 기업 평균치를 3배 웃돈다"라는 사실이 밝혀졌다고 분석했다. 이 논문에서 내가 가장 좋아하는 구절을 인용하면,

"신뢰가 뛰어난 성과를 내는 데 필요하다는 주장에 반박할 리더는 거의 없겠지만, 신뢰의 중요성을 알고 있는 리더는 턱없이 부족하다. 신뢰 구축을 '어수룩하고 부수적인' 능력으로 무시하는 리더가 상당히 많다. 그러나 우리는 공동의 경험을 통해 신뢰가 모든 것을 바꿔 놓을 수 있는 요소라는 걸 알게 되었다. 신뢰는 '가져서 좋은 것'이 아니라 '반드시 가져야 하는 것'이다. 신뢰가 없으면, 조직의 모든 부분이 문자 그대로 황폐해질 수 있다. 신뢰가 있으면 모든 것이 가능하다. 특히 지속적인 개선이 가능하고,

시장에서 지속 가능하고 눈에 보일만한 구체적인 결과를 내는 일이 가능하다."[4]

팀원들의 사기를 저하시키는 리더의 말버릇

리더로서 신뢰는 '반드시 가져야 하는' 자질인데, 신뢰와 관련된 대화는 '반드시 피해야 하는 것'으로 생각하는 사람이 많다. 이 모순을 어떻게 해결해야 할까?

구체적으로 들어가보자. 일반적으로 신뢰성에 대해 왈가왈부하며 '신뢰'라는 단어를 사용하는 것보다 구체적인 행동을 예로 드는 편이 낫다. 또 신뢰가 어디에서 침해되었는지 정확히 지적하여 분명하게 말할 수 있어야 한다. 우리가 명확한 사실을 이야기할수록 사람들이 우리에게 귀를 기울일 가능성이 커진다. 또한 우리가 감정에 휘둘리지 않고 상대의 행동에 대해 피드백하고, 실질적인 변화를 지원할 가능성도 더욱 커진다.

예컨대 직장 상사인 하비에르가 당신을 사무실로 끌고 들어가 "자네가 이번에 승진하지 못해 정말 실망했을 거라고 생각하네. 신뢰가 부족한 게 자네가 승진을 못한 주된 요인이야"라고 말한다고 해보자. 이런 지적은 당신의 내면에서 두려움과 소극성, 심지어 수치심을 자극할 수 있다. 또 당신이 힘겹게 구축한 안전 컨테이너를 산산조각 낼 가능성도 무척 크다. '내가 승진에 실패하니까 성격을 지적하는 말을 들을 수밖에 없구나……'

내가 여기에서 이런 예를 든 이유는, 이런 사건이 우리 주변에서 매일 일어나기 때문이다. 우리는 신뢰에 대해 언급하는 걸 무척 두려워하기 때문에, 돌이킬 수 없는 결과가 닥칠 때까지 조직원들이 신뢰가 문제인지도 모르는 경우가 비일비재하다. 하지만 나중에서야 신뢰가 문제인 것을 알게 되면 모두의 사기가 저하된다.

우리 연구팀은 "우리가 신뢰에 대해 말할 때 실제로는 무엇에 대해 말하는가?"라는 무척 흥미로운 질문으로 신뢰에 대한 연구를 시작해서, 신뢰라는 수수께끼를 풀고 싶었다. 당신의 상관이 당신에게 전화를 걸어 당신이 승진하지 못한 이유를 설명하면서, 문제가 된 것을 바로잡기 위해 실행 가능한 전략을 당신에게 알려줄 수 있도록 말이다. 우리가 신뢰라는 흥미진진한 단어를 해부한다면, 다시 말해서 신뢰가 어떻게 구성되는지 분석한다면 어떻게 되겠는가? 물론 승진 여부를 결정하기 전에 상관이 당신에게 전화를 걸어 "자네가 관리자로 승진하고 싶다면 반드시 바로잡아야 할 행동이 있네. 이제부터라도 적절한 계획을 세우도록 하게"라고 조언해준다면 더욱 좋을 것이다.

우리 팀은 구체적인 예를 찾기 위해 '신뢰'에 대해 깊이 파고들었고, 마침내 신뢰를 구성하는 7가지 행동 양식을 찾아냈다. 가치관의 실천에서 그랬듯이, 이번에도 신뢰를 실질적으로 실천할 수 있는 행동 양식으로 전환한 것이라 생각할 수 있다. 그리고 나는 신뢰를 구성하는 행동 양식, 즉 요인을 뜻하는 단어의 머리글자로 B.R.A.V.I.N.G(대담하게)라는 표현을 만들어냈다. BRAVING은 신뢰가 '취약함을 드러내는 용기 있는 과정'이라는 걸 상기시키기 때문에, 신뢰의 구성요소에게 안성맞춤인 멋진 이름이라 생각한다.

조직의 신뢰도를 평가하는
7가지 기준

파푸아뉴기니의 아사로 부족에게는 "지식은 뼛속에 스며들 때까지 한낱 소문에 불과하다"라는 속담이 있다.[5] 내가 알기에 어떤 지식을 뼛속에 스며들게 하는 유일한 방법은, 그 지식대로 실천하고 실수하며 더 많이 배우고 반복하는 것이다. '신뢰의 구성요소(BRAVING Inventory)'는 진실한 대화를 위한 도구(우리가 동료들과 대화할 때 사용하며 호기심과 학습, 결국 신뢰 구축을 위한 대화를 배울 수 있게 해주는 지침)이다. 현재 우리 연구팀은 이 7가지 요소를 기초로 조직의 신뢰도를 평가하는 방법과 개인의 신뢰도를 측정할 수 있는 수단을 개발하고 있는 중이다. 웹사이트 brenebrown.com에서 '리더의 용기'라는 허브를 방문하면 이에 대한 더 많은 정보를 구할 수 있다.

우리 팀은 가치관에 대해 이야기할 때와 유사한 방법으로 신뢰의 구성요소들을 사용한다. 각각의 팀원이 신뢰 구성요소를 독자적으로 작성한 후, 일대일로 만나 경험이 어디에서 일치하고 어디에서 다른가를 토론한다. 이런 상관적 과정(relational process)이 안전 컨테이너 내에 원만하게 진행되면, 인간관계가 바뀐다.

7가지 요소를 하나씩 살펴보자. 몇몇은 무척 단순하고 쉽게 이해되지만, 세심한 분석이 필요한 요소들도 있다. 먼저 7가지 요소를 개략적으로 살펴본 후에 본격적으로 분석해보도록 하자.

경계(Boundary): 당신은 나와의 경계를 존중하는 동시에, 당신 생각에 무엇이 괜찮고 무엇이 그렇지 않은지가 명확하지 않으면 언제라도 묻는다. 또 당신은 '아니다'라고도 주저없이 말한다.

신망(Reliability) : 당신은 하겠다고 말한 것을 반드시 한다. 직장에서 이런 신망을 얻는다면, 자신의 능력과 한계를 알고 있다는 뜻이다. 따라서 과장되게 약속하지 않고, 약속한 것을 충실히 이행하며, 경쟁적인 항목의 우선순위를 균형 있게 결정한다.

책임(Accountability) : 당신은 자신의 실수를 인정하고 사과하며 수정한다.

함구(Vault) : 당신의 이야기가 아니라서 다른 사람들과 공유해서는 안 되는 정보나 경험은 공유하지 않는다. 나만의 비밀도 반드시 지켜져야 마땅하다. 그러나 비밀로 지켜져야 하는 다른 사람과 관련된 정보가 공유라는 명목으로 나에게 알려져서도 안 된다.

성실(Integrity) : 당신은 편안함보다 용기를 선택한다. 재밌고 성급하고 쉬운 것보다 올바른 것을 선택하고, 가치관을 입으로만 떠들지 않고 실천하는 길을 선택한다.

무비판(Nonjudgment) : 나는 내게 필요한 것을 요구할 수 있고, 당신은 당신에게 필요한 것을 요구할 수 있다. 우리는 비판을 두려워하지 않고 자신의 느낌을 말할 수 있고, 비판하지 않고도 서로 도움을 구할 수 있다

너그러움(Generosity) : 당신은 다른 사람의 의도와 언어, 행동을 너그럽게 해석할 수 있다.

함구에 대한 분석 : 비밀 유지의 미묘함은 내가 지금까지 배운 가장 큰

교훈 중 하나이다. 앞의 예에서 당신의 승진을 거부한 상사 하비에르와 나눈 신뢰에 대한 대화로 돌아가보자. 하비에르가 "신뢰라는 문제가 있었네"라고 말하지 않고 "함구, 즉 비밀 유지와 관련된 문제가 있었네"라고 말한다고 해보자.

충격을 받은 당신은 하비에르를 물끄러미 바라보며 말한다. "우리 둘만이 아는 사안이 많죠. 그러나 나는 단 한 건도 이 방 밖으로 누설한 적이 없습니다."

하비에르는 고개를 끄덕이며 대답한다. "나도 그렇게 생각하네. 하지만 자네는 이 방을 뻔질나게 드나들며 자네가 함구해야 할 다른 사람의 문제를 나에게 무심코 발설하지 않았나."

그렇다, 많은 사람이 비밀 유지의 '이런 면'을 잊고 지낸다. 누군가 당신의 비밀을 누군가에게 누설하지 않지만, 당신에게 차라리 말하지 않았으면 좋을 것을 당신에게 끊임없이 말하는 경우를 경험한 적이 없는가? 당신이라면 그런 사람을 신뢰할 수 있겠는가? 그가 당신과 약속한 비밀 유지를 깨뜨렸다는 증거는 없지만, 함구해야 마땅한 것을 당신에게 풀어놓는 것을 보고는 당신과 관련된 정보를 비밀로 굳게 지키는 그의 능력을 의심하게 된다.

비밀과 관련시켜보면 인간의 '충동성'을 이해하기가 쉽다. 소문이나 비밀의 공유가 연결의 촉매라고 믿는 사람이 의외로 많다. 그야말로 근거 없는 믿음에 불과하다. 가령 내가 동료 사무실에 들어가, 온갖 소문을 풀어내면 그때가 그 동료와 연결되는 순간이라고 생각할 사람도 있겠지만 실제로는 가짜 연결에 불과하다. 내가 사무실을 떠나는 순간, 그 동료가 "브레네 앞에서는 말조심을 해야겠군. 저 여자는 경계를 몰라"라고 생각할 가능성이 농후하기 때문이다.

성실에 대한 분석 : 성실이란 단어는 1990년대부터 영감을 주는 포스터에서 지나치게 남용되며 그 본연의 뜻이 희석되었다. 하지만 그렇다고 그 개념의 중요성까지 추락한 것은 아니다. 『라이징 스트롱』을 쓰는 데 필요한 자료를 조사하는 동안, 나는 성실을 경험론적으로 정의한 흔적을 찾아 모든 자료를 샅샅이 뒤졌다. 자료에서 확인되는 세 속성을 모두 포괄하는 정의는 어디에도 없었다. 이런 관점에서 성실을 다시 정의하면, 성실은 편안함보다 용기를 선택하는 것이다. 성실은 재밌고 성급하고 쉬운 것보다 올바른 것을 선택하고, 가치관을 입으로만 떠들지 않고 실천하는 것이다.

재밌고 빠르고 쉬운 것을 추구하는 오늘날의 문화 자체가 성실을 가로막는 가장 큰 장애물이다. 편의와 비용을 근거로 내세우며 지름길을 합리화하기는 쉽다. 그러나 성실은 그렇게 생겨나는 것이 아니다. 우리가 지금까지 살아오며 유의미하게 행동한 적이 없다고 말하더라도, 유의미하게 행동하는 게 힘든 것도 아니고 시간이 걸리는 것도 아니다. 우리 삶에서 성실은 가장 소중한 것이다. 자신에게 성실함이 부족하고, 절차를 무시하며 지름길을 찾는 경향이 있다는 걸 인식하는 순간부터 우리는 신중한 자세를 취하게 된다.

성실과 관련된 새로운 도구와 기술을 가장 효율적으로 실행하는 방법은 성실 파트너(Integrity Partner, 직장에서 우리가 성실하게 행동하고 있다는 확인을 받기 위해서 언제라도 연락할 수 있는 사람)를 찾아내는 것이다. 성실 파트너는 우리가 최근의 대화에서 어떤 모습을 보였는지, 혹은 우리와 함께 거북한 대화에서 역할극을 할 수 있겠느냐고 물을 수 있는 사람이어야 한다. 나에게는 직장에 두 명의 성실 파트너가 있다. 우리는 기본적으로 매일 역할극을 하고, 원점으로 돌아가는 연습을 반복한다. 용기를 길러내기 위해서는 혼자 하는 것보다 파트너나 팀과 함께하는 것이 훨씬 더 효과적이다.

무비판에 대한 분석 : '무비판'이란 요소는 실천하기 힘든 요소이다. 대부분의 사람은 상대를 비판하려는 욕망이 무척 강렬하다. 심지어 그 욕망을 계량화하는 연구 방법론이 있을 정도다. 이 연구 방법론에는 우리가 언제 비판하고, 우리가 누구를 비판하는지 예측하는 두 변수가 있다. 일반적으로, 우리가 수치를 당할 가능성이 가장 높은 영역에서 우리보다 더 못하는 사람을 비판의 표적으로 삼는다. "저 사람을 보라고! 나도 엉망이지만 저 사람은 더 형편없잖아!" 이런 이유에서 우리 사회는 비판이 곳곳에 도사린 지뢰밭이다. 우리 모두가 엉망진창이다. 단 5분이라도 누군가를 더 고약한 상황에 몰아넣으면 크나큰 위안이 된다.

비판을 수치심과 관련시키면, 직장인들은 지식이 부족하다거나 이해력이 부족하다고 비판을 받을까 두려워한다. 따라서 도움을 구하는 걸 꺼리지만 그 때문에 상황은 더 악화된다. 우리 연구팀은 약 1,000명의 리더에게 보상할 만한 행동들을 열거해달라고 부탁했다. 쉽게 말해, "팀원들이 당신의 신뢰를 얻기 위해 무엇을 하는가?"라고 물었다. 가장 공통된 대답은 "도움을 구한다"라는 것이었다. 우리가 조사한 리더들은 '도움을 습관적으로 구하지 않는 사람'에게 중요한 일을 위임하지 않는다며, 그 이유는 그런 사람을 신뢰하지 않기 때문이라고 대답했다. 어안이 벙벙하지 않은가!

도움을 구하지 않으면 우리는 우리 능력의 범위 내에 있는 똑같은 프로젝트를 반복할 수밖에 없다. 결코 능력과 기량을 확대하고 강화할 수 있는 일을 맡지 못한다. 우리가 능력을 넘어서는 일을 떠맡아도 도움을 구하지 않을 거라고 리더들이 생각하기 때문이다. 내가 보기에는 우리 연구팀에서도 이런 현상이 항상 반복된다. 내가 프로젝트를 맡길 때 가장 신뢰하는 팀원이 있다. 그 이유는 간단하다. 그가 프로젝트를 진행하다가 막히거나 이해되지 않는 부분이 있거나, 업무가 지나치게 과중하다고 생각되면 주저없이 나에게 도움을 구하기 때문이다. 이렇게 도움을 구할 때, 나는 적합한 사람에게 프로젝트를 맡겼다고 안심하게 된다. 결국 팀원들이 도움의 필요성을 인정할 때 업무가 잘못된 길로 지나치게 깊이 빠져들지 않고, 리더가 개입해서 도움을 제공할 여지도 남기게 된다. 도움의 요청은 지능이나 능력과 아무런 관계가 없다. 오히려 신뢰하는 인간관계에 밀접한 관계가 있다.

당신이 비판하지 않을 때, 결국 나는 내게 필요한 것을 요구할 수 있고, 당신은 당신에게 필요한 것을 요구할 수 있다. 또한 우리는 비판을 두려워하지 않고 자신의 느낌을 말할 수 있다. 나는 비판하고 싶은 욕망이 불끈거리기 시작하면, 곧바로 '뭐가 불안한 거지, 브레네?'라고 자문한다.

도움을 요청하는 일은 더 나은 결과를 향한 확실한 발걸음이다. 이것은 질문하는 용기의 징후이고, 비판의 욕망을 물리치려는 용기의

징후이다. 또한 대담한 신뢰에서 빼놓을 수 없는 자각의 반영이기도
하다.

너그러움의 사례 : 앞에서 우리는 Live BIG (크게 살기)에 대해 언급하
며, 너그러움에 경계가 필요한 이유를 설명했다.

내가 다른 사람의 의도와 언어, 행동을 성실하고 너그럽게 추정하
려면, 경계를 어떻게 설정해야 할까?

'너그러움'이란 개념에 약간의 재미를 더하기 위해서, 나는 아이오
와의 시더래피즈 도서관 관장 다라 슈미트(Dara Schmidt)의 이야기를
소개해보려 한다. 다라는 이렇게 말했다.

> "대담한 리더십은 내가 팀원들과 일하는 방식을 완전히 바꿔놓
> 았다. 대담한 리더십 덕분에 나는 더 나은 경청자가 되었고, 항상
> 피하려고만 했던 주제를 대담하게 거론하는 기술까지 얻었다.
> 쉽고 편안한 것보다 올바른 것을 선택하라는 명제가 이제 내 주
> 문(呪文)이 되었다.
>
> 모든 일은 자각과 개인적인 책임으로 이어진다. 내가 누구이고,
> 내가 왜 존재하는가를 깨닫는 것만으로도 '올바른 것'을 선택하
> 고 실행할 정도로 대담해질 수 있다. 예컨대 나는 우리 기관의 고
> 질적인 문제에 소극적으로 대응하던 비생산적인 태도를 과감히
> 버렸다. 결국 나는 개인적인 책임을 받아들였을 때 변화를 시도
> 하겠다는 용기까지 얻었다.
>
> 리더로서 나의 가장 큰 문제는 때때로 직원들의 태도를 못마땅

하게 생각하며 광적으로 반응한다는 것이었다. 직원들이 일부러 나를 무시하는 것처럼 느껴졌다. 그래서 내 의도를 더 확실히 전하겠다며 더 거만하게 행동했고 목소리도 더 높였다. 그러나 의도를 긍정적으로 추정하며 경계를 설정하는 게 무엇을 뜻하는지 알게 되었을 때 모든 것이 변했다.

내가 상대의 의도를 부정적으로 추정하는 것은 내 잘못이지 상대의 잘못이 아니라는 사실을 먼저 인정해야 했다. 내가 의도를 부정적으로 추정한 때를 되짚어보자, 그때마다 나와 우리 조직이 적절한 경계나 방향성을 제시하지 못했다는 걸 알게 되었다. 또 '광적인 반응'과 '좌절감'을 내 행동에 대한 경고 신호로 받아들이는 방법도 알게 되었다. 덕분에 이제는 생각이 부정적으로 변하면 모든 것을 멈추고 심호흡하며 생각의 방향을 바꾼다. 온전하게 생각하며 그 상태를 유지하려고 애쓴다. 감정적으로 대응하지 않고 이성적으로 대답할 준비가 되면 먼저 '나 자신이 문제인가'라고 자문한다.

내가 명확한 기대치를 제시하고 경계를 분명히 설정하면 직원들도 뛰어난 성과로 보답한다. 내가 직원들을 성공의 길로 이끌기 위해 내 역할을 해내면 긍정적 의도를 추정하는 게 그다지 어려운 일이 아니다. 이제 나는 더 나은 리더가 되고 더 나은 사람이 된 듯하다."

지각쟁이 리더가 팀원들의 신뢰를
얻은 특별한 전략

신뢰의 구성요소를 활용하여 팀원들과 신뢰를 쌓아간 한 리더의 실례로 시작해보자.

"최근에 나는 팀원들과 마주 보고 앉아 '신뢰의 구성요소'를 하나씩 살펴보며 업무 관계에서 개선할 영역과 강점에 대해 이야기를 나누었다. '신망'을 다룰 때는 내가 종종 우리 회의에 늦었던 이유나, 막판에 소집되어 예정보다 늦게 열린 경영팀과의 회의 때문에 우리 팀 회의를 연기했던 경우도 쟁점에 올랐다. 그 때문에 우리 팀원들은 내가 그들의 시간을 우선시하지 않는다고 생각했다. 따라서 이런 문제를 해결하기 위한 계획의 일환으로, 내가 늦지 않게 회의에 참석할 수 있도록 회의와 회의 사이에 충분한 시간을 두거나, 내 일정이 바뀔 때 우리 팀의 일정은 어떻게 변경해야 하는가에 대해 명확히 전달하기로 했다. 그 결과로 우리는 하나의 팀으로 일한다는 결속력이 높아졌고, 상호 신뢰도 더욱 깊어졌다. 우리가 '신뢰의 구성요소'를 하나씩 따져보며 그 문제를 다루지 않았다면, 더 나아가 '신뢰의 구성요소'가 무엇인지도 몰랐다면 그 문제가 표면화되지도 않았을 것이다. 요컨대 신뢰를 쌓기 위한 적절한 도구가 없고, 신뢰 구축을 위해 시간을 투자하지 않는다면, 우리가 깨닫기도 전에 문제는 곪고 곪아 썩어 문드러진다."

여러 팀과 함께 일할 때 신뢰의 7가지 요소 하나하나를 떠올리며, 그중 한두 개의 관찰 가능한 행동을 개발하는 방법을 생각해봐야 한다. 그 행동은 당신의 업무 방식과 문화에 따라 다를 수 있다. 그 행동은 당신 팀이 특정 요소를 행동화하려는 방향을 반영해야 한다. 또 각 행동은 당신이 기꺼이 책임을 떠안고 행하거나, 다른 사람에게 책임지고 행하도록 요구하는 것이 되어야 한다.

팀원들은 '신뢰 구성요소' 진행표를 개별적으로 채운 후, 그 결과를 서로 주고받으며 신뢰에 대한 팀의 기대치를 설정할 수 있다. 그러나 곧바로 팀의 작업 진행표를 작성하는 방법을 선택할 수도 있다. 어떤 방법이든 괜찮다. 모든 방법이 신뢰를 구성하는 요소들을 행동화하는 동시에 신뢰를 구축하는 좋은 예이다.

여러 연구에서 확인되고 앞의 구슬 이야기에서도 언급했듯이, 신뢰는 사소한 순간에 얻어진다. 따라서 신뢰를 구성하는 7가지 요소를 구체화하면, 신뢰 구축을 위해 어떤 순간이 어떻게 신뢰의 다른 요소로 이어지는가를 확인하는 데 도움이 된다.

조직의 리더가 팀원이나 투자자 혹은 이사회를 돌아보며 "여러분, 나를 믿어야 합니다"라고 말하는 상황은 흔하다. 그러나 신뢰는 시간을 두고 작은 순간이 축적된 결과이지, 명령으로 생겨나는 것이 아니다. 일반적으로 신뢰는 뒤늦더라도 위기의 순간에 요구된다. 다시 말해, "나를 믿어줘!"라고 요구한다고 신뢰를 얻을 수 있는 게 아니란 뜻이다. "엄마의 화학치료는 효과가 있었어?"라고 묻거나 "네가 물어본 것에 대해 많이 생각해봤어. 그 문제를 너와 함께 더 깊이 따져보고 싶어"라고 말할 때 신뢰를 얻는다.

항아리에는 구슬이 있거나 없거나, 둘 중 하나이다. 당신이 신뢰의 굳건한 기초를 쌓기 위해 지금까지 열심히 노력했더라도, 또 지금까지 '신뢰의 구성요소'를 치밀하게 사용해서 주변 사람과 연락을 주고받았더라도, 신뢰는 지속적인 관심이 필요한 살아있는 과정이다. 과거에도 투자를 하지 않았고 지금도 크게 투자하는 것이 없다면, 신뢰를 확고히 다질 방법은 없다. 조직이 위기를 맞았을 때 아무리 대단한 사람이라도 하루이틀 만에 신뢰를 구축할 수는 없다. 위기가 닥쳤을 때는 신뢰가 있거나 없거나, 둘 중 하나이다. 멀린다 게이츠가 구슬 항아리와 '신뢰의 구성요소'에 대해 언급한 이야기를 나는 무척 좋아한다.

"브레네 브라운에게 신뢰를 구슬 항아리에 빗댄 비유담을 들은 이후로, 나는 그 비유를 신뢰에 대해 생각하는 기본적인 틀로 받아들였다. 이제 나는 어떤 형태로든 동료를 지원하면 그 지원이 보잘것없더라도 항아리에 구슬 하나를 넣는다. 반면에 동료를 깎아내리면, 다시 말해서 신뢰를 배신하면 한 움큼의 구슬을 항아리에서 꺼낸다. 이런 식으로 생각하면 지극히 작은 행위라도 신뢰 구축과 관련되거나 신뢰를 무너뜨릴 수 있는 행위를 더욱 의식하게 된다.

신뢰를 구성하는 7가지 요소 덕분에, 나는 그 작은 것이 무엇인지 한층 명확히 생각할 수 있게 되었다. 예컨대 나는 성실을 강조하고 언행일치에 방점을 둔다. 우리 재단은 가치지향적인 조직이다. 따라서 우리가 누구인지에 대해 대외적으로 말하는 기준에 어긋나지 않게 행동하면, 예컨대 내가 모두를 동등하게 대하

리더의 용기

고 열린 대화를 기꺼이 환영하면 항아리에 구슬을 넣는다. 그러나 내가 그런 가치관에 어긋나게 행동하면, 예를 들어 내가 위험을 떠안기 싫다는 이유로 혁신적인 제안을 거부하면, 항아리에서 구슬을 잔뜩 꺼낸다.

나는 책임에도 집중한다. 모든 팀이 조직의 리더인 내게 책임을 묻지는 않는다. 게다가 주기적으로 회의를 주최하지도 않는다. 따라서 나는 신중하고 또 신중하게 처신해야 하고, 내가 어떻게 행동하고 있는지 끊임없이 자문하며, 내가 잘못하고 있는 것을 빠짐없이 인정해야 한다."

거듭 말하지만, 신뢰를 구성하는 요소들을 정리한 의도는 생산적이고 실행 가능한 방법으로, 신뢰에 대해 말하기 위한 시간과 공간과 목적을 확보하는 것이다. 요컨대 신뢰의 구성요소는 진실한 대화를 위한 도구이고, 지표이며, 시금석이다.

신뢰는 언제나
작은 순간에 형성된다

신뢰는 본질적으로 상대적인 것이어서 다른 사람과의 관계에서 가장 두드러지지만, 다른 사람을 얼마나 신뢰하느냐는 '자기 자신을 신뢰하는 힘'에 크게 좌우된다. 안타깝게도 자기신뢰(self-trust)는 우리가 실패하거나 실망과 좌절을 경험할 때, 가장 먼저 타격을 입는 피해자 중 하나이다. 의식하든 않든 간에 우리는 경기장에서 결국 코를 박고 쓰러지면, "더는 나 자신을 신뢰할 수 없어!"라는 일반론에 쉽게 빠져든다. 그러고는 자신이 잘못된 결정을 내린 게 분명하므로 자신을 믿는 것은 잘못된 오류라고 생각한다.

당신이 실망과 좌절을 겪은 때를 돌이켜 생각해보라. 분석되지 않은 전체에 비추어보면 대단한 실패가 아니라 작은 것에 불과할 수 있다. 이번에는 큰 장애물을 만나서 당신의 능력을 믿고 중요한 프로젝트를 끝까지 완수할 수 있을지 의문을 제기한 때를 생각해보라. 누구에게나 이런 순간이 있다. 이때의 기억을 염두에 두고, 위에서 언급한 '신뢰의 구성요소'에 대한 간략한 설명을 자기신뢰에 적합하게 재조정해보자.

경계 : 이 문제에서 경계를 존중했는가? 괜찮은 것과 그렇지 않은 것에 대해 나 자신은 물론이고 다른 사람에도 명확히 밝혔던가?

신망 : 자신을 믿어도 괜찮을까? 혹은 "브레네, 너는 아침 7시에 눈을 뜨자마자 계획을 세웠어. 하루를 시작할 때의 열정을 고스란히 유지하며 계획을 완수하느라 오후 4시쯤에는 완전히 파김치가 되겠지"라고 혼잣말하지 않았는가?

책임 : 책임을 떠안았는가? 다른 사람의 탓으로 돌렸는가? 아니면 내가 책임져야 했는데 다른 사람에게 책임을 떠넘기지는 않았는가?

함구 : 비밀을 존중했는가? 정보를 적절한 수준으로 공유했는가? 무절제하게 떠들어대는 사람을 중단시켰는가?

성실 : 편안함보다 용기를 선택했는가? 내 가치관을 실천했는가? 내가 옳다고 생각하는 것을 행했는가, 편하고 쉬운 것을 선택했는가?

무비판 : 필요할 때마다 도움을 요청했는가, 아니면 도움의 요청에 비판적이었던가? 도움을 요청한 나 자신을 비판하지 않았던가?

너그러움 : 나 자신에게 너그러웠던가? 자기연민이 있었던가? 내가 사랑하는 사람에게 말하듯, 나 자신에게도 친절하고 공손히 말했는가? 실패했을 때 나 자신을 돌아보며 "그래도 너는 최선을 다했어. 네가 구할 수 있는 모든 자료를 근거로 온갖 수단을 다했어. 깨끗이 잊자고. 괜찮아질 거야"라고 자신을 위로했는가, 아니면 자기 사랑을 건너뛰고 곧바로 자신을 질책했는가?

자기신뢰는 전적으로 자신의 몫이어서 자신이 부족한 부분에서는 스스로가 책임을 떠안을 수 있다. 하지만 다른 사람과의 관계에서 '신뢰의 구성요소'를 따질 때는 '경계 짓기'가 항상 명확하지는 않다. 그런 경우에는 신뢰의 부재에다, 의도의 모호성까지 더해질 수 있기 때문이다. 우리가 자신에 대해 잘 안다면, 더 많은 노력이 필요한 부분을 찾아내기가 훨씬 더 쉽다.

우리가 신뢰의 구성요소 중에서 개선이 필요한 영역을 다루기 시작할 때, "신뢰는 작은 순간에 형성된다"라는 사실을 기억해야 한다. 신망을 얻으려고 몸부림하고 있다면, 효과를 기대할 수 있을 때까지 작고 실행 가능한 약속, 즉 쉽게 이행할 수 있는 약속을 자신에게 반복하라. 경계 설정에 곤란을 겪고 있다면, 경계를 유의미하고 명확히 설정할 수 있을 때까지 배우자와 작은 경계를 설정하는 연습을 거듭 해보라. 예컨대 요리와 설거지, 둘 모두가 당신의 책임일 수는 없지 않은가. 이런 식으로 당신만의 구슬 항아리를 채워보라. 여하튼 우리 가 갖고 있지 않은 것을 다른 사람에게 줄 수는 없다는 진리를 잊어서 는 안된다.

나는 퍼듀 대학교의 교육 국장으로 국립과학재단의 프로젝트를 관 리하는 브렌트 래드(Brent Ladd)의 이야기로 3부를 끝맺으려 한다. 다 른 사람과 우리 자신에 대한 대담한 신뢰가 어떻게 교차하는가를 설 득력 있게 보여주는 이야기이다.

나는 대형 연구중심 대학에서 교수로 일하고 있다. 업무상 연구 자부터 강사와 행정관까지, 다양한 범주의 사람들을 상대하기 때문에 이도 저도 아닌 모호한 영역에 있다는 기분에 사로잡히 는 때가 적지 않다. 나는 일인다역을 할 수밖에 없었지만 그래도 일인 사업자처럼 독자적으로 일하는 편이었다. 게다가 청교도의 노동관으로 무장하고 시골에서 자란 까닭에, 성공한 사람은 도 움을 구하지 않고 모든 것을 혼자 해낸다고 배운 문화적 배경을 지닌 내향적인 사람이다.

대담한 리더십을 공부하는 동안, 이 모든 것이 냉혹하게도 두드 러졌다. 내가 업무 현장에서 긍정적인 관계를 맺으려고 크게 노 력하지 않는다는 걸 자각하게 되었다. 또한 내가 결과를 얻으려 고 취하는 태도에서, 팀원들이 내가 그들을 실제로는 신뢰하지 않는다고 생각하게 된다는 걸 깨닫기 시작하기도 했다. 게다가 나는 완벽주의를 지향하는 까닭에 팀원들의 성과를 매몰차게 평가하고, 그런 평가를 나 혼자만의 비밀로 간직하더라도 은연중에 드러난다는 것도 알게 되었다. 심지어 팀원들이 각자의 역할을 더 잘해낼 수 있도록 '돕는다'는 이유로 나도 모르는 사이에 내 역할의 한계를 넘어서는 경우도 적지 않았다. 정말 창피한 일이었지만, 그 모든 것이 나에게는 큰 깨달음을 주는 신호였다.

매일 함께 일하는 팀원들과 신뢰를 구축하고 연대감을 갖기 시작하는 데 심혈을 기울였다. 예컨대 몇 분이라도 개인적인 차원에서 교감하려고 애썼다. 그들에게 이것저것을 물었고, 그들의 개인적인 삶과 사소한 것이라도 그들이 공유하고 싶어하는 것에 진심으로 관심을 가졌다. 이제 나는 훌륭한 경청자이고 누구하고도 원만하게 일대일로 교감할 수 있다. 하지만 처음에는 이런 시도가 나에게는 약간 섬뜩하게 느껴졌고 실행하기가 쉽지 않았다. 과거에는 일의 세계와 내 삶의 세계를 엄격히 구분하는 편이었다. 지금도 개인적인 만남은 되도록 피하지만, 시간이 지남에 따라 이런 교제도 한층 쉬워졌다. 심지어 매일 팀원 한 명씩을 내 사무실에 불러 적절한 시간 동안 대화하며 관계를 맺는 걸 우선순위에 두게 되었다. 나는 그들에게 동료로서 내 모습을 드러내기 시작했다. 또한 함께 일하는 사람들을 경쟁자로 생각하지 않았고, 나보다 무능하고 뒤떨어졌다는 편견도 버렸다. 내가 그렇듯이, 그들도 지금 이 순간 최선을 다하는 사람이라 생각하기 시작했다. 지난 수개월 동안 우리의 신뢰 관계는 눈에 띄게 돈독해졌다. 이제 나도 어느 때보다 팀원의 일원이란 소속감을 크게 느끼며, 그 결과로 업무의 결실을 공유하는 데 더욱 힘쓰게 되었다. 동료들과 인간관계를 구축하려고 이렇게 노력하는 과정에서 내가 오래전부터 마음속에 두려움을 품고 있었다는 걸 깨닫게 되었다. '들어가고 싶지 않은 동굴'이었지만 들어가야만 한다는 걸 알게 되었다. 그 두려움의 배경이 되는 이야기는 수년 전 내가 박사 과정에 등록한 때부터 시작되었다. 박사학위를 받는 게 꿈이었지만, 안타깝게도 모든 게 꼬이고 또 꼬이며 최악의 상황으로 치달았다. 결국 나는 박사학위를 중퇴했고, 이혼의 아픔까지 겪었다. 한동안 집에 틀어박혀 세상과 담을 쌓고 지냈다. 하지만 재혼하며 새 가정을 꾸렸고, 박사과정을 다시 시작하려 시도했지만, 아이들과 새 남편 및 새로운 직장에 집중하기 위해서 다시 중퇴할 수밖에 없었다.

결국 박사학위를 끝내지 못한 까닭에 '나는 부족한 사람'이란 의식을 항상 껴안고 살아갔다. 시간을 훌쩍 넘어 수개월 전으로 돌아가 내가 기획하고 시행한 7개년 교육 프로젝트로부터 얻은 자료를 추적하고 분석하던 중, 무척 흥미로운 양식과 결과를 찾아냈다. 특히 몇몇 결과는 당시까지의 연구 문헌에 전혀 없거나 거의 언급되지 않은 것이었다. 나는 그 결과를 전문가 학회에 제출하고 학회에도 알려야 하는지 망설이고 또 망설였다. "너는 전문가 집단에 속해 있지 않잖아. 박사학위도 없잖아. 그들이 네 주장을 진지하게 받아들이지 않을 거야."라는 해묵은 목소리가 나를 짓눌렀다. 하지만 나는 공들여 시행하고 찾아낸 연구 결과를 제출하기로 결심을 굳혔다. 결국 내가 제출한 개요가 선택되었고, 나는 지인이라고는 한 명도 없는 학회에 참석했다. 나는 완전히 국외자였다. 하지만 나는 소속감을 느꼈다. 그들도 '나와 똑같은 사람', '나와 같이 부족한 사람'이었다. 결과적으로 내 연구는 진지하게 받아들여졌고, 나는 학계 사람들로부터 진심 어린 관심을 받았다.

내가 학회에 참석하느라 지난 7년 동안 강박적으로 간직했던 책임감(위에서부터 아래까지 모두가 참가하는 연례 워크숍을 조직하고 운영해야 한다)을 떨쳐낼 수밖에 없었던 것도 그 결정에서 얻는 또 하나의 긍정적인 결과였다. 그 워크숍은 세세한 부분까지 '내 통제 하'에 진행되었지만, 얄궂게도 워크숍은 내가 참석해야 할 학회와 같은 주에 계획되어 있었다. 나는 동료들에게 도움을 청했다. 특히 한 여성 동료에게는 워크숍을 나와 공동으로 진행할 수 있겠느냐고도 물었다. 게다가 그녀가 새로운 아이디어를 제시하면 그것까지 더해서 워크숍을 진행해도 괜찮다고 말했다. 그녀와 나는 경쟁적 관계에 있었지만 우리는 힘을 합해 멋진 워크숍을 완성해냈다. 나도 그녀의 노력에서 많은 것을 배웠고, 그녀도 내가 없이 워크숍을 운영하며 많은 것을 배웠다. 그 후에 우리는 서로 존중하게 되었고 한 팀이 된 듯한 기분이었다. 한마디로, 신뢰가 쌓인 것이었다.

지난 6개월 동안의 이런 경험을 통해 나는 몇몇 중요한 것을 깨닫게 되었다. 내가 취약한 존재라는 걸 그대로 보여줌으로써 그 모든 것이 가능했다. 내가 외로운 늑대를 고집했다면 그 어떤 것도 해내지 못했을 것이다. 나는 진정한 자세로 팀원들에게 손을 내밀며 그들과 연결됐다. 나는 모든 것을 공유했다. 내가 학계의 일원이라는 걸 깨달았고, 부족하지 않은 존재라는 것도 깨달았다. 나는 이제 내가 이루어낸 성과를 내 개인적인 가치로 독차지하지 않는다. 내 경험과 지혜를 다하여 팀의 일원으로서 기여할 뿐이다.

자신에 대한 신뢰와 타인에 대한 신뢰 사이의 관계는 아무리 높이 평가해도 지나치지 않다. 작가 마야 안젤루(Maya Angelou)는 "나는 자신도 사랑하지 않으면서 나에게 '당신을 사랑합니다'라고 말하는 사람을 신뢰하지 않습니다. 아프리카에는 '발가벗은 사람이 당신에게 셔츠를 주면 조심하고 경계하라'는 속담이 있습니다"라고 말했다.[6]

Part

4

다시 일어서는 법 배우기

Resilience

| 회복 탄력성 |

실패와 좌절로 얼룩진
상처를 마주하지 않으면,
우리는 그 상처의
노예가 된다.

우리는 점프하는 방법보다 착지하는 방법을 먼저 배워야 한다. 나는 스카이다이빙을 해본 적이 없지만, 훈련받는 사람들을 옆에서 자주 지켜보았다. 스카이다이빙을 할 때, 다치지 않게 땅에 내리는 방법을 배우는 데 많은 시간을 보낸다. 리더십도 다를 바가 없다. 착륙을 대비하지 않는 사람이 대담하게 행동하며 실패의 위험을 무릅쓰겠는가. 그런 기대는 터무니없는 환상이다.

리더십 연구에서 뜻밖에 찾아낸 결과 중 하나는 실패를 딛고 일어서는 힘, 즉 회복 탄력성을 가르치는 시기에 대한 것이다. 리더들과 경영 코치들은 종종 팀원들을 모아 놓고 좌절과 실패를 겪은 후에 다시 일어서는 회복 탄력성을 가르친다. 그 기법은 초보 스카이다이버에게 착지하는 방법, 혹은 낙하산을 펴기 전에 자유낙하하는 방법을 가르치는 것과 무척 유사하다.

우리 연구팀이 조사한 결과에 따르면, 용기 함양 프로그램의 일환으로 '다시 일어서기'를 훈련받은 리더들이 대담한 행동을 시도할 가능성이 더 높았다. 실패하더라도 다시 일어서는 법을 알기 때문이다. 다시 일어서는 법을 모르는 리더에게는 대담한 리더십을 기대하기 힘들다. 이미 땅바닥에 쓰러진 사람에게 일어서는 법을 가르치기는 훨씬 더 어렵다. 이런 이유에서 우리 팀은 실패와 추락을 먼저 가르친다. 특히 우리 조직에서는 신입 직원이 조직 문화를 학습하는 동안, 용기 함양을 위한 프로그램의 일환으로 추락을 가르친다. 예컨대 "우리는 당신이 대담하게 행동하기를 기대한다. 달리 말하면, 당신이 추락을 예상해야 한다는 뜻이다. 즉, 추락에 대비한 계획이 있어야 한다"라고 가르친다.

'실패와 추락'의 장점은 2년 전부터 세계적인 관심을 끌었지만, 실패에 거의 예외없이 동반되는 수치심에 대한 진실하고 정직한 대화가 이루어지는 것을 거의 보지 못했다. 다시 일어서기와 더불어 '실패와 추락의 사전 연습'이란 구호가 실제로 시행되는 사례 역시 마찬가지다. 방법을 가르치지 않고, 시스템도 마련하지 않은 채 구호만을 부르짖는다면, "힘들고 고통스럽지만 혁신적인 변화를 시도했다는 기분이야. 수치스럽다고 생각한 게 수치스러워. 그것은 비밀로 남겨두는 게 좋겠어"라고 생각하게 만드는 어리석은 시도에 불과하다.

미국 노동 인구의 35퍼센트를 구성하며 규모가 가장 큰 세대인 밀레니얼 세대에게 실패를 학습의 기회로 받아들이라고 가르치는 일은 무척이나 중요하다.[1] 내가 대학에서 20년 동안 강의하며 확인한 바에 따르면, 학생들의 회복 탄력성은 꾸준히 떨어지는 반면에 트라우마에 시달리는 빈도는 증가했다. 과거에도 그랬지만, 지금 우리는 자식의 문제에 끊임없이 간섭하고, 끊임없이 바로잡으며, 끊임없이 도와주려 한다. 아들이 다니는 학교 교장의 말을 빌리면 "많은 부모가 자녀에게 지대한 관심을 기울이며 모든 일에 관여하는 헬리콥터 부모에서 아예 자식이 편하게 살아가도록 삶의 길에서 장애물을 제거해주는 잔디깎이형 부모가 되었다." 이런 가르침은 결코 용기를 키우는 데 도움이 되지 않는다.

한편 우리는 소외된 계급에 대한 체계적이고 습관적인 폭력과 독설에 찬 소셜 미디어, 매달 학교에서 사격 훈련을 받는 환경에서 자식들을 키워왔다. 지금도 지나치게 보호받는 청소년이 적지 않지만, 턱없이 보호받지 못하는 청소년도 많다. 또 완벽주의와 다른 사람의 생각에 짓눌려 지내는 사람도 많지만, 입을 다물고 지내거나 갑옷으로 무장하는 게 신체적으로나 감정적으로 더 안전하다고 생각하는 사람도 많다. 어느 쪽이든 우리는 청소년을 실패의 늪으로 몰아넣고 있는 듯하다. 따라서 많은 젊은이가 근거 있는 확신도 없이, 또 진실한 대화 능력도 갖추지 못한 채 노동 시장에 들어가는 이유가 쉽게 이해된다.

브레이브 리더스의 직원 중 밀레니얼 세대는 48퍼센트이고, 인턴까지 포함하면 56퍼센트까지 올라간다. 그들은 하나같이 개성이 뚜렷하지만, 호기심이 많고 성공을 추구하며 끊임없이 학습하는 공통점을 지녔다. 게다가 세상의 고통에 교감하며, 그 문제를 해결하는 데 조금이라도 도움을 주려고 애쓴다. 관점은 경험의 함수이고 유의미한 변화를 이루어내는 데는 오랜 시간이 걸린다는 걸 그들도 경험적으로 알고 있기 때문에 인내하며 끈기 있게 싸우고 있다. 따라서 그들이 다양한 경험을 통해 시야를 넓히도록 돕는 것이 우리 기성 세대의 책무이다.

밀레니얼 세대로 우리와 함께 일하는 젊은이들은 우리 조직 문화를 익히는 과정의 일환으로 대담한 리더십 프로그램을 끝내면 거의 어김없이 이렇게 말했다. "이런 식으로 대화하는 법을 배운 적이 없습니다. 감정을 드러내고 실패에 대해 공개적으로 말하는 방법을 배운 적도 없습니다. 실패를 본보기로 삼은 적도 마찬가지고요. 모든 것에서 테크놀로지를 사용하는 데 익숙한 때문인지, 얼굴을 맞댄 대화는 거북하고 어렵지만 강렬한 인상을 남겼습니다." 하지만 심리 치료를 받은 경험이 있는 직원들의 반응은 달랐다. 이런 이유에서 우리는 정기적인 건강진단 이외에 정신 건강 상담을 위한 특별 프로그램을 추가로 진행한다.

내 경험에 따르면, 밀레니얼 세대와 Z세대는 대담하게 자신의 의지를 피력하고 또 열심히 배운다. 그들은 용기를 실행하는 능력을 갈구한다. 나는 전형적인 X세대(제2차 세계 대전 이후 베이비 붐이 끝난 뒤에 태어난 세대―옮긴이)이고, 나 역시도 그런 능력을 원한다. 아마도 우리 모두가 그런 능력을 갈망할 것이다. 그러나 우리 세대의 일부만이 자라면서 그런 능력을 얻었고, 요즘의 젊은이에게 가르쳤다.

결론적으로, 다시 일어서는 능력을 갖추지 못한 사람은 실패의 위험을 무릅쓰지 않을 가능성이 크다. 언제라도 실패의 위험을 감수할 정도로 대담한 사람은 실패를 전혀 두려워하지 않는다. 우리 연구에 참여한 사람들 중 회복 탄력성이 뛰어난 사람들은 좌절과 실패를 겪은 후에 굳건히 다시 일어섰고, 상대적으로 용감하고 강인한 성품이었다. 그들은 내가 '다시 일어서는 법을 배운다(Learing to Rise)'라고 일컫는 과정에서 그런 면모를 보여주었다. 이 과정은 감정의 인정―진실한 대화―혁명적 변화라는 세 부분으로 이루어진다.

4부의 목표는 다시 일어서는 법을 배우는 데 반드시 필요한 능력과 도구 및 언어적 표현을 알려주는 것이다. 그래야 누구라도 그 기법을 즉각 실행할 수 있지 않겠는가? 이 과정의 잠재적 효과에 대해 연구하는 일은 거의 신경생물학적 연구를 넘어 더 많은 연구가 필요하기 때문에 머리에 쥐가 날 지경이다. 따라서 나는 이야기를 통해 그 과정을 설명해보려 한다. 이야기로 풀어 쓰는 방식보다 감정의 인정과 진실한 대화와 혁명적 변화를 효과적으로 소개할 수 있는 방법은 없다고 생각하기 때문이다.

스팸 하나로 시작된 말다툼

수년 전, 나는 동료들과 함께 한창 성장하고 있었기 때문에 무척이나 바빴다. 하지만 그러면서도 9월에 3주의 시간을 할애해서 새로운 기업을 창업함과 동시에 신간 홍보를 위한 순회를 시작하고, 그때까지 우리 회사 교육 프로그램에서 훈련받은 1,500명을 재점검하겠다는 결정을 내렸다. 2월에 그렇게 계획했을 때만 해도 멋진 아이디어라고 생각했다. 앞에서도 언급했듯이 내 뇌에서 시간을 추정하는 부분이 없었던 것 같고, 그런 생각은 과학적으로 확인된 사실인 듯하다. 여하튼 내가 2월에 그런 계획을 팀원들과 남편 스티브에게 알리자 모두가 반발했지만, 나에게는 누구도 모르는 비밀 무기가 있었다. "9월쯤이면 나는 강사 수준의 필라테스 전문가가 되어 있을 것이고 단축 마라톤도 너끈히 뛸 수 있을 거야. 지금보다 10배나 기운이 넘칠 것이고 레몬도 쉽게 손으로 짜낼 수 있을 거야!"

8월이 되었다. 어려웠다. 내 비밀 무기는 완전히 사라졌다. 레몬은 커녕 토마토도 짓이길 수 없었다.

집과 직장에서 내 삶의 톱니바퀴가 완전히 빗나갔다. 나는 한동안 열심히 다니던 필라테스 강습실이 너무도 싫었고, 수년 전부터 달리던 5킬로미터 코스에서는 달린다는 말이 민망할 정도로 걷다시피 했다. 그 사이에 우리 집 부엌은 거의 범죄 현장으로 변했다. 부엌 벽에는 온갖 쪽지가 빈틈없이 나붙었고, 식탁은 정리되지 않은 서류와 상자로 빈틈이 보이지 않았다. 또 새로운 웹사이트에 사용할 서체와 사진을 추려내기 위한 견본도 산더미처럼 쌓여 있었다. 물론 훈련 자료도 곳곳에 있었다. 한마디로 완전히 아수라장이었다.

어느 날, 나는 부엌에 멍하니 앉아 거의 눈물을 쏟기 직전이었다. 그때 뒷문이 살그머니 열리며 스티브가 들어왔다. 스티브는 거실 탁자에 가방을 던져 놓고는 곧장 부엌으로 들어와 냉장고를 열었다. 그러고는 짜증스러운 목소리로 "이 집에는 어떻게 빌어먹을 스팸도 없어!"라고 투덜거렸다.

과거에 몇몇 강연에서 이 이야기를 들려준 후, 나는 스티브의 '빌어먹을 스팸'라는 불평을 어떻게 생각하느냐고 청중들에게 물었다. 여성들은 "자기 고깃덩이나 먹으라고 해!"와 "항상 우리 잘못이지!"부터 "부인을 너그럽게 봐줄 수 없나!"까지 거의 예외 없이 나를 옹호하는 반응을 보였다. 특히 한 여인은 "그 남자를 버리세요!"라고 소리쳤다. 모질고 독한 선택으로 들렸다.

여하튼 스티브의 푸념을 들었을 때 나는 "저 사람이 대체 뭐라는

거야? 내 남편이란 사람이 저렇게 엉터리였다니!"라는 생각이 들었
다. 그래서 이를 악물고 주먹을 꽉 쥐었다.

내가 "왔어?"라고 말했지만 다정한 말투가 아니었다. 전세계의 가
정집 부엌에서 수없이 벌어진 말다툼의 발단이 될 법했던 말투였다.

스티브는 약간 움찔했지만 화해를 제안하는 듯한 말투로 물었다.
"응, 괜찮아?"

"당신도 남자라는 건가?" 내가 물었다.

"어……." 스티브의 경계심이 더욱 커졌다.

"그래, 서쪽으로 2.5킬로미터 쯤 가면 커다란 슈퍼마켓이 있을 거
야. 거기에 들어가서 신용카드를 보여주면 커다란 햄 덩어리를 줄 거
야."

남편에게 불만을 쏟아내자 은근히 기분이 좋아졌다.

스티브는 오히려 더욱 걱정스러운 표정을 지으며 물었다. "또 그
슈퍼마켓에 당신 신용카드를 두고 온 거야?"

'빌어먹을! 또 내 말을 제대로 알아듣지도 못하는군!'

"아니, 신용카드를 두고 온 게 아니야. 거기 가면 당신이 그놈의 스
팸을 얻을 수 있을 거라고 말한 거라고!"

스티브는 정말 걱정하는 표정으로 나를 바라보았다. "여보, 정말
괜찮은 거야?"

"괜찮아. 지금 6시 30분인데 식사가 준비되지 않아 화가 난 거지?
물론 그렇겠지!"

"잠깐만, 잠깐, 뭐라고?"

"지금 6시 30분이고, 당신은 배가 고픈데 식사 준비는 되지 않아

화가 난 거잖아!"

"좋아, 브레네. 365에 30을 곱하면 답이 뭐야?"

'못살아! 이 와중에 수학에 둔한 나한테 창피를 주려고! 완전히 굴욕이군.'

나는 어안이 벙벙한 표정으로 스티브를 멍하니 쳐다보았다. 춤이라도 추고 싶은 거야? 그래, 박자를 맞춰주지!

나는 최대한 빈정대는 목소리로 대답했다. "몰라! 그래 365에 30을 곱하면 뭔데?"

스티브는 말다툼을 시작하지 않으려고 최대한 자제하며 대답했다. "나도 몰라. 하지만 그 답이 우리가 함께한 날인 건 알아. 그 많은 날을 살았지만 단 한 번도 집에 와서 저녁 식사가 차려진 걸 못 봤어! 단 한 번도."

스티브는 계속 말했다. "첫째, 집에 와서 저녁이 차려진 걸 본다면, 난 당신이 나를 떠나려고 한다거나 우리 식구 중 누군가가 몹시 아픈 거라고 생각할 거야. 둘째, 저녁 식사를 준비한다면 우리 둘이 함께 준비해야 당연한 것이고. 셋째, 지난 5년 동안 대체 누가 슈퍼마켓에서 식료품을 사 왔지?"

'빌어먹을! 내가 예상한 대본대로 가지 않네.'

나는 어깨를 으쓱하고는 걸음마를 배우는 아이처럼 바닥을 발로 차며 대답했다. "당신. 그래, 당신이 식료품을 샀어."

스티브는 어느새 차분해졌고 정말 궁금한 표정으로 말했다. "맞아. 내가 항상 식료품을 샀어. 그런데 뭐가 문제야?"

거의 10년 동안 내가 자료를 조사할 때마다 머릿속을 맴돌던 문장이 있었다. 물론 그런 문장이 인터뷰 자체에서 중요한 것은 아니었기 때문에, 그런 문장을 철저히 연구한 적이 없었다. 하지만 『라이징 스트롱』을 위해 인터뷰하고, 그 자료를 분석한 결과에서 확인한 바에 따르면, 그 연구에 참여한 사람들 중 회복 탄력성이 뛰어난 사람들은 대체로 다음과 같은 형식의 문장을 사용했다.

"내가 나 자신에게 되뇌는 이야기는……."
"내가 혼자 상상하는 이야기는……."
"내가 말하려는 이야기는……."

'다시 일어서는 법'을 실행하려면 이 방법으로 시작해보자. 상황과 판도를 완전히 바꿔놓을 만한 방법이다. 개인적으로 나는 이 방법의 효과를 확신하기 때문에, 당신이 살아가고 사랑하며 양육하고 리딩하는 방법을 완전히 바꿔놓을 힘을 지녔다고 장담한다.

다시 휴스턴의 우리 집 부엌으로 돌아가자. 나는 스티브를 물끄러미 바라보며 말했다. "내가 나 자신에게 되뇌는 이야기는 이런 거였어. 나는 엉터리 리더, 엉터리 엄마, 엉터리 아내, 엉터리 딸이라는 거. 그래, 나는 지금도 주변 사람들을 실망시키고 있어. 내가 내 일에 능숙하지 못하기 때문이 아니라, 너무 많은 것을 하느라 하나도 제대로 할 수 없기 때문이야. 지금 모든 게 엉망진창이라는 걸 알아! 그 일의 원흉인 내가 혹시나 모를지도 모른다는 생각에 당신은 우리 집이 엉망진창이라고 말하고 싶은 거잖아."

스티브는 나를 바라보며 말했다. "정말 그렇다고 생각해? 전부 당신이 혼자 상상하는 이야기라는 걸 알아! 당신은 힘들면 그런 이야기를 단골로 들먹이니까. 내가 보기에도 지금은 당신은 어느 때보다 힘든 상황에 있어. 지금 당신 앞에 놓인 일거리는 인간의 한계를 넘어선 것이니까. 물속에 깊이 빠져 지금은 탈출구가 전혀 보이지 않겠지. 그러니까 이렇게 해보는 게 어때. 내가 물속에 뛰어들어 당신을 찾아낸 후에 수면 위로 끌어올리는 거야. 내가 길을 잃을 때면, 당신이 나를 찾아내서 환한 곳으로 데리고 나오잖아. 앞으로 이런 상황이 또 닥치면, 아이들에게는 칙필레(Chick-fil-A, 미국의 닭고기 전문요리점－옮긴이)의 닭고기를 나흘 동안 먹이자고. 그래도 시금치를 첨가하면 지옥보다 연옥에 떨어지지 않을까? 그래도 시금치가 싫으면 시금치를 골라내면 되지, 뭐. 같이 머리를 맞대고 시금치를 골라내자고!"

스티브가 여기까지 말했을 때 나는 눈물을 터뜨리고 말았다. "여보, 고마워. 솔직히 말하면 일이 너무 많아 못 견디겠어. 무엇을 해야할지도 모르겠어. 일의 늪에서 빠져나올 수가 없어. 너무 힘들어. 그런데 많은 사람이 나에게 의지하고 있잖아."

스티브는 나를 껴안았다. 나는 얼굴에 묻은 눈물 자국을 닦아내며 물었다. "그런데 솔직히 물어봐도 돼?"

스티브는 "물론!"이라 대답하며 내 얼굴에서 머리칼을 밀어냈다.

"왜 냉장고를 열고 그렇게 말했어? '집에는 어떻게 빌어먹을 스팸도 없어!'라고 말한 이유가 뭐야? 그게 그냥 가볍게 한 말이야? 그렇다면 괜찮은데, 나도 이해하니까. 그런데 그 말이 내 마음을 후벼팠어. 적어도 그 상황에서는 말이야."

"잠깐 생각할 시간을 줘." 스티브는 무척 진지한 사람이다. 그래서 나는 스티브가 결국에는 "그래. 나도 요즘 스트레스에 시달리고 있거든. 그래서 약간 수동적이면서도 공격적으로 반응했던 것 같아"라고 대답할 것이라 기대했지만 그의 대답은 뜻밖이었다. "정말 배가 고팠어."

"뭐?" 나는 어이가 없었다.

"배가 고팠을 뿐이야. 배가 고파서 그렇게 말한 거야. 환자 때문에 점심도 제대로 못 먹었거든. 그래서 집에 오는 길에 '7시까지도 아마 아무것도 못 먹겠지. 일단 햄을 구워서 허기를 때워야겠다'라고 생각했어."

"그래서……?" 나는 여전히 어리둥절한 표정으로 물었다.

"그게 전부야. 다른 건 없어. 그냥 햄을 구워 먹고 싶었을 뿐이야."

스팸 하나 때문에 일어난 대소동이었다. 이 책을 손에 들고 읽거나 오디오북으로 듣는 모든 독자가 이와 유사한 소동을 겪었을 것이다. 순전히 두려움이나 결핍감 때문에 당신과 아무런 관계도 없는 일이 사건의 중심이 되기도 한다. 그러나 결국 당신이 사건의 중심축이 아니라는 걸 깨닫게 된 때를 생각해보라. 이런 일은 인류의 역사에서 가장 오래된 속임수 중 하나이고, 우리 뇌의 착각이기도 하다. 얄궂게도 우리를 안전하게 지키려는 노력에서 비롯되는 착각이다.

이 이야기를 염두에 두고 '다시 일어서기'의 세 단계를 분석해보자.

'다시 일어서기' 과정은 실패를 믿고 일어난 뒤, 실수를 극복하고 상처를 직시함으로써 우리 삶을 더욱 지혜롭고 진실하게 끌어가는 것이다. 힘든 과정이지만 그 보상은 실로 엄청나다. 우리가 대담하게 자신의 이야기를 비판하며 인정하면 스스로 그 이야기를 마무리짓기 시작한 것이다. 그러나 우리가 실패와 좌절, 상처로 점철된 자신의 이야기를 인정하지 않으면, 우리는 그 이야기의 노예가 된다.

나는 우리 연구에 참여한 사람 중 회복 탄력성과 재설정 능력이 뛰어난 사람들을 '일어서는 사람'이란 뜻에서 '라이저(riser)'라고 칭한다. 디어크스 벤틀리(Dierks Bentley)의 노래 「라이저」에서 합창 부분을 들을 때마다 '경기장' 이야기가 떠오르기 때문인지, '라이저'라는 명칭은 딱 맞아떨어지는 듯하다.[2]

> 나는 일어서는 사람, 라이저
> 쓰러져도 일어서고, 달아나고 숨지 않는 사람
> 누군가 나를 밀치면
> 그에 맞서 싸우는 사람

우리는 감정적인 존재이다. 따라서 힘든 일이 닥치면 감정이 먼저 반응한다. 인지력과 사고력 및 그에 따른 행동은 트럭에서 운전석이나 조수석에도 앉아 있지 않다. 생각과 행동은 뒷좌석에 묶여 있고, 감정이 지옥에서 빠져나온 박쥐처럼 미친듯이 운전한다. 스티브가 빌어먹을 스팸도 없다고 투덜거렸을 때 내가 어떤 반응을 보였는가 머릿속에 그려보라.

라이저는 자신이 어떤 일로 인해 감정에 사로잡혔다는 걸 즉각적으로 알아챈다. '아이쿠, 감정이 나를 삼켜버렸군!' 그러고는 그 감정에 대해 궁금해한다. 어떤 감정인지 정확히 찾아낼 필요는 없다. 우리

리더의 용기

가 감정에 사로잡혔다는 걸 인식하는 것으로 충분하다. 그 감정이 무엇인지에 대해서는 나중에 정확히 알아내면 된다. 라이저가 자신이 감정에 사로잡혔다는 걸 인정하는 대표적인 표현을 예로 들면 이런 것이다.

- 무엇 때문인지는 정확히 모르겠지만 내가 충격을 받은 것은 분명하다.
- 그 대화가 머릿속에서 계속 맴돌며 떠나지를 않는다.
- 내가 어떻게 하다가 이 지경이 됐지?
- 나는 _____. (실망스럽다, 유감스럽다, 짜증이 난다, 마음이 아프다, 화가 난다, 비통하다, 혼란스럽다, 무섭다, 걱정스럽다 등)
- 나는 _____. (가슴이 몹시 아프다. 정말 취약함을 느낀다, 부끄러워 죽겠다, 쑥스럽다, 압도된 기분이다, 말로 표현할 수 없이 힘들다 등)
- 배 속에 응어리가 있는 것처럼 속이 울렁거린다.
- 아무에게나 주먹을 날리고 싶다.

감정의 인정(reckoning)은 무척 간단하게 이루어진다. 우리가 어떤 감정에 사로잡힌 걸 알게 되면 그 감정에 대해 궁금해지기 때문이다. 문제는, 자신이 느끼는 감정에 대해 궁금해하도록 교육받은 사람이 극소수에 불과하다는 것이다.

실패, 동료의 간접적인 지적, 단절과 좌절로 가득한 회의, 남들보다 더 많은 역할을 해달라는 요청 등 원인이 무엇이든 간에 부정적인 감정에 사로잡힐 때 회복 탄력성이 뛰어난 사람들이 공통적으로 지닌 능력(마음을 차분히 가라앉히고 심호흡하며, 눈앞의 현상에 관심을 두는 능력)을 우리는 제대로 배운 적이 없다. 그래서 갑옷을 더욱 단단히 입을 뿐이다.

대부분은 허겁지겁 현상을 받아들이며 자신의 감정을 무시하거나 다른 사람에게 화풀이하지만, 라이저는 눈앞의 현상에 궁금증을 품고 깊이 파고들어 자신이 어떤 이유에서 감정에 사로잡혔는지. 그리고 그 감정은 무엇인지 알아내려고 애쓴다. 가령 라이저가 말하기 전에 생각하는 사람이라면, 그렇지 못한 대부분의 사람은 감정을 앞세워 생각을 바꾸거나 숨는다.

그렇다면 우리가 감정에 사로잡혔다는 걸 어떻게 알 수 있을까? 우리의 가장 지혜로운 부분, 즉 우리 몸을 통해 알 수 있다. 우리는 몸으로 감정을 느끼기 때문에 감정을 '느낌(feeling)'이라 칭하는 것이다. 요컨대 우리는 감정에 생리적으로 반응한다.

라이저에게도 몸이 있다. 어떤 감정이 밀려오면 라이저는 그 감정을 느끼고 관심을 갖는다. 내 경우를 예로 들어보자. 나는 감정에 사로잡히면 시간의 흐름이 느려지는 듯하고 겨드랑이가 따끔거리고 입이 마른다. 머릿속에서 생각이 꼬리에 꼬리를 물고 이어지기 시작한다. 이제 그런 현상이 몸에서 일어나면 나는 그 현상에 관심을 기울이고, 그 현상을 일종의 신호로 받아들인다. 그 신호는 사람마다 다르다. '뭔가가 일어나고 있어. 거기에 관심을 가져야지. 그렇지 않으면 엉망이 될 거야!' 예컨대 스팸 대소동을 돌이켜보면, 이를 악물고 주먹을 꽉 쥔 행위가 나에게는 훌륭한 신호였을 수도 있다.

'다시 일어서기 과정'에 대해 반갑지 않은 소식이 있다. 바로 '감정의 인정' 단계를 통과하는 사람도 극소수에 불과하다는 것이다. 대부분이 어떤 감정을 느끼면, 그 감정에 궁금증을 갖지 않고 그런 감정을 다른 사람에게 쏟아내기 때문이다. 다시 말해, 우리 안에서 부글거리는 감정적 에너지를 문자 그대로 받아들여 다른 사람에게 내던진다는 뜻이다. 『라이징 스트롱』에서 이미 언급했지만, 우리가 다른 사람에게 감정을 떠넘길 때 가장 흔히 사용하는 6가지 전략을 간략히 설명해보려 한다. 이 전략들을 꼼꼼히 읽고 나면, 누구나 두 가지 의문을 품게 될 것이다. 하나는 "내가 이렇게 하고 있는가?"이고, 다른 하나는 "이 전략의 대상이 되는 쪽에 있으면 어떤 기분일까?"이다.

감정을 떠넘기는 6가지 흔한 수법

떠넘기기 전략 1 : 샹들리에(chandelier)

마음의 상처가 다시 표면화되지 않도록 심하게 억눌렀더라도, 겉보기에는 전혀 상관없는 지적에 느닷없이 분노나 눈물을 터뜨린 경험은 누구나 있을 것이다. 혹은 직장에서의 작은 실수가 지독한 수치심을 자극하는 공격으로 이어질 수 있다. 또 동료의 건설적인 피드백이 지극히 예민한 부분을 건드리며 우리를 큰 충격에 빠뜨릴 수도 있다.

나는 '샹들리에'라는 용어를 스티브에게 배웠다. 의학계에서 환자의 통증을 묘사하는 데 사용되는 용어로, 통증이 극심해서 그 예민한 부분이 건드려지면 환자는 부지불식간에 반응할 수밖에 없다. 환자가 다른 것에 정신을 쏟으며 고통을 감추려고 아무리 애쓰더라도 천장, 즉 아픔이 '샹들리에'까지 펄쩍 뛰어오르기 때문에 그렇게 불리는 것이다.

결국 여기에서 말하는 샹들리에는 감정적 현상으로, '힘이 군림하는' 상황에서 특히 흔하고 위험하다. 그런 상황에서는 힘의 차이 때문에 높은 지위나 신분을 지닌 사람이 화를 내거나 과잉반응한 책임을 떠안을 가능성이 상대적으로 낮기 때문이다. 이런 변덕은 불신과 일탈의 원인이 된다.

예컨대 어떤 사람이 자신은 감정이나 충동을 잘 눌러내는 편이라고 자랑스레 주장하지만 감정은 금전이나 신체 능력에서 열등한 사람이 주변에 있으면 자신이 알지도 못하는 사이에 폭발하고 만다. 보통 윗사람 앞에서는 이런 폭발적 행동이 거의 벌어지지 않기 때문에 그들은 이런 극기심을 합리화하기도 한다. 그러나 가족과 교회, 학교와 공동체 사무실에서는 샹들리에를 억압하는 힘이 분명히 눈에 띈다. 심지어 성별과 계급, 인종과 성적 성향 같은 쟁점이 뒤섞이면 그 결합물은 치명적일 수 있다.

대부분이 이런 폭발적 행동을 받아들여야 하는 위치에 있다. 우리도 상관이나 동료, 친구나 배우자가 우리에게 분통을 터뜨리는 것이, 실제로는 그 분노가 우리가 예민한 부분을 건드렸기 때문이 아니라는 사실을 알고 있다. 그러나 그런 폭발하는 행동으로 인해 상호 간의 신뢰와 존중은 산산조각난다. 그렇다고 눈치를 보며 조심조심 살아가기만 한다면, 안전감과 자존감에 큰 균열이 생긴다. 직장에서나 가정에서나 시간이 지나면 그 균열은 트라우마로 발전할 수 있다.

떠넘기기 전략 2 : 상처의 보호(Bouncing Hurt)

누구에게나 고통은 견디기 힘들다. 상처를 인정하는 것보다 분노하고 짜증내는 게 더 쉽기 때문에 에고가 끼어들어 지저분한 짓을 한다. 에고는 현재 이야기를 인정하지 않거나, 마무리가 새롭게 쓰여지는 걸 원하지 않는다. 에고는 감정을 부인하고 호기심을 혐오한다. 오히려 에고는 이야기를 갑옷과 변명으로 사용하며 "감정은 패자와 약골에게나 있는 것"이라고 말한다.

모든 야바위꾼이 그렇듯이, 우리가 에고의 요구에 응하지 않으면 에고도 악당들을 고용한다. 분노와 비난, 그리고 기피는 에고를 지켜주는 경비원이다. 우리가 어떤 경험을 감정적인 경험으로 인식하기 시작하면, 이런 감정들이 지체없이 작동하기 시작한다. 그런 이유에서 "내가 상처를 입었다"라고 말하는 것보다 "상관없어"라고 말하는 게 훨씬 쉽다.

에고는 다른 사람을 탓하고, 결함을 찾아내며, 변명하고 보복을 가하면서 혹평하는 걸 좋아한다. 이 모든 행동은 궁극적으로 자기방어의 형태이다. 게다가 에고는 기피의 열성 팬이기도 하다. 에고는 당면한 사건이 중요하지 않고, 우리가 그까짓 사건에 휘둘리지 않는 강한 사람이라고 속삭이며 우리를 안심시킨다. 그래서 우리는 무관심하고 냉정한 태도를 취하거나, 냉소적으로 대응한다. "그게 뭐든 상관없어!", "알 게 뭐야?", "그만두자고!"

그 경비원들이 성공하면, 다시 말해서 분노와 비난와 기피가 진정한 상처와 실망과 고통을 밀어젖히면, 우리 마음속에서는 에고가 마음껏 사기를 치고 다닌다. 에고가 흔히 사용하는 수법은 상대에게 감정을 통제하지 못한다고 수치심을 안기는 것이다. 특히 에고는 위협을 느끼면, 언제라도 위험한 거짓말쟁이가 될 수 있다.

떠넘기기 전략 3 : 상처의 마비(Numbing Hurt)

마비에 대해서는 갑옷을 다룬 곳에서 충분히 언급했다. 여기에서 중요한 것은 마비가 흔히 갑옷의 형태로 나타나지만 감정을 떠넘기는 수단으로도 사용된다는 것이다.

떠넘기기 전략 4 : 상처의 비축(Stockpiling Hurt)

상처를 폭발적으로 드러내는 샹들리에 전략과 반대로, 상처를 조용하고 은밀하게 비축해가는 방법도 있다. 상처를 차곡차곡 쌓아두는 전략이다. 이 방법은 감정을 부적절하게 분출하지도 않고, 다른 사람을 탓하며 진실한 감정을 왜곡하거나 고통을 마비시키지도 않는다. 상처의 비축은 고통을 단호히 억누른다는 점에서 처음에는 샹들리에와 유사하지만, 고통을 다른 사람에게 분출하지 않고 우리 몸이 "더는 안 돼!"라고 소리칠 때까지 상처를 계속 쌓아갈 뿐이다. 우리 몸의 메시지는 항상 명확하다. "그만 쌓아! 죽을 것 같아!"

결국 승리자는 언제나 몸이다. 중년기, 즉 사회생활에서 중견이 되었을 때 감정과 상처를 지나치게 오랫동안 축적한 영향이 나타나기 시작한다. 이때 몸이 감정의 요새를 허물어뜨리기 시작하면, 그 결과로 우리는 불안감과 우울감, 극도의 피로감과 불면증, 신체의 고통 같은 여러 징후를 겪게 된다.

떠넘기기 전략 5 : 엄브릿지(The Umbridge)

나는 이 전략의 이름을 조앤 K. 롤링(Joan K. Rowling)의 『해리 포터와 불사조 기사단』에 등장하는 돌로레스 엄브릿지에서 따왔다.[3] 내 생각에 이 전략은 가장 어려운 전략같다. 영화에서 이멜다 스턴톤(Imelda Staunton)이 연기한 엄브릿지는 깜찍한 분홍색 정장 차림에 윗부분이 납작한 필박스 모자를 쓰고, 분홍색 사무실을 고양이가 그려진 장신 접시들과 리본 매듭들로 꾸며놓았지만, 행실이 나쁜 아이들을 괴롭히는 걸 좋아한다. 롤링은 이런 엄브릿지에 관련해서 "단 것이면 무엇이든 좋아하는 성향은 진정한 온정이나 자비가 부족한 곳에 존재하는 듯하다"라고 말했다.[4]

"모든 게 완벽해!", "화가 날 이유가 전혀 없잖아!", "긍정적으로만 생각하면 현재의 난감한 상황을 완전히 뒤집을 수 있어." 등과 같이 기분 좋은 합리화는 진짜 고통과 상처를 감추는 경우가 많다. 직관으로 들리지는 않겠지만, 우리는 투쟁하지 않는 사람이나 역경을 겪지 않은 사람을 신뢰하지 않는다. 또 공감 능력이 없다고 생각되는 사람과는 관계를 발전시키지 않는다. 빛과 어둠이 섞이지 않으면, 겉모습이 멋진 것과는 별개로 시한폭탄이 째깍거리고 있다. 달콤하고 순응적인 것은 불길한 징조일 수 있다.

떠넘기기 전략 6 : 상처와 진퇴양난의 두려움

공중에 매달려서 오도 가도 못하는 상태를 '하이 센터(high-centr)'

라고 표현한다. 예컨대 암소가 울타리 꼭대기에 걸린 채 양쪽에 다리를 허우적거리며 오도 가도 못하는 모습을 상상해보라. 실로 곤혹스러운 상황이 아닐 수 없다. 나는 이 용어를 할머니에게 배웠다. 샌안토니오 할머니 집의 진입로는 이차로의 시멘트 길로, 중앙에는 잔디가 덮인 흙둔덕이 있었다. 할머니는 때때로 그 길을 지날 때 "저 흙둔덕이 점점 높아지는 것 같지 않니? 언젠가는 내 차가 하이 센터가 될 거야"라고 말했다. 그래서 우리는 삽으로 흙둔덕을 파내고 평평하게 다듬었다. 할머니의 말에서 '하이 센터'는 자동차의 중앙이 흙둔덕에 올라타 네 바퀴로 오도 가도 못하는 상황을 뜻했다.

우리가 감정을 부인하는 이유가 무엇일까? 감정적으로 '하이 센터'의 상황, 즉 오도 가도 못하는 진퇴양난의 상황에 빠질 것을 두려워하기 때문이다. 만약 내게 상처나 두려움, 혹은 분노가 있다는 걸 인정하면, 그 후에는 꼼짝할 수 없게 된다. 아무리 작은 것이라도 인정하고 나면, 뒤로 물러설 수 없고, 별거 아닌 일이라고 치부할 수도 없다. 그렇다고 해서 앞으로 전진할 수도 없는 노릇이다. 그렇게 되면 내가 통제할 수 없을 정도로 '감정의 수문'이 활짝 열릴 수 있기 때문이다. 어떤 감정이라도 인정하면 자연스레 그 감정을 느끼게 된다. 내가 어떤 감정을 인정하는 순간, 내가 통제할 수 없을 정도로 그 감정이 분출되면 어떻게 되는가? 나는 직장이나 전쟁터에서, 또 학생들과 함께 있을 때 울부짖고 싶지 않다. 하이 센터의 상황은 그야말로 최악이다. 그 상황에서는 우리가 통제력을 전혀 행사하지 못하기 때문이다. 이때 우리는 무력감에 빠진다.

감정에 노예가 되지 않는
사람들의 비밀

이상하게 들릴 수 있겠지만, 나는 감정을 떠넘기지 않고 인정하고 받아들이는 최고의 전략을 요가 강사에게 배웠다. 또 그 전략은 군 특수부대원에게 배운 것이기도 하다. 그 비밀은 바로 '호흡'이다. 요가 강사는 그 호흡법을 '상자 호흡(box breathing)'이라 칭하고, 군인들은 '전술적 호흡(tactical breathing)'이라 칭하지만, 궁극적으로는 똑같은 것이다. 육군 특수부대, 그린베레 대원이던 마크 밀러(Mark Miller)는 전술적 호흡법을 이렇게 설명했다.[5]

- 4초 동안 코로 숨을 깊이 들이마시며 위를 팽창시킨다.
- 4초 동안 숨을 멈춘다.
- 4초 동안 입으로 숨을 천천히 내쉬며 위를 수축시킨다.
- 4초 동안 숨을 멈춘다.

직장에서 습관적으로 심호흡하는 사람은 거의 없다. 시시때때로 모든 것을 멈추고 몸을 점검하는 사람도 거의 없다. 하지만 나는 호흡 예찬가이다. 업무가 정신없이 바쁘게 돌아가고 격정적인 감정이 밀려오면, 나는 모든 것을 중단하고 책상 위에 사각형을 그리며 "4초 동안 숨을 들이마시고, 4초 동안 숨을 참는다. 4초 동안 숨을 내쉬고, 다시 4초 동안 숨을 멈춘다." 내 경험에 근거하면, 전술적 호흡을 두세 번 정도 반복하면 확실히 마음이 진정된다. 내 아이들과 학생들에게 이 호흡법을 가르쳐주었다. 호흡은 감정을 인정하는 다른 전략에도 반드시 필요하지만, 가장 과소평가된 리더십 기법(차분함을 유지하라)의 열쇠이기도 하다.

나는 차분함을 '새로운 시야와 마음 챙김을 가능하게 해주는 동시에 감정적 반응을 억제하는 것'이라 정의한다. 차분함은 일터에서 스트레스의 가장 큰 원인 중 하나인 불안을 다스리는 강력한 향유(香油)이기도 하다. 불안감에 관한 한 나의 가장 큰 스승은 심리학자 해리엇 러너(Harriet Lerner)이다. 러너는 『접속의 춤』에서, 우리 모두가 불안을 관리하는 방법을 나름대로 양식화한다고 설명했다.

많은 사람이 과민반응을 보이고, 반대로 과소하게 반응하는 사람도 적지 않다.[6] 나 같은 과민반응자(overfunctioner)는 성급하게 조언하고 구제하며, 세세한 것까지 관리한다. 또한 자신의 내면을 들여다보기보다는 다른 사람의 일에 간섭하는 경향을 띤다. 한편 과소반응자(underfunctioner)는 스트레스를 받으면 업무 능력까지 떨어지는 경향을 띤다. 과소반응자는 다른 사람에게 쉽게 휘둘리기 때문에, 가족의 대화 및 걱정과 근심에서 중심 대상이 되고 '무책임한 놈', '문제아', '유약한 놈'이란 딱지가 붙기도 한다. 러너 박사의 설명에 따라, 이런 행동들을 우리 본질적인 모습이 아니라 불안감에 대한 반응으로 해석하면, 우리 자신도 변할 수 있다는 사실을 이해하는 데 도움이 된다. 과민하게 반응하는 사람에게 일차적인 목표는 불안에 직면해서도 취약성을 더욱 적극적으로 받아들이는 것이고, 과소반응하는 사람의 목표는 강점과 경쟁력을 강화하려고 노력하는 것이다.

우리가 과민반응하든 과소반응하든 간에, 차분함은 우리에게 감정적인 안정을 되찾을 만한 '공터'를 제공한다. 나쁜 소식이라면 '불안이 전염력이 가장 강한 감정이라는 것'이다. 여기에서 불안이 개인보다 집단의 함수가 되는 이유가 설명된다. 달리 말하면, 불안은 전염력이 무척 강하기 때문에 한 사람에게 억제된 채 갇혀 있지를 못한다. 따라서 불안감에 사로잡힌 한 사람을 어떤 집단에 몰래 심어놓으면 집단 전체를 공황(恐慌) 상태에 빠뜨릴 수 있다.

그럼 좋은 소식은 무엇일까? 차분함도 그에 못지않게 강력한 전염성을 띤다는 것이다. 지난 20년 동안 내가 인터뷰한 리더들 중 차분함을 능숙하게 되찾는 사람들은, 이상하게 들리겠지만 '호흡과 호기심의 결합이 중요하다'고 한목소리로 역설했다. 그들은 자신에게 제기된 질문에 대답하기 전, 반대로 질문을 던지기 전에도 심호흡한다고 말했다. 예컨대 천천히 말하고 심호흡하며 사실 여부를 확인함으로써 정신없이 몰아치는 대화의 속도를 늦추거나, 의도적으로 잠깐씩 말을 멈추고, 다음과 같은 형식의 두 질문을 머릿속에서 생각했다.

- 이 상황에 흥분하고 감정적으로 반응할 만큼 충분한 정보가 있는가?
- 충분한 정보가 있더라도 내가 흥분하는 게 문제 해결에 도움이 되는가?

호기심과 호흡 이외에 '허가서 작성'도 잊어서는 안 된다. 때때로 감정적으로 마음껏 느껴보기도 해야 한다. 특히 감정을 탐구하고 논의하는 게 노골적으로 금지되거나 허용되지 않은 가정에서 성장한 사람에게는 그런 기회가 무엇보다 필요하다.

내가 내 분노와 상처에 주목하고 심호흡하며 호기심을 가졌다면 스티브와의 대화가 얼마나 다르게 진행되었을까 상상해보라.

직장에서 유독 소문이 사실처럼 번지는 이유

감정을 인정하고 나서 놀라운 이야기들이 시작된다면, '럼블'이라 일컫는 진실한 대화는 그런 이야기를 두고 논쟁하며 인정하는 공간이라고 말할 수 있다.

진실한 대화는 "확실한 자료가 없으면, 우리는 항상 이런저런 이야기를 꾸미게 된다"라는 보편적 진리로 시작된다. 우리는 그렇게 설계된 존재이다. 다시 말해, '의미 만들기(meaning-making)'는 우리의 생물학적 특징이란 것이다. 투쟁 상태가 되면, 현재 상황을 파악해서 최적인 방어법을 뇌에 전달하도록 이야기를 꾸며내는 것이 보편적 현상이다. 이런 현상은 직장에서는 하루에도 수없이 일어난다. 어떤 조직에나 정확한 정보에 접근하지 못하는 조직원들이 있기 때문에, 회사는 그들이 꾸며대는 이야기들로 어수선하다. 만약 당신이 팀을 변화로 이끈 적이 있다면, 나쁜 이야기에 엄청난 시간과 돈, 에너지가 허비된다는 걸 알고 있을 것이다.

신경학자이며 소설가인 로버트 버턴(Robert Burton)의 설명에 따르면, 우리가 일정한 패턴을 인식하고 이야기를 완결하게 되면, 뇌는 도파민으로 우리에게 보상한다. 흔히 '아하!'라고 일컬어지는 깨달음의 순간이다.[7] 이야기는 일종의 패턴이다. 뇌가 서론-본론-결론으로 이루어지는 이야기의 일반적인 구조를 인지하면, 애매함을 말끔히 정리해낸 자신에게 보상한다. 안타깝게도 뇌는 이야기의 정확성과 관계없이 이 일을 한다. 좋은 사람과 나쁜 사람이 명확히 구분되는 이야기면 모두 보상하는 것이다.

"아하! 그 문제를 해결했어!"라는 흥분된 감정은, 우리가 진실에 접근하는 데 필요한 취약성과 불확실성을 외면하게 만들 수 있다. 뇌는 대답하지 못하고 질문을 남겨두는 모호한 이야기를 좋아하지 않는다. 또한 가능성을 잔뜩 늘어놓는 것도 마찬가지다. 뇌는 "어쩌면 내가 도와줄 수 있을 거야" 혹은 "내가 괜히 그 일을 부풀려서 크게 만드는 것은 아닐까?"라는 모호한 의견에는 아무런 관심이 없다. 뇌에서 우리의 보호에 관여하는 영역은 이분법을 좋아한다. 좋은 사람인가 나쁜 사람인가? 위험한가 안전한가? 동맹인가 적인가?

버턴은 "우리는 본능적으로 어떻게든 이야기를 꾸며야 한다. 그렇기 때문에 불완전한 이야기를 받아들여 이용하는 경우도 많다"라고 말했다. 또 버턴은 "우리가 미완성의 이야기를 갖고 있어도, 즉 설명이 불완전하거나 틀리더라도 우리 세계에서 무엇인가를 이해하는 데 도움을 준다면 도파민 보상을 얻는다"라고도 덧붙였다.[8]

우리가 머릿속에서 처음 꾸며내는 이야기는 흔히 '엉망진창인 초고(shitty first draft, SFD)'라 일컬어지는 것이다. 자녀들 앞에서 '엉망진창'이란 표현을 사용하기가 조금 부끄럽다면 '논쟁적인 초고(stormy first draft)'라는 표현을 사용해도 상관없다. 여하튼 아이들은 SFD라는 개념을 적극적으로 받아들여 대화하는 걸 좋아할 것이다. 특히 힘든 일을 겪은 후에, 가족이 그를 사랑하고 그가 여전히 가족의 일원이라는 걸 확인하는 기회를 SFD에서 얻을 수 있을 것이다. '엉망진창인 초고'라는 개념은 글쓰기에 관한 명저, 앤 라모트(Anne Lamott)의 『글쓰기 수업』에서 인용한 것이다. 라모트는 엉망진창인 초고에 대해 이렇게 말했다.

"내가 무엇이라도 쓸 수 있는 유일한 방법은 정말로 엉망진창인 초고를 쓰는 것뿐이다. 그런 초고는 어린아이의 밑그림과 같다. 모든 것을 몽땅 쏟아 넣고, 사방에 굴러다니게 내버려둔다. 누구도 그 초고를 보지 않을 것이고, 나중에 다시 손보면 된다는 걸 알기 때문이다."9

우리가 자신의 감정에 대해 가장 처음 마음대로 꾸며내는 이야기, 즉 엉망진창인 초고에서는 우리의 두려움과 불안감이 사방에 굴러다닐 가능성이 크다. 예를 들면 이런 식이다. "스티브는 완전히 얼간이야. 내가 사업을 운영하면서 괜찮은 아내와 엄마 노릇을 할 수 있다고 생각하지 않아. 스티브는 내 짜증에 신물이 난 거야. 어쩌면 나에게도! 지난 30년, 전부가 새빨간 거짓말이었던 거야."

내가 감정에 휩싸여 고삐 풀린 망아지처럼 부엌에 뛰어들지 않고, 스팸을 들먹인 스티브의 지적에 발끈하지 않고 그런 감정이 밀려온 이유에 대해 궁금증을 가졌더라면 더 나았을 것이다. 내가 이런 '엉망진창인 초고'를 인식하고 표면화했더라면, 부엌에 들어가 "햄 이야기 들었어. 당신도 이제 나한테 신물이 난 것 같고, 나도 요즘 일로 받는 스트레스에 신물이 난 것 같네"라고 말할 수 있었을 것이다.

리더의 용기

나는 스티브를 30년 이상 알고 지냈다. 내가 그렇게 말했다면, 십중팔구 스티브는 나를 크게 껴안으며 "당신에게 요즘 일이 너무 많다는 걸 알아. 어떻게 하면 좋을까?"라고 말하며 나를 위로했을 것이다. 그렇다. 말다툼은 그럭저럭 해결된다. 그러나 관계의 회복에는 내가 부엌에서 주절거린 푸념이 필요할 수 있다.

'엉망진창인 초고'에서는 두려움이 정보 부족을 채운다. 제한된 실질적인 정보와 많은 거짓 정보를 바탕으로 그럴듯하게 꾸며져 감정을 채워주는 이야기는 무섭게도 '음모론(conspiracy theory)'이라 일컬어진다. 우리는 모두 두려움과 불안감으로 구멍 난 정보를 끊임없이 채우며 자신의 이야기를 꾸미는 음모론자이다.

변화와 혼돈이 끊이지 않는 기업 문화에서, 조직원들은 미친 듯이 '엉망진창인 초고'를 꾸민다. 하지만 용기 문화를 우선시하는 리더라면 조직원들에게 최대한 많은 사실적 정보를 제공할 것이다. 모든 것을 조직원들에게 말할 수 없는 경우에는 전달할 수 있는 최대한의 것을 전달하고 있다고 분명히 말해주고, 앞으로 알게 되고 공유가 허가된 정보가 있다면 꾸준히 전달하겠다고 약속하면 된다. 거듭 말하지만, 명확한 것이 친절한 것이다. 모든 것을 명확히 할 때 거짓으로 꾸민 이야기와 음모론이 줄어든다.

대담한 리더가 엉망진창인 초고를 무조건 금지하는 것은 아니다. 그들은 조직원에게 자신의 이야기에 대한 사실 여부를 확인할 시간과 여유를 허용함으로써 안정감을 유도한다. 우리 연구소를 예로 들어보자. 직원들을 내보내야 했을 때, 우리는 그로 인해 영향을 받은 팀원들을 개인적으로 만나서 더 큰 조직으로 거듭나겠다고 약속했다. 그와 동시에 팀장들을 찾아가 "팀원들의 속내를 듣도록 하라. 허심탄회하게 털어놓고, 질문하고, 그들의 엉망진창인 초고를 확인하라"고 권했다. 여기서 분명히 해야할 것이 있다. 감정과 두려움 및 음모론을 처리하는 데 합리적인 시간을 보내지 않으면, 비생산적인 행동을 관리하느라 터무니없이 많은 시간을 헛되이 낭비하게 된다는 것이다.

음모론도 처리해야 하지만 작화(confabulation)도 경계해야 한다. 작화는 이야기나 세부적인 사항들을 꾸며내어 기억의 틈을 메우는 행위를 말한다. 즉, 실제의 체험과는 다른 것을 자기가 생각해낸 것처럼 착각해서 말하는 것을 뜻하는데, 상당히 미묘하게 정의된다. '작화'는 정직하게 말해진 거짓말이다. '작화하다'는 빠진 정보를 진실이라 믿는 거짓으로 대체하는 행위이다.

조너선 갓셜(Jonathan Gottschall)은 『스토리텔링 애니멀』에서 "정신적으로 건강한 보통 사람은 일상적 상황에서도 작화하는 경향이 뚜렷하다"는 증거가 나날이 쌓여간다고 말했다.[10] 이 책에서 가장 좋아하는 연구 중 하나에서 심리학자 팀은 쇼핑객들에게 7짝의 양말을 주고 한 짝을 선택하고, 그 짝을 특별히 선택한 이유를 설명해달라고 요구했다. 모든 쇼핑객이 선택의 이유로 색상과 질감과 바느질에서의 미묘한 차이를 거론했다. 한 명도 "그 양말을 선택한 이유를 모르겠다"라거나 "그 양말을 선택한 특별한 이유는 없다"라고 대답하지 않았다. 모두가 자신의 결정을 나름대로 완결된 이야기로 설명했다. 그러나 놀라운 점은, 모든 양말이 똑같은 것이었다는 사실이다. 갓셜의 설명에 따르면, 모든 쇼핑객이 자신의 결정을 합리적으로 보이게 만들려는 이야기를 꾸몄지만 실제로는 그렇지 않았다. 갓셜의 결론은 그 이야기들이 바로 작화를 증명한다고 이야기했다. "작화는 정직하게 말해진 거짓말입니다."[11]

직장에서 작화는 우리가 사실이라 믿지만, 실제로는 의견에 불과한 것을 공유할 때 나타난다. 예를 들어보자. 내가 동료를 똑바로 바라보며 "우리 모두가 9월에 실직될 거야. 팀이 해산되고 팀원 전체가 해고되겠지"라고 말하면, 모두가 경악하며 내게 어떻게 알았느냐고 묻는다. 나는 이렇게 대답한다. "그렇게 들었어. 난 그 소문이 사실이라는 걸 알고 있지."

정보 자체가 전혀 사실에 근거하지 않은 것일 수도 있다. 그런 정보도 작화의 일종이다. 스스로 그 정보가 사실이라 믿지만, 실제로는 부분적으로 사실일 수 있는 것이 결합된 두려움에 불과한 것이다. 그래서 작화는 위험하다.

'엉망진창인 초고'가 주어지면 우리는 잠시 모든 것을 멈추고, 우리 머릿속에 뒤죽박죽된 그 이야기에서 음모와 작화를 정확히 찾아내야 한다. "괘씸한 것! 회의장에서 저 여자가 저런 식으로 나를 쳐다봤어. 나를 못 믿겠다는 거지. 내 아이디어가 멍청하다고 생각하며, 나를 이 프로젝트에서 배제하려는 음모를 꾸미는 게 분명해."

이야기에 점점 살이 붙어 통제력을 완전히 벗어나기 전에, 엉망진창인 초고를 다듬는 게 무엇보다 중요하다. 요즘 나는 이런저런 이유로 어떤 상황을 마주했을 때, 처음 드는 생각을 잊지 않기 위해 핸드폰에 나의 엉망진창인 초고를 기록하려고 한다. 또 내가 인터뷰한 라이저의 70퍼센트는 기회가 닿을 때마다 이 초고를 작성한다고 말했다. 그들을 본받아 나도 기회가 있을 때마다 그렇게 하려고 한다. 정확하지는 않지만, 초고에는 대략 다음과 같은 항목이 포함된다.

- 내가 마음대로 꾸며낸 이야기 :
- 내 감정 :
- 내 몸 :
- 내 생각 :
- 내 믿음 :
- 내 행동 :

텍사스 대학교 오스틴 분교의 심리학자 제임스 페니베이커(James Pennebaker)는 우리 정신은 우리에게 일어나는 사건을 이해하려는 방향으로 설계되어 있다고 주장하며, "복잡하고 혼란스러운 경험을 언어로 표현하려는 시도 자체가 그 경험을 '이해할 수 있는 것(graspable)'으로 만들기 위한 행위이다"라고 말했다.[12]

스토리텔링(storytelling)은 우리가 꾸미는 이야기를 공유하기 위한 또 다른 수단이다. 만약 당신에게 경청하는 재능과 인내심을 갖춘 친구나 동료가 있다면, 더욱이 당신이 그를 신뢰한다면, 그에게 당신의 초고에 대해 자세히 설명하며 논의할 수 있을 것이다.

초고를 작성하는 행위는 처음의 엉망진창인 생각 자체에 힘을 주는 게 아니라 우리에게 힘을 준다. 달리 말하면, "이 이야기가 이해되는가? 이 이야기가 괜찮아 보이는가?"라고 말할 기회를 주는 것이다. 글쓰기는 바람의 속도를 늦추고 파도를 잔잔하게 한다. 누군가 당신의 초고를 형편없는 미숙한 악다구니로 폄하할 것이란 생각이 들어 부끄럽다면, 그 초고는 잘 쓰인 것이라 할 수 있다. 초고는 여과되지 않은 것이 가장 강력한 것이기 때문이다.

캐나다의 작가 마거릿 애트우드(Margaret Atwood)는 이렇게 말했다.

> "당신이 이야기 한복판에 있으면 그것은 이야기가 아니라 혼돈이다. 음울한 울부짖음이 울려 퍼지고, 앞을 볼 수 없는 상황이며, 깨진 유리와 그 조각들의 잔해로 가득한 혼돈이다. 누구도 어찌할 도리가 없는 회오리바람에 휩쓸린 집이나, 빙산에 부딪히거나 급류에 휩쓸리는 선박과도 같다. 이런 혼란이 지나간 뒤에야 비로소, 이야기와 유사한 것이 된다. 그 혼란을 당신 자신이나 다른 사람에게 전해줄 때 말이다."[13]

'깨진 유리와 그 조각들의 잔해'들을 진짜 이야기로 바꾸기 위해서, 라이저들이 진실하게 해결해야 할 의문이 있다.

1. 이 상황에 대해 나는 무엇을 더 알고 이해해야 하는가?
   나는 객관적으로 무엇을 알고 있는가?
   나는 어떻게 추정하고 있는가?

2. 이야기 속의 다른 사람들에 대해 무엇을 더 알고 이해해야 하는가?

나에게 추가로 필요한 정보는 무엇인가?

무엇을 질문하고, 무엇을 명확히 해야 도움이 되겠는가?

이번에는 한층 어려운 질문이다. 대답하려면 용기와 실천이 필요할 것이다.

3. 나 자신에 대해 무엇을 더 알고 이해해야 하는가?

　　내 대답의 뒤에는 무엇이 감추어져 있는가?

　　내가 진정으로 느끼는 감정을 무엇인가?

　　나는 이 이야기에서 어떤 역할을 했는가?

1과 2에 대답하려면, 음모론과 작화를 해결하려는 용기가 필요하다. 3에 대답하려면 정서적 문해력이 필요하다. 정서적 문해력은 감정을 인식하고 이름을 붙이는 능력으로, 공감과 자기연민에서 요구되는 능력이기도 하다.

당신이 '엉망진창인 초고'를 꾸미고 잠시 동안 열린 마음으로 살펴본 후에, 그 내용을 동료에게 확인하면 얼마나 효과가 있을지 상상해보라. "오늘 회의가 힘들긴 했지. 자네는 입을 다물고 있더군. 자네 팀이 다음 회의까지 모든 일을 빨리 끝내야한다고 말해서, 자네가 화난 것 같다고 내 마음대로 생각하게 될 듯한데, 그 문제에 대해 잠깐 대화할 수 있을까?"

혹시라도 당신이 내게 다가와 그렇게 말한다면, 당신을 향한 내 신뢰와 존경심이 급등할 것이다. 예를 들어, 내가 위의 질문에 이렇게 대답한다고 해보자. "화가 난 게 아닙니다. 다만 지쳤을 뿐이죠. 찰리가 어제 밤새 아파서 토하고 끙끙 앓았거든요. 여하튼 당신의 관심에 감사드립니다." 이런 대답은 당신에게 공감할 기회를 주는 대답이다. "그랬군. 힘들었겠네. 커피라도 한잔 하겠나?"

이번에는 정반대로 대답한다고 생각해보자. "그래요, 정말 실망이네요! 이번 일은 우리 담당 프로젝트가 아니라고요. 우리 팀은 그 일을 끌어갈 인적 자원도 없어요! 완전 미친 짓이야!" 이렇게 되면 상대는 "그렇군. 여기 앉아보게. 차근차근 따져보자고"라고 대응할 것이다.

'엉망진창인 초고'를 꾸미고 동료에게 확인하는 과정은 당신과 나, 모두에게 이익이다. 어느 쪽으로 대답하든 이 과정을 통해 당신과 나의 관계는 연결되고, 이때 신뢰가 구축된다. 이런 이야기와 음모론은 터무니없는 행동의 치유법으로 여겨지지만, 사실 우리 모두가 매일 행하는 행위이다. 조너선 갓셜은 "음모를 꾸미는 일은 어리석고 무지한 사람, 혹은 비정상적인 사람의 전유물이 아니다. 의미 있는 경험에 대한 강박적 욕구의 반영이다"라고 말했다.[14]

문제는 우리가 취약성과 불확실성을 인정하지 않고, 빈칸을 두려움과 최악의 시나리오로 메우기 시작한다는 것이다. 이런 점에서 나는 "음모를 꾸미는 사람에게는 결코 쓸모없는 짓이 일어나지 않는다"라는 갓셜의 말을 특히 좋아한다.[15]

연 매출 3,884억 달러 회사의
직원 평가 방식은 무엇이 다른가?

'나 자신에게 되뇌는 이야기'는 의미를 만드는 인간이 된다는 것이 무엇을 뜻하는지 실질적으로 보여준다는 점에서 강력한 힘을 갖는다. '나 자신에게 되뇌는 이야기는' 정직하기 때문에 분노나 적대감을 불러일으키지 않는다. 우리 모두가 자신의 이야기를 꾸민다. 이런 이유에서 '나 자신에게 되뇌는 이야기'는 다양한 환경에서 누구에게나 적용된다.

예컨대 최근에 우리 연구팀은 연 매출이 3,884억 달러에 달하는 로열 더치 셸에서 '서프(Subsea Umbilicals, Risers and Flowlines, SURF)'라 일컬어지는 엘리트 심해 엔지니어링팀에게 대담한 리더십 프로그램을 실시했다.

'서프'의 팀장이자, 항공우주공학을 전공한 박사로 널리 알려진 주 그워타잉(Ju Gwo-Tarng, 朱國堂)은 그 프로그램에서 중간 리더들을 대담하게 이끌었다. 그와 마찬가지로, 대부분의 리더도 공학자이거나 프로젝트 관리자였다. 당시 프로그램의 주된 목표는 능력의 격차, 커뮤니케이션 문제, 구조적인 장벽에 대한 깊은 이해를 유도하는 대화를 촉진하는 방법은 아니었다. 주로 리더들이 성과에 대한 피드백을 어떻게 공유하고, 실패에 대한 보고를 듣고 어떻게 다루는지에 대해 조사하는 것이었다.

시스템의 취약성(좋지 않은 것)과 관계의 취약성(대담한 리더십을 위한 전제 조건)이 어떻게 다른지 세밀하게 분석한 후, '서프'는 팀원들이 동료나 직속 부하와 거북한 대화까지 나눌 수 있게 해주는 기술을 쌓아가기 시작했다. 이렇게 축적한 기술에 대해 그들은 이렇게 말했다.

"우리는 갈등하고 퇴보하는 지난날을 뒤로하고, 모두가 자신이 꾸민 이야기의 사실 여부를 점검하며 다시 일어서는 기술을 배웠다. 성과에 대한 피드백을 더욱 건설적으로 주고받을 수 있게 되었으며, 원점으로 돌아감으로써 경계를 명확히 하여 피드백 과정에서 부정적 감정을 최소화할 수 있었다. 또한 난감한 문제를 신속하고 건설적인 방법으로 표면화하면, 갈등을 시의적절하게 해소하는 데도 도움이 된다. 우리가 일하는 환경의 복잡함과 높은 위험성을 고려할 때 이런 과정은 무척 중요하다."

피드백에서 진실한 대화가 없다면, 배우는 것 없이 방어적인 자세만 강화된다. 실패에 대한 피드백을 받을 때 자기방어벽을 어느 정도까지 높이는 것이 인간의 본성이다. 따라서 원점으로 돌아가 피드백 메시지의 의도와 직원들에게 실제로 전달된 뜻이 맞아떨어지는 확인하고, 그들의 작성한 초고의 사실 여부를 확인하는 게 중요하다.

직원 평가에 상대평가방식(forced ranking system)을 사용하는 조직에서는, 이런 사실 여부를 확인하는 과정이 평가에 아무런 악영향을 미치지 않는 안전한 과정이라는 생각을 심어주는 것이 반드시 필요하다. 이런 목적을 위해 두 유형의 회의(하나는 일반적인 회의, 다른 하나는 이야기를 점검하는 회의)를 편성할 수도 있다. 멀린다 게이츠에게서도 유사한 예를 찾을 수 있다. 앞에서 보았듯이, 멀린다는 호기심의 유지와 적절한 질문의 제기가 훌륭한 리더의 덕목이라 생각한다. 그녀의 이야기는 나에게 깊은 감동을 주었다.

"내가 오랫동안 혼자 생각하던 이야기는 '내가 빌이 아니라는 이유로 전문가들이 나를 무시하고 내게 거들먹거린다'라는 것이었다. 나는 세계적으로 저명한 보건 전문가들을 끌어갈 만한 과학적 지식이 충분하지 않다는 걱정을 떨치지 못했고, 그런 걱정에 충분히 질문하고 적극적으로 참여하지 못했다. 게다가 내가 새롭게 뛰어든 분야에서 변변한 학위도 없는 사기꾼이란 느낌마저 들었다. 이런 쓰라린 느낌에 오랫동안 시달렸지만, 언젠가부터 그 아래에 다른 무엇인가가 있다는 걸 깨닫기 시작했다.

이렇게 내 불안감을 직시할 수 있게 되자, 나는 그 불안감을 조금씩 쪼개내기 시작할 수 있었다. 이제 나는 '내가 아는 게 턱없이 부족하지는 않아. 적절한 질문을 던지고, 세세한 설명에 혼란에 빠지지 않을 정도는 알고 있어'라고 믿는다. 내 이야기를 이렇게 다시 썼다는 것은 내가 '어리석은' 질문을 던질 정도로 자신감이 있다는 뜻이다. 내 질문이 결코 어리석지 않고, 오히려 반드시 제기되어야 할 가장 중요한 질문이라는 걸 알고 있기 때문이다."

이 두 명의 증언은, 까다로운 이야기를 인정하는 용기를 발휘하며 결말을 새롭게 다시 쓴 대표적인 예이다.

우리가 자신에게 되뇌는 이야기는 인간관계와 팀에서 신뢰 문제로 악영향을 줄 뿐만 아니라, 개인의 자존감도 무너뜨릴 수 있다. 엉망진창으로 써내려가는 이야기 중에서 가장 위험한 이야기 3가지를 꼽는다면 사랑스러움(lovability)과 신성함(divinity), 창의력(creativity)을 떨어뜨리는 이야기이다.

- 사랑스러움과 관련된 사실 확인 : 누군가 당신을 사랑하지 않는다는 것이 당신이 사랑스럽지 않은 존재라는 뜻은 아니다.
- 신성함과 관련된 사실 확인 : 누구에게도 당신의 신성함을 판단하거나, 당신의 영적인 가치를 이야기로 꾸밀 권리가 없다.
- 창의성과 관련된 사실 확인 : 당신이 어떤 성취 기준에 부응하지 못했다는 것이 당신만이 세상에 전할 수 있는 재능과 재주가 없다는 뜻은 아니다. 또 다른 사람들이 당신이 만들어 내거나 성취한 것들에서 가치를 찾아내지 못했다는 이유만으로 당신의 이루어낸 것과 당신의 가치가 변하지는 않는다.

델타: 당신이 반드시 알아야 할 진실의 간극

우리가 경험에 대해 꾸미는 이야기와 진실한 대화 과정을 통해 찾아내는 진실 간의 간격, 즉 델타(delta)에는 그 경험에 담긴 의미와 지혜가 존재한다. 다시 말해, 델타에는 우리가 반드시 알아야 할 것이 존재한다는 뜻이다. 그것을 알아내기 위한 방법은 단 하나다. 자발적으로 이야기를 꾸미고, 진실하게 대화하기만 하면 된다.

앞의 스팸 대소동에서, 나는 수치심과 취약성를 인정하고 신뢰를 더해 진실하게 대화해야 했다. 이 소동에서 내가 깨달은 교훈은 아래와 같다.

- 내가 힘들게 일할수록 주변의 모든 것은 허물어지고, 나 자신을 부끄럽게 생각하며 자책할 가능성이 훨씬 더 커진다.
- 나는 도움을 요청함으로써 더 나아져야 한다.
- 때때로 나는 감정을 남에게 떠넘긴다. 특히 나는 분노로 상처를 감추는 데 뛰어나다.

당시 나는 지독한 스트레스에 짓눌렸던 때여서 스티브와 분노의 주먹다짐이라도 벌일 만했지만, 그때 『라이징 스트롱』의 자료를 조사하며 배운 것을 실천하기 시작한 덕분에 그런 위기를 교감과 신뢰의 순간으로 바꿀 수 있었다.

우리가 '다시 일어서는 법'에서 배운 것을 삶에 적용하기 시작하면, 진실한 대화를 더 능숙하게 해내게 된다. 조직원이면 조직 내에서, 각자가 꾸며내는 이야기를 하루에도 10번씩 서로 확인할 수 있다. "변호사가 아직 검토하지 않았기 때문에 아직 기다리는 중이야" 혹은 "누구도 금요일 오후에 보고서를 끝까지 읽고 싶지 않을 테니까"라는 식의 이야기로 축약된다. 실제로는 추측에 불과한 주장보다는, 이런 이야기가 취약한 면을 드러낸다는 점에서 훨씬 더 정직하고 진실하다.

나는 '경기장에 쓰러진 상태'에서 다시 일어나, 델타에서 핵심적인 교훈을 배우는 데 때로는 5분밖에 걸리지 않는다는 걸 경험했다. 그러나 때로는 닷새, 삶 전체와 관련된 문제에서는 수개월이 걸릴 수 있다. 요컨대 우리가 취약성을 인정하며 진실하게 대화하는 걸 습관화하면 더 빠른 속도로 하루하루 더 나아진다.

우리가 어떤 이야기와 연관된 감정을 인정한다는 것은 그것을 해소하는 방법을 통제할 수 있다고 단언하는 것과 같다. 우리가 바꿀 수 있는 것은 이야기의 서술 방법이다. 우리가 이야기 자체를 부정하고, 더 나아가 이야기를 꾸며내지 않는다고 어설프게 주장하면, 우리는 이야기의 노예가 된다. 이야기가 우리 행동을 몰아가고, 우리 인식에도 영향을 준다. 게다가 훨씬 더 많은 감정을 자극하며, 결국에는 우리를 완전히 지배하게 된다.

스토리 럼블: 실패를 경험한 조직이 가장 먼저 해야 할 프로젝트

조직, 혹은 조직 내의 팀이 갈등이나 실패, 추락을 경험할 때 다시 일어서는 법의 학습 과정을 적용하면 무척 유익한 효과를 거둘 수 있다. 이 과정을 '스토리 럼블(Story Rumble)'이라고 한다.

이 책을 읽고, 배운 내용을 실천하는 사람은 누구나 '스토리 럼블'에 필요한 기본적 도구를 갖추게 된다. 필요하면, 다른 사람이 그 과정을 쉽게 받아들이도록 도움을 줄 수도 있다.

우리 연구팀도 실패를 겪은 후에 어떤 팀에 대해 커져가는 원망감과 실망감을 이해하고 해결할 목적으로, 또 비교적 최근에는 프로젝트의 진행이 지지부진한 근본적인 이유를 찾아낼 목적에서 '스토리 럼블'을 이용했다.

스토리 럼블 과정을 개략적으로 소개하면 다음과 같다. 일단, 지금까지 우리가 언급한 용기 함양과 관련된 도구와 기법과 훈련법, 특히 공통된 언어 표현, 호기심, 근거 있는 확신, 가치관과 성실함, 신뢰 등을 최대한 끌어모아라. 스토리 럼블 과정에는 그 모든 것이 필요하다. 누구나 그 효과에 놀라지 않을 수 없을 것이다.

1. 스토리 럼블을 위한 목적을 설정하고, 특히 럼블하는 이유를 명확히 규정해야 한다.

2. 열린 마음과 정신으로 이 과정에 참여할 때 모두에게 필요한 것은 무엇일까? (팀원 간에 신뢰가 이미 구축된 상태여도 안전 컨테이너는 필요하다!)

3. 당신이 진실한 모습을 드러내는 걸 방해하는 요소는 무엇인가?

4. 2~3과 관련해서 어떻게 하면 우리가 진실한 모습을 드러낼 수 있을까?

5. 허가서 작성을 서로 공유하라. 더 튼튼한 안전 컨테이너와 신뢰가 구축된다.

6. 팀원들은 어떤 감정을 경험하고 있는가? 그 감정을 드러내고 감정에 이름을 붙여보라.

7. 무엇에 대해 궁금해 해야하는가? 호기심을 유지하면 신뢰와 근거 있는 확신이 쌓여간다.

8. 당신의 '엉망진창인 초고'는 무엇인가? 이때 '뒤집어 알아보기' 기법은 무척 유용하게 쓰인다. 모두에게 각자의 생각을 포스트잇에 쓰게 한 후 그것을 동시에 벽에 붙이게 하는 방법을 사용하지 않고 영향력이 있는 사람끼리만 의견을 나눈다면 결과는 더 나빠질 수 있다.

9. 엉망진창인 초고는 우리 관계에 대해 무엇을 말하고 있는가? 커뮤니케이션에 대해서는? 리더십에 대해서는? 문화에 대해서는? 또 효율적인 것과 그렇지 않은 것에 대해서는? 호기심을 유지하고 끊임없이 배우라.

10. 어느 부분에서 진실한 대화가 필요한가? 실제로 일어나는 일을 더 깊이 이해하고, 음모론과 작화에 대한 사실 여부를 확인하려면 어떤 식으로 질문해야 하는가?

11. 엉망진창인 초고와 진실한 대화 과정에서 수집한 새로운 정보 사이의 델타는 무엇인가?

12. 결정적으로 배운 교훈은 무엇인가?

13. 그 교훈을 어떻게 실천할 것인가?

14. 그 교훈을 조직 문화에 접목하고, 새로운 전략을 운영하는 지렛대로 사용하려면 어떻게 해야 하는가? 접목 과정에서 팀원 각자가 책임져야 할 것은 무엇인가?

15. 언제 원점으로 돌아가야 하는가? 마음을 다시 가다듬고, 학습과 접목 과정을 재점검하고, 각자 서로에 대한 책임을 확실히 할 수 있어야 한다.

우리가 대담하게 자신의 이야기를 인정하면 우리 손으로 그 이야기를 마무리짓게 된다. 하지만 그 이야기를 인정하지 않으면 우리는 그 이야기의 노예가 된다.

혁신적인 변화는
어떻게 일어나는가?

나는 '변화(revoultion)'란 단어가 두렵지 않다. 오히려 진정성과 용기를 상실해가는 세상이 더 두렵다. 입으로만 떠드는 평론가와 냉소주의자, 두려움을 퍼뜨리는 사람으로 가득한 세상에서, 갑옷을 벗고, 취약성을 인정하며, 가치관에 따라 살아가고, 열린 마음으로 대담한 신뢰를 구축하고, 쓰러져도 다시 일어서는 법을 배우는 게 혁명적 변화라는 것이 내 믿음이다. 그래야 우리가 우리 자신의 이야기와 삶에 대한 권리를 되찾을 수 있기 때문이다. 이런 세상에서 용기는 그야말로 반란이다. 실제로 나는 2010년 『불완전함의 선물』에서 이렇게 말했다.

"혁신적인 변화는 상당히 극적으로 들릴 수 있지만, 이런 세상에서 진정성과 가치의 선택은 완전한 저항 행위이다. 진실한 마음으로 살아가고 삶을 사랑하는 선택 역시 반항 행위이다. 당신만이 아니라 많은 사람들이 혼란스럽고 화가 나며 겁나기도 한다. 또 지금은 변화가 멈추기를 바라지만, 조금 후에는 변화가 영원히 끝나지 않기를 바란다. 우리가 대담함과 두려움을 동시에 느낄 수 있는지 알고 싶을 것이다. 나는 대부분의 경우에 대담함과 두려움을 느끼고, 그로 말미암아 살아 있음을 느낀다."[16]

내가 혁신적인 변화에 대한 연구에서 배운 모든 것을 압축하면, 세 가지로 정리할 수 있을 것이다.

1. 조직의 '용기 수준'은 그 조직이 문화를 조성하고, 리더를 양성하며, 소명을 완수하는 능력을 예측하게 하는 최고의 절대적 변수이다.
2. 대담한 리더를 양성하는 과정에서 가장 큰 난제는 그들이 용기의 부름을 인식하고 응답하도록 돕는 것이다. 우리가 자발적으로 갑옷을 벗고, 취약성을 인정하며, 가치관에 따라 살아가고, 대담하게 신뢰를 구축하고, 쓰러져도 다시 일어서는 법을 배우기 위해 필요한 공통된 어법, 도구와 기술을 선택하려면 용기도 배워서 함양할 수 있는 것이어야 한다.
3. 우리를 대신해 다른 사람에게 성공에 대한 정의를 맡기는 순간, 우리는 실패한다. 많은 사람이 그랬듯이, 나도 여러 지위에서 여러 프로젝트를 처리하며 오랜 시간을 보냈고, 내게 그런 능력이 있다는 걸 입증해 보이고 싶었다. 그러나 내 성공의 정의는 나의 진짜 모습이 아니었고, 내가 원하는 것이나 내게 즐거움을 주는 것도 아니었다. 그저 '성취-습득-붕괴-반복'에 불과했다. 즐거움도 거의 없었고 의미도 없었다. 피로와 원망만이 잔뜩 쌓였다.

『불완전함의 선물』에서 나는 '즐거움과 의미(joy and meaning)'의 중요성을 다루었다. 또 '가족의 일이 원만하게 풀리면 어떤 모습일까? 우리에게 가장 큰 즐거움을 주는 것은 무엇인가? 우리가 편안함을 느낄 때는 언제인가?'라는 질문에 대해 충분히 생각할 때 얻는 힘도 다루었다. 우리 가족을 예로 들면 이 질문들의 대답에는 수면과 운동, 건강식과 요리, 휴식과 주말여행, 교회 출석, 아이들과 함께 지내기, 금전에 대한 통제력, 부부가 함께하는 야간 외출, 우리에게 피로감을 주지 않는 의미 있는 작업, 빈둥거리는 시간, 가족이나 절친한 친구와 함께하는 시간, 좋은 사람들과 어울리는 시간 등이 포함된다.

스티브와 나는 우리에게 '즐거움과 의미'를 주는 위의 목록과 리가 생각하던 성공과 비교했을 때, 큰 충격을 받았다. 우리 부부는 목표를 성취하는 데 지나치게 바빴기 때문에 우리에게 즐거움과 의미를 향유할 시간은 없었다. 많은 것을 성취함으로써 더 많은 즐거움과 의미를 얻을 수 있었지만, 그렇게 하려면 시간이 필요했다. 시간은 재생 불가능한 소중한 자원이며 돈으로 살 수 없는 것이다.

당신에게 즐거움과 의미를 주는 것의 목록을 만들고, 그 목록을 이용해서 스스로 성공을 정의해보라.

나는 그 목록에서 때로는 벗어나기도 하고 아직도 여러 항목을 더해가고 있다. 평생 반복해야 할 습관이 생긴 것이다. 그러나 그 목록은 지금까지 내 인생에 밝고 환한 길을 선택하는 최고의 기준이 되었다. 이제 나는 어떤 일을 의뢰받을 때 그 일이 나에게 즐거움과 의미를 주는 것에 더 가까이 다가가게 해주는가를 차분히 생각하는 시간을 갖는다. 이것만으로도 큰 변화가 아닐 수 없다.

대담한 리더십으로 가는 길을 생각할 때마다 "네가 겁나서 들어가지 못하는 동굴에 네가 찾는 보물이 있다"라는 신화학자 조지프 캠벨의 조언을 기억에 떠올려라. 두려움을 인정하고 동굴을 찾아낸 후에 새로운 결말을 다시 쓰라. 당신 자신만이 아니라, 당신이 도움과 지원을 주려는 사람, 또 당신의 문화를 위해서! 편안함보다 용기를 선택하라. 갑옷보다 진실한 가슴을 선택하라. 대담함과 두려움을 동시에 느끼는 위대한 모험의 길을 선택하라. 그것도 동시에!

감사의 글

지금까지 발표한 다른 책들에 비해 이번 책은 비교적 짧은 시간에 집중적으로 완성해야 했기에 팀의 도움을 많이 받았다. 여기에서 언급된 모두가 이 책의 완성에 크게 기여했다. 그들 모두에게 깊이 감사한다.

브레네 브라운 교육 조사 연구소 팀

엘런 앨리, 수잔 바랄, 쿠키 뵈커, 론다 디어링, 린다 두라지, 로런 에머슨, 마가리타 플로레스, 시드니 가니, 배럿 길런, 사라 마거릿 해먼, 제라 재비드, 제시카 켄트, 찰스 카일리, 해너 킴브로, 브라이언 롱고리아, 머독 매키넌, 매들린 오버네서, 줄리아 폴락, 타티 레즈닉, 딘 로저스, 애슐리 브라운 루이스, 테레사 샘플, 캐스린 슐츠, 앤 스토버, 타일러 스위튼, 메러디스 톰킨스, 지니어 윌리엄스에게 감사의 말을 전하고 싶다. 그들은 대담하게 섬기고 배려하는 마음으로 일한다. 그들 덕분에 나는 더 대담한 사람이 되었다. 그들에게 하루하루 더 많은 것을 배운다. 모두들, 고마워요.

특히 머독에게 전하고 싶다. 더 신나게 일해봐요!

랜덤하우스 출판사 팀

 내 전담 편집자 벤 그린버그에게 감사하고 싶다. 나를 항상 웃게 해주고, 내가 정확히 생각하고 적정한 단어를 선택하도록 도움을 주었다. 찰리, 내가 책을 쓰는 데 집중하면 당신은 좋아하지 않지만 그래도 당신이 휴스턴에 오는 날을 손꼽아 기다립니다. 당신이 오면 타코를 먹으며 온라인 비디오게임 포트나이트을 함께할 수 있으니까요.

 지나 센트렐로, 수잔 카밀, 앤디 워드, 몰리 터핀, 테레사 조로, 마리아 브래컬, 멜리사 샌포드, 에린 리처즈, 리 머천트, 제시카 보네트, 벤저민 드라이어, 로렌 노백, 수잔 터너, 조 페레스, 샌드라 스주르센, 에밀리 데허프, 리사 포이어, 카렌 지에콘스키 등 랜덤 하우스 출판부 팀에게도 감사하고 싶다. 그렇게 충심을 다하는 팀과 함께 일하게 된 것도 나에게는 큰 특권이었다.

 앨리스 로넨에 특별히 감사하고 싶다. 그녀의 뛰어난 재능과 근면함에 깊이 감사한다. 덕분에 그녀와 함께하는 시간을 마법처럼 보냈다.

윌리엄 모리스 인데버 저작권 팀

 나를 향한 변함없는 믿음을 보여준 내 대리인이며 친구인 제니퍼 루돌프 월시에게 감사한다.

 나를 적절한 방향으로 인도해준 트레이시 피셔와 윌리엄 모리스 인데버 저작권 팀원 모두에게도 감사한다.

디자인하우스 팀

 웬디 하우저, 마이크 하우저, 제이슨 코트니, 대니얼 스튜어트, 크리스텐 해럴슨, 줄리 세 번스, 애니카 앤더슨, 카일 케네디에게 감사한다. 진실한 대화와 뛰어난 예술적 감각에 감사한다. 그들과 파트너십을 맺고 함께 일하는 게 자랑스럽다.

뉴먼 앤드 뉴먼 팀

켈리 뉴먼, 린다 토바르, 커트 랭, 라울 카사레스, 보이드릭 메이스, 밴 윌리엄스, 미첼 얼리, 존 랜스, 톰 프랜시스, 도로시 스트로홀에게 감사한다.

가족에게

딘 로저스와 데이비드 로빈슨, 몰리 메이와 척 브라운, 제이코바이너 앨리, 코키와 잭 크리시, 애슐리와 아마야 루이스, 배럿과 프랭키와 가비 길런, 제이슨과 라일라 브라운, 젠과 데이비드와 라킨과 피어스 앨런, 시프 버하누, 네가슈 버하누, 마가리타 플로레스, 사라 마거릿 해먼에게 감사하고 싶다.

특히 애슐리와 배럿에게 특별히 감사한다. 우리가 매일 함께 일하게 된 것을 결코 당연하게 생각하지 않을 거다. 나와 함께 웃고 즐거움을 만끽하게 해준 너희에게 감사하고 또 감사한다.

내 심장과 같은 스티브, 엘런과 찰리에게 감사하고, 우리의 반려견 루시에게도 감사한다.

이 책에 쏟아진 찬사

—— "브레네 브라운은 리더십에 대한 실질적이고 통찰력 있는 지침을 개발하는 데 수십 년의 시간을 투자했다. 그 결과로 탄생한 이 책은 대담하게 살며 조직을 대담하게 이끌려는 사람들의 필독서이다."

— 셰릴 샌드버그, 페이스북 최고운영책임자(COO) 겸 비영리기구 린인(LeanIn.Org) 창립자

—— 브레네는 픽사를 방문해 영화제작자들을 만났다. 브레네의 메시지는 중요했다. 브레네는 영화제작자들에게 취약성을 인정하고, 실패와 좌절을 직시하고 극복할 때, 또 참담한 패배를 기꺼이 견뎌낼 때 최고의 영화가 만들어진다고 말했다. 느긋하게 앉아 안전하고 유의미한 문화의 가치에 대해 왈가왈부하기는 쉽지만, 그런 문화를 실제로 조성하기란 무척 어렵다. 끊임없이 관심을 기울이지 않고는 좋은 문화를 만들어낼 수 없다. 안전과 용기, 취약성을 인정하는 환경이 보장되지 않고는 바람직한 문화를 조성하기 힘들다. 대담한 리더십은 습득하기 힘든 능력이지만 얼마든지 배울 수 있는 능력이다. 이 책부터 시작하라.

— 에드윈 캐트멀, 픽사와 월트 디즈니 애니메이션 스튜디오 사장

—— 시민 단체나 신생 기업의 리더로서 조직의 문화나 세상을 바꾸려는 사람에게 꼭 필요한 책이다. 대담한 리더십에 대한 당신의 생각을 뒤흔들어놓

고, 당신에게 편안함보다 용기를 선택하게 만드는 도구를 가감없이 솔직하게 알려주는 책이다.

— 타라나 버크, 비영리단체 '성평등을 위한 여성들'의 임원이자 미투 운동의 창시자

—— 우리는 브레네에게 공군 기지에서 용기와 취약성에 대한 워크숍을 진행해달라고 부탁했다. 전투 경험이 상당한 장교들이 많았고 대부분의 청중이 강인한 군인들이었다. 하지만 5분이 지나지 않아 바늘이 떨어지는 소리가 들릴 정도로, 모두가 브레네의 강연에 집중했다. 브레네는 우리를 인간답게 만들고 소명을 완수하게 만드는 것에 대해 열띤 목소리로 강의했다. 『리더의 용기』는 진정한 리더십을 다룬 책이다. 끝까지 포기하지 않는 투지와 따뜻한 가슴으로!

— 브룩 J. 레너드, 공군 준장

—— 구글 공감 연구소는 브레네에게 크게 영향을 받아 기업 문화를 만들었다. 우리는 취약성을 인정하고 받아들였다. 직장에서도 변화를 도모하려면, 까다롭지만 생기 있고 진실한 자아로 일하는 게 중요하다. 『리더의 용기』는 우리 모두가 학수고대하며 기다리던 그 방법이 담긴 책이다.

— 대니엘 크레텍, 구글 공감 연구소 창립자

—— 이 책에 담긴 원칙을 교장이란 업무에 적용해보았다. 놀랍게도 내가 부모와 학생과 동료 교사들을 대하는 태도가 달라졌다. 한마디로 리더로서의 모든 것이 달라졌다. 브레네가 예로 제시하는 언어와 이야기는 우리가 가정과 직장에서 더 대담하게 살아가는 데 필요한 도구로 곧바로 응용할 수 있다.

— 카베나 멘샤, FBISD 부교육감, 텍사스 흑인 교육자 연맹 회원

진정한 용기는 무엇인가

누구에게나 학창시절의 공통된 기억이겠지만, 무엇이든 아는 선생님이 있었다. 정확히 말하면, '무엇이든 아는 척하는 선생님'이었다. 너그럽게 학생의 질문을 받지만 대답은 그다지 명쾌하지 않다. 궁금증이 해결되지 않아 문제를 파고들면, 선생님의 얼굴은 점점 험악하게 변한다. 결국 질문과 대답은 허공을 맴돌고 질문한 학생은 만족스러운 대답을 얻지 못한 채, 선생님은 괜스레 학생을 미워하게 된다. 그렇게 그 실랑이는 끝난다. 애초부터 선생님이 자신의 부족함을 인정하며 "선생님도 자세한 내용은 잘 모르겠네. 좀 더 연구해서 다음 시간에 자세히 알려줄게"라고 대답했다면, 선생님과 학생 모두가 만족스러운 결과를 얻었을 것이고, 선생님은 그야말로 자신의 취약함을 인정하는 대담한 리더로 존경받았을 것이다.

우리가 취약성을 인정할 때 얻는 이익은 실로 막대하다. 저자 브레네 브라운이 이 책에서 말하려는 것도 그것이다. 무엇보다 취약성을 인정하면, 학습의 기회를 마련하는 긍정적인 결과를 기대할 수 있다. 만약 선생님이 "더 연구해서 다음에 알려줄게"라고 대답했다면 학생의 질문에 대답하기 위해 공부했을 것이고, 그 결과로 새로운 지식을 얻지 않았겠는가. 그랬더라면 더 나은 선생이 될 수 있었을 것이다. 결국 취약성의 인정은 더 높이 성장하는 기회가 된다.

취약성의 인정은 진실한 모습을 보여준다는 뜻이다. 그 누구도 완전한 존재는 없다. 완벽주의를 목표로 삼더라도 완벽함에 이를 수 있는 것은 아니다. 불완전함을 인정할 때, 우리는 비로소 새로운 것에 눈을 돌리며 시야를 넓힐 수 있다. 그러나 우리는 지위 고하를 막론하고 언제나 강한 모습을 보이려고 한다. 또 주변의 구경꾼들은 우리에게 왜 더 잘하지 못했느냐고 질책한다. 그 때문에 우리는 약한 모습을 감추고, 강하게 보이기 위해 갑옷과 투구로 무장한다. 갑옷과 투구가 무거워질수록 우리는 기민하게 움직이지 못한다.

저자가 시어도어 루스벨트를 인용해 말하듯이, "경기장 밖에서 왈가왈부 떠드는 사람은 중요하지 않다." 중요한 것은 진실하게 행동하려는 우리 자신의 마음가짐이다.

대담한 리더십에는 용기가 필요하다. 용기가 있을 때 우리는 취약성을 인정할 수 있고, 가치관에 따라 살아가며, 주변 사람을 신뢰할 수 있고, 쓰러지더라도 다시 일어선다. 저자는 이런 관점에서 개인적인 일화와 다른 사람들, 특히 멀린다 게이츠의 이야기를 인용하며 대담한 리더십의 효율성을 설득력 있게 설명한다. 대담한 리더십은 우리가 흔히 말하는 강력한 리더십, 즉 '갑옷으로 무장한 리더십'과는 사뭇 다른 모습이다.

항상 학습하는 삶을 살고 싶은가? 지금 당신이 리더이든 아니든, 그렇다면 당신에게는 대담한 리더십이 필요하다. 이른바 '날마다 새로워진다'는 '일신우일신(日新又日新)'은 대담한 리더십에서나 가능하다.

충주에서

강주헌

참고문헌

독자에게 보내는 편지

1 Stan and Jan Berenstain, *Old Hat, New Hat* (New York : Random House / Bright and Early Books, 1970).

2 Brené Brown, *The Gifts of Imperfection: Let Go of Who You Think You're Supposed to Be and Embrace Who You Are* (Center City, MN : Hazelden, 2010).

3 Brené Brown, *Daring Greatly: How the Courage to Be Vulnerable Transforms the Way We Live, Love, Parent, and Lead* (New York : Gotham Books, 2012).

4 Theodore Roosevelt가 1910년 4월 23일 파리 소르본 대학에서 행한 연설, 「공화국의 시민」.

5 2010년 6월 텍사스 휴스턴에서 열린 테드 강연. 「취약성의 힘」, TEDxHouston video, 20 : 13, ted.com/talks/brene_brown_on_vulnerability.

6 Brené Brown, *Rising Strong: The Reckoning. The Rumble. The Revolution* (New York : Random House, 2015).

7 Brené Brown, *Braving the Wilderness: The Quest for True Belonging and the Courage to Stand Alone* (New York : Random House, 2017).

서문

1 원래 누가 이 말을 했는지는 분명하지 않지만 대체로 마르쿠스 아우렐리우스의 명언이라고 전해진다.

2 Harriet Lerner, *Why Won't You Apologize?: Healing Big Betrayals and Everyday Hurts* (NewYork : Touchstone, 2017).

| PART 1 | 취약성 인정하기
| Chapter 1 | 당신은 얼마나 취약한 사람인가

1 C. S. Lewis, *The Four Loves: The Much Beloved Exploration of the Nature of Love* (San Diego : Harcourt Books, 1960/1991).

2 Madeleine L'Engle, *Walking on Water: Reflections on Faith and Art* (Colorado Springs: WaterBrook Press, 2001).

3 John T. Cacioppo, "The Lethality of Loneliness (TEDxDesMoines Transcript)," 2013년 9월 9일 전자문서화되었다. singjupost.com/john-cacioppo-on-the-lethality-of-lone-liness-full-transcript/.

4 John Gottman, "John Gottman on Trust and Betrayal," 2011년 10월 20일 전자문서화, greatergood.berkeley.edu/article/item/john_gottman_on_trust_and_betrayal.

5 Charles Duhigg, "What Google Learned from Its Quest to Build the Perfect Team: New Research Reveals Surprising Truths About Why Some Work Groups Thrive and Others Falter," 2016년 2월 25일 전자문서화. nytimes.com/2016/02/28/magazine/what-google-learned-from-its-quest-to-build-the-perfect-team.html.

6 Amy C. Edmondson, *Teaming: How Organizations Learn, Innovate, and Compete in the Knowledge Economy* (San Francisco: Jossey-Bass, 2012).

7 Kelly Rae Roberts, "What Is and Is Not Okay," 2009년 3월 22일 전자문서화. kellyrae-oberts.com/what-is-and-is-not-okay.

8 Stephen Covey, *The Seven Habits of Highly Effective People* (New York: Simon and Schuster, 1989).

9 Amy Poehler, "Ask Amy: Negativity," Amy Poehler's Smart Girls, 2013년 1월 13일, amysmartgirls.com/ask-amy-negativity-cec8eb81e742.

10 Antonio Damasio, "Self Comes to Mind," YouTube video, 2010년 11월 10일, you-tube.com/watch?v=Aw2yaozi0Gg.

| Chapter 2 | 감추고 싶은 모습을 마주할 용기

1 Gary Kurtz(제작자)와 Irvin Kershner(감독), 스타워즈 에피소드 5: The Empire Strikes Back, DVD (San Francisco: Lucasfilm, Ltd. / Century City, CA: 20th Century-Fox Home Entertainment, 1980/2004).

2 A Joseph Campbell, *Companion: Reflections on the Art of Living*, edited by John Walter (San Anselmo, CA: Joseph Campbell Foundation, 1991)에서 인용. 그의 동료 Diane K. Osbon이 자신의 일기에 Joseph Campbell이 이렇게 말했다고 기록했다. 원래는 한층 시적인 형태로 표현되었지만, 그 이후로 자주 인용되며 쉬운 표현으로 바뀌었다.

3 Jim Collins, *Good to Great: Why Some Companies Make the Leap ... and Others Don't* (New York: HarperBusiness, 2001).

| Chapter 3 | 리더와 팀원이 하나가 되는 의외의 순간

1 Alain Elkann, "Interview with Minouche Shafik," 2018년 4월 1일 전자문서화, alainelkanninterviews.com/minouche-shafik/.

2   Kevin Feige(제작자)와 Ryan Coogler(감독), Black Panther (Marvel Studios / Walt Disney Studios, 2018); James Gunn(감독), Guardians of the Galaxy (Marvel Studios / Walt Disney Studios, 2014).

3   Brené Brown, *The Gifts of Imperfection: Let Go of Who You Think You're Supposed to Be and Embrace Who You Are* (Center City, MN: Hazelden, 2010), 1.

4   James Hollis, *Finding Meaning in the Second Half of Life: How to Finally, Really Grow Up* (New York: Gotham Books, 2005), 11.

5   James Hollis, *What Matters Most: Living a More Considered Life* (New York: Gotham Books, 2008), xiii.

6   Brené Brown, *Daring Greatly: How the Courage to Be Vulnerable Transforms the Way We Live, Love, Parent, and Lead* (New York: Gotham Books, 2012), 112.

7   Paul L. Hewitt, Gordon L. Flett, and Samuel F. Mikail, *Perfectionism: A Relational Approach to Conceptualization, Assessment, and Treatment* (New York: Guilford Press, 2017).

8   Globoforce, "Bringing Smiles to Hershey," 2016년 8월 전자문서화, globoforce.com/wp-content/uploads/2016/08/Hershey-Case-Study_final_8_16 .pdf; "Connecting People: How Cisco Used Social Recognition to Transform Its Culture," 2017년 7월 전자문서화, globoforce.com/wp-content/uploads/2017/07/Case-Study_Cisco.pdf; "The Secret to Double Digit Increases in Employee Engagement," published electronically, 2012년 전자문서화, go.globoforce.com/rs/globoforce/images/ex-ec-brief-double-digit-engagement-increase_na.pdf; "Linking Social Recognition to Retention and Performance at LinkedIn," 2018년 전자문서화, resources.globoforce.com/case-studies/case-study-linkedin.

9   Sandy Smith, "Drug Abuse Costs Employers $81 Billion per Year," EHS Today, 2014년 3월 11일 전자문서화, ehstoday.com/health/drug-abuse-costs-employers-81-billion-year; National Council on Alcoholism and Drug Dependence, "Drugs and Alcohol in the Workplace," 2015년 4월 26일 전자문서화, ncadd.org/about-addiction/addiction-update/drugs-and-alcohol-in -the-workplace.

10 Jennifer Louden, *The Life Organizer: A Woman's Guide to a Mindful Year* (Novato, CA: New World Library, 2007), 43.

11 Ibid., 42.

12 Joan Halifax, *Being with Dying: Cultivating Compassion and Fearlessness in the Presence of Death* (Boston: Shambhala Publications, Inc., 2008), p. 17.

13 C. R. Snyder, *Handbook of Hope: Theory, Measures, and Applications* (San Diego: Academic Press, 2000).

14 Rob Bell, "Despair Is a Spiritual Condition," presentation at Oprah Winfrey's "The Life You Want" Weekend Tour, various U.S. cities, 2014.

15 Just Associates, Making Change Happen: Power: Concepts for Revisioning Power for Justice, Equality and Peace. Just Associates, 2006, justassociates.org/sites/justassociates.org/files/mch3_2011_final_0.pdf.

16 Ibid., 6.

17 Ken Blanchard, "Catch People Doing Something Right," 2014년 12월 24일 전자문서화, howwelead.org/2014/12/24/catch-people-doing-something-right/.

18 Stuart Brown and Christopher Vaughan, *Play: How It Shapes the Brain, Opens the Imagination, and Invigorates the Soul* (New York: Avery / Penguin Group USA, 2009).

19 Ibid., 126.

20 Brené Brown, *Braving the Wilderness: The Quest for True Belonging and the Courage to Stand Alone* (New York: Random House, 2017), 40.

21 William Gentry and Center for Creative Leadership Be the Boss Everyone Wants to Work For: A Guide for New Leaders (Oakland: Berrett-Koehler, 2016).

22 Karma Allen, "#Metoo Founder Tells Trevor Noah: Harvey Weinstein Indictment Isn't 'Moment to Celebrate,'", 2018년 5월 31일 전자문서화, abcnews.go.com/US/metoo-founder-tells-trevor-noah-harvey-weinstein-indictment/story?id=5555221

| Chapter 4 | 취약성은 조직에서 어떻게 드러날까?

1 Tamara J. Ferguson, Heidi L. Eyre, and Michael Ashbaker, "Unwanted Identities: A Key Variable in Shame-Anger Links and Gender Differences in Shame," *Sex Roles* 42, no. 3-4 (2000): 133-57.

2 Naomi I. Eisenberger, Matthew D. Lieberman, and Kipling D. Williams, "Does Rejection Hurt? An fMRI Study of Social Exclusion," *Science* 302, no. 5643 (2003): 290-92.

3 수치심과 죄책감을 다룬 문헌을 포괄적으로 검토한 책으로는 June Price Tangney and Ronda L. Dearing, *Shame and Guilt: Emotions and Social Behavior* (New York: Guilford Press, 2002)을 참조하기 바란다. 굳이 덧붙이면, Dearing and Tangney, eds., *Shame in the Therapy Hour* (Washington, D.C.: American Psychological Association, 2011)을 추천하고 싶다.

4 Ronda L. Dearing, Jeffrey Stuewig, and June P. Tangney, "On the Importance of Distinguishing Shame from Guilt: Relations to Problematic Alcohol and Drug Use," *Addictive Behaviors* 30, no. 7 (2005): 1392-404; Dearing and Tangney, eds., *Shame in the Therapy Hour*; Jeffrey Stuewig, June P. Tangney, Stephanie Kendall, Johanna

B. Folk, Candace Reinsmith Meyer, and Ronda L. Dearing, "Children's Proneness to Shame and Guilt Predict Risky and Illegal Behaviors in Young Adulthood," *Child Psychiatry and Human Development* 46 (2014): 217–27; Tangney and Dearing, Shame and Guilt.

5 D. C. Klein, "The Humiliation Dynamic: An Overview," *Journal of Primary Prevention* 12 (1991): 93–122.

6 Theresa Wiseman, "Toward a Holistic Conceptualization of Empathy for Nursing Practice," *Advances in Nursing Science* 30, no. 3 (2007): E61-72; Theresa Wiseman, "A Concept Analysis of Empathy," *Journal of Advanced Nursing* 23, no. 6 (1996): 1162-67.

7 Kristin D. Neff, "Self-Compassion: An Alternative Conceptualization of a Healthy Attitude toward Oneself," *Self & Identity* 2, no. 2 (2003): 85–101.

8 Beyoncé Knowles, "Beyoncé in Her Own Words: Her Life, Her Body, Her Heritage," *Vogue*, August 2018.

9 Kristin Neff, "Self-Compassion," self-compassion.org/the-three-elements-of-self-compassion-2/.

10 Brené Brown, "Brené Brown on Empathy," Royal Society for the Encouragement of Arts, Manufactures and Commerce shorts, 2:53, December 10, 2013, brenebrown.com/videos/

11 Kristin Neff, *Self-Compassion: Stop Beating Yourself Up and Leave Insecurity Behind* (New York: William Morrow, 2011).

12 Kristin Neff, "Self-Compassion," self-compassion.org/the-three-elements-of-self-compassion-2.

13 Kristin Neff, "Self-Compassion," self-compassion.org/the-three-elements-of-self-compassion-2.

14 Linda M. Hartling, Wendy Rosen, Maureen Walker, and Judith V. Jordan, "Shame and Humiliation: From Isolation to Relational Transformation (Work in Progress No. 88)," Wellesley, MA: Stone Center Working Paper Series, 2000.

15 June Jordan, "Poem for South African Women," 1read by the author to the United Nations General Assembly, August 9, 1978.

| Chapter 5 | 최고의 조직 문화를 만드는 특별한 힘

1 Mary Slaughter and David Rock, "No Pain, No Brain Gain: Why Learning Demands (a Little) Discomfort," Fast Company, 2018년 4월 30일 전자문서화, fastcompany.com/40560075/no-pain-no-brain-gain-why-learning-demands-a-little-discomfort.

2 Matthias J. Gruber, Bernard D. Gelman, and Charan Ranganath, "States of Curiosity

Modulate Hippocampus-Dependent Learning Via the Dopaminergic Circuit," *Neuron* 84, no. 2 (2014): 486 - 96.

3 Ian Leslie, *Curious: The Desire to Know and Why Your Future Depends on It* (New York: Basic Books, 2014), xiv.

4 이 인용구의 출처는 아직까지 불분명하지만 일반적으로 아인슈타인이 남긴 말로 여겨진다.

5 이 인용구의 출처는 아직까지 불분명하지만 일반적으로 아인슈타인이 남긴 말로 여겨진다.

6 George Loewenstein, "The Psychology of Curiosity: A Review and Reinterpretation," *Psychological Bulletin* 116, no. 1 (1994): 75 - 98.

7 Loewenstein, "Psychology of Curiosity," 94.

| PART 2 | 가치관에 따라 살아가기

1 Kimberly Weisul, "Jim Collins: Good to Great in 10 Steps," Inc., 2012년 5월 7일 전자문서화, inc.com/kimberly-weisul/jim-collins-good-to-great-in-ten-steps.html.

2 Terry Stafford and Paul Fraser, "Amarillo by Morning" (1973), 조지 스트레이트가 녹음한 앨범 Strait from the Heart (Los Angeles: MCA Records, 1983).

3 Pittman McGehee, "Interview with Dr. J. Pittman McGehee," Consciousness NOW TV, 44:30, 2016년 4월 16일, youtube.com/watch?v=4 - 2pnDpBOT8.

4 Leonard Cohen, "Hallelujah" (1984), 레너드 코렌이 녹음한 앨범 Various Positions (New York: Columbia Records, 1984).

5 Brené Brown, *Daring Greatly: How the Courage to Be Vulnerable Transforms the Way We Live, Love, Parent, and Lead* (New York: Gotham Books, 2012), 204.

| PART 3 | 대담하게 신뢰하기

1 Charles Feltman, *The Thin Book of Trust: An Essential Primer for Building Trust at Work* (Bend, OR: Thin Book Publishing, 2008), 7.

2 앞의 책., 8.

3 Stephen M. R. Covey and Douglas R. Conant, "The Connection between Employee Trust and Financial Performance," *Harvard Business Review*, 2016년 7월 18일 전자문서화. hbr.org/2016/07/the-connection-between-employee-trust-and-financial-performance.

4 앞의 책.

5 최초의 출처는 불분명하다.

6 Maya Angelou, Distinguished Annie Clark Lecture, 16th Annual Families Alive Con-

ference, Weber State University, Ogden, Utah, 1997년 5월 8일.

| PART 4 | 다시 일어서는 법 배우기

1 Richard Fry, "Millennials Are the Largest Generation in the U.S. Labor Force," Fact-Tank: News in the Numbers, 2018년 4월 11일 전자문서화, pewresearch.org/fact-tank/2018/04/11/millennials-largest-generation-us-labor-force/.

2 Travis Meadows and Steve Moakler, "Riser" (2014), Dierks Bentley가 녹음한 앨범 Riser (Nashville: Capital Records Nashville, 2014).

3 J. K. Rowling, *Harry Potter and the Order of the Phoenix* (New York: Scholastic Books, 2003).

4 J. K. Rowling, "Dolores Umbridge," pottermore.com/writing-by-jk-rowling/dolores-umbridge.

5 Mark Miller, "Tactical Breathing: Control Your Breathing, Control Your Mind," 2018 년 4월 14일 전자문서화, loadoutroom.com/2778/tactical-breathing/.

6 Harriet Lerner, *The Dance of Connection: How to Talk to Someone When You're Mad, Hurt, Scared, Frustrated, Insulted, Betrayed, or Desperate* (New York: HarperCollins, 2001).

7 Robert A. Burton, *On Being Certain: Believing You Are Right Even When You're Not* (New York: St. Martin's Press, 2008).

8 Robert Burton, "Where Science and Story Meet: We Make Sense of the World through Stories—a Deep Need Rooted in Our Brains," 2013년 4월 22일 전자문서화, nautil.us/issue/0/the-story-of-nautilus/where-science-and-story-meet.

9 Anne Lamott, *Bird by Bird: Some Instructions on Writing and Life* (New York: Anchor Books, 1995), 22.

10 Jonathan Gottschall, *The Storytelling Animal: How Stories Make Us Human* (New York: Houghton Mifflin, 2012), 109.

11 앞의 책, 110.

12 James W. Pennebaker, *Writing to Heal: A Guided Journal for Recovering from Trauma and Emotional Upheaval* (Wheat Ridge, CO: Center for Journal Therapy, 2004).

13 Margaret Atwood, *Alias Grace* (London: Bloomsbury, 1996), 345-46.

14 Gottschall, Storytelling Animal, 116.

15 앞의 책.

16 Brené Brown, *The Gifts of Imperfection: Let Go of Who You Think You're Supposed to Be and Embrace Who You Are* (Center City, MN: Hazelden, 2010), 126.

핵심 용어 정리

가치, 가치관(Value)

- 가치관은 '행동 원칙 혹은 행동 기준, 삶에서 중요한 것을 판단하는 기준'이다.
- '가치관에 따라 살아가기'는 우리가 가치관을 천명하는 데 그치지 않고 실천한다는 뜻이다. 다시 말해, 말한 대로 행동한다는 뜻이다. 따라서 우리가 무엇을 믿고 무엇을 중요하게 여기는지 명확히 밝히고, 우리 의도와 말, 생각과 행동이 그런 믿음에서 벗어나지 않도록 신중하게 처신한다는 의미이다.
- 가치관은 우리가 경기장에 있을 때 힘을 북돋워주는 것이다. 또한 가치관은 우리에게 앞장서서 경기장에 들어가도록 독려하는 것이다.
- 가치관을 명확히 하고, 그 가치관에 따라 살아간다는 것은 대담한 리더에게 필요한 4가지 기본적인 능력 중 하나이다.

감정의 인정(Reckoning)

- 감정의 인정은 무척 간단하게 이루어진다. 자신이 어떤 감정에 사로잡힌 걸 알게 되면, 자연스레 그 감정에 대해 궁금해지기 때문이다.
- 첫 단계는 자신이 느끼는 감정을 인식하는 것이다. 그러나 그 감정을 이해하고, 그 감정에 적절한 이름을 붙이려면 정서적 문해력이 필요하다.

감정 떠넘기기(Offload the emotions, Offloading strategies)

• 우리가 감정에 사로잡히는 걸 피하려 할 때 감정을 '통제'하거나 '배출'하는 비생산적인 다양한 방법을 가리킨다.

• 감정을 다루는 생산적인 방법은 그 감정을 느끼고, 그 감정에 대해 궁금증을 가지며, 그 감정으로부터 배우는 것이다. 우리가 어떤 감정을 느끼고 그 감정에 대해 궁금증을 가지면, 굳이 감정을 떠넘길 필요가 없다.

• 순간에 느끼는 감정을 인식하고 표현하는 어휘력과 정서적 문해력이 부족한 사람이 많다. 이런 인지의 부족은 거북한 방법으로 나타날 수 있다. 예를 들어 두려움을 느낄 때 두려움을 느끼는 이유를 이해하려 하지 않고 두려움에 사로잡혀 벌벌 떨고만 있는 식이다.

• 다른 사람에게 감정을 떠넘길 때 흔히 사용하는 6가지 전략이 있다. 대부분의 사람들이, 전부는 아니어도 서너 가지 전략을 사용한다.

  ① 샹들리에(chandelier) : 감정을 표면화되지 않도록 심하게 억눌렀더라도 느닷없이 화산처럼 분노나 눈물을 터뜨릴 수 있다.

  ② 상처의 보호(Bouncing Hurt) : 우리는 '바로잡겠다'라는 이유로 잘못을 뒤집어씌울 희생양을 찾으려 한다. 한편 무력감에 사로잡히면 아무런 영향을 받지 않았다며, 당면한 일을 처리할 수 있다고 말한다.

  ③ 상처의 마비(Numbing Hurt) : 분주한 업무/음주/완벽주의/폭식은 우리 삶에서 실제로 일어나는 일을 직시하지 않고 잊는 데 주로 사용된 수단이다.

  ④ 상처의 비축(Stockpiling Hurt) : 샹들리에의 경우처럼 신체와 정신의 건강을 해치며 몸에 반응이 나타날 때까지 감정을 억누르다.

  ⑤ 엄브릿지(The Umbridge) : 모든 것이 굉장한 것처럼 행동하지만, 속에는 분노와 고통이 심해진다.

  ⑥ 상처와 진퇴양난의 두려움 : 두려움을 느끼기 시작하면 허우적대고 압도되어 꼼짝하지 못할까봐 두렵기 때문에 모든 감정을 부인한다.

이 전략에 대해서는 이 책과 『라이징 스트롱』에 더 자세히 담겨 있다.

건전한 분투(Healthy striving)

- 건전한 분투는 완벽함이란 존재하지 않는다고 생각하며 조금씩 더 나아지려는 노력을 뜻한다.
- 건전한 분투에 내재한 동기는 자기 개선이지, 다른 사람에게 인정받으려는 욕망이 아니다.

경계(Boundaries)

- 경계 설정은 용인되는 것과 그렇지 않은 것을 명료하게 구분하는 것이다.
- 경계 설정은 대담하게 취약함을 보이는 행위이다.
- 경계 설정의 실패는 곧바로 원망으로 이어질 수 있다.
- 리더는 모범적으로 적절한 경계를 설정해야 한다. 또한 모든 팀원은 스스로 고유한 경계를 설정하고, 다른 사람의 경계를 존중해야 한다.
- 정시에 회의를 시작하고, 저녁에 일정한 시간 후에는 이메일을 점검하거나 응답하지 않으며, 집에서나 주말에는 일하지 않는 것도 적절한 경계의 사례가 될 수 있다.
- 사람들이 경계 설정을 망설이는 이유를 조사한 결과에 따르면, 첫 번째 이유는 "주변 사람들을 짜증나게 하거나 실망시키고 싶지 않다. 여하튼 그들에게 미움을 받고 싶지 않다"라는 것이다. 두 번째 이유는 "경계를 설정하면 이기적이거나 비호감으로 보일까봐 두렵다"라는 것으로, 첫 번째 이유와 관계가 있다.
- 흥미롭게도, 같은 사람에게 경계를 설정을 하지 않았을 때의 결과에 대해 물으면, 압도적인 비율로 '원망'이란 대답을 듣는다. 그 뒤가 분노, 그 뒤가 좌절감이다. 이런 감정들은 우리의 개인적이고 집단적인 자신감과 신뢰를 갉아먹는다. 따라서 결국에는 조직원들이 뒤에서 험담하게 된다. 이

런 이유에서 대담한 리더는 경계를 설정하고 유지하며 존중해야 한다. 경계 설정이 거북하고 힘든 상황에서도 이 과정은 반드시 필요하다.

- 경계를 설정할 때 사과하거나 변명해야 한다고 느껴지면 경계 설정을 포기한다. 당신이 편안하게 경계를 설정하도록 해주는 게 팀원들의 의무는 아니다. 명확히 경계를 설정하고 상대의 경계를 존중하며, 마음의 문을 열고 질문을 받아들여라. 대부분의 경우 조직원들은 명확한 것에 감사하며, 상대가 수동적이면서 공격적인 성향을 띠고 짜증을 내는 태도보다 차라리 필요한 것을 요구하는 것을 더 좋아한다.
- 신뢰의 구성요소를 뜻하는 머리글자 BRAVING의 하나.

고통의 비교(Comparative suffering)

- 고통의 비교는 '누가 더 불쌍한가'를 경쟁하는 것이다. 이런 경쟁에서 원천적인 승자라고 생각하는 사람이 있는 반면("나는 상상을 초월할 정도로 상처를 입었다"), 경쟁을 장기적으로 끌어갈 자격이 없다고 생각하는 사람도 있다("내가 마음이 상했다는 게 당혹스럽다. 다른 사람들에게 더 나쁜 일이 일어나기 때문이다").
- 공감이 유한한 것이란 잘못된 믿음에서 고통이 비교되는 것이다. 다행스럽게도 진실은 정반대이다. 공감은 무한하고 재생된다. 인간관계와 조직과 문화에 유입되는 공감이 커질수록 공감의 총량은 증가한다. 그러니 공감을 아낄 필요는 없다.

공감(Empathy)

- 공감은 경험과 직접적인 관계가 없다. 공감은 경험을 뒷받침하는 정서와 관계가 있다.
- 공감 능력을 키우기 위해 모든 사건을 직접 경험할 필요는 없다. 예를 들어, 버림받거나 해고되고, 부모나 친척 혹은 배우자를 상실한 경험이 없어

도 괜찮다. 슬픔과 실망, 수치심과 두려움, 외로움과 분노 등을 느낀 적이 있다면, 공감 능력을 확대할 만한 자격을 갖춘 것이다.

- 공감은 바로잡으려는 시도가 아니다. 어둠 속에서 방황하는 사람과 함께 하겠다는 대담한 선택이지, 기분이 나아지려고 경쟁하듯 불을 밝히는 게 아니다.
- 공감을 통해 신뢰가 구축되고 관계가 향상된다.

공감 놓침(Empahy miss)

- 항상 정확히 공감하기는 어렵다. 완전한 공감을 위해서는 적절한 시기에, 적절한 쟁점에 대해, 적절한 사람이 있어야 한다는 조건이 필요하다.
- 공감 놓침은 개인적이고 취약한 것을 공유하려고 하지만, 발언과 행동이 주목받지 못하고 당사자의 의도가 받아들여지지 않을 때 발생한다. 이때 그 사람은 비밀이 발각되고, 수치심의 나락에 떨어지는 듯한 기분을 느 낀다.
- 공감 놓침에 해당되는 임상 용어는 공감 실패이다.
- 공감 놓침은 6가지 유형으로 구분된다.

  공감 놓침 1: 동조 vs 공감

  공감 놓침 2: 숨도 못 쉬는 경외감

  공감 놓침 3: 실적의 추락

  공감 놓침 4: 도르래 장치

  공감 놓침 5: 장화와 삽

  공감 놓침 6: 당신이 잘못된 것이라 생각한다면
- 공감 놓침을 해결하는 최선의 방책은 '원점으로 돌아가 다시 시작하며 바로잡는 것'이다.

공감 향상 기법(Empathy Skills)

① 타인의 관점을 취한다.

② 비판적인 입장을 취하지 않는다.

③ 타인의 감정을 이해한다.

④ 그 사람에게 그의 감정을 이해한다는 사실을 전달한다.

⑤ 마음 챙김을 시행한다.

기법 ①~④는 영국의 간호학 전문가, 테리사 와이즈먼에게 빌려온 것이다.

Theresa Wiseman, "Toward a Holistic Conceptualization of Empathy for Nursing Practice," *Advances in Nursing Science* 30, no. 3 (2007): E61 –72; Theresa Wiseman, "A Concept Analysis of Empathy," *Journal of Advanced Nursing* 23, no. 6 (1996): 1162 –67.

기법 ⑤는 자기연민 연구자, 크리스틴 네프에게 빌려온 것이다.

Kristin D. Neff, "Self-Compassion: An Alternative Conceptualization of a Healthy Attitude toward Oneself," *Self & Identity* 2, no. 2 (2003): 85 –101.

공정성 특공대(Square Squad)

• 당신의 공정성 특공대는 당신에 대한 의견을 중요하게 생각하는 사람들로 이루어진다.

• 그들은 당신이 듣고 싶어 하는 말보다 당신에 대해 정직하게 평가하는 사람들이다. 당신에게 무작정 동의하는 사람이 아니어야 한다.

• 목록에 오른 사람은 당신의 취약성과 불완전함에도 불구하고 당신을 사랑하는 사람이어야 한다.

• 성실하지 못할 때, 일을 망쳤을 때, 당신을 따끔하게 지적하고 바로잡을 수 있도록 돕는 사람이다.

• 당신의 공정성 특공대에 속하는 사람을 명확히 정리하려면, 사방 2.5센티미터 크기의 작은 종이를 준비하고, 당신에 대한 의견을 중요하게 생각하

는 사람들의 이름을 적는다. 당신에게 조언할 만한 소수의 사람들로 제한해야 하기 때문에 작은 종이가 더 낫다.
- 그 목록에 포함되지 않는 사람의 비판에는 귀를 닫아라. 그들의 비판은 유해하고 비생산적이다.

구슬 항아리(Marble jar)
- 구슬 항아리는 신뢰의 비유로 사용된다. 우리는 작은 행동으로 차근차근 신뢰를 쌓아간다. 그렇게 행동할 때마다 항아리에 구슬 하나를 넣는다. 신뢰를 파괴하는 행위를 하면 항아리에서 한 줌의 구슬이 빠져나간다. 항아리를 구슬로 가득 채운은 사람은 당신이 신뢰하는 사람일 것이다. 한편, 무너진 신뢰를 다시 쌓기는 무척 어렵다.
- 신뢰에 대해 말할 때 우리는 '구슬 얻기'에 빗대어 말한다. 많은 리더가 팀원들에게 돌 항아리와 유리 구슬을 신뢰 구축의 상징물로 선물해왔다. 이제 구슬 항아리는 신뢰가 시간이 지남에 따라 천천히, 유의미한 행동을 할 때마다 조금씩 축적된다는 걸 알려주는 상징물이 되었다.

권력 혹은 힘(Power)
① 군림하는 권력(Power over)
- 군림하는 권력이 독재적인 성격을 띠면 가장 치명적이다. 개인의 결정에 소수의 특권층이 이득을 누리고, 특권층에게 지배받는 다수의 권리가 제한되기 때문이다.
- 기업에서, 군림하는 권력이 권한을 분산하지 않고 독점한다면, 사람들은 그들을 학대를 자행하고, 욕설만을 퍼붓는 엄격하고 가혹한 관리자로 생각한다.
- 군림하는 권력은 저항하고 반발하는 본능을 자극한다.
② 함께하는 힘(Power with)

- 양도되는 힘·고유한 힘과 더불어, 모든 팀원에게 주도력을 유지하게 해주는 힘의 통로이다.

③ 양도되는 힘(Power to)

- 모든 팀원에게 자신의 삶에 대한 주도력을 부여하고, 개개인의 고유한 잠재력을 인정한다는 뜻이다.

④ 고유한 힘(Power within)

- 타인의 차이를 인정하는 능력이고, 일반적인 가설이나 오랫동안 지속된 믿음에 이의를 제기하는 자신감이다.

- 함께하는 힘, 양도되는 힘, 고유한 힘이란 용어는 저스트 어소시에이츠에서 빌려온 것이다.

내가 나 자신에게 되뇌는 이야기는……

내가 꾸미는 이야기는……

내가 말하려는 이야기는……

우리는 관련된 자료를 완벽히 갖추지 않을 때 사건의 앞뒤를 맞추려고 이야기를 꾸민다. 자료가 없을 때도 우리는 항상 이야기를 꾸민다.

위에서 예로 주어진 문장은 우리가 이야기를 꾸미기 시작하고, 진실을 이해하기 위해 관련된 정보를 수집하는 출발점이 된다.

두려움, 불안감, 스트레스로 감정에 사로잡히면 우리 뇌는 보호 태세로 들어간다. 우리 뇌는 실제로 일어난 사건을 이해하기 위한 이야기를 모색하고, 우리가 그런 이야기를 꾸며내면 사실 여부에 상관없이 우리에게 보상한다.

감정에 사로잡힌 상태에서 우리가 꾸미는 이야기의 대부분은 두려움과 불안감을 가중시킨다. "그 사람은 나를 신뢰하지 않아." "그 여자는 내 아이디어가 엉망이라고 생각하는 거야."

"내가 나 자신에게 되뇌는 이야기는……"이라는 표현을 사용하면 내면의 대화를 시도할 기회를 우리 자신에게 허락한다. 또한 우리에게 잠시 모든 것을 중단하고, 현재의 생각과 느낌을 평가할 기회를 부여한다. 어떤 경우에는 이런 표현만으로 충분하기도 하다.

상대로부터 명확한 의견을 얻으려고 마음먹은 경우, "내가 나 자신에게 되뇌는 이야기는……"이라는 표현은 우리가 먼저 정직하게 솔직하게 말함으로써 상대의 두려움을 덜어주고 방어적인 자세를 낮추는 효과를 기대할 수 있다. 호기심을 충족하려는 차원에서 이렇게 말하면, 거의 언제나 열띤 논쟁보다 생산적인 대화로 이어진다.

우리가 어떤 이야기와 잠재된 감정을 인정하면, 어려운 일이 있었지만 그 어려운 일을 그럭저럭 통제하며 마무리할 수 있다는 걸 인정하는 것이 된다.

우리가 이야기 자체를 부정하고, 더 나아가 이야기를 꾸미지 않는다고 주장하면 우리는 이야기의 노예가 된다. 그런 부정은 우리 생각과 감정과 행동에 영향을 주며, 결국에는 우리를 완전히 지배하게 된다.

자료가 없으면 우리는 습관적으로 이야기를 꾸민다. 우리 인간은 의미를 만들도록 프로그램된 동물이기 때문이다. 우리는 조직원들이 이야기를 꾸미는 걸 막을 수 없지만, 조직원이 안심하고 자신의 이야기를 점검해달라고 요청하는 문화를 조성할 수는 있다.

조직원들이 그런 거짓된 이야기의 사실 여부를 분석하는 걸 도우려 한다면 궁금증을 갖게 된다. "나와 함께 사실 여부를 점검하고 싶은 이야기가 있는가?" 이때 상대의 이야기를 섣불리 추정하지 말고 여러 형태로 질문하라! 거짓된 이야기에 상대의 불안을 더하지 말고 여러 형태로 질문하라.

내가 어떻게 도와주면 되겠습니까?

- 이 질문은 역할과 기대를 명확히 규정할 때 사용되는 도구이다. 성공을 향한 단계를 설정하는 일에도 도움이 된다.
- 사람들은 필요한 지원을 받지 못할 것 같으면 원망하고 분개한다. 그러면

서도 필요한 지원을 요구하지 않는다.

- 미리 이런 질문을 던지면, 조직원들의 원망을 예방할 수 있고, 도움이 될 만한 지원을 생각하도록 조직원들을 유도할 수 있다. 또한 그들에게 필요한 것을 요구하는 책임감을 길러주는 효과도 있다. 특정한 상황에서 도움이 되지 않는 행동을 명확히 해두는 것도 중요하다.
- 이 질문에는 구체적이고 행동지향적인 대답이 가장 유익하다.
- "내가 할 수 있는 게 있는지 알려다오!"라는 말보다 이 질문이 더 진정성 있게 느껴진다. 이 말에는 "없다"라는 대답이 충분히 가능하지만 "내가 어떻게 도와주면 되겠습니까?"라는 질문에 "없다"라고 대답할 가능성은 거의 없기 때문이다.

내 몫은 무엇일까?(What's my part?) 혹은 내 역할의 인정(Owning my part)

- 각자의 몫에 대한 검토와 인정은 모든 럼블, 즉 진실한 대화에서 무척 중요하다.
- 이 질문을 스스로에게 던지고, 문제 상황에서 자신이 어떤 역할을 했는지 알아내지 않는다면, 자신과 진실하고 대담한 대화를 하지 않는 것이다.
- 많은 사람이 떠넘겨진 책임으로 힘들어 한다. 자신의 몫이 아닌 것에 대해 지나치게 고심하고 힘겨워하지 마라. 당신이 직장에서 대담하게 일하면 당신이 이름을 걸고 떠안아야 할 몫이 있다고 나는 99퍼센트 확실하게 말할 수 있다.
- 가끔씩 내 역할이 목소리를 높여 발언하지도 않고, 궁금증을 품지도 않는, 단순한 것일 수 있다. 때로는 부끄러워하거나 책임을 전가하는 경향, 책임감의 결여, 정보의 비밀을 지키지 못하는 무능력, 완벽주의의 지향을 떨쳐내고 더 큰 동굴에 들어가는 것이 내 몫, 즉 내 역할일 수 있다.

당혹감(Embarrassment)

- 자신의 행동과 생각, 혹은 상황에 대해, 순간적으로 느껴지는 거북한 감정. 때로는 재밌게 느껴지기도 한다.
- 당혹감은 수치심, 죄책감, 모욕감과 더불어 자의식적인 감정에 속한다. 내가 당혹스러운 짓을 하더라도 나만 그런 짓을 하는 것은 아니며, 다른 사람들도 똑같은 짓을 한다는 걸 알게 되면 당혹감은 순식간에 사라진다. 이런 점에서 당혹감과 수치심은 다르다.

더 자세히 말해보세요(Say more)

- 더 자세히 말해보라는 요구는 더 깊은 차원의 이해로 이어진다. 리더나 팀원에게나 마찬가지다. 맥락과 세부적인 것이 중요하다.
- 누군가에게 더 자세히 말해보라는 요구는 호기심과 관련된 도구이다.
- "먼저 이해하고 다음에 이해시켜라"라는 스티븐 코비의 현명한 조언과 관계가 있다.

델타(Delta)

- 델타는 우리가 경험에 대해 꾸며내는 이야기와, 진실한 대화를 통해 찾아내는 진실 간의 간격을 뜻한다.
- 우리 이야기를 두고 진실하게 대화할 때, 우리는 델타에서 의미와 지혜를 찾아낼 수 있다.

뒤집어 알아보기(Turn & Learn)

- 뒤집어 알아보기는 각자가 다른 사람의 의견이나 대답에 영향을 받지 않고, 자신의 의견을 동시에 개진하게 해주는 회의 도구이다.
- 이 전략은 각 프로젝트에 소요되는 시간을 추정하고 프로젝트의 우선순위를 결정하는 데 유효하게 사용된다.
- 뒤집어 알아보기는 대략 이런 방식으로 운영된다. 모두가 포스트잇에 각

자의 의견을 쓰고, 셋까지 세고 동시에 답을 보여준다. 모두의 대답을 고려해서 합의점을 찾는다.

- 회의실에서 가장 영향력 있는 사람의 의견에 영향을 받는 '후광 효과'와, 자신의 생각이 달라도 전반적인 흐름을 따르려는 '밴드왜건 효과'를 예방할 목적에서 이 전략이 사용되기도 한다.
- 뒤집어 알아보기는 옳고 그름을 따지기 위한 것이 아니라, 다양한 관점을 이해하고 참석자 모두로부터 배우며 기댓값을 명확히 하기 위한 기법이다. 또한 뒤집어 알아보기는 모두의 의견이 중요하다는 메시지를 담고 있어 우리를 하나로 연결해주는 유의미한 도구이다.

럼블, 진실한 대화(Rumble)

- 럼블은 취약성을 진심으로 인정하고, 관심과 아량을 유지하며, 문제를 확인하고 해결하는 혼란스러운 와중에도 계속되는 논쟁이나 대화, 혹은 모임을 의미한다. 이런 대화에서는 휴식이 필요할 때 언제든지 원래의 상태로 돌아갈 수 있고, 각자의 책임을 대담하게 인정한다. 심리학자 해리엇 러너가 말하듯이 "사람들이 자신의 말을 경청해주기를 바라는 마음만큼, 상대의 말을 귀담아 듣는 대화"를 뜻하기도 한다.
- 럼블이란 단어는 "힘들겠지만 진실한 대화를 해보자!"라는 뜻으로 사용된다. 따라서 럼블이란 단어는 진지한 의도를 제기하며, 행동을 촉구하는 신호나 독촉장이다. 특히 "럼블하자!"라는 말은 자신의 욕심을 앞세우지 말고 서로 도움을 주고받을 수 있도록 열린 마음과 머리로 대화하고 행동하자는 신호로 해석된다.
- 럼블은 잠재적 갈등까지 대담하게 감수하고, 본래의 모습을 완전히 드러내겠다는 결정이다.
- 어떤 쟁점에 대한 럼블, 즉 진실한 대화는 방어적인 태도와 비생산적인 논쟁을 버린다는 뜻이다.

리더(Leader)

• 조직원과 절차에 잠재된 가능성을 찾아내는 책무가 있는 사람, 또 그 잠재력을 개발해주는 용기를 지닌 사람.

명확함은 친절한 것이고(Clear is kind), 불명확함은 불친절한 것이다(Unclear is unkind).

• 진실을 말하면 때로는 불친절하게 행동하는 듯한 기분이다. 특히 거북한 정보와 피드백을 전달할 때 그렇다. 그러나 현실에서는 사실을 빙빙 돌려 말하는 것이 더욱 불친절한 것이다. 우리가 진실을 말하지 않고, 친절이란 명목하에 막연하고 모호하게 말하는 것은 상대를 위한 배려가 아니라, 우리 자신의 거북함을 회피하기 위한 안간힘이다.
• 직설적이고 정직하며 솔직한 커뮤니케이션이 친절한 것이다. 진실을 회피한다고 관련된 사람들의 목적 달성에 도움이 되지는 않는다.

모욕감(Humiliation)

• 스스로 느끼는 고통스럽고 거북한 감정이다.
• "수치심은 용납할 수 있다고 생각하지만 모욕감은 용납할 수 없다고 생각하는 사람이 많다"라는 점을 제외하면, 모욕감은 수치심과 무척 유사하다.
• 수치심을 느낄 때와 비교할 때, 모욕감을 느끼면 그에 대해 발언할 가능성이 더 크다.

바람직한 어려움(Desirable difficulty)

• 적정한 수준의 어려움은 유의미한 학습으로 이어진다.

밴드왜건 효과(Bandwagon effect)

• 자신의 생각이 다른 경우에도 전반적인 흐름을 따르려는 인간의 본능이

다. 당신이 유일한 반대자일 때, 즉 모두가 어떤 아이디어에 찬성하며 열 띤 반응을 보이는 데 혼자 그 아이디어를 반대할 때 밴드왜건 효과가 흔히 목격된다.

보이지 않는 군대(Invisible army)

- 사람들은 자신의 관점을 피력할 때 흔히 '우리'라는 주어를 사용하며, 보이지 않는 다른 사람들의 지지를 받는 것처럼 말한다. "우리는 회사가 지향하는 방향을 좋아하지 않는다."
- 다른 사람의 의견을 대변하는 척하는 행위 자체가 비겁한 구경꾼의 비판에 불과하다.
- 동일한 의견을 지닌 타자가 실제로 존재하든 않든 간에 자신의 생각을 말하고, 주변 사람들도 그렇게 하도록 유도하라.

불쾌한 현실을 인정하는, 투지에 넘치는 믿음(Gritty faith and gritty facts)

- '불쾌한 현실을 인정하는 투지에 넘치는 믿음'이란 표현은 스톡데일 패러독스에서 영감을 받았다. 스톡데일 패러독스는 베트남에서 8년 동안 전쟁 포로로 지낸 제임스 스톡데일 제독의 이름에서 따온 것이다. 스톡데일의 설명에 따르면, 크리스마스나 부활절에는 석방될 것이라 믿은 낙관적인 사람들은 거의 살아남지 못했다. 포로 시절을 회상하며 스톡데일은 『좋은 기업을 넘어 위대한 기업으로』의 저자 짐 콜린스에게 "이것은 매우 중요한 교훈입니다. 결국에는 성공하리라는 믿음, 결단코 실패하지 않을 것이란 믿음과, 그것이 무엇이든 눈앞에 닥친 현실의 지극히 냉혹한 현상들을 직시하는 자제력을 결코 혼동해서는 안 됩니다"라고 말했다.
- 스톡데일의 증언은 "최선을 희망하되 최악에 대비하라"는 교훈으로 압축된다.
- '불쾌한 현실을 인정하는 투지에 넘치는 믿음'을 위해서는, 꿈을 크게 꾸

면서도 냉담한 현실에 맞추어 그 꿈을 검증하는 데 소홀하지 않아야 한다. 요컨대 바람직한 조직에서는 모두가 꿈꾸는 사람인 동시에 현실주의자가 되어야 한다는 뜻이다.

비공식적인 통로(Back-Channeling)

- 조직원들과 직접적으로 대면하지 않고 공유하는 정보를 폭넓게 규정하는 용어. 비공식적인 통로의 반대말은 직접적이고 솔직한 커뮤니케이션이다.
- 회의에서 공식적으로 공유하지 않고, 회의의 전후에 조직원들과 의견 및 감정, 반응을 주고받는 행위도 비공식적인 통로에 속한다. "끔찍한 아이디어인 것 같아. 내 생각에는 그 사람이 무슨 뜻인지도 모르고 말하는 것 같은데. 오늘 오후 회의에서 그 프로젝트를 중단하자고 제안할 거야. 나를 도와줄 거지?"
- 비공식적 통로를 가리키는 다른 용어로는 '회의 후의 회의', 면전에서는 긍정하고 뒤에서는 부정하는 '더러운 긍정'이 있다.
- 비공식적인 통로가 중단되는 문화를 조성하는 것을 목표로 삼아야 한다. 그래야 조직원들이 거북한 대화도 대담하게 시작하고, 비공식적인 통로에 참여하는 걸 거부할 것이기 때문이다.

상자 호흡(Box breathing) 혹은 전술적 호흡(Tactical breathing)

- 전술적 호흡이라고도 일컬어지는 상자 호흡은, 감정을 떠넘기지 않고 받아들이며 차분함을 유지하는 능력을 키우기 위한 훈련에서 사용되는 '감정을 인정하는 도구'이다.
- 상자 호흡은 네 단계로 이루어진다.
  ① 4초 동안 코로 숨을 깊이 들이마시며 위를 팽창시킨다.
  ② 4초 동안 숨을 멈춘다.
  ③ 4초 동안 입으로 숨을 천천히 내쉬며 위를 수축시킨다.

④ 4초 동안 숨을 멈춘다.

색칠 끝내기(Paint done)

- 색칠 끝내기는 과제를 부여하는 데 그치지 않고 이유까지 설명하는 행위를 뜻한다. 예컨대 최종 결과물이 어떻게 사용되는지 명확히 알려주는 것이다.

- 색과 맥락을 알려준다. 기법만이 아니라 목적까지 알려준다.

- 어떤 과제에 대한 이유를 공유하면, 은밀한 기대와 은밀한 의도를 솔직하게 드러낼 수 있다. 열의와 기여도를 높이고, 학습 의욕을 자극해 궁극적으로는 성장을 북돋운다.

수치심(Shame)

- 수치심은 우리에게 결함이 있어 사랑받고 소속되고 관계를 맺을 만한 가치가 없다고 생각하게 되는 무척 고통스런 감정이다. "나는 나쁜 사람이야." "나는 칠칠맞지 못한 사람이야."

- 행동이 아니라 자아에 초점이 맞추어지며, 결국 외로움을 느끼게 된다.

- 수치심은 긍정적인 변화를 방해한다.

- 업무 현장에서 수치심은 흔히 감추어지지만, 수치심이 발현되는 경우에는 혁신과 신뢰, 연결의 문화를 좀먹는다.

- 수치심이 조직에 피해를 주고 있다는 증거로는 완벽주의, 편애, 뒷담화, 비교, 생산성과 결부된 가치 평가, 희롱, 차별, 군림하는 권력, 집단 따돌림, 책임 전가, 괴롭힘, 은폐 등이 있다.

- 수치스러운 짓이 효율적인 관리를 위한 노골적인 도구가 되었다는 증거로는, 리더 위치에 있는 사람들이 서로 집단 따돌림을 행하고, 부하 직원을 동료들 앞에서 비난하며, 공개적인 질책을 서슴지 않고, 낭패감과 수치심과 모욕감을 의도적으로 조장하는 보상 시스템 등이 있다.

수치심 방패(Shame shield, Strategies of disconnection)

• 우리가 수치심을 경험할 때 흔히 보이는 반응에서, 웰즐리 칼리지 부설 스톤 센터의 린다 하틀링과 그녀의 동료들은 3가지 단절 전략을 찾아냈다. 브레네 브라운은 이 단절 전략을 수치심 방패라 칭한다. 3가지 전략은 멀어지기-다가가기-대항하기이다. 우리는 자기방어를 위해 이 전략들을 사용하지만 그 궁극적인 결과는 단절이다.

멀어지기(Moving away) : 물러서고, 숨고, 침묵하고, 비밀을 지키며 고통스런 수치심에서 벗어나려 한다.

| 예시 | 배우자의 생일을 잊고 있었는데 그날 잠자리에 들기 전에 지적을 받았다. 그럼 우리는 수치심을 느끼고, 다음 날 아침 일찍 일어나 서둘러 출근하며 배우자의 얼굴을 마주 보지 않으려 한다. 하지만 그렇게 되면 우리는 더 큰 수치심을 느낀다.

다가가기(Moving toward) : 다른 사람을 달래고 즐겁게 해주며 고통스러운 수치심에서 벗어나려 한다.

| 예시 | 교장이 당신에게 중요한 프로젝트를 망쳤다고 지적한다. 당신은 수치심을 느낀다. 이튿날 열린 회의에서 당신은 교장에서 커피를 갖다준다. 또 자발적으로 학예회를 담당하고, 방과 후에는 직원이 부족한 도서관에서 봉사한다. 프로젝트를 망친 사과의 뜻으로 그렇게 행동하는 게 아니라, 수치심을 최소화하려는 발버둥이다.

대항하기(Moving against) : 공격적인 자세를 취하고, 수치심을 이용해서 수치심과 싸우며 상대를 지배하려고 한다. 이 모든 것이 고통스러운 수치심에서 벗어나려는 안간힘이다.

| 예시 | 당신은 연로한 어머니를 치과에 데려가려고 약속한 시간에 늦었다. 어머니는 추위에 떨며 현관 앞에서 당신을 기다리고 있다. 당신은 수치심을 느낀다. 당신은 어머니에게 약속 시간에 항상 늦었기 때문에 일부러 늦게 온 거라며 어머니를 몰아세운다.

- 단절 전략은 린다 하틀링과 그녀의 동료들에게 빌려온 것이다.
Linda M. Hartling, Wendy Rosen, Maureen Walker, and Judith V.
Jordan, "Shame and Humiliation: From Isolation to Relational Trans-
formation (Work in Progress No. 88)," Wellesley, MA: Stone Center
Working Paper Series, 2000.

수치심 회복 탄력성(Shame resilience)

- 수치심 회복 탄력성은 수치심을 경험하면서도 진실하게 행동할 수 있고,
  수치심에 시달리는 과정에도 자신의 가치관을 버리지 않는 능력이다. 따
  라서 수치심 회복 탄력성이 있으면, 수치심을 겪고 난 후에는, 수치심을
  겪기 시작한 때보다 용기와 동정심, 인간관계와 관련된 능력이 향상된다.
- 결론적으로 수치심 회복 탄력성은 수치심에서 공감으로 옮겨가는 힘을 뜻
  하며, 공감은 수치심의 진정한 해독제이다.
- 수치심 회복 탄력성은 4가지 핵심적인 구성요소로 이루어진다.
  ① 수치심을 인식하고, 수치심을 유발하는 요인을 알아내라.
  ② 비판적으로 자각하라.
  ③ 다른 사람에게 도움을 청하라.
  ④ 수치심에 대해 말하라.

스토리 럼블(Story Rumble)

- 조직이나 팀이 갈등과 실패와 추락을 겪은 후에 핵심 교훈을 발견하는 과
  정을 스토리 럼블이라 한다.
- 성공적인 스토리 럼블을 위해서는 진실한 대화를 위한 도구들(공통된 언어
  표현, 호기심, 근거 있는 확신, 가치관, 성실함, 신뢰)을 어떻게 활용하느냐에
  달려 있다. 안전 컨테이너 구축과 허가서 작성을 활용하는 것도 잊어서는
  안 된다.

- 핵심 교훈을 찾아낸 후에는 문화에 접목하고, 새로운 프로젝트에 적용할 수 있어야 한다.

시야 갈등(Horizon conflict)

- 조직에서 우리가 어떤 역할을 맡느냐에 따라 시야, 즉 관점이 결정된다. 예컨대 최고경영자는 장기적인 관점에서 현재의 문제에 접근해야 하지만, 영업부 직원이라면 단기적 성과에 집중해야 하는 경우가 있다.
- 계획과 의사결정에 다양한 관점이 끼어들 때, 시야 갈등이 있게 된다.
- 각자의 역할에 어떤 시야가 중요하느냐에 상관없이 모두가 조직을 전체로서 고려해야 한다.

신뢰의 구성요소(BRAVING Inventory)

- BRAVING이란 머리글자는 신뢰를 7가지 요소로 분석한 것이다.

  경계(Boundary), 신뢰(Reliability), 책임(Accountability), 함구(Vault), 성실(Integrity), 무비판(Nonjudgment), 너그러움(Generosity).

  경계(Boundary)

  – 경계 설정은 무엇이 괜찮고 무엇이 그렇지 않은지를 명확히 하는 것이다. 이에 대해 더 깊이 알고 싶으면 앞의 '경계'를 참조할 것.

  신뢰(Reliability)

  – 당신은 하겠다고 말한 것을 반드시 한다. 직장에서 이런 신망을 얻는다면 당신이 자신의 능력과 한계를 알고 있다는 뜻이다. 따라서 당신은 과장되게 약속하지 않고, 약속한 것을 충실히 이행하고 경쟁적인 항목들의 우선순위를 균형 있게 결정한다.

  책임(Accountability)

  – 당신은 자신의 실수를 인정하고 사과하며 수정한다.

  함구(Vault)

  – 당신의 이야기가 아니라서 다른 사람들과 공유해서는 안 되는 정보나

경험은 다른 사람들과 공유하지 않는다. 나만의 비밀도 반드시 지켜져야 마땅하다. 그러나 비밀로 지켜져야 하는 다른 사람과 관련된 정보가 '공유'라는 명목으로 나에게 알려져서도 안 된다.

성실(Integrity)

– 편안함보다 용기를 선택한다. 재밌고 빠르고 쉬운 것보다 올바른 것을 선택하고, 가치관을 입으로만 떠들지 않고 실천하는 길을 선택한다.

무비판(Nonjudgment)

– 나는 나에게 필요한 것을 요구할 수 있고, 당신은 당신에게 필요한 것을 요구할 수 있다. 우리는 비판을 두려워하지 않고 자신의 느낌을 말할 수 있다.

– 우리는 다른 사람을 판단하고 비판하는 걸 좋아한다. 그때 그 사람보다 우월하다고 느끼기 때문이다. 그러나 얄궂게도 많은 연구를 종합하면, 우리는 자신이 가장 부끄럽게 생각하는 분야에서 비판하고, 해당 분야에서 우리보다 못한 사람을 비판한다.

– 특정한 분야, 예컨대 외모와 양육 방식 등에서 지나치게 비판적이라면 그 분야가 당신에게 해결하기 힘든 문제라는 단서이다. 우리는 높은 자존감과 객관적인 자신감을 지닌 분야에서도 비판하지 않는다. 따라서 위험에 노출되고 유약하다고 생각되는 분야에 집중하면 공감 능력이 높아진다.

너그러움(Generosity)

– 당신은 다른 사람의 의도와 언어와 행동을 너그럽게 해석할 수 있다.
– 조직원들이 최선을 다한다고 믿을 때 너그러움이 가능하다.

신뢰의 구성요소는 진실한 대화를 위한 도구로 사용될 수 있다. 달리 말하면, 호기심과 학습, 신뢰 구축을 위한 대화를 배울 수 있게 해주는 지침이다.

얽힘(Enmeshment)

- 얽힘은 당신이 끝나는 곳과 다른 사람이 시작하는 곳 사이의 경계가 명확히 설정되지 않은 경우이다.
- 공감하더라도 우리가 타인의 고통을 반드시 우리의 것으로 받아들일 필요는 없다. 그가 느끼는 고통을 이해하는 모습을 보여주는 것으로도 충분하다.

엉망진창인 초고(Shitty first draft, SFD)

- 우리가 꾸미는 첫 이야기는 흔히 '엉망진창인 초고'라 일컬어지는 것이다.
- 초고를 작성하는 것은 첫 생각을 종이에 옮긴다는 뜻이다. 따라서 초고를 통해 우리 자신에게 던지는 이야기를 더 세밀하게 점검할 수 있다. 초고에는 우리의 두려움과 불안 및 최악의 시나리오가 포함된다.
- 우리는 초고를 작성하는 과정에서 잘못된 정보(추정, 작화, 음모론)로 이야기를 채운다는 걸 알게 된다.
- 럼블 과정을 사용하면 우리 이야기에서 어떤 부분이 진실인지 알아낼 수 있다. 다른 사람과 함께 이야기의 사실 여부를 확인하는 경우에도 럼블 과정이 필요하다.

원점으로 돌아가기(Circle back)

- '원점으로 돌아가기'는 우리가 충분히 처리할 시간을 가진 후에도 대화나 회의를 다시 시작하는 기회를 다시 제공한다. "이 문제에 대해 깊이 생각해봐야 할 것 같네요. 1시간 후에 다시 시작할 수 있을까요?"
- 더 많은 정보를 확보해서 사실을 명확히 해야 할 때 원점으로 돌아갈 필요가 있다. "프로젝트 기간을 변경하기 위한 결정을 다시 원점에서 시작할 수 있을까요? 질문할 것이 좀 있습니다."
- 지금까지 한 것을 수정하거나, 충분히 듣지 못한 것을 수정하기 위해 원점

으로 돌아갈 수도 있다. "저번 회의에서 내가 제시한 의견이 마음이 들지 않습니다. 원점으로 돌아갈 수 있을까요?"

- 거북한 대화 중에 때로는 방어적이 되고 생각할 시간이 필요할 때도 있다. 그럴 때는 타임아웃을 요구하고, 일정한 시간 후에 원점에서 다시 시작하는 게 유익할 수 있다. 이런 태도는 당신이 대화에서 언급하는 내용을 성급히 억누르거나 일축하지 않고, 대화 자체를 진지하게 생각한다는 증거가 된다. "타임아웃이 필요한 것 같습니다. 두 시간 후에 원점에서 시작해서 마무리 짓는 게 어떨까요?"

완벽주의(Perfectionism)

- 완벽주의는 은밀히 만연한 현상이기 때문에 신중한 연구가 필요하다. 단순화해서 설명해보자. 완벽주의에 매몰되면 자기 파괴적이고 중독적인 신념에 사로잡히고, 그런 신념은 자신이 부적합하고 부족하다는 느낌에서 비롯된다. "내가 완벽하게 보이고 모든 것을 완벽하게 처리하면, 비난과 심판에서 비롯되는 고통스러운 감정과 수치심을 피하거나 최소화할 수 있다."
- 완벽주의는 수치심과 실패의 두려움에서 비롯된 갑옷이다.
- 근본적으로 완벽주의는 동의와 승인을 얻으려는 안간힘이다.
- 완벽주의는 도달할 수 없는 목표이다. 따라서 완벽주의는 성공을 방해한다. 완벽주의는 우울과 불안, 중독과 마비, 상실한 기회 등과 상관관계가 있다.
- 완벽주의가 조직에 만연하면 수치심을 감추고, 공감과 자기연민을 드러내고 싶은 욕구를 감추게 된다.

은밀한 의도(Stealth intentions)

- 은밀한 의도는 우리에게 본래의 가치관을 벗어나 행동하도록 자극하며,

겉으로 드러내지 않는 자기 보호적 욕망이다.

- 은밀한 의도의 예로는 "입을 다물고 지내면 배척과 수치심과 심판으로부터 나를 지킬 수 있다. 또 나를 외면하며 멍청이라고 생각하는 사람들로부터도 나를 방어할 수 있다"라고 생각하는 것이다.
- 항상 자신과 다른 사람에게 내재한 은밀한 의도를 경계하라. 동료들과 함께 당신의 의도를 점검하고, 그 과정을 습관화하라. 의도는 강력한 힘을 지녀 되돌리기 불가능한 것까지 움직이게 할 수 있다. 조직에서는 프로젝트나 전략, 심지어 회의의 의도에도 이름을 붙이고 동의를 얻어 회의록에 기록해두는 것이 원칙이다.

은밀한 기대(Stealth expectation)

- 은밀한 기대는 우리 자각의 범위 밖에 존재하는 욕망이나 기대로, 두려움과 마법적 사고의 위험한 결합이 대표적인 예이다.
- 은밀한 기대는 거의 언제나 실망과 원망 및 더 큰 두려움으로 이어진다.
- 자신과 다른 사람에게 내재한 은밀한 기대를 찾아보라. 그런 은밀한 기대는 레이다망에서 벗어나 개인이나 팀에게 재앙을 안겨준 후에야 표면화된다.
- 팀원들과 동료들과 함께 당신의 기대와 그 기대에 대한 변명을 점검하라. "좋습니다, 여러분. 그러니까 우리가 공개적으로 논의해야 할 은밀한 기대가 있는 것으로 생각하십니까?"
- 앤 라모트 : "기대는 언제라도 원망으로 변할 수 있다."

융합(Integration)

- 진실성과 함께할 때, 융합은 생각과 느낌과 행동이 하나로 합쳐지는 것이다.
- 융합은 갑옷을 내려놓고, 복잡하고 혼란스럽지만 온전한 자아를 보여준다.
- 우리가 감정을 무시해야 업무에서 더 생산적으로 일할 수 있다는 잘못된

생각을 버려야 비로소 융합이 가능하다.

- 강건한 등, 온화한 가슴, 용맹한 심장의 융합을 추구한다.

  강건한 등= 근거 있는 자신감 + 경계,

  온화한 가슴 = 취약함 + 호기심,

  용맹한 심장 = 맹렬함 + 자상함.

음모론(Conspiracy theories)

- 제한된 실질적인 정보와, 많은 거짓 정보를 바탕으로 그럴듯하게 꾸며져 감정을 채워주는 이야기가 '음모론'이라 일컬어진다.

자기연민(Self-compassion)

- 자신에 대해 공감하는 방법을 배워야 한다. 요컨대 실수를 질책과 수치심보다 친절과 관용으로 대하는 것이 중요하다.
- 크리스틴 네프 박사는 자기연민을 위한 훈련에 3가지가 필요하다고 말했다. 자기친절(실패할 때 자책하지 않고 자신을 따뜻하게 받아들이며 이해하는 태도), 공통된 인간성(혼자가 아니라는 생각, 고통과 개인적인 결핍감은 대부분이 공유하는 것이란 생각), 마음 챙김(자신의 생각과 감정에 지나치게 책임지려고 하지 말고, 잘못한 것에 강박적으로 집착하거나 갇히지 않는 것).

자기친절(Self-kindness)

- 크리스틴 네프 박사가 자기연민을 구성하는 3요소 중 하나로 규정한 것.
- 브레네 브라운은 자기친절을 "당신이 사랑하는 사람에게 말하듯이 당신 자신에게도 말하라!"라고 직설적으로 설명했다.
- 우리는 다른 사람을 비하하는 경우보다 자신을 폄훼하는 경우가 더 많다. 당장 그런 잘못을 멈추고, 자신에게 친절하도록 하라!

작화(Confabulation)

- 작화는 이야기나 세부적인 사항들을 꾸며내어 기억의 틈을 메우는 행위를 말한다. '허언하다'는 빠진 정보를 진실이라 믿는 거짓으로 대체하는 행위이다.

정서적 문해력(Emotional literacy)

- 정서적 문해력은 우리가 느끼는 감정을 인식하고, 그 감정에 이름을 붙이며, 우리에게 감정적으로 일어나는 현상을 묘사할 수 있는 능력을 가리킨다.
- 정서적 문해력이 없다면 감정에 효과적으로 대처할 수 없다.
- 인간에게는 적어도 30가지의 감정이 있다. 감정을 능숙하게 표현하기 위해서라도 거북한 문제로 대화하는 동안 당신과 상대에게 제기되는 감정에 이름을 붙일 수 있어야 한다.
- 정서적 문해력은 공감과 수치심 회복 탄력성 및 쓰러진 후에 다시 일어서서 몸을 추스르는 능력의 전제조건이다.

조직에서 나타나는 수치스러운 현상(Shame shows up at work)

수치스러운 현상은 조직에서 무척 다양한 형태로 나타난다. 대표적인 예를 들면 아래와 같다.

완벽주의

편애

뒷담화

비공식적인 통로

비교

생산성과 결부된 가치 평가

희롱

차별

군림하는 권력

집단 따돌림

책임 전가

괴롭힘

은폐

죄책감(Guilt)

- 자신의 행동과 생각, 혹은 상황에 대해 스스로 의식하는 거북한 감정.
- 자아에 초점을 맞추는 수치심과 달리, 죄책감은 행동에 초점을 맞춘다.
- 죄책감이 동반되는 대표적인 생각을 예로 들면 "나는 나쁜 짓을 했다", "큰 실수를 저질렀다" 등이 있다.
- 죄책감은 우리를 긍정적인 방향으로 변하도록 유도할 수 있다.

진심 혹은 온전한 마음(Wholeheartedness)

- 진실한 삶은 가치 있는 곳에서부터 삶에 참여하는 마음과 관계가 있다. 달리 말하면, 아침에 일어나 '오늘 할 일을 끝마치지 못하더라도 괜찮아. 나는 충분히 노력했을 거야'라고 생각하고, 저녁에 잠자리에 들 때에는 '그래, 나는 불완전하고 취약한 존재야. 때로는 두려움에 사로잡히기도 해. 그렇다고 내가 대단한 존재이고, 사랑받고 소속감을 느끼기에 충분히 가치 있는 사람이라는 사실에는 변함이 없어'라고 생각하는 용기와 자기연민을 통해 연결 고리를 키워나간다는 뜻이다.
- 진실성은 개인적인 안전 대책과 보호 장치도 없이, 갑옷을 입지 않은 심장으로 살아가는 용기이다. 그렇다, 심장은 우리에게 생명을 준다. 심장은 상징적으로는 사랑하고 사랑받는 능력, 즐거움과 고통에 취약해질 수 있는 능력을 비유한다. 심장이 멈추면 나쁜 것은 물론이고, 삶을 살 만한 것으로 만드는 좋은 것도 끝난다.

- 진실하다는 것은 가치 중심적으로 행동한다는 뜻이다. 그럼 하루 동안 어떤 일이 일어나고 어떤 일이 일어나지 않든 간에 당신은 충분히 한 것이다.
- 그러나 진실하기 위해서는 융합(integration)이 필요하다. 진실하기 위해서는 세상 밖에 있어야 한다. 결코 방탄유리 뒤에 숨어서는 안 된다. 진실하기 위해서는 생각과 감정과 행동을 융합하고, 그 모든 것을 찾아내어 처리하며 적절한 이름을 붙여야 한다.
- 진실성은 우리에게 갑옷을 내려놓고, 우리 자신과 역사에서 어두운 면(우리가 인정하는 걸 항상 두려워하던 부분, 또 우리가 많은 시간과 에너지를 쏟아내며 무시하던 부분)을 끌어내어, 복잡하고 혼란스럽지만 경이로운 전체를 만들어내라고 촉구한다.
- 우리를 진실한 삶으로 인도하는 10가지 이정표는 『불완전함의 선물』에서 자세히 다루었다.

진정한 소속감(True belonging)

- 가장 중요한 진실을 모두와 공유할 수 있을 정도의 힘이다. 또 무엇인가의 일부가 될 때나, 광야에 홀로 서 있는 경우에도, 신성함을 찾아낼 수 있을 정도로 자신을 굳게 믿고 자신과 완전히 하나가 되는 정신 활동이다. 진정한 소속감은 우리에게 현재의 우리를 바꾸라고 요구하지 않는다. 오히려 현재의 우리를 유지하라고 요구한다.
- 진정한 소속감을 가로막는 가장 큰 장애물은 순응이며, 순응은 우리가 세상에 받아들여지도록 현재의 우리를 바꾸는 것이다.
- 많은 사람이 진정한 소속감을 얻기 위해 애써야 하지만, 대담한 리더는 다양한 관점이 허용되고 존중되며, 중요하게 평가되는 문화적 규범을 조성함으로써, 소속감을 북돋을 수 있다.

차분함(Calm)

- 차분함은 새로운 시야와 마음 챙김을 가능하게 해주는 반면에, 감정적 반응을 억제하는 것이라 정의된다.
- 차분함은 감정을 치유하고, 우리에게 감정적인 안정을 되찾을 만한 '공터'를 제공한다. 따라서 우리가 불안에 과잉반응하거나 과소반응하는 걸 막아준다.
- 긴장된 상황에서 급격히 반응하지 않고 차분하게 대응하는 자세. 때로는 10까지 세면 그것으로 충분하다.
- 차분함은 전염성을 띠기 때문에 집단 불안증을 해소하는 데도 도움이 된다.

책임과 성공 점검표(The Accountability and Success Checklist)

① Task – 누가 그 일을 맡고 있는가?
② Accountability – 그들에게는 책임질 만한 권한이 있는가?
③ Success – 시간과 자원과 명료성에서 그들이 성공할 조건을 갖추었다고 생각하는가?
④ Checklist – 그 일을 완수하는 데 필요한 것들을 점검하는 표가 있는가?
색칠 끝내기와 더불어, TASC는 명확함을 더해주며 열의와 기여도를 높인다.

취약성(Vulnerability)

- 불확실성과 위험, 감정에 노출된 상황에서 우리가 처음 경험하는 정서가 취약성이다. 취약성은 결과를 통제할 수 없는 경우에도 용기 있게 자신의 모습을 드러내고 완전히 참여하는 것이다. 경계가 설정되지 않은 취약성은 취약성이 아니다.
- 우리가 나약해서 취약한 것은 아니다. 우리가 불확실성과 위험과 싸우는 과정에서 용기와 신뢰, 혁신 등 대담한 리더십에 필요한 능력을 쌓아가기 때문이다.

- 취약함과 점잖게 행동하는 자기관리는 상호 배타적이지 않다. 누구나 취약하면서도 적절한 자기관리를 해낼 수 있다. 무엇을 공유하고, 어떤 이유에서 공유하는가를 생각해야 한다. 물론 누구와 공유하는가도 중요하게 생각해야 할 문제이다. 내 역할은 무엇인가? 그들의 역할은 무엇인가?
- 경계가 설정되지 않은 취약성은 고백이고 조작이며, 자포자기와 두려움의 표현일 뿐, 취약성이 아니다. 이것을 공유하는 것이 이치에 맞는가? 이것을 공유하는 것이 나에게 중요한 이유가 무엇인가?
- 어떤 사람이 얼마나 많은 것을 드러내고 공유하느냐로 그의 취약성을 평가하지는 않는다. 지나친 공유라는 개념은 원천적으로 존재하지 않는다.
- 시간이 지남에 따라 작은 순간과 상호 간의 취약함이 겹겹이 쌓여갈 때 신뢰가 구축된다. 신뢰와 취약성은 항상 함께 형성된다. 하나라도 배신하면 둘 모두가 무너진다.

취약성에 대한 잘못된 믿음(Myths of Vulnerability)
① 취약성은 약점이다
② 나는 유약하게 행동하지 않는다
③ 나는 혼자서 할 수 있다
④ 취약함을 근거로 우리는 불확실성과 심리적 불편함을 조절할 수 있다.
⑤ 취약성보다 신뢰가 먼저!
⑥ 속마음을 드러내는 것은 취약하다는 뜻이다.

컨테이너 구축(Container Building) 혹은 안전 컨테이너(Safe Container)
- 안전 컨테이너 구축은 팀의 기본적인 원칙을 확립하는 과정이다. 조직원들이 안심하고 소통할 수 있고, 자신의 아이디어와 근심거리를 표현할 수 있게 해주려면 어떤 원칙이 필요한가?
- 안전 컨테이너를 만드는 데는 시간이 필요하다. 하지만 그 시간을 통해 신

뢰가 구축되고 팀원 간의 의사소통이 활발해진다. 또한 팀원들이 취약함을 드러내면서도 안전하다고 생각하는 분위기가 조성된다.

- 기본적인 원칙을 결정하는 최선의 방법은, 팀원들에게 마음을 여는 동시에 안전망을 확보하려면 무엇이 필요한지 묻는 것이다. 그들의 대답을 정리한 결과를 공개적인 공간에 게시해두고, 팀원들이 그 원칙을 따르지 않을 때마다 지적해보라.

- 우리가 흔히 받는 질문 중 하나는 "우리 팀에 안전 컨테이너가 얼마나 자주 필요한가?"이다. 팀원들이 합의하는 기본 원칙을 완성하려면 충분한 시간을 투자해야 한다. 그렇게 투자한 시간 동안 정리한 원칙들을 공개된 장소에 한동안 세워두고, 어떤 제안이 덧붙여지는지 확인하는 방법이 있다. 혹은 주기적으로 팀원들에게 기본 원칙에 대해 진실하게 대화해보자고 제안할 수도 있다. 불편하고 민감한 사건, 예를 들면 누군가 해고되거나 큰 변화가 있을 때 안전 컨테이너를 다시 확인하고, 허가서 작성부터 시작하라.

크게 살기(Living BIG)

- 크게 살기에서 머리글자 BIG는 경계(Boundary)와 성실(Integrity)과 너그러움(Generosity)을 뜻한다.

- 크게 살기는 긍정적 의도를 추정하기 위한 기초가 된다. 팀원들이 "내가 다른 사람의 의도와 언어, 행동을 성실하고 너그럽게 추정하려면 경계를 어떻게 설정해야 하는가?"라고 끊임없이 자문하는 경우에도 긍정적 의도의 추정이 지속될 수 있다.

- '크게 살기'는 브레네 브라운이 『라이징 스트롱』에서 처음 제안했고, 그 책에 자세히 다루고 있다.

타임아웃(Time-out)

- 진실한 대화가 원만하게 진행되지 않으면 타임아웃을 요구하라. 모두에게 주변을 산책하거나 숨을 가다듬는 10분 정도의 휴식을 허락하라.
- 팀원이면 누구라도 타임아웃을 요청할 수 있어야 한다.

핵심 교훈(Key learnings)
- 핵심 교훈은 진실한 대화를 통해 얻어진 것이다. 어떤 쟁점을 논의하는 과정에서 문제점과 근원을 알아내면, 우리가 나중에 유사한 문제나 쟁점을 해결하는 데 도움을 주는 핵심 교훈을 끌어낼 수 있다.

향수(Nostalgia)
- 조직의 차원에서 향수는 "우리는 항상 그런 식으로 일했어" 혹은 "우리는 그렇게 해본 적이 없어"라고 말하는 것이지만, 그에 대한 논리적인 근거는 없다.
- 향수는 변화의 저항을 예측하는 변수로 여겨진다.
- 항상 그렇지는 않지만 향수는 비판의 한 형태로도 활용된다.

허가서 작성(Permission slips)
- 허가서 작성은 팀에게 무척 유용한 일종의 의식이다. 취약성의 인정이 필요한 회의나 대화를 앞둔 경우에 더욱 유용하다. 모든 팀원이 회의에서 자신과 상대에게 허락하고 싶은 것을 쓴 후에 공유한다.
- 허가서 작성은 약속 어음이 아니다. 허가서 작성은 의도를 진술하고 적는 행위일 뿐이다. 따라서 당신이 그대로 실행하지 않더라도 아무런 영향이 없다. 하지만 허가서 작성은 책임감과 잠재된 지원을 고양하고, 회의에 참석한 사람들의 전문 분야를 이해하는 데 도움이 된다. 팀원마다 강조하며 집중하는 부분은 다를 수 있다. 어떤 팀원은 열린 마음으로 듣는 데 집중하고, 어떤 팀원은 끝없는 업무 목록에 대한 강박증을 떨쳐내고 하나의

과제에 집중하고, 어떤 팀원은 말하는 것보다 듣는 걸 원할 수 있다.

- 허가서 작성의 공유는 팀원들 간에 취약성을 공유하고 신뢰를 구축하기 위한 훌륭한 출발점이 될 수 있다.
- 허가서 작성은 회의 말고도 많은 경우에 유익하게 활용될 수 있다. 취약성을 인정한다면 허가서를 작성하는 데 도움이 된다. 그렇게 작성한 허가서를 주머니에 넣고 다니며 당신의 의도를 되살려주는 자극제로 활용할 수 있다.

혁신적인 변화(Revolution)

- 생각과 믿음에서의 근본적인 변화. 점진적인 변화와 달리 혁신적인 변화는 되돌릴 수 없는 심원하고 격동적이며 획기적인 변화이다.
- 대담한 리더십에는 우리 문화를 혁신적으로 완전히 바꿔놓을 수 있는 잠재력이 있다.

호기심(Curiosity)

- 호기심은 우리가 지식의 격차를 확인하고 그 격차에 집중할 때 겪게 되는 박탈감이다.
- 진정으로 호기심을 가지려면 어떤 문제에 대해 일정한 수준의 자각과 관심이 있어야 한다.
- 호기심을 갖게 되면 우리 뇌는 정보를 학습하고 유지할 준비를 갖춘다.
- 호기심은 불확실성과 취약성을 동반하기 때문에 불편하고 거북한 것이다.
- 호기심은 경청하고 올바른 질문을 제기하는 것이다.
- "좀 더 말해봐!"는 진실한 대화에서 호기심을 보여주는 도구이다.
- 문제를 해결해야 할 상황에서 호기심이 없으면 좋지 못한 해결책을 낳게 된다. 호기심은 해결책을 모색하기 전에 문제의 본질에 집중한다는 뜻이다.
- 호기심이 있을 때 지식이 증가하고, 우리는 많이 알수록 더 많은 것을 알

고 싶어 한다.

후광 효과(Halo effect)

- 회의실에서 가장 영향력 있는 사람이 원하는 방향으로 의견이 결정되는 경향을 말한다. 그의 결정이 회사의 우선순위에 어긋나고, 상당한 시간이 허비된다는 걸 모두가 알더라도 말이다.

회의록(Meeting minutes)

- 기업에서 회의록은 필요악이며, 완전한 시간 낭비로 여겨지는 경우가 많다. 회의록을 꼼꼼하게 작성해도 무시되기 일쑤이기 때문이다.
- 체계적인 협력하에 작성된 회의록은 중요한 커뮤니케이션 도구와 기록 장치로 쓰일 수 있다.
- 회의록에는 날짜, 회의 목적, 참석자, 중요 결정, 과제와 담당자 등이 기록되어야 한다.
- 한 사람이 회의록을 작성하더라도 참석자 모두가 회의록에 기록되어야 마땅하다. 또한, 참석자 모두가 중요한 정보를 나름대로 적어두고 표시해두어야 한다. 회의를 끝내고 해산하기 전에 모두가 회의록을 검토하고 승인하는 시간을 갖는다. 회의록은 관련자 모두에게 공개된 채널에도 공개되어야 한다.
- 이런 과정에 따라 작성된 회의록은 더 이상 주관적이지 않기 때문에, 모두가 결정과 변화에 신속히 참여하게 된다.

리더의 용기

초판 1쇄 발행 2019년 12월 9일
초판 8쇄 발행 2023년 4월 17일

지은이 브레네 브라운 **옮긴이** 강주헌

발행인 이재진 **단행본사업본부장** 신동해
편집장 조한나 **교정교열** 임은선 **디자인** 석운디자인
마케팅 최혜진 백미숙 **홍보** 반여진 허지호 정지연
국제업무 김은정 **제작** 정석훈

브랜드 갤리온
주소 경기도 파주시 회동길 20
문의전화 031-956-7208(편집) 031-956-7129(마케팅)
홈페이지 www.wjbooks.co.kr
인스타그램 www.instagram.com/woongjin_readers
페이스북 https://www.facebook.com/woongjinreaders
블로그 blog.naver.com/wj_booking

발행처 ㈜웅진씽크빅
출판신고 1980년 3월 29일 제406-2007-000046호